아나톨리아의 옛 비단길. 타우르스산맥 고원지대에서 남편과 자식을 위해 아침 찬거리 나물(토마르자)을 뜯고 있는 터키 여인. 여명의 싱싱함이 느껴진다 『효경』 「서인장」의 주제는 인류의 삶의 장 어느 곳에서든지 이렇게 펼쳐지고 있다.

동방고전한글역주대전

효경한글역주

도올 김용옥

통나무

목 차 | 『효경한글역주』

孝

서람(序覽)

효경개략(孝經概略)

서람(序覽): 효경개략(孝經槪略)

제1장: 주자학(朱子學)과 『효경간오孝經刊誤』

효의 나라 조선에서 『효경』이 읽히지 않은 것을 아시나요?

한국인의 혈관 속에는 『효경』이 흐르고 있다. 아니, 보다 정확하게 말하자면 『효경』이 소기한 가치가 적혈구에 배어 흐르고 있다. 이 말은 무엇을 뜻하는가? 한국인들은 『효경』이라는 문헌, 그 텍스트는 별로 접한 적이 없다. 요즈음 신세대 고전학자들도 사서오경은 읽었을 지언정, 『효경』은 거의 읽지 않는다. 그런데도 『효경』이 표방한 가치, 그리고 그 가치를 활용하여 사회질서(social order)를 유지시키고자 노력한 이들의 땀방울이 한국인 모두의 체취 속에는 흥건히 젖어있다. 『효경』이라는 책을 접한 적이 없다는 말은 과연 무엇을 뜻하는가? 나 도올이나 동방학 관계 전문가들만 좀 접했다는 뜻일까? 그렇다면 조선왕조의 사람들은 어떠했을까? 조선조의 문인이나 대유들도 『효경』을 접하지 않았다는 말인가? 내가 생각하기에 조선왕조 500년을 통하여 『효경』을 접한 자가 거의 없다고 단언해도 과언이 아니다. 경천동지(驚天動地)할 이런 이야기를 왜 내가 서슴치 않고 말하는가?

우리나라 『효경』 전래 역사

중국인들이 그들의 바이블로서 내세우는 십삼경(十三經) 중에서 가장 먼저 경(經)이라는 권위로운 이름이 붙은 책이 바로 『효경孝經』이요, 우리나라에서도 백제시대에 이미 박사 왕인(王仁, 4·5세기 사람)이 『논어』·『천자문』과 함께 『효경』을 일본에 전했다고 사료되고 있고(『삼국사기』·『삼국유사』 등 우리측 사료에는 이 사실이 나타나지 않는다. 『일본서기日本書紀』나 『고사기古事記』의 기록을 통하여 추정될 뿐이다. 우리 민간전승에 의하면 왕인은 전남 영암인이다. 월출산의 정기를 받은 인물일 것이다), 신라의 문호 강수(强首, 신라의 삼국통일시기에 활약)가 어려서 『효경』·『곡례曲禮』·『이아爾雅』·『문선文選』을 읽었다는 정확한 기록이 있고(『삼국사기』권46, 열전6), 또 신라 원성왕(元聖王) 4년조에 독서삼품과 선정에 있어 『춘추좌씨전』·『예기』·『문선文選』과 함께 『논어』·『효경』에 밝은 자를 상품(上品)으로 삼았다는 기록이 있어 신라 국학(國學)의 필수공통과목으로 『논어』와 『효경』이 들어가 있었다는 것을 알 수 있다. 매우 일찍부터 『효경』이라는 경전이 조선 땅의 사람들에게 읽혔다는 것이 입증되는 것이다. 신라의 고등교육기관인 국학은 당(唐)나라의 학제를 본뜬 것이고 또 신라 국학의 전통은 고려 국자감에 계승되었다. 고려 인종(仁宗) 때 마련된 국자감의 학식(學式)을 보아도 필수 공통과목으로 『효경』과 『논어』가 들어가 있다. 광종(光宗) 때 과거제를 도입하여 유교적인 관료체제를 확립하여 호족의 발호를 억제하려 하였고, 역량 있는 군주인 성종(成宗)은 숭유(崇儒)정책을 통하여 효(孝)의 문화를 진작시키고, 3성 6부의 중앙관제를 확립하고 12목의 지방제도를 설치하여 중앙집권적 행정체제를 완비한다. 그러니까 고려 성종 때부터는 이미 근세적 유교문화가 이 땅에 정착하기 시작했다는 것을 알 수 있으며, 그 한가운데 『효경』이라는 경전이 자리잡고 있었다. 그런데 어찌하여 조선 사람들이 『효경』을 접한 적이 없다고 말하는가?

현존하는 우리나라 최고본(最古本) 『효경』

우리나라에서 간행된 『효경』 판본 중 현재 남아있는 것으로서 가장 오래된 것은 홍무(洪武) 6년, 그러니까 공민왕 22년(1373)의 발문과 간행기가 붙어있는 목판본 『효경』인데 이것은 백낙천 「장한가」의 주인공이며 양귀비와 로맨스를 속삭인 사람으로 유명한 당 현종이 직접 주석한 『어주효경御注孝經』계열의 금문효경 텍스트로서 사료된다(이재영李宰榮의 석사논문 "조선시대 孝사상의 전개와 『효경孝經』의 간행"에 언급되어 있으나 자세한 서지정보가 없다. 불행하게도 이재영과 연락이 안 닿아 실물을 확인하지 못했다. 귀중본일 것이다. 이러한 고판본에 대한 영인작업과 함께 치밀한 고증학적 연구가 절실하게 요청된다. 임화보

林華甫의 찬주纂註와 서[序, 1216], 조씨진덕재曹氏進德齋의 서문[1217], 그리고 당현종의 서문이 실려있다고 했는데 후학들의 연구를 기대한다).

조선조에서는 『효경』=『효경대의』

그러나 조선조에 들어오면 "효경"이라는 말은 거의 『효경대의孝經大義』라는 책명과 구분 없이 쓰여졌다. 그러니까 『효경』은 『효경대의』의 줄임말일 뿐이다. 『효경대의』란 어떤 책인가? 이것은 원나라 때 동정(董鼎, 똥 띵, Dong Ding. 정확한 생몰년은 미상이나 주희朱熹의 사위인 황간黃榦, 그리고 주희의 문인인 반간선생槃澗先生 동수董銖에게 사숙私淑한 송·원 교체기의 학자. 주자학을 황간에게 직접 배운 개헌介軒 동몽정董夢程의 족제族弟이기도 하다. 요주饒州 파양군鄱陽郡 사람. 현재는 강서성 파양호 동편에 있다. 자字는 계형季亨, 별호別號는 심산深山. 한 선생의 설에 얽매이지 않고 될 수 있는 대로 제가諸家의 학설을 박채博採하였다고 한다. 송원학안宋元學案 권89, 개헌학안介軒學案을 통해 그에 관한 정보를 얻을 수 있다)이 쓴 책이다. 그런데 왜 조선왕조의 사람들은 『효경』 하면 동정의 『효경대의』만을 읽었을까? 그 이유는 간단하다. 『효경대의』가 주자가 지은 『효경간오孝經刊誤』라는 책을 크게 발양(發揚)시킨 작품이기 때문이다. 그렇지만 참 이상하기도 하다. 조선왕조의 사람들이 주자의 권위를 존숭(尊崇)한다면 주자가 산정(刪定)한 주자의 텍스트를 직접 읽을 것이지, 왜 그 제자를 사숙한 손자뻘의 마이너한 사상가의 작품을 읽는가?

『효경간오』는 실패작이다

그 대강의 사정은 이러하다. 주자의 『효경간오孝經刊誤』는 우리가 독립된 작품으로서 읽을 수 있는 제대로 된 책자가 아니다. 우선 "간오刊誤"라는 말을 살펴보자! 간오란 오류(誤)를 도려낸다(刊)는 뜻이다. 즉 외과의사가 암덩어리를 잘라내듯이 『효경』이라는 텍스트 속에 박혀있는 암덩어리들을 후벼 파내버린다는 뜻이다. 즉 『효경간오』는 수술대 위에서 의사가 도려낼 것을 도려내기만 한 상태에서 멈춘 작품으로, 제대로 다시 봉합도 하지 않았고, 수술이 끝난 후 치유의 과정을 거치지도 않았다. 그런데 수술은 제대로 되었는가? 천만에! 수술 자체가 엉터리로 되고 말았다. 이 덩어리를 자르다가 저 덩어리도 건드리게 되고, 그러다가 또 자르고 또 자르고, 그러다 보니까 엉망이 되어 버렸다. 환자가 살 가망이 없어진 것이다. 그래서 의사가 수술하다 말고 도망가 버렸다.

실패를 자인하는 주자의 『효경간오』 후기

주자는 의사로서 『효경』수술에 실패를 자인했다. 그래서 『효경간오』에 대하여 서문도 쓰지 않았고, 주석도 달지 않았다. 그가 『간오』를 탈고한 것은 57세의 나이, 순희(淳熙) 13년 병오 가을 8월이었는데 그가 71세 경원(慶元) 6년(1200) 3월 9일에 세상을 뜰 때까지 14년 동안이나 서재 대광주리 속에 처박아두고 한번 다시 거들떠보지도 않았다. 그런데 그의 사후, 그의 막내아들 주재(朱在, 자字 숙경叔敬, 벼슬하여 공부시랑工部侍郎에 이르렀다)가 그 원고가 버리기 아까워 그것을 위료옹(魏了翁, 1178~1237, 자는 화보華甫, 호는 학산鶴山. 사천성 포강蒲江 사람. 경원慶元의 진사. 주희를 사숙한 경학자)에게 보냈는데 위료옹이 그것을 상재(上梓)하였다. 그러니까 『효경간오』는 제대로 된 책이 아니다. 그리고 주희 자신이 출판되기를 원치 않았던 책이었다. 이 책의 마지막에 주희의 범죄자에 가까운 자괴의식의 일단을 엿보게 하는 후기가 붙어있다.

熹舊見衡山胡侍郎論語說, 疑孝經引詩非經本文。初甚駭焉, 徐而察之, 始悟胡公之言爲信, 而孝經之可疑者不但此也。因以書質之沙隨程可久丈, 程答書曰: "頃見玉山汪端明, 亦以爲此書多出後人傅會。" 於是乃知前輩讀書精審, 固以及此。又竊自幸有所因述, 而得免於鑿空妄言之罪也。因欲掇取他書之言可發此經之旨者, 別爲外傳, 顧未敢耳。淳熙丙午八月十二日記。

나 희(熹)는 예전에 형산(衡山, 지명) 호시랑(胡侍郎: 호굉胡宏, c.1105~c.1155. 남송의 성리학자. 자는 인중仁仲. 복건성 건영建寧 숭안崇安 사람. 형산에서 20여 년간 독서에 열중하였다. 대유 무이선생武夷先生 호안국胡安國, 1074~1138의 아들이며 양시楊時 · 후중량侯仲良 문하에서 수학. 가학을 주희에게 전하였다. 남송 낙학洛學의 개창자격의 인물이다. 학자들이 오봉선생五峰先生이라 불렀다)의 『논어』에 관한 논설을 읽는 중에, 『효경』에 인용된 『시경』의 구절들이 『효경』의 경전본문으로 간주될 수 없다고 의심하는 대목을 본 적이 있다. 처음에는 심히 놀라 해괴하게 생각하였으나, 나중에 천천히 곰곰이 살펴본 결과, 비로소 호 시랑의 말씀이 신빙성이 있을 뿐 아니라, 『효경』 중에서 의심할 만한 것들이 비단 『시경』 인용문에 그치지 않는다는 것을 깨닫게 되었다. 그래서 서면으로 다시 사수(沙隨) 정가구(程可久, 남송의 학자. 이름은 형逈. 사수선생沙隨先生) 어른께 질의하여 보았더니 어른께서 나의 편지에 답하여 이와 같이 말씀하시었다: "근자에 옥산(玉山) 왕단명(汪端明, 남송의 학자. 이름은 응진應辰. 옥산선생玉山先生)을 만났는데, 그 또한 생각하기를 이 『효경』이라는 책은 후세인들이 부회(傅會)하여 억지로 꿰맞추어 생겨난 부분들이 많다고 하였다." 이에 나는 나의 선배 학자들이 책을 읽는 방식이 매우 정밀하고, 또한 깊게 살펴 이러한 결론에 이르게 되었다는 것을 깨닫게 되었다. 그래서 나 홀로 몰래, 내가 한 짓이 선대 학설을 인술(因述)한 것이며, 또한 근거 없이 망언을 일삼았다는 죄에서 벗어날 수도 있다는 것을 알고 아주 다행으로 생각하였다. 이러한 연유로 이 『효경』의 본 뜻을 발휘할 수 있게 하는 관련된 타 문헌의 파편들을 긁어모아 한데 묶어 별도로 『효경외전』을 지어야겠다고 생각했으나, 생각만 있었을 뿐 감히 실행하는 데는 이르지 못했다. 순희 병오(1186) 8월 12일 주희 쓰다.

매우 겸손한 듯이 보이는 레토릭이지만, 그 핵심인즉슨 자기가 『효경』이라는 중국의 바이블에 대하여 "착공망언의 죄鑿空妄言之罪"(허공을 뚫어 허황된 말을 일삼는 죄)를 범하고 있는 공포감에 대한 구구한 변명을 늘어놓고 있는 것에 불과하다. 그 변명의 방식도 어떠한 명철한 논리적 주장이 아니라, 호광, 정가구, 왕단명 등 당대의 학자들의 인상주의적 언급의 권위를 빌어 자신의 불안한 행위에 대한 면죄부를 얻으려 하고 있다. 이러한 당대 학자들과의 연대감만으로써는 도저히 자신의 행위의 정당성을 보장받을 수 없다는 것을 잘 알기 때문에, 『효경』이라는 텍스트를 보강할 수 있는 『외전』을 편찬함으로써 자신의 실패를 만회해보려고 했으나, 그것도 마음만 있었을 뿐 실행에 옮기지 않았다. 결국 주희는 『효경간오』의 실패를 선언한 것이다. 마음만 있었을 뿐 실행에 옮기지 않았다는 뜻은 더 이상 실패의 작업을 계속할 의향이 없다는 뜻이다. 결국 『효경간오』는 서궤에 쑤셔박아둘 수밖에 없었던 것이다. 왜 주희와 같은 대석학이 『외전』이라도 지어 『효경간오』의 작업을 마무리짓지 못했을까? 그 가장 간요(肝要)한 이유는 『외전』의 작업에 대한 부담이 아니라 『효경』이라는 경전 자체에 대한 불신감 때문이었다.

『효경』은 한대의 위작이라는 것이 주자의 생각

주희는 아무리 『효경』의 내용이 공자가 증자에게 직접 타일러 훈계하는 형식을 취하고 있다고 할지라도 그러한 액면의 진실을 인정하지 않았다. 허구적 구성으로 보았던 것이다. 『효경』을 공자 자신의 저작(自著)으로까지 보는 관점은 가소롭고 또 가소로운 일이라고 질책하였다(至或以爲孔子之所自著, 則又可笑之尤者). 그리고 심지어 『효경』을 『공총자孔叢子』와 같은 위서(僞書)로 보아 그 위작연대가 후한대(後漢代)에까지 내려올 수 있는 가능성을 시사하고 있다. 이러한 주자의 논의는 오늘날의 문헌학적 성과에 비추어 볼 때, 참으로 엉성하기 그지없는 주장이다. 『효경孝經』은 엄존하는 문헌의 형태로 이미 『여씨춘추呂氏春秋』(BC 241년에 성립)에 인용되고 있다. 『효경』이 진한(秦漢) 이전에 성립한 문헌이라는 사실은 의심의 여지가 없다. 주희와 같은 대석학이 『여씨춘추』도 읽지 않았다는 말인가? 추론컨대, 주희는 우리가 대하는 것처럼 『여씨춘추』를 상세히 읽을 기회가 없었을 수도 있다. 그의 도학적 관심에서 『여씨춘추』는 너무도 멀리 있었으며, 사마천이 여불위(呂不韋)를 아름답지 못한 인간으로 그려놓은 이후, 그리고 『한서』「예문지」가 『여씨춘추』를 변변한 일가(一家)에도 끼지 못하는 잡가(雜家) 류에 분류에 놓은 이래, 『여씨춘추』는 중국의 독서계에서 냉대를 받았다. 청조의 고증학자들에 의하여 새롭게 정비되기 이전에는, 사람의 눈길이 별로 닿지 않은 채 『여씨춘추』는 방치된 서물이었다.

『효경』의 경(經)·전(傳) 분해

하여튼 주희는 『효경』을 일대 수술을 가하지 않고서는 바이블로서의 자격을 갖추기 어려운 책으로 보았다. "간오刊誤"라는 말 자체가 『효경』은 오류투성이의 "코럽티드 텍스트corrupted text"라는 전제를 깔고 있다는 것을 의미한다. 주희가 『효경』에 대해 감행한 작업은 제1장부터 제7장(금문텍스트로서는 제6장)까지를 하나의 통일된 경문(經文)으로 묶고, 그 이후의 제8장부터 제22장까지(금문텍스트로서는 제7장부터 제18장까지)는 그 경문을 부분부분 쪼개어 해설한 전(傳)

으로 보는 것이다.

이 경(經)과 전(傳)이라고 하는 양식은 『주역』에서 이미 명료하게 예시(例示)되고 있지만, 구체적으로 주희가 『효경』을 이런 양식으로 재구성하게 되는 계기는 이미 그가 『대학』이라는 문헌을 경과 전으로 재구성했다는 사실에서 찾아볼 수 있다.

사서운동, 아타나시우스와 주희

주자학(Zhuxiism)의 출발이 사서운동(四書運動)에 있다는 것은 주지의 사실이다. 사서(四書) 중에서 『논어論語』와 『맹자孟子』는 기존의 독립된 서물이다. 그런데 『대학大學』과 『중용中庸』은 독립된 책자가 아니었다. 그것은 『예기禮記』라는 잡다한 유가논저선집(An Anthology of Confucian Treatises on Rites) 중의 두 편이었다. 『예기』중의 두 편(two chapters)인 「대학」(제42편)과 「중용」(제31편)을 독립시켜 『논어』·『맹자』와 함께 4개의 책으로 묶어 도학(道學) 즉 성리학(性理學)으로 불리는 새로운 유학운동을 전개하는 핵심 바이블로 삼았던 것이다. 4세기에 아타나시우스(Athanasius, AD c. 298~373)가 이단을 배제하기 위하여 27서 정경작업을 한 것이나, 주희가 12세기에 4서작업을 한 것은 모두 유사한 역사적 맥락을 지니고 있다.

그런데 지금 『예기』란 책이 있는가? 물론 있다. 그렇다면 현존하는 『예기』라는 책 속에 「대학」「중용」 두 편이 들어 있는가? 물론 들어있다. 그렇다면 독자들은 주자가 편찬한 『사서집주四書集注』속의 「대학」「중용」과 현존하는 『예기』 속의 「대학」「중용」을 정밀하게 비교해본 적이 있는가? 독자 중 대부분의 사람들이 사서가 『예기』 속의 「대학」「중용」을 독립시켜 성립되었다는 철학사의 단편적인 지식만을 수용했을 뿐, 이러한 텍스트의 구체적인 사실에 대하여 치밀한 지식을 소유하고 있질 못할 것이다.

사자서: 『사서집주』는 존재하지 않았다

『사서집주』란 "4개의 책에 관하여 역사적으로 축적된 주를 모은 서물"이라는 뜻이다. 그러나 『사서집주』라는 말은 주자 자신이 붙인 말이 아니다. 그것은 후대에 그 책을 편찬하여 상재하는 사람들이 붙인 이름이며, 주자는 단지 "사자서四子書"라는 단어만 사용했을 뿐이다(『주자연보朱子年譜』 광종光宗 소희紹熙 원년元年 조條를 보라). 그리고 엄밀히 말해서 "사서집주"란 표현은 어폐가 있다. "집주"의 주(注)는 고주도 일부 인용되지만 대부분 주자와 입장을 같이하는 송대의 도학자들의 주를 가리킨다. 역사적으로 이것을 한대에 성립한 고주(古注)와 대비시켜 "신주新注"라 부른다. 그런데 『논어』와 『맹자』의 경우는 많은 사람들이 이미 주를 달았으므로 "집주"(주를 모음)가 가능하다. 그러나 『대학』과 『중용』의 경우는 "집주"가 불가능하다. 그것은 주자가 맨 처음에 주목한 것은 아니지만 어디까지나 『예기』 속의 두 편이었기에 주를 긁어 모을만큼 주석이 쌓여있질 않았다. 따라서 「중용」「대학」에는 "집주"라는 표현이 불가능하다. 그래서 주자는 이 두 책에 대해서는 "장구章句"라는 표현을 썼다. 그러니까 사서집주는 실제로 논어집주(論語集注)·맹자집주(孟子集注)·대학장구(大學章句)·중용장구(中庸章句)로 이루어져 있다. 「대학」「중용」의 경우는 집주가 아니다. 즉 선학(先學)의 주석을 모아놓은 서물이 아닌 것이다. 그것은 『예기』 속에 있던 문헌이기 때문에 독립된 책으로서의 편제(篇制)가 없었다. 그래서 먼저 장(章)을 나누고 그 한 장을 다시 구(句)로 나누어 주석을 가했다는 의미이다. 『대학장구』 『중용장구』는 기본적으로 주자 자신의 주석일 뿐이다("사서"라는 개념을 최초로 확립한 것은 이정자二程子였지만 이들은 주석을 가하지 않았다. 이들을 사숙한 주자가 최초로 사서에 주석을 가했다).

『예기』「중용」 체제는 그대로 수용

『중용장구』의 경우 『예기』 제31편의 「중용」과 비교해보면 거의 텍스트의 변형이나 가감이 없이, 있는 순서대로 장을 33개로 나누어 배열했다. 본시 「중용」에도 텍스트의 이질적 요소가 융합된 느낌이 있고, 『한서』「예문지」에 예가(禮家)로 분류되어 수록된 『중용설中庸說』 2편이라는 서물이 의문부호로 남아있기 때문에, 텍스트 비평의 시각에서 본다면 「중용」 텍스트 그 자체의 정합성에 대한 의문이 제기될 수도 있다. 누가 보아도 전반의 중용론(中庸論)과 후반의 성론(誠論)은 그 텍스트의 성격이 다르다. 그러나 주희가 이것을 변형없이 그대로 수용했다고 하는 것은 「중용」을 하나의 유기적 통일체로서 간주하고서 일관되게 주해하고자 하는 웅혼한 해석학적 틀을 가지고 있었다는 것을 의미한다. 즉 중용(中庸)과 성(誠)을 하나의 연속적 코스몰로지의 틀 속에서 일관되게 해석할 자신이 있었다는 것을 의미한다. 따라서 「중용」의 경우 주희의 해석에 대한 반발이 크지 않다. 최소한 기존 텍스트를 있는 모습대로 온전하게 보전했기 때문이다.

『예기』「대학」의 재구성

그러나 「대학」의 경우는 사정이 매우 다르다. 『예기』 속의 「대학」의 텍스트가 있는 그대로 읽기에는 문장의 연결구조나 사상의 흐름에 좀 문제가 있다는 의문은 주자 이전에 북송 사상가들에 의하여 이미 제기되었다. 그래서 「대학」의 텍스트의 순서를 재배치하는 작업을 감행한 사람이 있었다. 『이정집二程集』에 보면 「예기禮記」 부문에 "명도선생개정대학明道先生改正大學"과 "이천선생개정대학伊川先生改正大學"이라는 두 텍스트가 실려있다. 이 두 텍스트는 「대학」이라는 텍스트를 자기의 생각에 따라 재배치한 것인데, 형 명도의 재배치와 동생 이천의 재배치가 사뭇 다르다.

이러한 사례에 용기를 획득한 주자는 「대학」이라는 텍스트를 자기 나름대로 재구성하고자 하는 매우 강렬한 욕망을 느꼈을 것이다(주희는 39세에 『정씨유서程氏遺書』를 편집했는데 이 즈음에 「대학」 재구성의 의욕이 생겨났다). 『신약성서』 27서에서 「요한계시록」이 신앙에 혼동을 주는 문헌이라고 짤라내버리고 사도 바울의 서한 중에서 위작이라고 판명된 것들을 제거하고, 공관복음서가 아닌 「요한복음」이 후대의 교회에서 성립한 문헌이라고 하여 파기하여 『신약』을 새롭게 구성한다면 가톨릭교황청에서는 당장 그를 화형에 처할 것이다. 그러나 이미 송대에 이러한 어제(御製) 경전에 대한 민간학자들의 임의적 재구성이 허락될 수 있었다는 것은 중국 송대사회가, 당대 비잔틴제국이 사라센과 버겁게 대결하고 있는 틈새에 역사의 무대에 등장한 십자군이 만행과 약탈과 월권적 점유를 일삼고 있었던 야만의 서구라파사와 비교하면 참으로 개명(開明)한 근대사회의 모습을 과시하고 있다는 생각을 갖게 만든다. 주자의 경전 재구성은 확고한 인류 근대정신의 발로였다.

「대학」과 수기치인(修己治人)

주자는 「대학」이라는 텍스트가 수기치인(修己治人)의 가장 이상적 전범을 이루는 텍스트라고 생각했다. 수기(修己)라는 것은 나라는 개인 존재의 내면적 덕성의 함양이며, 이것은 매우 도덕주의적인 실존활동(subjective moral activities)이다. 그리고 치인(治人)이라는 것은 나 이외의 타인을 어떻게 다스려서 사회적 질서(Social Order)를 형성시키는가에 관한 것으로 이것은 매우 사회과학적인 객관적 외재활동(objective governing activities)이다. 주자는 이 수기와 치인의 두 다른 층면(層面)을 동일한 연속적 차원에서 통합하려고 노력했다. 그러나 치인을 통하여 수기를 이룩하는 것보다는, 수기를 통하여 치인이 달성된다고 보았다. 어디까지나 개인 실존의 내면적 도덕성이 확립되어야만 그것이 끊임없이 확충되어 나가는 과정에서 치인의 사회과학(the social science of governing others)이 완성된다고 본 것이다. 서구의 근대적 사회과학이론에 의한다면 이것은 존재와 당위를 혼동한 전근대적 사고라고 말할지 모르겠지만, 오히려 마키아벨리즘적인 사회과학적 사유야말로 전근대적 가치전도라고 말할 수도 있는 것이다. 근대성과 전근대성에 관한 동·서의 사유는 근원적으로 문제의식이 다르다. 도덕주의적 입장에서 사회과학적 진실을 자신있게 다루지 못하는 객관주의야말로 허구적 사회과학 종교의 질곡이라고 규정할 수도 있다.

『대학』이라는 책은 실제로 오늘날의 대학과도 같은 고등교육기관의 교육강령을 밝힌 책이었다. 여기 뻬이징에 있는 태학 국자감은 원나라 때 창건되어(1287) 명초에 북평부학(北平府學)이 되었다가 영락 원년(1403) 북경 국자감(國子監)이 되었다. 영락 19년 북경으로 천도하면서 경사(京師) 국자감이 되었다. 문위로 태학(太學)이라는 현판이 보인다.

삼강령과 팔조목

수기와 치인의 총체적 연속성의 우주론을 주희는 대학의 삼강령(三綱領)과 팔조목(八條目)에서 발견했다. 독자들은 상식적으로 "수신-제가-치국-평천하"라는 4조목을 알고 있을 것이다. 그러나 "수신修身" 아래로 4조목이 더 있다:

팔조목 八條目							
평천하 平天下	치국 治國	제가 齊家	수신 修身	정심 正心	성의 誠意	치지 致知	격물 格物

이 8조목 중 격물에서 수신까지의 프로세스(process)가 수기(修己)이고 제가에서 평천하까지의 프로세스가 치인(治人)이다.

삼강령 三綱領		
명명덕 明明德	신민 新民	지어지선 止於至善

3강령으로 말한다면 명명덕(明明德)은 수기를 말하는 것이요, 신민(新民)은 치인을 말하는 것이다. 지어지선(止於至善)은 수기와 치인을 통합하는 오메가 포인트로서의 지향점(the teleological apex)인 동시에, 수기와 치인이 끊임없이 통합될 수 있도록 만드는 모든 존재의 근거이다. 지극한 선(至善)이야말로 우주의 출발인 동시에 전 우주가 지향해가는 자생적 정합질서(self-organizing order)이다.

이 삼강령 팔조목의 핵심적 이벤트가 "수신修身"이라고 주희는 간파하였다. 평천하에서 수신까지, 수신에서 격물까지 통합하는 축(pivot)이 곧 수신이라고 본 것이다.

> 自天子以至於庶人, 壹是皆以修身爲本。
> **천자로부터 보통사람에 이르기까지 한결같이 모두 수신을 근본으로 삼는다.**

고본「대학」과 주자「대학」

주희는「대학」의 첫머리를 장식하는 "대학지도大學之道"로부터 "미지유야未之有也"까지의 한 단, 즉 삼강령 팔조목의 한 섹션만을 경화(經化, canonization)시켜야 한다고 생각했다. 즉 도학(道學)의 출발경전으로서의 최고의 권위를「대학」의 첫머리에 부여해야 한다고 생각했다. 그리고 그 나머지에 오는 문장은 이 경(經)을 부연설명하는 전(傳)으로서 간주되어야 마땅하다고 본 것이다.

명도는 주희가 경으로 간주한 부분에 이미 뒷 문장을 삽입해 넣었지만, 주희는「대학」의 앞대가리 한 단은 온전하게 경(經)으로서 보전했다. 그러나 그것을 부연설명했다는 나머지 부분을 10장으로 나누어 배열하려고 하였을 때, 순서의 재배치가 불가피했다. 그리고 과연 주희가 주장하는 대로 전(傳) 10장이 정확하게 경문과 매치가 되는지도 보장할 길이 없다. 더구나 가장 핵심적인 "격물치지" 부분에 대해서는 전(傳)이 없었다. 그래서 제5장에 그 전에 해당되는 문장을 날조해서 보전(補傳)을 만들었다. 이 "보전"이야말로 주자학의 핵심에 해당되는 부분이며 「대학」을 그의 사상 전체계와 연결시키는 문장이다. 그러나 그것은 어디까지나 주희의 날조이다.

주희 편집 이전의 『예기』 제42편 「대학」을 우리는 "고본대학古本大學"이라고 부른다. 이 고본대학과 주희의 『사서집주』본의 대학은 텍스트 그 자체가 다른 성격의 것이다. 우리나라의 상당부분의 유자들이 이러한 기초적인 사실을 모른 채, 주희의 『사서집주』만을 신봉했다. 주자「대학」 이전의 고본「대학」을 있는 그대로 해석하려는 시도를 감행한 조선 유자는 거의 없다. 이병휴(李秉休, 성호 이익의 조카)가 고본대학을 문제시 삼은 바 있고, 윤휴(尹鑴, 1617~1680)가 주자의 권위에 구애됨이 없이 새롭게 분장·분구를 시도하고 고본대학을 고수하려는 자세를 보인 것은 예외적인 상황이긴 하지만 이들의 학문성향은 전혀 체계적인 학통을 수립할 수 없었다. 주자를 잘못 건드리면 "사문난적斯文亂賊"으로 몰리고 일가 구족이 멸망하는 판이니 그 누가 구차스럽게 그런 짓을 하겠는가? 신·구약 『성경』과 특정신학체계의 일자무오류적 권위를 신봉하는 자들의 작금의 작태와 별 차이가 없다.

왕양명의 주자『대학장구』 비판

주희가 학용, 즉 대학과 중용의 이러한 장구의 틀을 짠 것은 주희의 서한들로 미루어 보건대 45세부터 46세에 이르는 시기였다. 그리고 그로부터 11년이 지난 후 주자는 비로소 『효경』에 손을 대었다. 『효경』에 대해 간오(刊誤) 작업을 하게 된 것은 물론 이미 감행한 『대학』의 경·전의 틀이 그 모델로서 심중에 자리잡고 있었기 때문이었다. 주희의 「대학」 장구작업은 문제를 많이 안고 있었기 때문에 후에 왕양명을 비롯하여 양명심학 계열 사람들의 강렬한 비판에 봉착했지만 그 나름대로의 합리적 이유가 있었고 「대학」이라는 문헌을 이해하는 데 도움을 주는 측면이 강했다. 그러므로 주희의 「대학」 장구 작업은 대체적으로 성공적이었다고 평가할 수가 있다. 그리고 고본「대학」에 비해 장구「대학」이 텍스트를 크게 손상시켰다고 말하는 자도 물론 있겠지만, 그렇게 혹평할 이유까지는 없을 수도 있다. 그러나 『효경』의 경우는 상황이 달랐다.

『효경』 수술에 대한 주희 자신의 변명

『효경장구』라 말하지 않고 『효경간오』라 말한 것 자체가 이미 『효경』이라는 문헌을 학용(學庸)에 비해 낮잡아 봤다는 것을 의미한다. 그런데 더 중요한 이유는 『효경』이, 「대학」처럼 한 경의 한 편이 아니라, 그 자체로 이미 하나의 독립된 경(經)이었으며 주희가 손을 대기 이전에 이미 장(章)의 구분이 있었다는 것이다. 뒤에 다시 말하겠지만 금문효경은 18장으로 구성되어 있고 고문효경은 22장으로 구성되어 있지만 분장(分章)을 무시한 전체 경전의 내용은 그다지 큰 차이가 없다. 그렇다면 주희가 「대학」을 모델로 삼아 감행해야 할 작업은 우선 삼강령 팔조목에 해당되는 경(經)을 만드는 작업이다. 그러기 위해서는 『효경』의 앞대가리 제1장부터 제7장까지(고문)를 하나의 연속된 문장으로 뭉뚱그려 한 덩어리로 만들어야 했다.

1	개종명의장 開宗明義章	하나의 경문經文으로 만듦
2	천자장 天子章	
3	제후장 諸侯章	
4	경대부장 卿大夫章	
5	사장 士章	
6	서인장 庶人章 ※금문에서는 한 장	
7	효평장 孝平章	

그런데 이미 분장되어 있는 원래의 체제에서는 각 장이 "공자님께서 말씀하시었다"하는 "자왈子曰"로 시작되고, 또 각 장의 말미는 『시경』의 노래 구절을 인용하거나 『상서』의 구절을 인용하는(제2장의 경우) 매우 유니크한 문헌양식을 갖추고 있다. 그런데 이것을 하나로 뭉뚱그리기 위해서는 어떻게 해야 할까? 그 해결책은 매우 간단하다. 그러한 부분을 모두 잘못된 암덩어리라고 간주하고 싹둑 잘라버리는 외과수술을 감행하는 것이다. 제대로 된 진단일까? 오진일까? 과연 아름다운 『시경』의 노래 가사가 암세포일까? 떼어내야만 할 악성종양일까? 주희의 진단은 완벽한 오진이었다. 그러나 조선왕조에

는 이러한 사정을 바르게 그 뿌리로부터 파악하는 학자가 부재했다. 구구한 말을 하기 전에 주희 자신의 변명을 들어보자!

蓋經之首, 統論孝之終始, 中乃敷陳天子諸侯卿大夫士庶人之孝, 而其末結之曰: "故自天子以下, 至於庶人, 孝無終始, 而患不及者未之有也。" 其首尾相應, 次第相承, 文勢連屬, 脉絡通貫, 同是一時之言, 無可疑者。而後人妄分以爲六七章。今文作六章, 古文作七章。又增子曰及引詩書之文, 以雜乎其間, 使其文意分斷間隔, 而讀者不復得見聖言全體大義, 爲害不細。故今定此六七章者, 合爲一章, 而刪去子曰者二, 引書者一, 引詩者四, 凡六十一字, 以復經文之舊。其傳文之失, 又別論之如左方。

대저『효경』경문의 첫머리에 효의 끝과 시작을 총괄적으로 논하고, 중간에 천자와 제후와 경대부와 사(士)와 서인(庶人)의 효를 개별적으로 나누어 부연설명하였고, 또 그 말미에 그것을 총결하여, "그러므로 천자로부터 아래로 서인에 이르기까지 효의 끝과 시작을 제대로 마무리하지 않은 채, 환난이 그 몸에 미치지 아니하는 자는 있어본 적이 없다"라고 하여 매듭짓는다. 그러므로 그 수미(首尾)가 상응하고, 차제(次第)가 상승하며, 문세(文勢)가 연속되며 맥락(脈絡)이 통관하니 이것은 분명 한 시점에 연속해서 단번에 말한 것이라는 사실에는 의심할 여지가 없다. 그런데 후인(後人)들이 바보같이 망령되이 나누어 6·7장으로 분리시켰다. 금문은 6장으로 나누고 고문은 7장으로 나누었다. 그러면서 또한 "자왈子曰"과 『시경』과 『서경』의 문장을 인용하는 말을 보태어 그 사이사이에 끼워 넣음으로써 문의(文意)를 분단(分斷)시키고 격절시켜 버렸다. 그래서 독자들이 성인의 말씀의 전체대의를 제대로 다시 파악할 수 없도록 만들어 놓았으니, 그 해(害)가 결코 가볍지 않다. 그러므로 나는 지금 이 6·7장으로 나뉘인 것을 합하여 한 장으로 만들고, 그에 따라 "자왈子曰"이라고 한 것 두 군데, 『서경』을 인용한 것 한 군데, 『시경』을 인용한 것 네 군데, 도합 61자를 싹둑 잘라 내버려 경문(經文)의 옛 모습을 복원하였다. 그리고 이 후로 이어지는 전문(傳文)의 잘못된 것은 별도로 논하겠다.

경(經)과 전(傳)이 상응하지 않는다

주희의 변명이 독자들에게 그럴듯하게 들릴지는 모르겠으나 생각해보라! 과연 주희식으로 외과수술을 해놓은 것이 "경문지구經文之舊"일까, 그 수술을 하기 전의 온전한 모습이 "경문지구"일까? "경문지구를 복원한다"하는 말이 어찌 가소롭지 않을 수 있느뇨! 이런 식으로 잘려나간 글자가 『효경』 전체 1780자 중에서 무려 223자나 된다(『효경대의』 셈법인데 판본마다 약간 다르다. 삭제자를 230으로 센 것도 있다). 과연 『효경간오』의 텍스트가 『효경』의 옛 모습을 복원한 것일까? 그렇다면 경문(經文) 이후의 전문(傳文)은 어떻게 되었을까? 전문이 과연 경문의 순서에 따라 그것을 차곡차곡 해설한 문장일까? 주희는 전문을 모두 14장으로 나누었는데 그 14장 중 대부분은 금·고문 제

1장의 개종명의장의 내용을 해설한 것이다. 그리고 제10장 한 장이 천자의 효를 해설한 것으로 보았고, 제9장, 제11장, 제12장, 세 장이 사의 효를 해설한 것으로 보았다. 그리고 제13장과 제14장은 경문과 관계없이 따로 독립된 의미를 발휘하는 문장(不解經而別發一義)으로 간주하였다. 결국 전체적으로 경문과 전문의 내용이 잘 맞아떨어지지 않는다는 뜻이다. 주희는 억지로 꿰어 맞추어놓고도 흥미를 상실할 수밖에 없었다.

천자와 사에 대한 주희의 강조

"천자天子-제후諸侯-경대부卿大夫-사士-서인庶人"의 하이어라키에서 제후·경대부·서인이 빠져버리고 천자와 사만 전(傳)의 대상이 된다는 것은 주희의 의식세계에 있어서 매우 중요한 의미를 갖는 것이다. "천자-제후-경대부-사-서인"이라는 하이어라키는 주대의 봉건질서를 전제로 한 것이며 송대의 정치제도나 사회조직에는 합당한 이야기가 아니다. 조선왕조의 유자들은 주희가 막연하게 복고적인 사상가인 것처럼 떠받들었을지 모르지만 주희는 과거지향적 인물이 아니라 철저히 현재지향적 인물이었다. 주희는 정강지변(靖康之變, 1127년)이후 굴욕적으로 여진족의 금나라와 대치하고 있었던 남송(南宋) 당대의 문제의식 속에서 씨름하고 산 사람이었다. 조선왕조의 보수주의적 유자들이 주자를 교조주의적으로 떠받들게 된 근원에는 주희의 정통론(Zhuxiistic theory of Orthodoxy)이 자리잡고 있었다. 주희에 대한 복고주의적 인상은 공맹 정통론에서 비롯되지만,

주희의 정통론 그 자체도 결코 과거로의 회귀를 의미하는 것이 아니다. 그의 배불론적 입장이나 남송사회를 개혁하고자 하는 그의 강렬한 현재적 관심의 이론적 근거로서 그는 정통론을 말했을 뿐이다.

주희에게 문제된 권력의 센터는 황제(천자)와 사(士)일 뿐이었다. 주자 시대의 사대부는 이미 식읍을 소유한 경대부가 아니며, 단순한 행정관료였다. 출신여하를 막론하고 과거(科擧)라는 시험제도를 통하여 일거에 인민을 통치할 수 있는 권력의 자리를 부여받는 특별한 존재였다. 요즈음과 같이 고등고시를 패스하면 고위관리가 되는 것과 별반 차이가 없으나, 가장 큰 차이는 순수하게 봉급(salary)에 의존하여 사는 공무원은 아니라는 것이다. 이들 관리의 주요임무는 조세의 징수와 재판이지만 결국 이러한 지방행정의 실제적 담당자는 서리(胥吏, 書吏)였다. 서리는 공식적으로 봉급이 없었다. 그들은 관청에 기생하는 사무하청업자로서 사무를 수행할 때 민중에게서 수수료를 징수하여 생활한다. 이들은 세습적인 지연과 혈연관계 속에서 지위는 낮지만 강력한 지방공동체조직을 형성한다. 중앙에서 파견된 관리의 삶이란 결국 이들과의 결탁을 떠나서는 상상하기 어려웠다. 따라서 제도적인 부패가능성이 항존한다. 그리고 관리들의 조세수취의 자의성을 체크할 수 있는 하등의 제도적 장치가 없었다. 그리고 지방관의 성적은 무엇보다도 조세징수의 실적에 의하여 평가되었다. 이러한 특성이 송대의 관료제도가 매우 합리적인 객관기준을 지닐 수도 있는 조직이었음에도 불구하고 막스 베버가 말하는 근대적 관료제도(modern bureaucracy)의 전문성을 확보하지 못한 이유이다. 이 결핍을 주희는 도학(道學)의 도덕주의로써 메꾸려고 했다. 더구나 송대의 사대부를 형성하는 지식인들은, 과거의 천거방식에 의한 인재등용이 특정한 귀족 써클 내에서 이루어진 것과는 대조적으로, 대개 문벌이 없는 서민 출신의 신흥계층이었다. 짜고치는 고스톱과도 같은 천거에 의하여 선발되는 관리는 멍청한 놈일 수도 있지만, 그래도 귀족문벌의 소양은 일정하게 확보될 수 있는 가능성이 높다. 그러나 과거에 의하여 선발되는 관리는 그러한 도덕기반을 어려서부터 체질적으로 확보하지 못한 채 권좌에 앉게 되는 생뚱맞은 인물일 경우가 많다. 주희는 이들 신흥관료를 어떻게 도덕화시킬 수 있느냐 하는 문제에 전념할 수밖에 없었다.

수신의 보편주의적 패러다임

송대에는 천자의 중앙집권적 결정권이 극대화되었다. 과거제도도 "전시展試"화 되면서 관리들은 모두 "천자의 문하생"이 되고만다. 결국 관리들은 황제에 대한 절대적 복종의식만을 키우게 되고 대민(對民)의 보편의식을 상실케 될 수가 있다. 사대부의 존재의의가 단순히 독재적 황제권력의 유지를 위한 관료제의 한 부속품적 기능에 머물고 말 때, 국가는 위태롭게 되고 민생은 외면당하고 만다. 황제가 이상적인 철인왕(Philosopher-King)의 가치를 구현하는 인물이라면 모르되, 그렇지 못한 대부분의 상황에서 사대부가 스스로의 존재의미를 규정하는 일이란 결코 쉬운 일이 아니다. 여기에 바로 주희가 『효경』에서 천자와 사만을 전(傳)의 주축으로 설정한 이유가 드러난다.

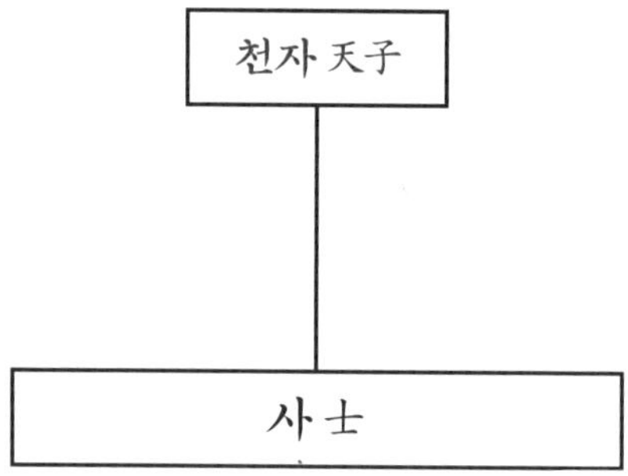

『대학』의 경문에는 이러한 문제를 해결케 하는 결정적인 한마디가 있었다: "천자로부터 보통사람에 이르기까지 한결같이 모두 수신을 근본으로 삼는다. 自天子以至於庶人, 壹是皆以修身爲本。"

주희에게 이 말은 천자와 사의 관계가 수직적인 일방하달관계가 아니라 "수신"을 매개로 하여 수평적인 관계로 전향하는 것을 의미한다. 천자이든, 사이든, 서인이든, 모든 인간존재가 수신이라는 내면적 덕성의 함양에 있어서는 평등의 관계에 놓여있다. 그것은 인간존재의 근원적 조건으로서 어디까지나 자내적(自內的) 사태이며, 자외적(自外的)·향외적(向外的) 사태가 아니다. 주자는 바로 이 "수신"이라는 주제에 있어서 송대 지식사회의 보편적 패러다임을 발견하고 있는 것이다. 패러다임이 천자와 서인의 차등 위에 설 때는 보편주의(universalism)의 자격을 상실하는 것이다. 수신이라는 명제는 동방사회의 근대적 패러다임의 확고한 보편주의적 측면이다. 천자도 끊임없이 수신이라는 보편적 가치에 매진할 때만이 평천하라는 결과를 획득하는 것이다. 수신도, 평천하도 결국은 동시적 프로세스(Process)이다. 이러한『대학』의 패러다임에 비하면『효경』은 천자의 권위를 배천(配天)의 존재로서 신비화시키고 있는 느낌이 들 수 있다. 주희는 천자 한 사람의 효(孝)의 실천이 만인의 도덕적 교화의 규범이 되며 그것으로써 사해(四海)가 다스려질 수 있다는『효경』의 논리를 신비주의적 망상 정도로밖에는 생각하지 않았다. 천자는 하늘에 대한 제사를 통하여 절대적 권위를 확보할 것이 아니라, 인사(人事)의 상황성 속에서 부단히 도덕적 단련을 해야만 하는 수신(修身)의 존재일 뿐이다. 주희가 말년에(1194) 영종(寧宗)의 시강(侍講)으로서『대학』을 진강할 때 즈음 그가 주상(奏上)한 상서(上書)에는 다음과 같은 내용이 있다.

> 朝廷紀綱, 尤所當嚴。上自人主, 下至百執, 各有職業, 不可相侵。今進退宰執, 移易臺諫, 皆出陛下之獨斷, 大臣不與謀, 給舍不及議。正使其事悉當於理, 亦非爲治之體。況中外傳聞, 皆謂左右或竊其柄, 而其所行, 又未能盡允於公議乎。此弊不革, 臣恐, 名爲獨斷, 而主威未免下移, 欲以求治, 而反不免於致亂。

> 조정의 기강은 특별히 엄격히 하지 않으면 안됩니다. 위로는 천자로부터, 아래로는 실무를 담당하는 백관에 이르기까지 각기 맡은 고유의 직분이 있기 때문에 서로의 영역을 침범하

면 아니 됩니다. 현재 재상(宰相, 宰執)의 진퇴문제나 대간(臺諫: 감찰하거나 간언하는 관직)을 갈아버리는 문제가 모두 폐하 한 사람의 독단(獨斷)에 의하여 행하여지고 있습니다. 대신이 그 모의과정에 더불어 참여할 수도 없고, 급사(給舍: 급사중給事中과 중서사인中書舍人을 일컫는데 이들은 임금의 조칙정령詔勅政令의 내용이 과연 정당한가를 따지는 직책의 사람들이다)가 폐하의 결정이 정당한지 그 시비를 평의(評議)하는 일도 없습니다. 폐하께서 독단으로 판결하는 일들이 설사 모두 사리에 합당하다고 할지라도 그것은 올바른 정치를 하는 본체가 아니올시다. 하물며 조정 내·외에서 들려오는 소문에 의하면 폐하의 주변에 가까이 있는 자들이 폐하의 위광(威光)을 도둑질하여 횡포를 부리고 있다고 모두 말하고 있으니, 그들이 하는 짓거리가 또한 공의(公議)에 다 합당하지 못할 것은 뻔한 이치입니다. 이러한 폐단이 개혁되지 않는다면, 제가 우려하옵는 것은 명목상으로 그러한 결단이 폐하 한 사람의 결단이라고 규정하여도, 실제로는 폐하의 권위가 신하의 수중으로 하락하는 결과를 모면키 어렵다는 것입니다. 이렇게 되면 아무리 바른 정치를 희구하여도 오히려 난세를 초래하는 결과를 면키 어려울 것입니다(면재勉齋의 『주자행장朱子行狀』에서 인용).

천자와 사의 관계는 공도를 모의하는 관계

이러한 주희의 직언에서도 명료하게 그 의식이 드러나 있듯이 천자와 사(士)의 관계는 쌍방적이야 하며, 서로 침범할 수 없는(不可相侵) 고유의 직분 영역이 있다(各有職業). 어떠한 경우에도 천자의 독단(獨斷)은 바람직하지 않다. 주자의 어휘 속에서 천자와 사의 관계는 서로 더불어 공도(公道)를 모의(謀議)하는 관계가 되어야 한다. 이러한 주자의 틀에서 본다면 『효경』은 효(孝)의 충화(忠化)를 중심테마로 삼고 있는 것처럼 보인다. 그러므로 그의 도학적 틀에는 잘 맞아떨어지지 않는다. 주희의 틀에서 본다면 천자나 사(士)나 모두 개인 내면의 존양성찰을 통하여 치인(治人)의 보편적 규범을 달성해야 한다. 그러나 『효경』은 효(孝)라는 보편적 규범을 먼저 내세움으로써 개인을 순화(順化)시키려고 한다.

『대학장구』와 『효경간오』

앞서 말했듯이 주희는 45~6세 때에 학용장구의 초고를 완성했다. 그리고 57세 때 『효경간오』를 썼다. 46세 때 탈고한 『대학장구』가 과연 어떠한 모습의 것이었는지 우리는 정확히 알 수가 없다. 주희는 『대학장구』에 대하여 각별한 애착을 지니고 끊임없이 수정작업을 가했기 때문이다. 그는 71세로 세상을 뜨기 사흘 전까지 『대학장구』에 수정을 가하고 있었다고 한다. 하여튼 『대학장구』의 초고를 46세 때 탈고한 후 11년 후에 『효경』에 손을 대었다는 사실은 아무래도 각별한 이유가 있었을 것이다. 주희가 사서(四書)를 새로운 유학운동의 시발점으로 생각했다는 것은 우선 그의 정통론의 구상과 관련이 있다. 주자는 학문의 보편성을 매우 강조한 사람이다. 학문의 보편성이란, 우선 될 수 있는 대로 많은 사람에게 즉 일반대중에게 학문을 이해시키는 것이다.

송나라는 매스컴시대

송대는 대운하가 활발히 가동되면서 남북이 하나로 소통되는 대상권을 형성하였고 농촌의 구석구석까지 화폐경제의 와중에 휩쓸려 들어갔다. 송의 수도 동경(東京) 개봉부(開封府)는 그러한 대동맥 루트의 심장에 해당되는 곳으로 성내 전체가 시장화 되어있는 화려한 메트로폴리스였다(과거 도시의 시장은 일부 구역에 제한되어 있었다). 이 대시장 도시에서 우리의 주목을 끄는 가장 획기적 사실은 문화상품의 시장화였다. 특히 서적이 오늘날의 책방에서처럼 상품으로서 유통되었다는 사실이다. 이 사실은 방대한 독서계층이 1억이 넘는 것으로 추정되고 있는 송나라 인구의 상당한 비율을 차지하고 있었다는 것을 의미한다. 송나라는 매스컴시대였다. 이러한 매스컴시대에는 사람들은 쉽고 재미있게 읽을 수 있는 책을 원한다. 중국의 호한(浩瀚)한 정사(正史)를 다 읽는다는 것은 너무도 엄청난 일이다. 그래서 사마광은 그 방대한 분량을 다이제스트한다는 의미에서 『자치통감資治通鑑』을 지었는데, 이 『자치통감』만 해도 294권이나 되는 방대한 분량이다. 그래서 주희는 문인(門人)에게 명하여 이를 다시 간략화시켜 59권의 『자치통감강목資治通鑑綱目』을 지었다. 이것은 당대의 사람들이 어려운 책을 읽으려 하지 않았다는 사실을 방증한다.

사자(四子)와 도통(道統)

마찬가지로 중국의 오경(五經)은 읽어야 하는 책이지만 읽기가 어렵다. 주희는 따라서 오경에 접근하기 전에 일반대중들이 쉽게 접할 수 있는 책을 편찬해야겠다고 생각한 것이다. 그것이 바로 사자서(四子書)라는 것이다.

"사자서四子書"라는 표현에서 우리가 주목해야 할 사실은 "사자四子"라는 표현이다. "사자"는 네 책이라는 뜻이 아니라 "네 선생"(Four Masters)이라는 뜻이다. 이 네 선생은 과연 누구일까? 당대(唐代)의 문호 한유(韓愈, 768~824)의 「원도原道」로부터 촉발되어 형성된 송대의 도통론은 다음과 같은 계보를 말하고 있다.

요	—	순	—	우	—	탕	—	문	—	무	—	주공	—	공자	—	증자	—	자사	—	맹자
堯	—	舜	—	禹	—	湯	—	文	—	武	—	周公	—	孔子	—	曾子	—	子思	—	孟子

문제는 증자의 책

한유는 맹자가 죽은 이후로 그 도통의 전수(傳)가 끊겼다고 말한다(孔子傳之孟軻。軻之死, 不得其傳焉). 이 계보에서 공자 이전에 해당되는 경전이 육경(六經)이다. 그러나 그것은 난해하여 일반인들의 접근이 어렵다. 그 난해한 육경에 접근하는 새로운 방법으로 주희는 공자 이래의 네 선생의 가르침을 전하는 책을 하나씩 선정하였다. 그것이 바로 사자서(四子書)인 것이다. 그런데 공자의 경우는 『논어』가 있고, 맹자의 경우는 『맹자』가 있다. 그리고 『중용』은 이미 『사기』의 「공자세가」에 자사(子思)가 『중용』을 지었다고 확실하게 명시되어 있어(伯魚生伋, 字子思, 年六十二。嘗困於宋。子思作中庸。) 예로부터 확고하게 자사의 작으로 간주되어 왔다. 문제는 증자의 책이다.

공자	『논어』
증자(공자의 직전제자)	?
자사(증자의 직전제자)	『중용』
맹자(자사의 손제자)	『맹자』

주희는 『예기』로부터 「대학」을 독립시키고 「대학」에 장구작업을 할 때, 「대학」의 경문(經文)은 공자의 말을 술(述)한 증자의 작(作)이고, 전문(傳文)은 증자의 뜻을 설명한 증자문인의 작품이라고 못을 박았다(右, 經一章, 蓋孔子之言, 而曾子述之。其傳十章, 則曾子之意, 而門人記之也). 주희 이전부터 그러한 설이 있었으나 주희가 그것을 확고하게 이야기함으로써 정설화된 것이다. 무슨 근거가 있는가? 근거라고는 아무 것도 없다. 그냥 그렇게 주자가 말했다는 것일 뿐이다. 이렇게 해서 사자서(四子書)의 구색이 갖추어졌으나 주자의 심중에 찜찜한 구석이 남아있다. 왜냐하면 증자가 공자의 말을 기록한 것으로서 이미 경문화되어있는 권위있는 바이블이 엄존하고 있었기 때문이었다. 그것이 바로 『효경』인 것이다.

『효경』과 『대학』은 다같이 증자의 작으로서 라이벌 관계

『효경』은 첫머리부터 공자가 증자에게 "삼(參, 증자의 이름)아, 게 앉거라. 내가 너에게 일러주겠다" 하고 시작하기 때문이다. 이렇게 되면, 증자의 책으로서 『대학』과 『효경』은 라이벌 관계에 있게 된다. 『대학』을 경(經)과 전(傳)으로서 나누어 장구작업을 성공적으로 수행한 주희는 당연히 『효경』마저 같은 방식으로 경(經)과 전(傳)으로 나누어 새로운 장구작업을 시도하려 하였다. 물론 그는 그의 도학적 틀 속에 『효경』을 편입시키려 했을 것이다. 그러나 막상 『효경』에 손을 대고 보니 『효경』이라는 경전은 전혀 자기의 도학적 틀과 맞아떨어지는 책이 아니었다는 것을 깨닫게 된다. 그리고 경문을 만드는 과정에서 엄청나게 중요한 부분들을 삭제하게 되었고, 또 그렇게 억지춘향이로 만들어놓은 경문과 전문을 매치시키는 과정에서 또 많은 삭제가 불가피했다. 결과적으로 주희는 『효경』에 손을 댔다가 사상적으로도 자신의 성리학적 틀을 보완할 수 있는 결정적 내용을 얻지 못했고 텍스트비평의 성과도 올리지 못했다. 애꿎게도 한대로부터 이미 경(經)의 권위를 획득하여 내려온 바이블 한 권만 망쳐버린 결과를 낳은 것이다. 아무리 레토릭의 구사가 좋은 주희라 할지라도 『효경간오』를 세상에 내놓을 자신은 서지 않았던 것이다. 그래서 서문도 아니 쓰고 장구주해작업도 하지 않고 서궤에 쑤셔넣어 두었던 것이다. 다시 말해서 『효경간오』작업의 실패로 말미암아 주희는 사자서의 구상에 대한 확신을 획득한다. 자기의 경학 틀 속에서는 『효경』을 잠재워버리기로 결심한 것이다. 증자의 작으로서는 오직

『대학』만을 어필시키기로 작심한 것이다. 4년 후 61세 때 드디어 회암(晦庵, 주희의 호)은 임장군(臨漳郡)에서 『사자서四子書』를 상재(上梓)한다(소희紹熙 원년, 1190). 『주문공문집朱文公文集』 권82에 “서임장소간사자후書臨漳所刊四子後”라는 발문이 실려있다.

聖人作經, 以詔後世, 將使讀者誦其文, 思其義, 有以知事理之當然, 見道義之全體而身力行之, 以入聖賢之域也。… 欲求道以入德者, 舍此爲無所用心矣。然去聖旣遠, 講誦失傳, 自其象數名物, 訓詁凡例之間, 老師宿儒尙有不能知者, 況於新學小生, 驟而讀之, 是亦安能遽有以得其大指要歸也哉! 故河南程夫子之敎人, 必先使之用力乎大學、論語、中庸、孟子之書, 然後及乎六經。蓋其難易、遠近、大小之序, 固如此而不可亂也。

성인께서 경전(바이블)을 지으시어 후세에 가르침을 드리우실 때에는, 읽는 자로 하여금 그 문장을 암송하고, 그 뜻을 생각하고, 사리의 당연함을 깨달아, 도의(道義)의 전체를 보고 몸으로 힘써 실천하여, 성현의 경지에 스스로 들어가게 하려 함이라 … 도(道)를 구하여 덕(德)에 들어가려고 하는 자는 성인의 경전을 버리고서는 도무지 마음 쓸 곳이 없다. 그러나 지금 성인의 시대로부터 세상이 너무 멀어져 그 뜻을 일깨워 강의해주는 자들이 사라졌고, 그 상수(象數)와 명물(名物)로부터 훈고(訓詁) · 범례에 이르기까지 서당에서 가르치는 선생님이나 덕망이 높은 대학자들도 그 뜻을 다 알지 못한다. 그런데 하물며 새로이 공부하려는 초심자가 벼락 같이 읽기 시작하여 그 큰 대강의 뜻과 핵심적 요점을 갑자기 터득한다 하는 말이 어찌 있을 수 있겠는가! 그러므로 하남 정부자(程夫子, 정이천을 가리킨다)께서 사람을 가르치실 때에 반드시 먼저 『대학』·『논어』·『중용』·『맹자』 네 책을 먼저 힘써 공부하게 하셨고, 그 네 책을 마스터 하고난 연후에나 육경(六經)의 공부를 시작하게 하시었다. 대저 그 쉽고 어렵고, 멀고 가깝고, 크고 작은 것의 순서가 원래 이와 같은 것이니 함부로 어지럽히지 말아야 할 것이다.

『사자서』가 세상에 나오게 된 까닭

이것이 그 유명한 『사서집주』가 이 세상에 나오게 되는 첫 실마리이다. 그러나 이때 간행된 최초의 『사자서四子書』가 오늘날 우리가 보는 형태의 『사서집주』였는지, 어떠했는지도 확인할 길이 없다. 인류의 역사를 뒤바꾸었다고도 말할 수 있는 희대의 명저 『사서집주』의 초간본인 『사자서』는 현재 하나도 남아있질 않기 때문이다. 주희는 당대에는 복건성에 사는 외롭고 고고한 시골선비에 불과했다. 그의 벼슬경력은 극히 미약하다. 19세에 진사에 급제하여 50년간이나 관원 직원록에 등록은 되어있었지만 대부분 명목상의 직책에 그쳤다. 지방관 생활 9년, 중앙에서 천자시강 45일, 그것이 전부였다.

사서로부터 육경으로 진입? 육경으로부터 사서로 진입?

소라이(荻生徂徠, 1666~1728)는 주자학의 맹점이 바로 사서로부터 육경으로 진입한다는 사실에 있다고 혹평을 늘어놓는다. 그것은 읽는 순서나, 난이의 차서 문제가 아니라, 근원적으로 사서의 이론적 틀 속에서 육경을 규정해버리는 결과를 초래하므로 선왕지도(先王之道)로서의 육경의 성격이 사서의 관념적 틀 속에서 왜곡되는 결과를 낳는다고 비판하는 것이다. 사서를 통하여 육경을 바라볼 것이 아니라, 육경의 오리지날한 틀 속에서 사서를 용해해버려야 한다는 것이다. 소라이의 비판도 일리가 있지만 하여튼 주희의 문제의식은 그 나름대로 존중되어야 할 것이다.

공자의 효(孝) 담론

그렇다면 주희는 자신의 사상체계 속에서 『효경』을 파기해버렸을까? 효(孝)라는 것은 인륜의 대본(大本)이요 유교의 대강(大綱)이다. 공자가 인(仁)을 말하였다고는 하나, 인은 너무 어렵고 구름 잡는 것 같아 이해하기가 어렵다. 『논어』를 펼치면 바로 두 번째로 유약(有若)의 말로서 기록된 "효제야자孝弟也者, 기위인지본여其爲仁之本與!"라는 로기온이 나오고 있다. 효야말로 인(仁)을 실천하는 근본이라는 뜻이다. 인의 구체적인 실천덕목이 효라는 것이다. 일반인들이 인을 가깝게 실생활 속에서 느낄 수 있게 하는 것이 바로 효(孝)이다. 「위정」편에 보면 제5장부터 제8장까지 쪼로록 효에 관한 담론이 나오고 있다. 공자의 효에 대한 생각을 매우 절절하게 알 수 있다. 효에 관한 공자의 생각은 개념화되어있질 않고, 매우 실제적인 가족관계에서의 미묘한 감정의 교섭을 다루고 있다(해설하지 않는다. 나의 『논어한글역주』 제1권 465~504를 보라). 그리고 「위정」편 제21장에는 누군가 공자에게 왜 정치를 직접 하지 않느냐고 묻는다. 이러한 질문에 대하여 공자는 이와 같이 대답한다: "『서경』에 '효성스럽도다, 효성스럽도다. 형제간에 우애가 깊도다. 이를 정치에 베풀도다'라고 하였으니, 이 또한 정치함이 아니겠는가? 어찌 내가 직접 정치를 하는 것만이 정치라 할 수 있겠는가?"(子曰: "書云: '孝乎惟孝, 友于兄弟, 施於有政?' 是亦爲政, 奚其爲爲政?" 『논어』 2-21). 공자는 효가 실천되는 사회가 되면, 구태여 자신이 정치를 하지 않아도 된다고 말한다. 정치의 목표가 결국 효라는 인간관계의 사랑이 실현되는 것이기 때문이다. 따라서 주희가 유교적 수기치인을 말하는 한에 있어서 효를 도외시 할 수는 없다. 그가 도외시한 것은 『효경』이라는 텍스트였고 효(孝)라는 덕목이 아니었다.

주자의 삶에서 보여지는 그의 효 중시

『주자행장朱子行狀』에 보면 희는 8세 때에 서당 선생님으로부터 『효경』을 전수받았는데, 한번 눈을 스치자마자 그것을 통달하고, 그 책 위에 6글자로 제(題)하기를, "이와 같지 아니 하면 인간의 자격이 없다. 不若是, 非人也"라 했다고 한다. 그리고 소희(紹熙) 5년(1194) 봉사(封事)를 올리기를, "제가 읽은 것이라곤 『효경』과 『논어』 『맹자』, 그리고 육경뿐이올시다. 그리고 배운 것이라곤 요·순·주공·

공자의 도(道)에 지나지 않습니다. 臣所讀者, 不過孝經、語、孟、六經之書。所學者, 不過堯、舜、周、孔之道"라고 하였고, 또 "여자에게도 마땅히 교육을 시켜야 합니다. 『효경』과 『논어』를 가르치는 것 외로도, 『여계女誡』(『한서』의 저자 반고班固의 여동생 반소班昭가 여자의 덕성에 관해 지은 책)와 『가범家範』(송나라 때 대학자 사마광司馬光이 가정일상규범에 관하여 쓴 이론서로서 그의 『속수가의涑水家儀』라는 책과 한 쌍을 이루는 책)을 가르치는 것이 좋습니다"라고 하였다. 『효경』과 『논어』를 여성들까지 읽어야 할 필독서로서 지칭하고 있어 주희 자신이 『효경』의 중요성을 인식하고 있다는 것이 드러난다. 희는 49세(순희淳熙 5년)로부터 52세까지 남강군(南康軍)의 지사로 있었는데 그때도 『효경』의 「서인장庶人章」을 설파하면서 백성을 가르쳤다는 기록이 있다. 하여튼 이러한 기록은 주희 본인이 어려서부터 『효경』을 존중하였고, 사람들이 자기수양의 기틀로 삼아야 할 책으로 간주하였으며, 서민들의 교육에도 도움을 주는 책이라고 생각하였다는 것을 암시하고 있다. 그렇다면 『효경』이라는 텍스트를 거의 파기하다시피한 그의 지적 작업의 파산에 대한 보상은 어떻게 이루어졌을까?

효는 이기론적 담론의 대상이 아니다

그는 효(孝)의 중요성은 확고하게 인식하였다. 그러나 효는 그의 이기론(理氣論)적 코스몰로지의 논리적 결구 속에서 분석되어야 할 그 무엇이 아니었다. 효는 일차적으로 감성의 문제이며, 당위의 문제이며, 실천의 문제이다. 그것은 성인의 문제이기보다는 소아의 문제였다. 성인에겐 효를 가르친다는 것은 의미없는 일이다. 그것은 어린이의 일상거지로부터 스며드는 것이라야 했다. 효는 논(論)의 문제가 아니라 습(習)의 과제였다. 주희의 판단은 매우 현실적이었다. 그가 『효경간오』를 쓴 것이 57세인데, 『소학小學』을 그 이듬해 58세 때 완성했다고 하는 사실은 결코 우연이라고 말할 수는 없을 것이다. 주희는 『소학』을 제(題)하여 다음과 같이 말한다.

> 古者小學敎人以灑掃、應對、進退之節, 愛親、敬長、隆師、親友之道, 皆所以爲修身、齊家、治國、平天下之本。而必使其講而習之於幼稚之時, 欲其習與知長, 化與心成, 而無扞格不勝之患也。
>
> 옛부터 소학에서 사람을 가르치기를, 물 뿌리고 청소하고, 응대하고 진퇴하는 절도로써 하였고, 또 부모를 사랑하고, 윗사람을 공경하며, 스승님을 융성하게 대접하고, 동무를 친하게 대하는 도(道)로써 하였는데, 이 모두가 수신 · 제가 · 치국 · 평천하의 근본이 되는 까닭이다. 그러나 이러한 것들은 반드시 유치한 나이에 강습하여야 하며, 배우면서 이지가 더불어 자라나고 몸의 변화를 일으키면서 마음이 무르익게 만들어 주어야 한다. 그래서 때늦게 억지로 주입시키느라고, 가르치는 사람이나 배우는 사람이나 서로 애써 고생만 하는 그런 우환이 없도록 해야 한다("한격이불승扞格而不勝"이라는 말은 『예기』「학기學記」에 출전이 있다. 이상은 『주문공문집』 권76에 있다).

『소학』의 편집자 유청지(劉淸之)와 주희의 관계

전통적으로 『소학』이란 책은 주희의 저술로 인식되어 왔으나, 실은 주희의 문인이며 친구라 할 수 있는 유청지(劉淸之, 리우 칭즈, Liu Qing-zhi, 1139~1195. 임강臨江 사람으로 소흥紹興 27년 진사. 주희를 만나고 나서 자기가 배운 것을 다 불태워버리고 의리지학에 뜻을 두게 되었다고 한다. 그의 자字가 자징子澄이다. 그의 전기가 『송사』 권437에 자세히 실려있다)에게 명하여 여러 경전에서 동몽을 교화시킬 수 있는 내용을 한데 모아 편집하도록 한 책이다. 『주문공문집』 권35에는 유자징과의 서한문들이 실려있어 그 자세한 왕래를 엿볼 수 있다. 이미 순희 10년(1183, 주희 54세)에 자징에게 보낸 답서에, "『소학』이라는 책은 정돈이 잘 되어가고 있소? 빨리 되었으면 다행이겠구료. 찾는 대로 곧 보내주면 행복하고 또 행복하겠소(무엇을 찾는다는 것인지는 명확하지 않다. 『소학』의 내용에 관한 이야기일 것이다). 小學書曾爲整頓否? 幸早爲之, 尋便見寄, 幸幸"라고 쓰여져 있는 것을 보면 퍽 일찍부터 계획된 사업이라는 것을 알 수 있다. 문헌비평가들이 『소학』은 유자징의 작품이며 주희와 무관하다고 주장하는 자들도 있으나, 『소학』 편집에 관여한 사람이 유자징 일인에 국한되는 것도 아니고, 또 처음부터 마스터 플랜을 정하고 그 편집과정을 주희가 다 감독했으므로 실상 주희의 작품이라고 말하여도 무방하다(이 문제와 관하여서는 진영첩陳榮捷, Wing-tsit Chan의 『주자신탐색朱子新探索』 중 "소학小學" 일문一文에 자세하다). 소학과 대학의 분별에 관한 주희의 논의는 명료하다. 그의 『대학장구』 「서序」에 다음과 같은 말이 있다.

> 人生八歲, 則自王公以下, 至於庶人之子弟, 皆入小學, 而教之以灑掃應對進退之節, 禮樂射御書數之文。及其十有五年, 則自天子之元子衆子, 以至公卿大夫元士之適子, 與凡民之俊秀, 皆入大學, 而教之以窮理正心修己治人之道。此又學校之教, 大小之節, 所以分也。
>
> 사람은 태어나서 8세가 되면, 왕공(王公)으로부터 서인(庶人)의 자제에 이르기까지 모두 소학에 들어가 쇄소 · 응대 · 진퇴의 절도와 예 · 악 · 사 · 어 · 서 · 수의 글을 배웠다. 그리고 나이가 15세가 되면, 천자의 원자(元子) · 중자(衆子)로부터 공 · 경 · 대부 · 원사(元士)의 적자(適子: 적자嫡子를 의미한다)와 뭇 백성의 준수(俊秀)한 인물들에 이르기까지 모두 대학에 들어가, 궁리 · 정심 · 수기 · 치인의 도를 배웠다. 이는 또한 학교의 가르침에 작고 큰 절차가 있어 소학과 대학으로 나누어진 까닭이다.

『효경』이라는 텍스트에 실패를 선언한 후 『대학』에 전념하게 되면서 『소학』을 창조해내는 주희의 구상이야말로 사상가로서 탁월한 전략인 동시에, 그가 얼마나 현실적 문제에 고심하고 산 사람인가, 그 뼈저린 충정을 엿보게 한다.

『주자가례』의 등장

문제는 여기서 그치지 않는다. 주자학의 체계가 『사서』중심주의로 특징 지워지고 『효경』이 경시되며 그 대신 『소학』이 부상한다는 것은 동아시아문명권의 주자학 700년의 역사를 이해하는 중요한 프레임웍임에 틀림이 없지만, 『소학』과 더불어 반드시 고찰해야만 할 중요한 문헌이 바로 『주자가례朱子家禮』라는 것이다. 조선조에서 『주자가례』는 번쇄한 권력다툼인 예송(禮訟)의 주역이었으며, 또 송시열이 『주자가례』야말로 주자가 고금을 참작하여 시의적절하게 정립한 의례로서 그 절대적 권위가 고수되어야 한다고 주장한 이래(송시열도 『가례』의 위작설에 관한 문제의식은 있었다 한다) 아무도 본격적으로 그 권위에 도전하지 않았으니(송시열의 선생인 김장생金長生, 1548~1631은 가례의 변통에 관해서는 너그러운 편이었다), 『주자가례』는 당연히 주자의 저작이며 동아시아문명의 내재적인 기본 틀이라고 전제하기 쉽지만, 『가례』야말로 주자의 생애에서 언제 어떻게 성립한 문헌인지 그 확실한 근거를 찾기가 어렵다. 『주자가례』는 주자의 저작이 아닐 수도 있다(『주자연보』를 찬정纂訂한 청대의 왕무횡王懋竑, 왕 마오홍, Wang Mao-hong, 1668~1741은 독실한 주자학자임에도 불구하고 매우 정박精博한 논지로써 『가례』가 주자의 소찬所撰이 아님을 입증하고 있다).

주희 당대에만 해도 가례는 정설이 없었다

그러나 『가례』의 성립은 대체적으로 『소학』의 성립과정과 그 상황이 비슷하리라고 생각한다. 일설에 의하면 그가 어린 나이에(14세) 부친상을 당했을 때 집안에서 행할 수 있는 의례에 관하여 여러가지 상념이 오가면서 자료를 수집하기 시작했다가 40세 때(1169) 모친상을 겪으면서 그 생각이 구체화되어 말년에 『가례』를 완성했다고 하는데, 내가 생각하기에는 『가례』의 성격으로 보아 주희 한 사람의 손에 의하여 이루어진 것 같지는 않다. 그리고 『가례』는 『효경간오』의 실패 이후에 더욱 박차를 가했을 것으로 보인다.

그런데 주희의 생애의 사건들과 관련하여 『가례』의 성립을 운운하는 제설의 배경에 깔려있는 중요한 역사적 사실은 주희 본인의 집안사정만 해도 부친상과 모친상에 관하여 어떤 확고하게 정해진 의례가 없었다는 사실이다. 『주문공문집』 권75에는 「가례서家禮序」가 실려있는데 거기에는 고례(古禮)와 주자 당대의 의례 사이에는 엄청난 갭이 있을 뿐 아니라, 확고하게 정해진 것이 아무 것도 없다는 푸념을 늘어놓고 있다. 기복(器服)의 제도나, 출입기거의 절도가 모두 현세와 맞아 떨어지지 않는다는 것이다. 뜻이 있는 군자가 고금의 변화를 참작하여 일시지법(一時之法)을 시행하려 해도 쓸데없이 자세해지거나, 혹은 아무렇게나 생략할 수도 있어, 절충의 기준이 없다는 것이다. 그 근본을 버리고 말엽을 쫓게 마련이고, 실제적인 것은 소홀히 하고 형식적인 것만에 급급하기 십상이라는 것이다.

『가례』는 주희의 혁명적 시안

우리는 현재 『주자가례』가 관혼상제에 관한 가장 신빙성 있는 정통의 기준이라고 그냥 믿어버리지만, 그것은 역사적 본말을 전도시키는 발상에 지나지 않는다. 『가례』는 주희에게 있어서는 매우 혁명적인 시안일 뿐이었다. 우리는 여기 "시안試案"이라는 말을 주목해야 한다. 주희 시대에 주희는 전혀 사회적으로 영향력 있는 인물이 아니었다. 따라서 『가례』는 주자가 하나의 민간사상가로서 송대사회가 지향해야 할 규범으로서의 가정의례를 시험적으로 구성해본 하나의 모델(이데아 티푸스, ideal type)일 뿐이며, 우리나라 조선왕조에서와 같이 전혀 구속력을 지니는 절대적 의례질서가 아니었다. 주자는 후대로 내려올수록 영향력 있는 사상가로서 추앙받게 되었고, 따라서 『주자가례』는 덩달아 구속력 있는 사회규범으로서 준수되게 되었다. 사실 『의례』는 너무 복잡하고 형식적이며 『예기』는 너무 잡다해서 어떤 일관되고 통일적인 가정의례 준칙을 제시하지 않는다. 『주례』는 본시 주관(周官: 주나라의 이상적 관료질서)이라고 부른 것으로 국가질서를 말하는 것이지 가정의례가 아니다. 그래서 중국에서도 일반 가정에서 삼례(三禮)와 같은 고경에 의거하여 관혼상제의 가례를 행한다는 것은 근본적으로 어불성설이었다.

중국 가족제도 생활사의 변천

사실 우리는 중국역사의 실생활사에 관하여 너무도 정보가 없다. 그리고 중국가정의 역사도 시대적으로 다양한 변천을 거쳐온 것이다. 춘추전국시대만 해도 특수지배층을 제외하고는 일반서민은 모두 핵가족이었다. 그리고 진율(秦律)은 국가세원의 호구수를 늘이기 위해 분가(分家)를 장려했다. 위진남북조시대를 통하여 구품관인법(九品官人法)과 더불어 귀족정치가 발달하면서 분가가 악덕시

되고 대가족화되었으며, 그러한 대가족화는 당·송대까지 계속 확대되어 갔다. 이러한 대가족주의는 종족(宗族)이라는 혈연개념을 발전시키고, 지역적으로도 우리가 비근하게 알고 있는 성씨마을을 탄생시킨다. 그러니까 대개 가례가 강제력을 갖는 것은 그러한 성씨마을이라는 대종족 공동체를 전제로 할 때 생겨나는 것이며 족장이라고 말할 수 있는 종가집의 권위를 중심으로 발전하는 것이다. 이 관혼상제의 모든 것이 알고보면 효(孝)라는 관념 때문에 생겨나는 것이다. 관(冠)도 장유유서의 성인예식이며, 혼(昏)도 일차적으로 부부를 맺어 가정을 꾸려 효의 본질적 마당을 형성하는 것이며, 상(喪)과 제(祭)라는 것도, 부모에게 효도를 한다는 것이 살아계실 때만 국한되는 것이 아니라 돌아가시고 난 후에도 똑같은 지성을 다해야 한다는 것을 의미하는 것이다. 『효경』「기효행장紀孝行章」에도 다음과 같은 말이 있다: "효자가 부모님을 섬긴다는 것은 무엇을 뜻하는가? 부모님께서 집에 거(居)하실 때는 그 공경된 마음을 부모님께 다 바치고, 부모님을 봉양할 때는 부모님을 즐겁게 해드리는 것을 극진히 하고, 부모님께서 편찮으실 때는 그 근심을 다하고, 돌아가셔서 상례를 치를 때는 슬픔을 다하고, 그 영혼을 제사지낼 때에는 근엄한 마음을 다한다. 거(居)·양(養)·질(疾)·상(喪)·제(祭), 이 다섯 가지가 다 구비되어야만 비로소 부모님을 잘 섬긴다고 말할 수 있는 것이다. 孝子之事親也, 居則致其敬, 養則致其樂, 疾則致其憂, 喪則致其哀, 祭則致其嚴。五者備矣, 然後能事其親。"

『가례』는 『효경』의 제도적 표현

주자가 『가례』를 만들었다는 것은 단순히 고전학자로서 고경의 내용을 축약시켜 놓은 다이제스트판 의례를 만들려는 것이 아니다. 그는 『효경』을 이론적으로 탐구하지 않았다. 『효경』이 계몽하고자 하는 효의 덕성을 구체적인 제도로서 표현하고자 한 것이다. 효는 추상적 함양이 아니라 제도적 실천이다. 이렇게 되려면 당대의 사람들이 누구든지 집안에서 당하는 일상적인 사태로서 익숙하게 알고 실천할 수 있어야 한다. 주자 「가례서家禮序」의 첫 문장을 한번 살펴보자.

> 凡禮有本有文, 自其施於家者言之, 則名分之守, 愛敬之實, 其本也。冠、昏、喪、祭儀章度數者, 其文也。其本者有家日用之常體, 固不可以一日而不修。其文又皆所以紀綱人道之終始, 雖其行之有時, 施之有所, 然非講之素明, 習之素熟, 則其臨事之際, 亦無以合宜而應節, 是不可以一日而不講且習焉也。
>
> 대저 예(禮)라는 것에는 본질과 형식이 있다. 일상가정에 시행되는 것으로부터 이러한 문제를 접근해 들어간다면, 명분을 바르게 지킨다든가, 사랑(愛)과 공경(敬)을 실천한다든가 하는 것은 예의 본질에 속하는 것이다. 그러나 관·혼·상·제와 같은 의장도수(儀章度數, 의례규범)는 예의 형식에 속하는 것이다. 그 본질이라는 것은 일반가정에서 일용생활을 하는 항상된 바탕이니 하루라도 닦지 않을 수 없는 것이다. 그런데

그 형식이라는 것 또한 사람된 도리의 끝과 처음의 기강을 잡는 것으로서, 행함에 때가 있고 베품에 장소가 있지만(시·공의 특수성이 있다), 평소에 밝게 강구해두고 평소에 익숙하게 습득해놓지 않으면 졸지에 일을 당했을 때에 또한 의에 합당하고 절도에 응할 수 있도록 합리적으로 처리할 수가 없다. 그래서 예의 형식 또한 하루라도 강구하고 습득하지 않을 수 없는 것이다.

대종주의와 소종주의

이러한 취지에서 만들어진 『가례』는 우선 당대 송나라 사람들의 가정의 현실을 기준으로 해서 만들어져야 했으며, 또 누구나 실천할 수 있도록 간결해야 했다. 이래서 주자 『가례』는 고경 『의례』와 비교해보면 퍽으나 차이가 있다. 오늘날 우리 감각에서 보면 『가례』가 번쇄하고 복잡한 것 같으나 주자시대의 일반 대가족의 의례에 비교하면 퍽 간소화된 것이다. 이러한 『주자가례』의 본래적 정신이 오늘날까지도 우리나라의 보수유자들에게는 오히려 이해되지 않고 있다는 것이 딱한 일이다.

주희의 혁명적인 발상은 우선 대종족주의의 의례를 소종주의(小宗主義)로 바꾼 것이다. 중국은 대국이다. 성씨마을이라는 것도 우리가 생각하는 규모의 촌락이 아니다. 종가집 일가에 백 가호가 누대로 같이 사는 상황도 있다. 그러한 종가의 권위를 뒷받침하는 방대한 촌락공동체가 있다. 그러니까 과거에는 사당이라는 것이 선비

집집마다 있는 것이 아니고 종족 전체를 대표하는 공동사당이 있어서 제사도 공동으로 족규(族規)에 따라 올렸던 것이다. 이러한 대종주의를 주자는 소종주의로 바꾸고, 여유가 있는 선비라면 누구든지 사당을 지을 수 있게 한 것이다. 그러니까 『주자가례』는 송대의 사대부 계층의 개체를 중심으로 한 것이다. 사대봉사(四代奉祀)라는 것도 소종(小宗)의 범위를 국한시킨 것이다.

주희의 삼장(三藏) 플랜

회창폐불(會昌廢佛: 842년부터 4년에 걸친 당무종唐武宗의 불교탄압)이래 지속된 송대의 배불정책에도 불구하고, 중국의 선종(禪宗)이 쇠퇴하지 않고 명맥을 유지할 수 있었던 것은, 대장경의 율장, 그러니까 원시불교의 승가계율에 기초한 법규(法規)와는 달리, 독자적으로 중국사찰에 맞는, 승단의 생활을 구체적으로 규정하는 중국식 청규(淸規)가 살아있었기 때문이었다. 그리고 타종파와는 달리 선종은 사찰 자체가 개별적으로 독립되어 있었으며 승려의 노동력에 기초한 자급자족체제를 유지했기 때문이었다. 대종(大宗)이 아니라 소종(小宗)이었던 것이다. 논장(論藏)을 새로 쓴다는 것은 얼마든지 있을 수 있는 일이지만 율장(律藏)을 새로 쓴다는 것은 매우 힘든 일이다. 주자는 신유학운동의 생명력을 새로운 율장에서 확보하려고 했던 것이다. 참으로 탁월한 전략이요 선택이었다. 그러니까 주자는 육경의 주석을 통하여 경장(經藏)을 확보하고, 사서의 주해를 통하여 논장(論藏)을 확보하고, 『소학』과 『가례』를 통하여 율장(律

藏)을 확보한 셈이었다.

<table>
<tr><td rowspan="3">신유학의 삼장</td><td>경장經藏</td><td>육경六經의 주석</td></tr>
<tr><td>논장論藏</td><td>사자서四子書의 주해</td></tr>
<tr><td>율장律藏</td><td>『소학小學』과 『가례家禮』</td></tr>
</table>

『효경간오』의 실패가 『소학』과 『가례』로서 보상을 받았다면, 『간오』의 실패는 한마디로 주자학의 "대박"이었던 셈이다. 주자학의 체계를 신봉하는 자들은 암암리 『효경』을 경시하고, 그 대신 『소학』과 『가례』를 중시한다. 재미있게도 우리나라 조선왕조의 주자학의 실상을 살펴본다면, 그것은 육경의 주자학도 아니요, 사서의 주자학도 아니며, 실상 『소학』과 『가례』의 주자학이다. "제읍諸邑 유생들에게 장유長幼를 막론하고 『소학』과 『가례』를 먼저 읽혀라!" "『소학』과 『가례』에 통달한 자만이 생원시험을 볼 수 있다"는 등등의 메시지는 「세종실록」이나 「성종실록」 등 곳곳에서 찾아볼 수 있다. 조선왕조는 실상 『소학』과 『가례』의 왕국이었다. 나의 어머니께서도 수의를 지으실 때 항상 『주자가례』를 펴놓고 지으셨다. 어렸을 때 안방 장판 위로 펼쳐져 있는 『주자가례』를 신기하게 쳐다본 적이 한두 번이 아니다.

가정(Family)과 교회(Church)

주자는 『가례』를 효의 현실적 실천방안으로서 혁명적으로 기획했지만 불행하게도 『가례』의 소종주의는 더욱 더 철저하게 사회를 도덕주의적으로 옥죄어 들어가는 기미가 된다. 대종주의일 때에는 오히려 일반가정은 의례에서 벗어나는 자유를 구가할 수도 있다. 그러나 소종주의가 되면 오히려 모든 가정이 주자가례에 의하여 철저히 구속당한다. 쉽게 생각하면 가정이 모두 주자학의 작은 교회가 되어버리는 것이다. 그 교회가 가부장의 권위에 의한 종교재판(Inquisition)까지 행사할 수 있는 조직이라고 한다면 그것은 매우 끔찍한 일이다. 그러나 종법의 굴레에서 살아본 사람이라면 내 말을 부정할 길이 없을 것이다. 얼마나 수많은 조선의 여인들이 시부모에게 야단맞고 우물에 몸을 던졌으랴!

주자의 『가례』는 결과적으로 가(家)를 국(國)의 규범에 의하여 규정하는 사태로까지 발전시킨다. 가(家)가 철저히 정치화되는 것이다. 가(家)가 모여서 국(國)이 되는 것이 아니라, 가의 규범과 국의 규범이 일치되는, 그러니까 국(國)이 일가(一家)가 되고 가(家)가 일국(一國)이 되는 철저한 충·효의 일원화가 성립한다. 본문에서 세밀하게 주해를 가하겠지만 『효경』은 결코 그러한 틀의 경전이 아니었다. 주자는 『효경』을 너무도 협애하게 만들었다. 주자학의 저주가 바로 이 점에 있다.

乾隆石經

빼이징 태학 국자감 교정에 세워진 건륭석경(乾隆石經). 강희(康熙) 연간에 평범한 서도가 장형(蔣衡, 1672~1742)이 당나라의 개성석경(開成石經)이 불비한 것을 보고 13경 전체를 쓸 것을 발심, 12년에 걸쳐(1726~37) 썼다. 무려 63만자에 이른다. 이것을 건륭황제가 190개의 거대석비에 새겨 넣었다(1791).

제2장: 사마광의 『효경지해孝經指解』로부터 동정의 『효경대의孝經大義』까지

당현종의 금·고문 절충노력과 『석대효경』

『효경간오』의 문제도 여기서 끝나지 않는다. 가장 핵심적인 문제는 "간오"의 문제가 아니라, 간오의 대상이 된 『효경』이 과연 어떤 텍스트였나 하는 것에 관한 문제인 것이다. 『효경』은 한대로부터 이미 금문·고문의 시비가 있는 텍스트이다(금·고문 『효경』의 문제에 관해서는 제12장에서 자세히 설명하겠다. 전문적인 지식이 없는 사람들은 조금만 참아주면 좋겠다). 당대(唐代)에도 이미 금고문의 시비가 문제시되었고 이러한 금문학파와 고문학파의 시비를 잠재우기 위하여 희대의 로만티스트이며 지식인인 당현종(唐玄宗)은 스스로 금·고문학파의 주장을 절충하여 새로운 텍스트를 확정하고 그 새로운 텍스트에 주(注)를 가하였다. 이것이 소위 『어주효경御注孝經』이라는 것이다. 그런데 『어주효경』도 일시적으로 반포한 것이 아니라 시기적으로 발전하였는데 개원(開元) 10년 6월에 반포한 것을 개원시주(開元始注)라고 하고, 그후 개원시주의 미비한 점을 보완하여 천보(天寶) 연간에 새로운 어주(御注)를 내었는데 그것을 천보중주(天寶重注)라고 일컫는다. 천보 4년(745, 우리나라는 통일신라 경덕왕景德王 4년) 9월에는 현종이 친히 팔푼(八分)의 서체로써 그 천보중주를 쓰고, 그 서도작품을 돌에 새기어 태학(大學) 앞에 그 석비를 세웠다. 이것을 보통 석대효경(石臺孝經)이라고 부른다.

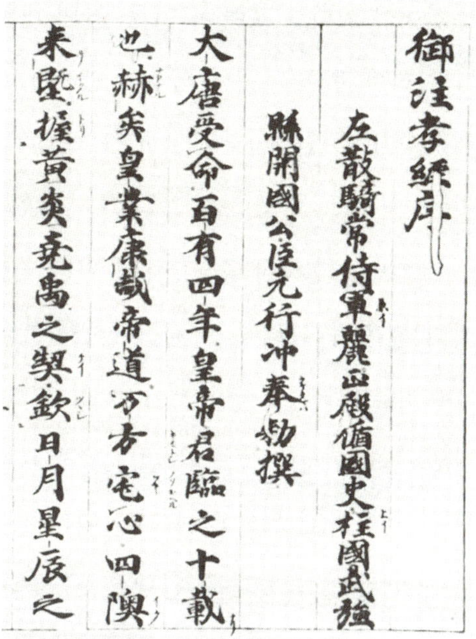
御注孝經序
左散騎常侍兼麗正殿脩國史柱國武強
縣開國公臣元行沖奉勅撰
大唐受命百有四年皇帝君臨之十載
也赫矣皇業康哉帝道万方宅心四隩
來暨握黄炎堯禹之契欽日月星辰之

개원시주(開元始注). 향록(享祿) 4년(1531) 산죠오니시 사네타카(三條西實隆, 1455~1537: 日本戰國期의 公卿. 많은 고전을 書寫한 문화인)가 손으로 쓴 어주효경(御注孝經). 개국공신(開國公臣) 원행충(元行沖)이 봉칙찬(奉勅撰) 했다는 글씨가 보인다. 행충은 소(疏)를 달았다.

『어주효경』 이후 금·고문 다 사라지다

개원시주(開元始注)가 되었든 천보중주(天寶重注)가 되었든 이 『어주효경』은 금·고문을 절충하였다고는 하지만 기본적으로 금문효경을 위주로 한 것이다. 이 천보중주를 바탕으로 형병(邢昺)의 『효경정의孝經正義』가 성립하였으므로 오늘날 우리가 보통 13경주소본에서 보는 『효경』은 당현종의 『어주효경』계열이며, 금문 계열이다 (13경주소본에는 당현종명황제어주唐玄宗明皇帝御注와 송형병소宋邢昺疏

가 들어가 있다). 그런데 더욱 안타까운 사실은 천보중주의 석대효경이 천하에 반포되고(정확하게 말하면, 석대효경이 태학 앞에 세워진 것은 천보 4년[745]인데, 그 다음 해인 천보 5년에 다시 그 석비의 불비不備함을 보완하여 새로운 판본을 만들었다. 당현종은 집현원集賢院에 명령하여 그 새 판본을 사寫하여 중외中外에 널리 반포케 하였다), 더구나 확고한 황제의 권위가 실리게 되자(그만큼 『효경』의 내용은 역대의 황제들에게 통치수단으로서 매력적인 것이었다), 현종의 『어주효경』 이전에 문제가 되었던 정현(鄭玄)주의 금문효경과 공안국(孔安國)의 고문효경이 모두 사라지게 되었다는 사실이다. 아무도 관심을 두지 않게 되어버렸기 때문에 금·고문 원경은 흐지부지 역사의 뒤안길로 사라졌고, 더구나 오대(五代)의 난(亂)을 거치면서 망일(亡佚)케 되었다.

주희는 고문효경을 텍스트로 삼겠다고 선언

그런데 주희는 뜬금없이 갑자기 어주의 금문에 의존치 아니하고 고문효경을 텍스트로 삼겠다고 한 것이다. 상투적인 통용본 텍스트를 버리고 무엇인가 더 오리지날한 텍스트에 의거하여 간오작업을 하겠다는 주자의 자세는 높이 살 만하다. 그런데 과연 주자가 고문효경이라는 오리지날 텍스트를 두 눈으로 본 것인가? 그것이 과연 가능했을까?

앞에서 주희가 『효경』의 경문(經文)을 만들기 위하여 제1장부터 제7장까지를 하나로 뭉뚱그리면서 각 장의 앞에 원래 있던 "자왈子

曰"을 두 개 빼버려야 한다고 했는데, 만약 주희가 고문 텍스트를 기준으로 했다면 그것이 두 개가 아니라 여섯 개가 되어야만 한다. 이것은 사소한 하나의 실례이다. 자세하게 『효경간오』 텍스트와 고문효경 텍스트를 비교해보면 그 외로도 많은 차이가 난다. 금문효경과 고문효경의 가장 큰 차이가, 금문에는 없는 규문장(閨門章)이 고문에 있다는 것인데, 주희는 규문장이 있는 텍스트를 쓰고 있다(주희는 규문장을 전傳 12장으로 집어넣었다). 과연 주희가 본 텍스트는 고문일까, 금문일까?

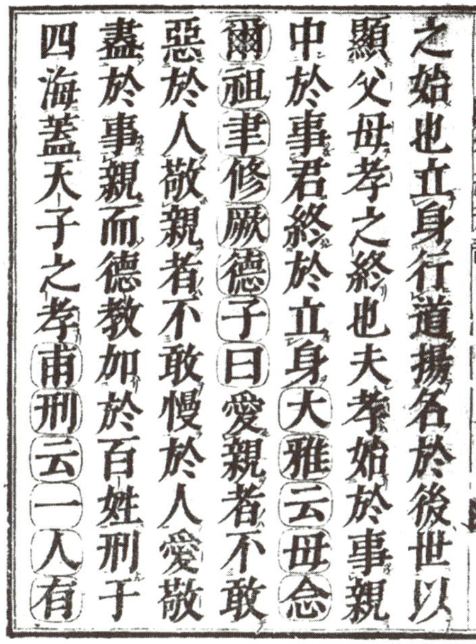
之始也立身行道揚名於後世以
顯父母孝之終也夫孝始於事親
中於事君終於立身大雅云毋念
爾祖聿修厥德子曰愛親者不敢
惡於人敬親者不敢慢於人愛敬
盡於事親而德教加於百姓刑于
四海蓋天子之孝甫刑云一人有

명력(明曆) 2년(1656), 일본 목판본 주희의 『효경간오孝經刊誤』의 한 페이지. 동그라미는 그 속에 들어간 글자는 모두 빼버리라는 표시이다. 1장의 『시詩』 인용문, 2장의 "자왈"과 『상서尙書』 인용문이 도려내어 지게 될 것이다.

『효경간오』가 준거로 삼은 텍스트?

주희의 『효경간오』가 준거로 삼은 텍스트는 한마디로 족보가 불확실한 엉터리 텍스트이다. 이 엉터리 텍스트는 어디서 왔을까? 주희는 송대의 선배학자 사마광(司馬光, 쓰마 꾸앙, Sima Guang, 1019~1086, 속수선생涑水先生이라고 불린다)을 존경했다. 사마광은 왕안석의 신법에 반대한 구법당의 영수였으며, 매우 보수적인 정치성향과 학문성향을 지니고 있었다. 사마광은 일찍이 『효경』의 정치사적 중요성을 간파했다. 그리고 『효경』에 대한 주석을 감행한다. 그러나 이미 『어주효경』이 금문에 바탕하고 있었고 그것에 기초한 주석들은 꽤 많이 있었기 때문에 사마광은 고문효경 텍스트에 의거하여 주석작업을 하려 했다. 사마광이 볼 수 있었던 텍스트는 당시 어떤 것이 있었을까? 오대시대(五代時代, 907~960: 후량後梁 · 후당後唐 · 후진後晉 · 후한後漢 · 후주後周)의 혼란을 거치면서 이미 정주금문(鄭注今文)과 공전고문(孔傳古文)이 망일되었다는 것은 이야기했다.

사마광이 본 『효경』 텍스트들

그런데 북송 옹희(雍熙) 원년(984), 일본의 동대사(東大寺)의 스님인 쵸오넨(奝然, 우리말로는 소연이라 발음)이 입송(入宋)하여 송태종에게 정주(鄭注) 한 책(一本)을 헌상하였다(『송사宋史』 권491 「일본전日本傳」). 태종은 쵸오넨을 직접 만났으며 그를 후대하였다. 그리고 자의(紫衣)도 사(賜)하였다. 이 일본에서 보존된 정현주 금문효경을 황실도서관인 비각(秘閣)에 보관하였는데 사마광은 비각에 접근이 용이하였고, 바로 이 쵸오넨이 헌상한 정주 금문효경을 보았던 것이다(애석하게도 사마광이 본 후로 언젠가 이 판본도 사라지고 말았다. 일본사람들이 애써 보관하여 헌상한 것을 중국인들은 유실하기만 한 것이다). 그리고 물론 『어주효경』도 보았을 것이다(이상하게 『어주효경』도 개원시주는 사라지고 천보중주만 남았다). 또 비각에 다행히 고문효경이 남아

있었는데, 전(傳)은 없고 경(經)만 남아있는 불완전한 텍스트였다(공안국孔安國의 서문과 주석이 붙어있지 않다는 뜻이다). 게다가 사마광이 본 고문텍스트는 큰 문제가 있었다. 그것이 문자 그대로 옛 과두문자로 쓰여져 있었던 것이다. 그렇다면 아주 옛날 선진시대의 텍스트가 보존되어 있었던 것일까? 그것은 꿈도 못 꿀 일이다. 공안국이 『효경』에 전(傳)을 달 때에, 이미 고문(과두문자蝌蚪文字)이 공안국 당대에 통용되지 않았기 때문에 예서체로 고쳐 썼던 것이다. 그런데 그 후에 일 벌이기를 좋아하는 지식꾼들이 다시 예서체로 된 『효경』을 옛 고문으로 고쳐 썼던 것이다. 그러니까 사마광이 본 고문효경은 『공전효경』에서 효경의 본문만을 떼어내서 과두문자로 고쳐 써 놓은 좀 어설픈 조작판본이었던 것이다. 그래서 그 문자는 엉터리라도 그 말인즉슨 괜찮은 것이라고 사마광은 말하고 있는 것이다(此蓋後世好事者, 用孔氏傳本, 更以古文寫之。其文則非, 其語則是也). 그래서 사마광은 그 고문을 예서로 다시 고쳐쓰는 작업을 감행했다(是敢輒以隸寫古文).

사마광의 『효경지해』 판본은 제대로 된 고문이 아니다

그러니까 사마광이 본 고문효경은 결코 제대로 된 고문효경이 아니었다. 그래서 사마광은 고문효경에 오직 근거하여 자기의 『효경』 주석서인 『효경지해孝經指解』를 쓴다는 것에 불안감을 느꼈다. 그래서 말은 고문효경에 대한 지해(指解)라고 하면서도 실상은 당현종의 『어주효경』과 일본판 정현주의 『금문효경』을 대폭 수용했다. 그러니까 사마광은 이념적으로는 고문효경을 신봉한다 하면서도 그가 막상 의존한 텍스트는 순수한 고문이라 말하기 어려운 것이다. 고문 비슷하면서도 고문이 아닌 애매한 텍스트였던 것이다. 그러나 고문에 대한 그의 집착은 다음 문장에 잘 드러나고 있다.

> 先儒皆以爲孔氏避秦禁而藏書。臣竊疑其不然。何則秦科斗之書廢絶已久。又始皇三十四年, 始下焚書之令。距漢興纔七年耳。孔氏子孫, 豈容悉無知者, 必待共王, 然後乃出。蓋始藏之時, 去聖未遠, 其書最眞, 與夫他國之人轉相傳授, 歷世踈遠者, 誠不侔矣。且孝經與尙書俱出壁中。今人皆知尙書之眞, 而疑孝經之僞。是何異信膾之可啗, 而疑炙之不可食也。嗟乎眞僞之明皦若日月。
>
> 앞선 유자들이 모두 생각하기를, 공자집안 사람들이 진나라의 협서율(挾書律, BC 213년 반포)을 피하기 위하여 공씨집안 벽 속에다가 책들을 감추었다고 한다. 그러나 나 사마광의 생각은 다르다. 왜냐하면 진나라 때에는 이미 과두문자가 폐절된 지가 오래되었을 뿐만 아니라, 진시황 34년(BC 213)에 비로소 분서(焚書)의 명령이 떨어졌는데 그것은 한나라가 흥하기(BC 206) 불과 7년 전의 사건일 뿐이다. 그러니까 공자의 자손들이 협서율이 해제된 후에도 그 일을 새카맣게 모르고 있다가 한참 뒤 한 무제 때 노나라의 공왕(恭王)이 궁궐을 지으려고 공벽을 허물었을 때야 비로소 그 과두문자의 고문 문헌들이 있는 것을 알았다고 하는 것은 참으로 납득하기 어렵다. 대저 그것을 공벽에 파묻어 둔 것은 공씨집안에서 정본을 후

세에 전하려는 배려에서 공자께서 돌아가신 후 얼마 안되었을 때 한 일이므로, 그 고문경전들은 매우 진실한 것이며, 타국의 사람들이(일본판 정씨금문을 염두에 두고 한 말) 모습을 바꾸어가며 전수하여 세월이 지나면서 소원해진 판본들과는 가히 동차원에서 이야기될 수 있는 것이 아니다. 더구나『효경』과『상서』가 같이 공벽에서 나왔는데, 지금 학자들이 모두 고문상서의 진실은 인정을 하면서 고문효경은 위작으로 간주하는 것은 이해하기 어렵다. 이것은 마치 육회 날고기는 맛있게 먹을 수 있다고 믿으면서, 구운 고기는 먹을 수 없다고 말하는 것과 무엇이 다른가? 아~ 고문효경의 진위문제는 명료하기가 일월(日月)과 같다.

『효경지해』의 고문은 엉터리 고문, 주희가 계승

사마광의『효경지해孝經指解』는 문연각 사고전서에 들어가 있으므로 컴퓨터상으로 쉽게 확인해볼 수 있다. 주희는 사마광의『자치통감』을 강과 목으로 분류하여『자치통감강목』을 지을 정도로 사마광을 존숭했으므로, 사마광이 만든『고문효경지해』의 텍스트가 곧 고문효경이라고 생각해버린 것 같다. 주희와 같은 대학자의 소견 치고는 참으로 애석한 불찰에 속하는 일이다. 주희의『효경간오』판본은 금문도 아니고 고문도 아니며 바로 사마광의『효경지해』판본이었다. 이것은 매우 수치스러운 오류의 반복이다.『지해』판본은 효경학사(孝經學史)에서는 그냥 "송본효경宋本孝經"이라고 부르는 것으로 무가치한 판본에 속한다.

『간오』는 본래 텍스트의 변형 없이 경·전의 지시에만 그침

그러니까 주희의 『효경간오』는 사마광의 『효경지해』 원문을 실어 놓고 거기에 자신의 간오(刊誤) 작업을 한 것인데, 이 『효경』 원문의 변형을 가하지는 않았다. 그러니까 삭제할 부분과 바꾸어놓을 부분을 지시만 한 것이며 원문을 일단 전통방식대로 실어 놓았다. 그러니까 『효경간오』는 미완성작이며 일체의 주석을 가하지 않았다.

동정의 『효경대의』는 『효경간오』의 실현(實現)판

이 『간오』를 경(經) 1장과 전(傳) 14장의 체제로 삭제할 부분은 삭제하고 전 14장을 원문의 순서를 바꾸어 다시 배열하여 간오가 지시하는 바 대로의 원문을 만든 다음에 그 경(經) 1장 전(傳) 14장에 대하여 상세하고 화려한 주석을 가한 것이 그 유명한 동정(董鼎, 자는 계형季亨)의 『효경대의孝經大義』라는 책이다(동정의 정확한 생몰연대가 미상이라서 확언하기 힘드나 책에 따라 동정을 송나라 사람이라고도 하고 원나라 사람이라고도 하는데, 동정은 주희의 손제자孫弟子 혹은 3전 제자에 해당되는 사람이므로 송말에 걸쳐 원대에까지 산 사람일 것이다). 그러니까 우리나라 조선조에는 『효경간오』가 유입되지 않았고, 『효경대의』만 크게 유행한 것이다. 『대의』의 구비구비에 『간오』 속에서 주자가 한 말이 재배치되어 들어가 있다. 우리나라 젊은 학도의 최근 논문에 마치 『간오』와 『대의』의 텍스트가 출입(出入)이 있는 것처럼 기술해놓은 것이 있는데, 『간오』와 『대의』는 배치만 다를 뿐 전적으로 동일한 텍스트라는 것을 재인식해주었으면 한다.

동정의 『효경대의』와 조선조 『효경언해』

조선왕조에서 『효경』이라고 하는 것은 동계형의 『효경대의』를 말하는 것이다. 그리고 대중용으로 『효경언해孝經諺解』를 만들었는데 (선조宣祖 때 안동 하회 사람, 홍문관·예문관 대제학大提學 류성룡柳成龍이 주관하여 만들었다), 그 『언해』도 『효경대의』의 경과 전만을 도려내어 그 경전(經傳)에 대해서만 언해를 한 것이다. 그러니까 동계형의 대의주석 부분은 번쇄하다고 생각하여 언해의 대상으로 삼지 않은 것이다. 결과적으로 『효경언해』는 사마광의 『효경지해』를 주자가 간오한 대로 배열해놓은 경전에 한글 토를 달고 한글해석을 겸하여 단 것이다. 『효경언해』로서 조선왕조의 최고본(最古本)인 경진자(庚辰字) 귀중본은 불행하게도 이 땅에 보존되어 있지 않다. 현재 일본 동경 존경각(尊經閣)에 소장되어 있는데 타가와(田川孝三)씨가 『조선학보朝鮮學報』 제27집에 논문과 함께 그 영인본을 실어 놓았기 때문에 다행히 그 전모를 엿볼 수 있다(본서의 말미에 수록됨). 류성룡의 발문(跋文)은 만력(萬曆) 17년 6월 하한(下澣), 그러니까 선조 23년, 1589년이다.

주자 존숭만 있고 주자 판본에 대한 검토 없다

이제 내가 조선의 유자들이 거의 『효경』을 읽지 않았다고 모두(冒頭)에서 설파한 뜻을 간파했을 것이다. 그들에게는 주자에 대한 존숭만 있었고 엄밀한 판본에 대한 인식이 전무했다. 이러한 인식은 오늘날 대한민국의 학계에도 계승되고 있다. 나 도올의 정보도 아직

불비(不備)한 측면은 있겠으나, 어떠한 고전을 대하든지 그 판본에 대한 인식이 선행해야 한다는 것을 말하고 싶을 뿐이다. 그리고 여기 그 치열한 탐구의 한 족적을 남겨 놓음으로써 후학들에게 계발의 한 실마리가 되었으면 한다. 이것이 바로 우리가 이 조선 땅에서 21세기에 『효경』을 새롭게 읽어야만 하는 이유이다.

효자 예수, 엄마 마리아의 임종을 지키다 →

내 인생에 너무도 깊고 깊은 감명을 전해준 동굴 프레스코 벽화인데, 다석(多夕) 선생의 효기독론(*Xiao* Christology)의 강렬한 징표로서 해석될 수 있다.

이것은 터키 카파도키아(행2:9, 벧전1:1에 나오는 성서지명)의 우흐랄라 계곡(Ihlara Valley) 절벽에 위치한 성다니엘 동굴교회(the Church of St. Daniel)의 벽화이다. 9세기 비잔틴 시대의 작품이다. 예수는 엄마 마리아가 애통해하며 지켜보는 중에 십자가에 매달려 운명하였고, 엄마 마리아는 예수가 승천한 후에도 앞서 보낸 아들을 생각하면서 슬프게 살았다. 이제 기나긴 슬픔의 세월을 보낸 엄마 마리아가 이 땅의 삶을 마감하려 하고 있다. 오른쪽에 남편 요셉이 호곡하고 있고 승천한 예수가 이번에는 땅에 내려와 상주(喪主)로서 엄마의 임종을 지켜보고 있다. 예수 왼쪽에 서있는 상은 가브리엘천사의 모습이다. 가브리엘은 마리아에게 예수의 수태를 고지했던 장본인이다. 지금은 예수가 엄마 마리아의 영혼을 가브리엘에게 부탁하고 있는 것이다.

우리나라 옛 설화에도 일찍 죽은 아들이 엄마가 죽었을 때 다시 빈소에 나타나 통곡하는 것을 동네사람들이 보았다는 다양한 이야기들이 있다. 예수의 십자가 죽음은 엄마 마리아에게는 가슴에 못을 박는 불효였다. 예수는 불효자로서 다시 나타나 어머니에게 마지막 효도를 다하고 있는 것이다. 그 얼마나 눈물겨운 모습인가? 기독교는 우리가 알고있는 기독교가 전부가 아니다. 서구전통 속에서도 무한히 다양한 민간전승이 있었다. 그것을 다 묵살하고 오직 편협한 27서 정경전통만 살아남은 것이다. 초기기독교인들에게도 효(孝)는 삶의 중요한 테마였다. 나는 아나톨리아 핫산다그 만년설 고원지대에 자리잡고 있는 이 벽화의 성스러운 이미지의 전율 속에서 울고 또 울었던 기억이 이 순간 새롭다.

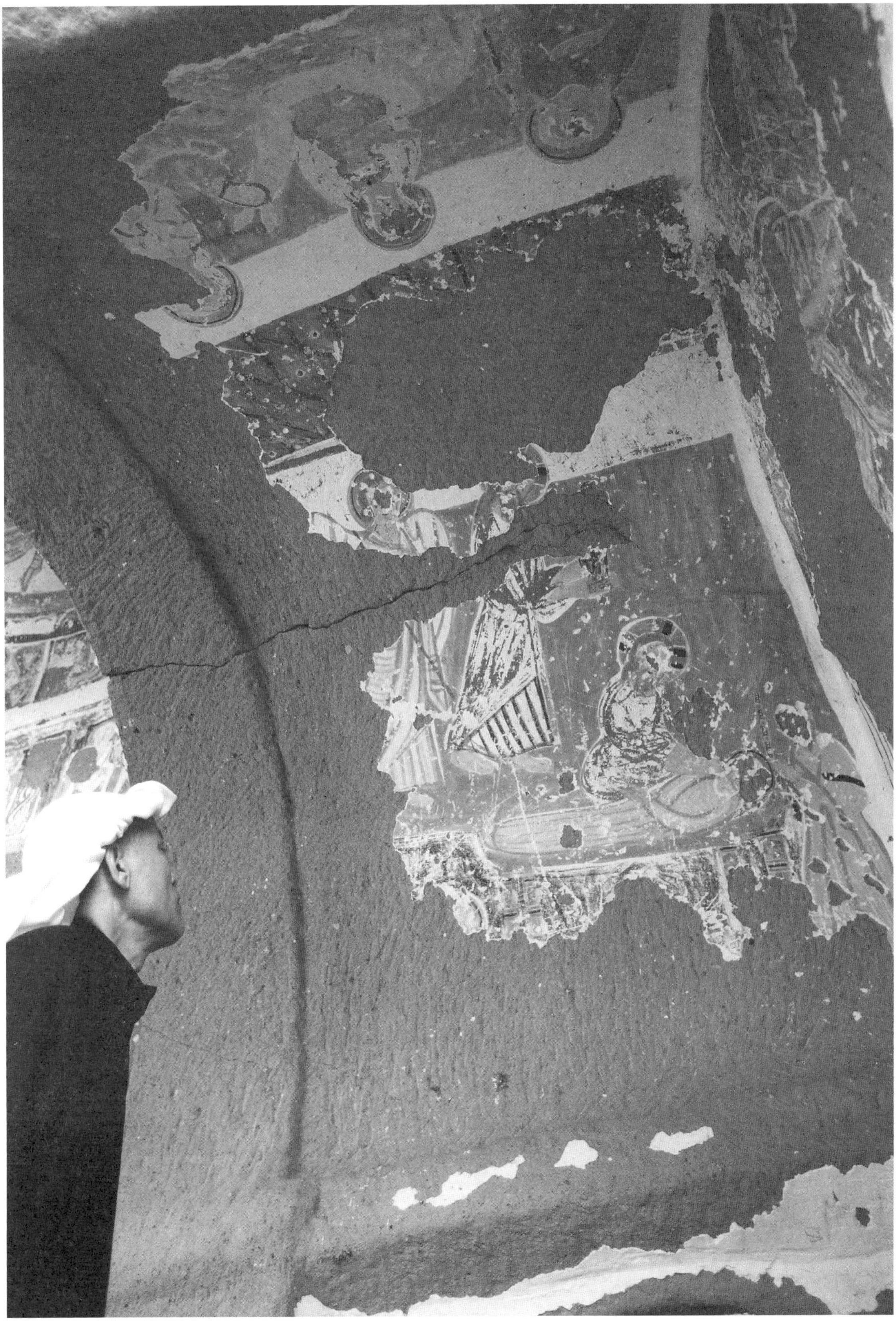

제3장: 다석(多夕)의 효기독론

문화유형에 따른 효의 행동 패턴

이런 예를 한번 들어보자! 3세동당(三世同堂)의 집에서, 그러니까 연로하신 노모가 한 분 계시고 어린 자식 둘을 거느리고 있는 부부가 사는 작은 집에서 불이 났다고 가정을 해보자! 불이 훨훨 타올라 목숨이 경각에 달려 있는 상황에서 모두를 구출하기란 어렵다. 노모나 자식 중에 누구를 먼저 구출해야 할까 선택을 할 수밖에 없다. 그 선택의 기로에 있는 가장(家長) 갑돌이! 과연 갑돌이는 본능적으로 누구를 먼저 구출할 것인가? 갑돌이가 미국사람이라면 아마도 100 중 99는 어린 자식 둘을 먼저 데리고 나올 것이다. 미국영화를 보아도 대개 그러한 분위기로 그려지고 있다. 어린 자식에 대한 보호는 하나님에 대한 신앙처럼 절대적인 그 무엇으로 그려진다. 이혼부부의 이야기든 어떤 스릴러 영상물이든지간에 어린 자식에 대한 보호는 신성한 가치로서 묘사되고 있다.

그러나 내 또래의 한국 남자만 해도 100중 98 정도는 본능적으로 설사 자식을 희생시키는 일이 발생하더라도 노모를 먼저 업고 나올 것이다. 그리고 이와 같이 말할 것이다: "자식은 또 생겨날 수 있지만, 부모는 바뀔 수 없는 천륜!" 그렇지만 어린 자식은 천륜이 아니란 말인가?

인간의 본능적 행동도 가치의 축적에서 유래

지금 우리나라 30대 정도의 갑돌이라면 한 80% 정도는 본능적으로 자식 둘을 먼저 데리고 나올 것이다. 그리고 이렇게 생각할지도 모르겠다: "노모는 어차피 돌아가실 날이 며칠 안 남았고, 어린 자식은 미래가 창창한데, 새 생명을 먼저 구하는 것이 옳지 … " 아마도 갑돌이가 노모를 먼저 구하고 자식이 희생되었다고 한다면, 갑돌이는 평생, 부인 갑순이의 원망 속에서 살아야 할 것이다. 분명 시간·공간에 따라 가족관계를 인식하는 방식이 다르다. 그런데 과연 이러한 문제에 있어서 우열을 논할 수 있겠는가? 노모를 구하는 것이 옳은가? 어린 자식을 구하는 것이 옳은가? 다같이 당위에 속하는 일인데 과연 시비의 가림이 가능할까? 그런데 우리세대의 사람만 해도 본능적으로 노모를 먼저 구하는 가장 본질적인 이유는 그것이 더 인(仁)하다고 하는 정당성 때문만은 아닐 것이다. 만약 자식만 살리고 노모를 살리지 못한 결과가 초래되었다고 한다면(양쪽 다 살렸으면 오죽 좋으련만), 노모의 죽음이 자식의 죽음보다 더 가슴이 아프기 때문이라기보다는 동네사람으로부터 "호로자식" "불효자식"이라는 욕설을 듣기 때문이라고 말해도, 사람들의 행동방식을 설명하는 이유로서 그리 불경스러운 언사는 아니다. 그 말인즉슨 모든 사람들이 그런 상황에서 당연히 이렇게 행동한다고 하는 어떠한 행동방식의 일치성이 있다는 것이다. 그러한 컨센서스에서 벗어나지 않는 방향으로 판단이 순간적으로 이루어진다는 것이다. 이러한 가치관의 컨센서스(consensus)를 그 시대의 윤리규범이라고 말할 수 있다. 우리가 막연히 "본능"이라고 규정하는 행동양식의 상당 부분이 생리적인 것이 아니라 기나긴 가치의 축적에서 유래된다. 이드 속에 슈퍼이고가 촉촉히 배어있는 것이다. 동아시아 문명에 사는 사람들의 윤리규범을 규정한 가장 막강한 영향력을 미친 책을 하나 꼽으라 한다면, 우리는 당연히 『효경』 일서를 꼽아야 할 것이다.

조선 땅에서의 가톨릭과 프로테스탄트

서양인에게 그런 책은 물론 『신약성서』이다. 여기서 서양인이라고 하는 것은 로마제국문명의 직·간접 영향권에 있는 사람들을 가리킨다.

이 땅에 가톨릭의 역사는 교황청체제에 의한 교권의 확립에 주력한 역사이기 때문에, 순교와 정의로운 항거의 역사는 있을지라도 독자적인 사상의 역정은 찾아보기 어렵다. 그런데 비하면 그래도 개신교는 인간의 사유를 규제할 수 있는 중앙의 통제력이 박약하고, 교회(에클레시아) 단위의 공동체의 보이지 않는 구속력만이 일차적으로 작용하기 때문에, 그러한 구속력을 벗어나는 삶을 살 수 있는 사람들은 비교적 자유로운 신학적 사유를 전개할 수 있다. 이렇게 자유롭게 살면서 독창적인 자신의 신학적 사유를 전개한 격동기의 사람들 중에서 가장 대표적인 사상가로서 우리는 다석(多夕) 유영모(柳永模, 1890~1981)를 들 수 있다.

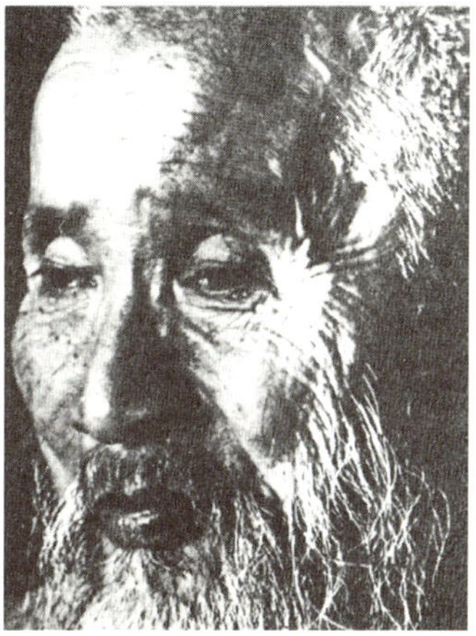
다석 유영모

다석 유영모(柳永模)의 언어세계

그는 기독교인이기 이전에 이미 유·불·도를 통달한 달인이었으며 특히 조선 고유의 선(仙)의 전통을 몸으로 체현한 수련의 도인이었기 때문에 그의 기독교 사유는 조선인 고유의 체질적 사유의 격의(格義)를 벗어날 수가 없다. 더구나 그의 사유는 오늘날 우리가 사용하는, 신택스(syntax)에 있어서나 세멘틱스(semantics)에 있어서 서구화된 한국어가 아니라, 서구적 개념에 물들기 이전의 순결한 조선인의 언어소재를 자신의 고유한 생각의 어휘로서 개념화하기 때문에 이미 우리에게 상식화된 의미론으로써는 파악하기가 어렵다. 파악하기가 어려운 만큼 고유한 언어의 색조(tonality)가 있고, 따라서 그만큼 매력(charms)이 있다. 사실 그의 언어는 난해한 영어나 독일어를 이해하는 것보다도 더 어렵다. 다행히 그의 강의를 줄곧 수강했으며 그의 언어를 이해하고 현대적인 언어를 구사할 수 있는 현재(鉉齋) 김흥호(金興浩, 1919~)에 의하여 해설되어 우리에게 가까이 다가왔다(솔 출판사에서 나온 『다석일지공부』 전7권은 그 기념비적 저작이다).

아버지와 아들, 하나님 아버지와 효자 예수

재미있게도 다석은 기독교신앙의 본질을 "효孝"라는 개념으로써 파악한다. 결국 기독교라는 것도 알고 보면, "아버지와 아들"의 문제이다(여기서 아버지와 아들은 상징어이며 구체적인 생리 언어가 아니다. 따라서 페미니스트라 할지라도 그 상징적 개념의 보편성에 주목해야 할 것이다. 물론 "엄마와 딸"이라고 말해도 그 상징성은 완전히 동일하다).

유대교에서는, 즉 『구약』의 세계에서는 야훼라는 하나님은 이스라엘 종족의 신이며 우주의 창조자이며 인간 개인의 실존과는 거리가 있는 존재이다. 그리고 인간의 평범한 삶의 세계와는 차원을 달리하는 절대적 존재이기 때문에 나의 실존적 체험에서 발하는 느낌의 "아버지" 혹은 "아빠"("아바*Abba*"라는 아람어 표현)라는 표현으로써 호칭하는 예는 거의 없다. 그러나 예수는 "하나님"을 실존적 체험 속의 "아빠"(희랍어로는 "파테르"이지만 이것은 실제로 아람어 "아바"의 표상이다)로서 인식한다. "아빠"로서의 하나님 표상은 복음서에 170회나 등장하는데 공관복음서에 61회, 그리고 요한복음서에 109회 나타난다. 이것은 예수의 자기인식이 철저히 "아빠의 아들"로서의 정체성을 지니고 있다는 것을 입증한다. 즉 하나님이 아빠화되어 있고, 예수 자신이 아들화되어 있다. 이것은 구약의 초월적 질투하는 하나님과 이스라엘민족의 관계가, 자비로운 아버지로서의 하나님과 보편적 인간 개개의 실존의 관계로서 전환되었다는 것을 의미한다. 무한정으로 자애로운 아버지의 말씀에 순복(順服)하는 아들로서 예수가 자기를 규정할 때, 예수는 효자(孝子)일 수밖에 없다.

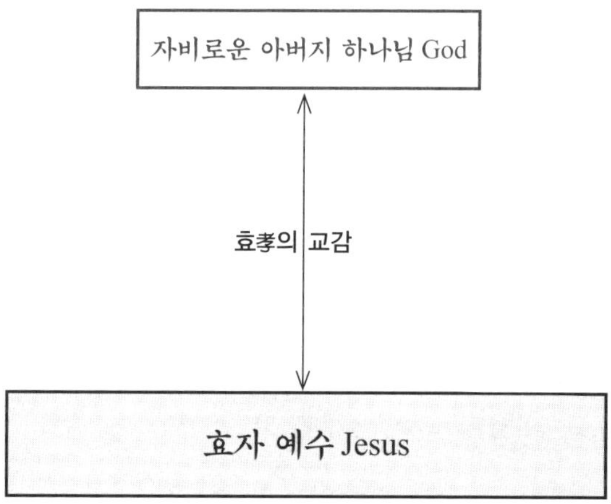

다석에게 있어서 예수는 온전한 효자상이다. 사실 이러한 다석의 언어가, 말초적으로 서구신학의 세뇌만을 받아 온 천박한 식자들에게는 매우 충격적으로 받아들여질지 모르지만, 개화기를 통하여 장옷으로 몸을 가리고 천막교회를 나들이하던 조선의 여인들이나 오늘날 대형교회에 우글거리는 신도들의 심층의식에 깔려있는 가장 보편적인 언어의 시니피에(*signifié*)의 실상을 다석은 대변하고 있는 것이다(언어라는 기호는 발성을 통한 청각 이미지와 그것이 지시하는

개념의 결합으로 이루어진다. 그 청각 이미지sound image를 시니피앙*signifiant*, signifier 혹은 기표記表라 부르고, 그 개념concept을 시니피에*signifié*, signified 혹은 기의記意라고 부른다. 소쉬르는 이 양자가 동전의 양면처럼 항상 견고하게 결합되어 있다고 보는 반면 라캉은 시니피앙과 시니피에의 결합은 항상 불안정하며 기표가 기의에 대하여 우월하다고 본다. 따라서 한국인들이 "하나님 아버지"라는 기표 즉 청각 이미지에 어떠한 개념을 부착시키는지는 의문부호로 남을 수밖에 없다). 라캉의 표현을 빌리자면 다석은 한국민중의 무의식 속으로 "미끌어져" 내려가 버린 시니피에를 다시 끄집어내고 있는 것이다. "하나님 아버지," "하나님 아바이"라는 이 한마디가 조선민중의 기독교의 실제적 의미의 전부를 말해주고 있는지도 모른다. 『효경』의 통속화로서 생겨난 조선왕조의 『삼강행실도三綱行實圖』나 『오륜행실도五倫行實圖』에서 세뇌시켜온 "아버지"의 가장 온전한 모습을 바로 "예수의 아빠" 속에서 발견하려고 몸부림치고 있는 것이다.

주기도문 속의 아빠와 십자가 사건

큐자료(마태와 누가에서 마가자료를 제외시키고 남은 자료에서 또 다시 공통되는 자료로서 공관복음서에 내재하는 어록복음서sayings gospel이다. 공관복음서의 가장 오리지날한 층대를 형성한다)에 속하는 예수의 주기도문(마 6:9~13, 눅 11:2~4)도 인자하기 그지없는 아빠의 나라(바실레이아, *βασιλεία*), 곧 사랑밖에 모르는 아빠의 다스림(Reign)이 이 땅에 실현되기를 간구하는 기도일 뿐이다(이 문제에 관해서는 김명수, 『큐복음서의 민중신학』 제8장 "큐복음의 주기도문" 참고. 통나무출판사에서 2009

년에 출간됨. 김명수의 큐복음서에 관한 함부르그대학 박사학위논문은 세계큐연구학회[IQP]의 권위 있는 정경으로 선정되었다).

예수를 하나님 아버지의 가장 온전한 효자로서 규정했을 때에, 그 효의 개념 속에는 "아버지에게로의 아들의 복종"이라는 전통적 효의 뉘앙스가 물론 내포되어 있다. 아버지가 죽으라면 서슴치 않고 죽기까지 하는 아들의 모습이 예수의 십자가에 서리어 있다. 그러나 예수의 복종은 나 밖으로부터 내려오는 일방적 명령에 대한 충성이 아니라, "자기버림"이다. 예수의 자기버림이 곧 예수의 십자가 사건이다. 그러니까 다석에게 있어서 예수의 "십자가"는 예수의 효(孝)의 다른 이름일 뿐이었다. 기계적인 복종이 아니기 때문에 십자가상에서도 마지막 순간까지 "엘리 엘리 라마 사박다니"를 외치는 인간적 번뇌가 표출되고 있는 것이다.

자기를 버리는 하나님과 「예운」의 십의(十義)

다석에게 있어서 아버지와 아들의 관계는 일방적인 것이 아니라 궁극적으로 쌍방적인 것이어야 한다. 그러므로 아들 예수가 자기를 버렸다면, 물론 아버지 하나님도 자기를 버려야 한다. 욕심내고 질투하기만 하며, 자기만 믿으라고 인간을 징벌하는 독점욕망의 화신으로서의 구약의 이스라엘 종족의 하나님이 되어서는 곤란하다. 그러한 욕심쟁이 하나님의 명령에 무조건 복종한다는 것이 효(孝)는 아니다. 효가 결코 일방적인 것이 아니라는 것은 이상국가인 대동

(大同)사회를 논한『예기』「예운」편에 명료하게 제시되어 있다.

何謂人義? 父慈, 子孝; 兄良, 弟弟; 夫義, 婦聽; 長惠, 幼順; 君仁, 臣忠。十者謂之人義。

무엇이 사람의 의로움인가? 아버지가 자애로울 때 자식은 효성스럽게 되고, 형이 착하게 굴 때 동생은 형을 따르고, 남편이 의로울 때 부인은 남편의 말을 듣게 되고, 어른이 은혜를 베풀 때 어린 사람은 순종하게 되고, 임금이 인(仁)할 때 신하는 충성을 다하게 된다. 이 열 가지의 쌍방적 관계를 일컬어 인의(人義) 즉 사람의 의로움이라고 하는 것이다.

십의十義	
부자父慈	자효子孝
형량兄良	제제弟弟
부의夫義	부청婦聽
장혜長惠	유순幼順
군인君仁	신충臣忠

아버지와 아들의 관계는 쌍방적이어야 한다

여기서 우리가 볼 수 있는 건강성은 쌍방성이다. 인륜의 도덕이 호혜적인 정당한 관계에서만 성립한다는 것이다. 하물며 하나님 아버지와 예수 아들의 관계가 쌍방적이 아닐 때는 인간세의 모든 관계가 파탄에 이르고 만다.

예수가 자기를 버리듯이 하나님도 자기를 버린다는 뜻은 무엇일까? 그것은 하나님도 자신을 끊임없이 무화(無化)시켜야 한다는 뜻이다. 불교에서 말하는 무(無)나 노장(老莊)이 말하는 허(虛)가 다 하나님의 다른 이름들이다. 그렇다고 이러한 허무(虛無)가 기독교에 고유한 인격성을 거부한다는 뜻은 아니다. 바로 그 허무(虛無)를 친근한 아버지로서 감지할 수 있을 때 인간의 참나, "얼나"(다석의 용어: "몸나"에 대비되는 "얼나")가 작동한다고 보는 것이다. 이때 우리가 경계해야 할 것은 하나님의 인격성의 문제에 그치지 않는다. 가장 경계해야 할 사태는 하나님을 인간화시킴에 존(存)하는 것이다. 조선왕조의 유교가 저지른 가장 큰 죄악은 효(孝)를 철저히 충화(忠化)시켜버린 것이다. 충(忠)을 인간 내면의 중심(中心)에서 우러나오는 진정성으로서 이해하는 것이 아니라, 군신(君臣)관계에 있어서의 일방적 충성으로 이해하는 것이다. 따라서 부자의 효는 군신의 충의 한 방편에 지나지 않는다. 군신의 충을 실현키 위한 세뇌적 도구로서 가정 내에서 부자의 효를 강요하는 것이다.

군신관계로 충화(忠化)된 기독교신앙

현재 우리나라의 대부분의 기독교인들이 믿는 하나님은 다석이 말하는 보편적·쌍방적 효의 실천의 대상이 아니라 군신(君臣)의 관계로 충화(忠化)된 하나님이다. 구약의 하나님은 철저히 인간화된, 그러니까 타종족의 신앙을 배타하기 위하여 폭력화된 하나님이며, 그것은 타종족(이단)을 무찌를 수 있는 군주(a secular King)로서의 하나님이다. 다석의 효기독론이 철저히 배제하는 것은 충화(忠化)된 유교의 형식주의적 측면과 서구전통의 인격성의 배타성과 폭력성이다. 다석의 하나님은 인간화된 모습으로 칠정(七情)의 식색(食色)을 드러내는 하나님(메소포타미아 지역의 신관이나 희랍 신관의 일반적 모습)이 아니라, "없이 계신 하나님"이다. 그것은 표전(表詮)으로서의 태극(太極)의 배면에 있는 차전(遮詮)으로서의 무극(無極)이다(머우 쭝산牟宗三 교수의 표현). 끊임없이 자신을 무화(無化)시키면서도 끊임없이 생명을 탄생시키는 창조력으로서의 생생지도(生生之道, Creative Creativity, 황 똥메이方東美 교수의 표현)이다. 그것은 바로 장횡거(張橫渠)가 서명(西銘)에서 말한 "건칭부곤칭모乾稱父坤稱母"로서의 부모(父母)이다. 따라서 그 사이에서 생성되는 모든 존재는 나의 동포이다(同胞: 탯줄을 공유한 존재, 원불교에도 "동포은同胞恩"이라는 개념이 있다. 그 동포 역시 배달민족 동포가 아니라 천지만물과의 동포의식이다). 따라서 효자 예수와 나와의 간격은 존재할 수 없다(이러한 문제에 관한 담론으로서 다석의 신학을 일목요연하게 정리한 명저가 있다. 감신대 이정배 교수의 『없이 계신 하느님, 덜 없는 인간 — 多夕신학의 얼과 틀 그리고 쓰임』을 보라. 다석신학을 현대신학 담론의 주류적 쟁점 속으로 편입시킨 그의 공로는 크게 평가되어야 할 것이다. 이정배 교수는 종교간의 편견없는 소통을 가장 자유롭게 외쳤던 변선환의 제자로서 김흥호의 가르침을 정통적으로 계승하였다).

안병무와 유영모

안병무가 유영모의 집회에 참석했을 때 유영모와 나눈 유명한 대화가 있다. 유영모가 말했다: **"요한복음에서 예수가 '내가 길이요 진리요 생명이다'라고 말했는데 그 '내'는 나 유영모의 '나'를 가리킵니다."**

안병무가 물었다: **"그것이 어떻게 선생님의 '나'입니까? 예수님의 '나'이지 않겠습니까?"**

유영모가 대답했다: **"나는 성경을 읽을 때 '남'의 이야기로서 읽지 않습니다. 예수의 삶과 죽음은 곧 나의 삶과 죽음입니다. 예수의 '나'는 역사적으로 실존했던 예수라는 개인의 '나'가 아닙니다. 그 '나'는 하나님의 '나'이며 온 인류의 '참 나'입니다."**(안병무의 구술을 기록한 것).

얼나와 몸나, 얼은과 한아님

예수라는 인간 개인만이 길이요 진리요 생명이라면 그것은 또 다시 예수 자신의 효(孝)를 충화(忠化)시키는 것이며 우리의 예수에 대한 효를 충화시키는 것이다. 충화되는 동시에 예수는 폭군(暴君)으로 화하고 만다. 예수는 하나님일 수가 없다. 예수는 하나님의 아들됨을 온전한 효(孝)로서 보여준 사람의 길(道)일 뿐이다. 예수가 이 땅에 온 것은 인간의 참 생명이 몸에 있지 않고 얼에 있는 것임을 알리러 온 것이다. 다석은 말한다.

내가 없는 것이 마음이다. 무념무상(無念無想)하게 되어야 마음이다. 이런 마음이 거울 같은 마음이요, 얼이요, 얼은(成人)이다. (이정배 75).

몸나가 없는 곳에 한아님이 계시고, 한아님 앞에는 얼나가 있다. 얼나가 있는 곳에 한아님이 계시다. … 얼나와 한아님은 하나다. (이정배 68).

다석에게서 끊임없이 나타나는 "몸나"와 "얼나"의 대비적 관계는 성리학의 인심(人心)과 도심(道心)의 대비로 이해할 수도 있고, 바울이 말하는 육체와 성령, 몸과 영, 율법과 의, 사망과 생명 등등의 이분법적 사유로 규정될 수도 있겠지만, 결국 다석에게서 몸의 극복은 몸에서 완성되는 것이므로 결코 그러한 이원론의 틀로써 다석의 사상을 규정하는 것은 위험하다.

가온찍기

몸나와 얼나는 결국 "가온찍기"에서 통합되는 것이다. "가온찍기"란 물론 원래 있던 우리말이 아니고 다석이 만든 말이다. "가온"의 뜻은 역시 "가온데"라는 뜻이 일차적인 것으로 나의 내면 중심이면서 우주의 중심이라는 뜻이 된다. 그리고 "가온"의 의미 속에는 "온전함"이라는 의미도 들어가 있다. "찍기"란 "점을 찍는다"는 말의 동명사형이다. 가온찍기란 우주의 중심으로서의 참나를 영원히 오가는 시공간 속에서 확인하는 것이다. 그것은 순간 속에서 영원을 만나는 생명사건이며, 과거와 현재와 미래가 통합되는 찍음이다. 그 가온찍기가 씨올이요 해탈이요 견성이요 십자가를 짐이다. "찍기"라는 말이 상징하듯이 그것은 삶의 순간순간에서 끊임없이 찍는 것이다. 그에게 하나님에 대한 효라는 것은 돈오(頓悟)적인 것이라기보다는 점수(漸修)적인 것이다. 돈오는 가온찍기의 점수과정 속에 내재하는 것이다. 그리고 다석의 씨올사상에는 여래장적 요소가 희박하다. 하나님이라는 존재, 그것을 구현하는 예수라는 생명, 그 생명을 받아들이는 나가 모두 무화(無化)되기 때문이다. 오히려 함석헌의 씨올은 여래장적 실체화의 가능성을 내포할 것이다. 함석헌의 언어는 그러한 문제에 관한 금기가 별로 없기 때문이다(좀 복잡한 문제인데 나의 논의는 마쯔모토 시로오松本史郎의 『緣起と空 — 如來藏思想批判』과 관련하여 이해되어야 할 것이다. 혜원 스님의 번역본이 있다).

다석의 효기독론, 수운과 해월의 동학(東學)

이상으로 간략히 소개한 다석 유영모의 효기독론에서 볼 수 있듯이 기독교가 이 땅에 뿌리를 내리고 정착할 수 있었던 이유 중의 하나가 기독교신앙의 수직구조가 전통적 효개념의 수직구조와 맞닿아 있다는 그 한 축에서 찾아질 수도 있다는 것이다. 다석은 그 수직구조를 수운, 해월과 같은 동학의 사상가들이 수평구조로 해소시키려고 노력한 것과는 달리 그 수직구조의 보편주의적 진면목을 추구함으로써 조선왕조의 효윤리의 폐해를 막으려 하였던 것이다. 효가 기껏해야 일가족 내에서의 생리적 존재에 대한 충성이나 복종으로 이해될 때, 그것은 무서운 질곡이 될 수도 있다. 효의 대상으로서의 아버지를 하나님 아버지에게로 확이충지(擴而充之)할 때 효는 우주론적 차원을 확보하고 좁은 윤리의 리고리즘(rigorism)을 벗어난다.

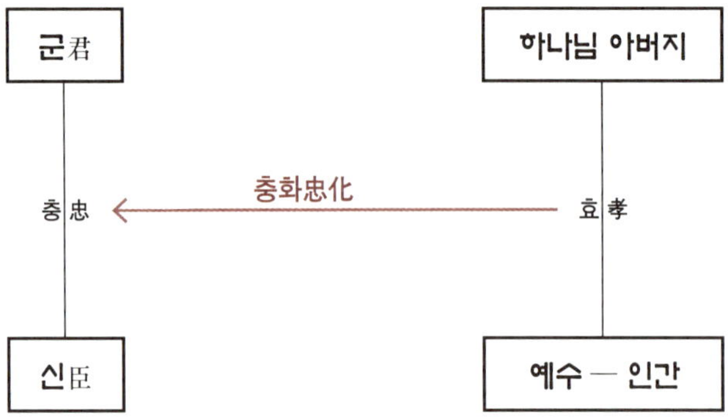

〈기독교신앙의 왜곡된 모습〉

이 도표에서 효(孝)가 충화(忠化)되는 위험성을 다석은 가장 크게 경계하였던 것이다. 그러나 불행하게도 오늘날 우리나라 기독교의 현실은 효를 충화시킨 결과라고 말해도 크게 틀린 말은 아닐 것이다.

> 아니ᄒᆞ면 아니된단 어머니 몸 아ᄇᆞ지 뜻 참 믿고 따라간 것이
> 아ᄃᆞᆯ인가 ᄒᆞ노라(『다석일지공부』 Ⅱ-690)

효자로서의 아들 예수의 삶을 잘 그려놓은 다석의 말이다.

제4장: 불교에서 말하는 효

불교와 유교의 충돌

효의 문제는 기독교의 격의(格義)의 틀로서도 중요한 의미를 지녔지만 이미 불교가 한자문화권에 정착하는 과정에서 민중 속에 그 정체성을 뿌리내리기 위해서는 거치지 않을 수 없는 통과의례였다. 양(梁)나라의 스님 승우(僧佑)가 찬한 『홍명집弘明集』이나 당(唐)나라의 스님 도선(道宣, 596~667)이 증보한 『광홍명집廣弘明集』에 이미 불교와 유교의 가치의 충돌이 잘 묘사되어 있다. 우선 영혼이 육체와 분리되어 그 자체로 아이덴티티를 지니고 윤회한다는 신불멸(神不滅)의 생각은 음양 · 귀신 · 혼백의 자연주의적 논리로 볼 때 매우 황당한 아이디어였다. 그래서 유자들은 신멸론(神滅論: 인간의 영혼은 신체와 더불어 멸한다)을 강력히 주장하였던 것이다. 그리고 출가인이 삭발을 한다는 것도 "신체발부身體髮膚, 수지부모受之父母, 불감훼상不敢毁傷"이라고 한 『효경』「개종명의장」의 종지에 어긋난다.

그리고 출가한다는 것 자체가 음양의 근본을 어기는 것이요, 효의 마당인 가정을 꾸리지 않고 독신생활을 한다는 것은 불효 중의 불효일 뿐 아니라, 구체적으로 종법(宗法)의 훼멸을 의미하는 것이므로 도저히 용납할 수가 없었다. 뿐만 아니라 출가자가 머리를 삭발하고, 가사를 입고, 군왕(君王)에게도 경례하지 않고, 부모에게도 절하지 않는 "사문불경왕자론沙門不敬王者論"의 문제는 요즈음 여호와의 증인 사람들이 군복무문제로 충돌을 일으키는 것보다도 더 중대한 문제를 제기했다. 무부무군(無父無君)의 세속권위 거부의 행태는 모두 효의 대본을 파괴하는 짓이었다.

중국문명의 효에 대한 불교의 아폴로지: 싯달타는 무수한 전생에서 효자였다

이러한 불교의 행태는 유교문명에 대한 일대 도전이었으며, 역설적으로는 효의 개념을 확대시키는 계기도 되었던 것이다. 대정대장경 제3권(No.156)에 실려있는, 7권 9품으로 구성되어 있는 『대방편불보은경大方便佛報恩經』은 이미 후한(後漢) 때 번역된 책으로 되어 있지만, 그것은 보다 후대에 유교의 도전을 받으면서 중국에서 구성된 한문경전임이 확실하다. 오늘의 형태로 완성된 것은 10세기 즈음으로 추정된다. 아난(阿難)이 탁발하기 위하여 왕사성에 나왔다가 6사외도의 한 바라문으로부터 너의 스승 고타마 싯달타(瞿曇)는 아주 불효한 놈이라고 비난하는 소리를 듣게 된다. 세상에 태어난 지 7일 만에 어머니를 돌아가시게 하였으니 어찌 악인이 아닐소냐! 장성하여서는 궁성의 담을 뛰어넘어 몰래 출가하니 부왕은 괴로워하며 미칠 듯한 마음으로 괴로워하며 정신을 잃고 쓰러졌다. 부왕은 얼굴에 물을 뿌려 7일만에야 깨어나서 큰 소리로 통곡하고 슬피 울며 말했다: "이 나라는 네 것이고 나에게는 오직 너 하나만 있을 뿐인데 어째서 나를 버리고 깊은 산으로 들어간단 말이냐!" 또 부왕이 궁전을 지어주고 야쇼다라(瞿夷, Yaśodharā, 耶輸陀羅)에게 장가까지 들게 하였으나 부부의 예도 제대로 행하지 아니 하였으니 참으로 은혜를 모르는 인간이라고 비난하는 것이다. 이를 계기로 불교에서 말하는 은(恩)의 의의를 설하는 경전이 바로 이 『대방편불보은경』이다. 여기서 말하는 보은(報恩)의 개념은 중국적 효(孝)에 대한 불교의 아폴로지인 것이다. 그 요점인즉슨, 윤회전생(輪廻轉生)의 기나긴 시간에서 보면, 부처님을 망은(忘恩)의 무리로서 비방하는 것은 현세에 일어난 일만에 국한하여 보는 매우 편협한 견해라는 것이다. 부처님은 아주 오랜 과거로부터 모든 중생의 부모가 되었으며, 모든 중생도 또한 부처님의 부모가 되었다. 부처님의 출가는 모든 중생을 고뇌로부터 구제하기 위한 것이므로, 그의 출가야말로 가장 큰 보은행이라고 설파한다. 참된 보은(報恩) 즉 대효(大孝)는 큰 자비심을 가지고 모든 중생을 버리지 않는 것이다. 그리고 각 품(品) 안에서 부처님의 전생의 인물들이 자신의 생명을 아끼지 않고 효행을 하고, 은혜를 갚는 모습을 보여준다.

모든 중생을 고뇌로부터 구제하는 것이야말로 대자대비의 대효(大孝)

이러한 불교의 아폴로지는 표면적인 불효(不孝)를 본질적인 대효

(大孝)로 한 차원을 높이어 생각할 수 있는 여지를 만들어 주었다는 맥락에서 보편주의적 의미를 찾을 수 있다. 불교는 본시 가족윤리나 세속윤리를 초월하고자 하는 갈망이 있다. 효와 같은 세속윤리는 근원적으로 고해(苦海)의 한 원천일 수도 있다. 그러나 이러한 초윤리적(trans-ethical) 주장만으로는 민중의 삶의 보편적 가치로서의 정체성을 획득하기가 불가능했다. 보편적 가치는 일상적 가치가 되지 않으면 아니 된다.

목련존자와 우란분회: 초윤리와 일상윤리의 접합

그래서 이러한 초윤리와 일상윤리의 접합을 위하여, 지옥에 떨어진 어머니를 구해내는 신통제일(神通第一)의 목련존자(目連尊者, Mahāmaudgalyāyana)의 이야기가 만들어지고, 이 이야기에 기초하여 7월 15일 우란분회(盂蘭盆會)라는 중요한 불교제식이 성립한다. 실제로 이 우란분회는 효(孝)를 중시하는 중국문화 속에서 성립한 제식이며 한국과 일본에서 크게 성행하였다. 보시(布施)의 공덕을 선조공양(先祖供養)과 연결시킨 것으로 쉽게 말하자면 **불교화된 조상제사**라고 말할 수 있다. 우란분이란 산스크리트어 울람바나(ullambana)의 속어형에서 파생된 역어인데, 오람바나(烏藍婆拏)라고 음역하기도 한다. "도현倒懸"이라고 한역(漢譯)되기도 하는데 이것은 거꾸로 매달린 자의 고통을 의미한다. 우란분이란 생전의 악업으로 인해 거꾸로 매달린 듯한 부자유와 고통을 겪는 선망부모와 시방의 유주무주 고혼들의 극락왕생을 위하여 부처님의 위신력과 청정승가의 수행력에 의한 가피(加被: 구원의 힘을 얻음)를 기원하는 의식이다. 산자가 죽은이의 명복을 기원하는 우란분재의 기도는 효행으로 인식되어 대중의 삶 속으로 깊게 울려퍼졌다. 『목련경』은 강창문학(講唱文學)으로서 당대(唐代)에 크게 성행하여, 그 뒤로도 꾸준하게 한·중·일 효문화권의 대중을 매료시켰던 것이다. 불교가 유교나 기독교나 여타 어느 종교에 비하여 돋보이는 점은 자유로운 상상력과 화려한 문학성이다.

양주동 작사의 「어머님 마음」과 『부모은중경』

우리나라 사람이라면 누구든지 기억하고 잘 부르는 노래에 「어머님 마음」이라는 것이 있다. 양주동이 작사하고 이흥렬이 작곡한 것이다.

낳실제 괴로움 다 잊으시고
기르실제 밤낮으로 애쓰는 마음
진자리 마른자리 갈아뉘시며
손발이 다닳도록 고생하시네
하늘아래 그무엇이 넓다하리오
어머님의 희생은 가이없어라

양주동의 작사는 바로 우리나라 정조 때 간행된 화산(花山) 용주사(龍珠寺) 판본의 『불설대보부모은중경佛說大報父母恩重經』「정종분正

宗分」 속에 나오는 십게찬송(十偈讚頌)에 기초한 것이다. 우선 그 게송을 소개하면 다음과 같다.

제일 회탐슈호은(懷耽守護恩): **나를 잉태하여 지켜주신 은혜**

제이 님산슈고은(臨産受苦恩): **해산에 즈음하여 고통을 감내하신 은혜**

제삼 싱ᄌ망우은(生子忘憂恩): **자식을 낳고 모든 근심을 잊으시는 은혜**

제사 인고토감은(咽苦吐甘恩): **쓴 것은 삼키고 단 것은 뱉어 먹여주시는 은혜**

제오 회간취습은(廻乾就濕恩): **진 자리 마른 자리 갈아 뉘시는 은혜**

제육 유포양육운(乳哺養育恩): **젖을 먹여 키워주시는 은혜**

제칠 셰탁불뎡은(洗濯不淨恩): **깨끗하지 않은 것을 씻어주시는 은혜**

제팔 원힝억념은(遠行憶念恩): **자식이 먼 길 갔을 때 걱정하시는 은혜**

제구 위조악업은(爲造惡業恩): **자식을 위해서라면 악업이라도 지으시는 은혜**

제십 구경련민은(究竟憐愍恩): **자식을 늙어죽도록 끝끝내 애처롭게 여기시는 은혜**

노래가사에 "진자리 마른자리 갈아뉘시며"라는 것은, 언뜻 젖은 기저귀를 갈아준다는 의미로 생각하기 쉬우나 그런 뜻이 아니다. 옛날에는 집이라도 허술한 곳간 같아서 비도 새고, 구들에 불을 때도 젖은 곳이 많았다. 그래서 어머니께서는 항상 자식을 마른 자리에 뉘이시고 당신 자신은 젖은 자리에 눕는다는 이야기다. 그 정경(情

진자리 마른자리 김홍도의 목판화. 『은중경』의 느낌을 신비롭게 만들기 위해 좀 환상적으로 그렸다. 중국의 상류사회를 모델로 한 것이며, 우리 민중의 삶과는 동떨어져 있다.

景)이 매우 절절하다. 제구의 위조악업은(爲造惡業恩)을 주석가들이 문자 그대로 해석하기를 꺼려하지만, 부모마음의 극단적 사례를 표출한 것으로 있는 그대로 자식을 위해서라면 악업이라도 짓는 것이 엄마의 마음이라고 해석하여야 할 것이다. 자식위해 닭 한마리 잡아도 악업이지 않겠는가?

용주사와 사도세자, 그리고 정조의 효심

양주동이 왜 『부모은중경』을 가지고 노래를 지었을까? 그 이유는 간단하다. 우리의 상상을 뛰어넘는 수준으로 조선후기부터 『부모은중경』이 대중에게 보편화되어, 누구나 그 가사내용을 알고 있었기 때문이었다. 우리가 알고 있는 『부모은중경』은 대부분이 정조 때 용주사에서 간행한 판본이다. 이 사실에 대하여 좀 특별한 설명이 필요하다.

정조는 아버지 사도세자의 억울한 죽음을 11세에 체험하였다. 그리고 과묵하고 시세를 외면한 듯한 현명한 행동거지로 위험에 대처하며 어려운 세월을 견디어 내었다. 그리고 25세에 등극한다(1776). 정조는 등극한 후 가슴앓이로만 간직했던 아버지에 대한 복수를 감행하고, 파당을 배격하고 새로운 인물을 대거 등용하여 새로운 국가기풍을 진작시키려고 노력한다. 그는 우선 서인으로 강등되었다가 사도세자(思悼世子)의 위호만 얻은 아버지를 장헌(莊獻)세자라고 추존하였고 정조 13년(1789)에는 방치되었던 아버지의 묘를 옮기는 일에 착수한다. 양주군 배봉산에 있던 사도세자의 묘 영우원(永祐園)을 수원 화산으로 옮기면서 그 새 묘소를 현륭원(顯隆園)이라

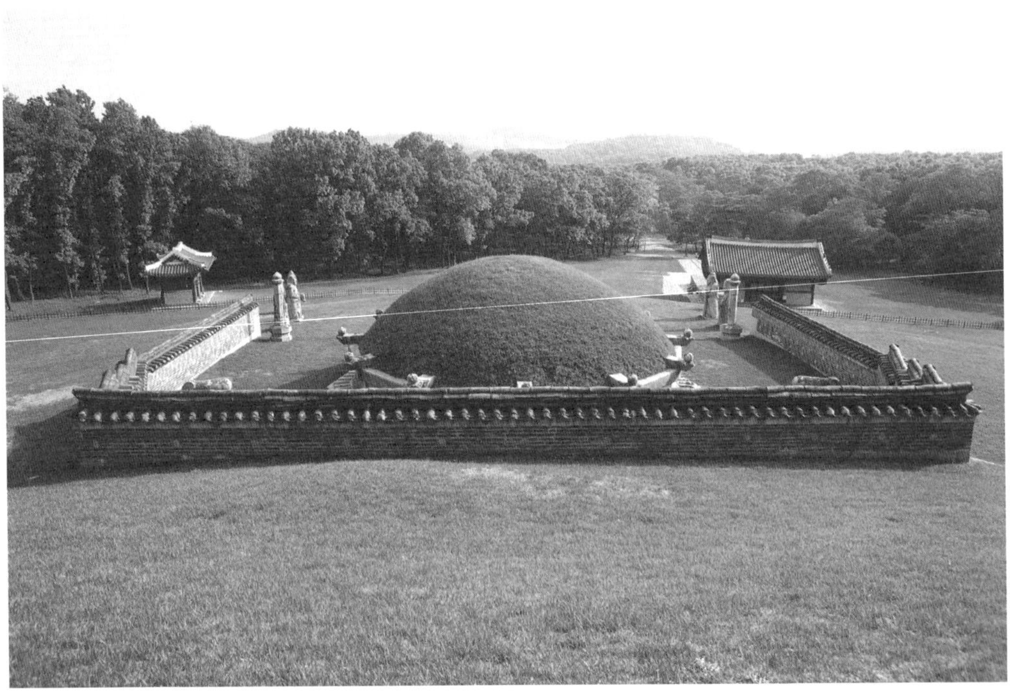

경기도 화성(華城) 현륭원(顯隆園). 좀 무리를 하면서까지 조선팔도 최고의 명당을 골랐다던데. 가보니 과연. 정조의 효심을 헤아릴만 하다.

불렀다. 그리고 이능화의 『조선불교통사』에 실려있는 내용에 의하면, 정조는 우연한 기회에 장흥(長興) 보림사(寶林寺)의 보경(寶鏡)이라는 승려를 만났는데, 그가 『불설대보부모은중경』을 정조에게 바치었다고 한다. 정조는 워낙 성리학에 해박하고 심오한 지식을 소유한 사람이었기에 불교에 대해서는 회의적인 자세를 지니고 있었고 탄압의 대상으로만 생각했다. 그러나 『은중경』을 읽자마자 마음에 크게 동하는 바가 있었다. 이에 보경 스님을 팔도도화주(八道都化主)로 임명하고, 용주사(龍珠寺)를 창건하도록 하였다. 이로 인해 보경은 팔로도승통(八路都僧統)과 용주사도총섭(龍珠寺都摠攝)을 겸직하게 되었고 『부모은중경』을 각(刻)하는 책임을 맡았다. 그리고 그 경판(經板)을 용주사에 보관하게 하였다.

용주사는 현륭원의 재궁, 수원성보다 먼저 거국적 사업으로 조성한 대가람

속설에 의하면 정조가 현륭원을 만들고, 아버지에 대한 효심이 극진하여 수차례 능행(陵幸)을 하던 중, 지나는 길목에 작은 암자가 눈에 띄어 그 암자를 중창하고 내세에서의 부모님 명복을 빌기 위해 『부모은중경』을 목각하여 봉안토록 했다 하나, 이러한 이야기는 역사적 사실과 부합하지 않는다. 왜냐하면 용주사는 기존의 작은 사찰을 중창한 것이라기보다는 거의 새로운 창건이며, 시기적으로도 거의 현륭원의 묘역공사와 동시적으로 이루어진 것으로 보아 애초부터 용주사는 현륭원을 지키는 능침사찰(陵寢寺刹)로 창건된 것이다. 용주사는 1794년 1월에 착공되어 1796년 9월에 완공된 수원

화성과 행궁(行宮)보다도 훨씬 먼저 창건되었다.

1790년 2월 19일에 터를 닦는 불사를 기점으로 같은 해 9월 29일에는 대웅보전의 불상이 점안되었다고 하니(대웅보전 닫집 속에서 발견된 원문願文에 의하면 10월 1일에 점안재點眼齋 거행), 불과 7개월만에 총 147칸에 달하는 웅장한 규모의 대가람이 조성되었다는 것은 참으로 경이로운 사건이 아닐 수 없다. 이것은 정조가 대규모의 인력을 투여하고 전국의 시주를 격려하여(보시금의 총액이 87,505냥으로 수원성 축조 금액의 10분의 1 정도) 거국적인 사업으로 자기 아버지 무덤의 재궁(齋宮)을 지은 것이다.

정조와 보경스님, 가지산문의 도통에 숨은 이야기

한마디만 역사적 사실을 첨기하면 용주사가 창건되기 전에는 이곳에 성황산 갈양사(葛陽寺)가 있었는데 이 절은 신라 문성왕 16년(854)에 염거(廉居)에 의하여 창건되었다고 한다(『조선금석총람』에 실려있는 원주 「흥법사염거화상탑지興法寺廉居和尙塔誌」에 의하면 염거 화상이 입적한 해는 844년이다. 연대상의 착오가 있다). 염거는 가지산문의 제2대 조사였다. 가지산문은 한국 선불교를 대표하는 선문이며 그 개산조가 선덕왕(宣德王) 5년(784)에 입당(入唐)하여, 마조(馬祖) 도일(道一)의 정통제자인 홍주(洪州) 개원사(開元寺)의 서당지장대사(西堂智藏大師, 735~814), 그리고 마조 도일의 종풍을 진작시킨 또 하나의 입실제자인 백장회해선사(百丈懷海禪師, 749~814)에게 직접 남종선을 배운 우리나라 최초의 선사 도의(道義)였다. 염거는 양양 진전사(陳田寺)에서 도의에게 배웠고, 그 도통을 체징(體澄, 804~880)에게 물려주었는데, 체징은 전남 장흥 보림사(寶林寺)에 주석하면서 가지산문의 제3대 조사가 되었다. 그러나 가지산문은 체징에 이르러서야 비로소 규모를 갖추고 선승을 배출하기 시작했기 때문에 체징이야말로 가지산문의 실제적 개창주라 말할 수 있다. 그런데 이 장흥 보림사가 자리잡고 있는 산이 바로 가지산이다.

그런데 재미난 사실은 정조에게 『부모은중경』을 선사한 인물이 장흥 보림사의 보경(寶竟)이라는 스님이었다는 사실이다. 시대적으로 1천 년에 가까운 세월을 격하고 있지만 장흥의 보림사와 화산의 갈양사는 우리나라 조계종의 가지산문이 개창될 때부터 이미 연결되어 있었고 그 연결고리는 어떠한 방식으로든지 천년을 지속하여 내려왔다고 볼 수 있다. 나는 『부모은중경』이야말로 가지산문이 인류사에 제시한 최고의 걸작품이라는 생각이 든다. 『불설대보부모은중경』은 인도의 경전도 아니요, 중국의 경전도 아니다. 가지산문에서 나온 우리나라 토착경전인 것이다. 이것은 참으로 자랑스러운 우리 민족의 주체적 학문적 성과라고 나는 생각하는 것이다. 이러한 나의 추론에는 좀 긴 설명이 필요하다.

제5장: 조선왕조 행실도(行實圖)의 역사

조선왕조의 불교탄압, 대한민국의 반공교육

주자학의 교조주의적 성행으로 조선왕조는 불교를 탄압했다. 그 탄압의 수준이 이승만 · 박정희 정권하에서 좌파지식인을 탄압하는 것보다도 더 악랄했다고도 말할 수 있을 것이다. 그런데 그러한 탄압은 물리적 탄압 그 자체로 유지될 수가 없다. 반드시 성공적인 "반공교육"이 수행되어야만 한다. 정신적인 가치관의 전환이 대중교육을 통하여 이루어지지 않으면 탄압은 지속될 수가 없는 것이다. 권력의 압제란 부정적인 방법만으로는 무기력한 듯이 보이는 대중 속에서도 곧 한계를 드러내고 마는 것이다. 그런데 대중교육이란 추상적인 논리로써는 가능하지 않다. 대중에게 격조 높게 역사필연주의의 빈곤(the poverty of historicism)을 설파하는 칼 포퍼(Karl R. Popper, 1902~94)식 반공논리를 가르쳐봐야 아무 소용이 없는 것이다. 조선왕조의 서민들에게 주자학의 이기론적 배불론이라는 것은 포퍼 논리의 느낌 이상으로 다가올 수가 없었다. 대중은 비근한 구체적 사례와 상상의 실마리를 이끌어 낼 수 있는 이미지 · 영상을 필요로 한다.

박정희시대의 가장 성공적인 반공교육의 사례는 아마도 "이승복 어린이" 이야기일 것이다. "나는 공산당이 싫어요"라는 순결한 아동의 애절한 절규가 있고, 처참한 희생이 있고, 또 무한한 감정적 공감을 불러일으킬 수 있는 어린이라는 입지가 있다. 그에 반하여 무자비한 빨갱이의 만행과 잔인함이 부각되고 극적인 장면들이 듣는 이들의 가슴을 서늘케 만든다. "이승복 어린이"라는 영웅은 거국적인 대규모의 대중세뇌자료로 곧 활용된다. 전국의 국민학교 운동장에 이승복 어린이의 동상이 만들어지고, 이승복의 이야기가 교과서에 실리며, 그를 소재로 한 만화 · 드라마가 만들어지고 또 글짓기대회 · 웅변대회가 조장된다.

세종 10년 9월 27일 사건과 그 대책

세종 10년(1428) 9월 27일, 진주(晋州)에 사는 김화(金禾)라는 사람이 그 아비를 살해했다는 사건이 형조에 의하여 계(啓: 임금께 보고함)되었다. 이 소식을 들은 세종은 세태를 한탄했다.

> 婦之殺夫, 奴之殺主, 容或有之。今乃有殺父者, 此必予否德所致也。
>
> 계집이 남편을 죽이고, 종이 주인을 죽이는 일은 혹 있을 수도

있는 일이지만, 이제 아비를 죽이는 자까지 있다고 하니, 이 것은 반드시 내 덕이 비색(否塞)하여 이루어진 일일 것이다.

이 사건을 놓고 조정의 대신들이 하는 이야기를 살펴보면 그 핵심은 "이하범상以下犯上"이라는 말로 요약된다. 하극상의 현실이 아버지까지 죽이는 데까지 이른다고 하면 모든 금기가 사라지는 것이다. 아버지가 잘못했다고 아버지를 죽일 수 있다면, 임금이 잘못했다고 임금을 죽이는 일까지도 쉽게 이루어질 수 있다. 차마 아버지를 죽일 수 없듯이, 차마 임금에게는 거역 못한다고 하는 어떤 윤리적 장벽이 없으면, 인간의 합리적 판단만으로는 세상의 질서는 무너지고 만다고 보는 것이 유교 모랄리스트들의 생각이다. 그 사건이 보도된 후 며칠 후 10월 3일, 세종은 신하들과 이 사건에 관한 대책을 논한다. 이때 판부사(判府事) 변계량(卞季良)은 『효행록孝行錄』 등의 책들을 광포(廣布)시켜서 여항(閭巷)의 보통사람들이 항상 생활 속에서 독송(讀誦)하게 만들어 그들로 하여금 "효제와 예의의 마당孝悌禮義之場"으로 그 몸이 젖어들어가게 해야 한다고 말한다. 이에 세종은 직제학(直提學) 설순(偰循)에게 『효행록孝行錄』의 간행을 명한다.

여말 문제작 『효행록』의 전말

『효행록孝行錄』이란 어떤 책인가? 이것은 고려 말 충목왕 2년(1346) 경에 안향(安珦)의 문인으로 주자학의 보급에 혁혁한 공을 세운 문신 권보(權溥, 1262~1346)가 그의 아들 권준(權準, 1280~1352)과 함께 효행에 관한 기록을 모아 엮은 책이다. 늙은 아버지를 기쁘게 해드리기 위해서 권준이 중국의 효자 24명에 관한 이야기를 화공에게 그림으로 그리게 한 뒤, 그것을 당대의 명문장가였던 이제현(李齊賢, 1287~1367)에게 찬(贊)을 지어 달라고 부탁하여 만들었다. 이것이 전찬(前贊)이다. 이 전찬을 보고 아버지 권보는 자기 스스로 또 다시 38명의 효행을 골라 다시 이제현의 찬을 지어 받았다. 이것이 후찬(後贊)이다. 이 전·후편을 합하여 여기에 다시 이제현의 서문을 더해 한 책으로 만든 것이 『효행록孝行錄』이다. 이 『효행록』은 『입학도설入學圖說』의 저자로 유명한 양촌(陽村) 권근(權近, 1352~1409: 정몽주·정도전과 함께 활약한 고려 문신으로 조선왕조 개국공신)이 주해를 달고(권근의 후서後序는 태종 3년[1403]이다) 태종 5년(1405)에 간행되었는데, 주해자 권근은 바로 권보의 증손자이다.

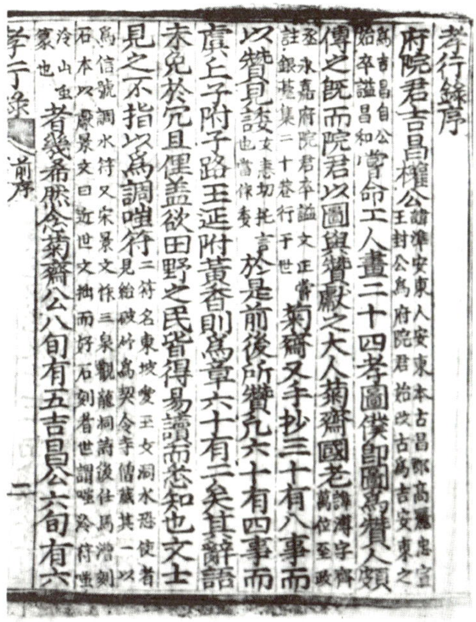
孝行錄序
府院君吉昌權公 嘗命工人畫二十四孝圖 僕卽爲贊 人頗
傳之 既而院君以圖與贊獻之大人菊齋國老
菊齋又手抄三十有八事而
以贊見諉 於是前後所贊凡六十有四事而
眞公子附子路 王延附黃香 則爲章六十有二矣 其辭語
未免於冗且俚 盖欲田野之民皆得易讀而悉知也 文士
見之 不指以爲調嗤符
者幾希 然念菊齋公八旬有五 吉昌公六旬有六
孝行錄 前序 二

『효행록』

이제현李齊賢의 서문. 이 뒤로 권근의 후서가 붙어 있다. 조선 초기 판본을 후손 권오철權五喆이 1929년에 다시 펴낸 것.

김화시부(金禾弑父) 사건을 놓고 세종이 대신들과 토론하는 내용을 보면 대신들은 이러한 이하범상(以下犯上)의 죄는 도저히 형률(刑律)의 조문을 가감하는 것으로는 해결될 길이 없으므로 『효행록』

을 중간(重刊)하여 널리 보급시키는 것이 좋겠다고 말한다. 그러나 세종은 불만이 많았다. 왜냐하면 『효행록』에 실린 사례가 전편 24인, 후편 38인 모두가 중국인이었기 때문이다. 태종 13년 12월 30일 『실록』 기사에 보면, 서연관(書筵官)에서 병풍을 만드는데 『효행록』에서 뽑아 그림을 그리고, 그 위에 이제현의 찬과 권근의 주(註)를 쓰게 하였고, 그것이 이루어지자 충녕대군(忠寧大君)으로 하여금 그 뜻을 풀이케 하였는데 충녕이 그 뜻을 곡진하게 다 해석해내었다고 적고 있다. 그러니 세종(충녕)은 『효행록』의 내용을 잘 알고 있었던 것이다. 『효행록』을 중간하자고 건의한 것에 대한 세종의 반응을 기록한 내용을 정확히 해석하면 다음과 같다(세종 10년 10월 3일 기사).

> 今俗薄惡, 至有子不子者, 思欲刊行孝行錄, 以曉愚民。此雖非救弊之急務, 然實是教化所先, 宜因舊撰二十四孝, 又增二十餘孝。前朝及三國時孝行特異者, 亦皆裒集, 撰成一書, 集賢殿其主之。
>
> 현재 우리나라의 풍속이 너무 각박하고 사악하게 되어 자식이 자식 노릇을 하지 않는 자가 생겨나는 지경에 이르렀으니, 『효행록』을 간행하여 우매한 백성을 깨우치고자 한다. 이러한 방식이 시폐를 구하는 급선무는 아닐지라도 실상 이러한 문제는 교화를 우선으로 해서 해결할 수밖에 없는 것이다. 마땅히 이미 찬술된 24인의 효행에다가 또 다시 20여 인의 효행을 보태어 편집해야 할 것이다. 고려조와 삼국시대에 효행

으로 특출한 사례들을 또한 모두 수집하여 한 책을 찬성(撰成)토록 하되, 그것을 집현전(集賢殿)이 주관케 하라.

『효행록』과 『삼강행실도』

이 『실록』의 기사는 자세히 뜯어보면 매우 부정확한 기록이다. 『효행록』은 이미 24효에다가 38효를 더한 책이므로, "24인의 효행에다가 또 다시 20여 인의 효행을 보태어 편집하라"는 이야기가 과연 무엇을 뜻하는지 확실하지 않다. 다시 보태는 20여 인의 효행이 중국 것이 아니라, 고려조와 삼국시대의 효행이 되어야 한다는 것인지도 문맥상 명확하지는 않다. 그리고 기존의 『효행록』을 중간(重刊)하라는 명령인지, 『효행록』 외로 새로운 책을 별도로 출판하라는 명령인지도 확실하지 않다.

결과적으로 말하자면, 세종 연간에 『효행록』은 기존의 『효행록』의 모습대로 간행되었고(선덕계축추팔월宣德癸丑秋八月의 발문跋文이 있는 세종 15년의 중간본이 국립중앙도서관에 현존한다), 『효행록』의 핵심적 내용을 흡수하고 거기에 우리나라의 사례를 첨가한 새로운 방대한 책이 집현전에서 편찬되었다. 이 편찬작업은 세종 14년(1432) 6월에 마무리 되었고, 교정작업을 거쳐 세종 16년(1434)에 주자소(鑄字所)에서 인쇄를 마쳤다. 세종은 종친과 신하들에게 이 책을 하사하고 전국의 각 수령에게 배포하였다. 세종 16년 4월 27일 2번째 기사에서 세종은 신하들에게 다음과 같이 묻는다.

三綱, 人道之大經, 君臣父子夫婦之所當先知者也。肆予命儒臣編集古今, 幷付圖形, 名曰三綱行實, 俾鋟于梓, 廣布中外, 思欲擇其有學識者, 常加訓導, 誘掖獎勸, 使愚夫愚婦皆有所知識, 以盡其道, 何如?

삼강(三綱)이란 사람이 걸어가야 할 길의 큰 벼리이다. 군신·부자·부부가 마땅히 먼저 알아야 할 바이다. 이제 내가 집현전의 유신들에게 명하여 고금의 사례들을 편집하고 일반인들이 쉽게 이해하도록 그림을 덧붙였다. 이 책을 이름하여 『삼강행실三綱行實』(실록에서 『삼강행실』은 모두 『삼강행실도三綱行實圖』를 의미한다)이라 하고, 상재하여 서울과 지방으로 널리 유포하고 우선 학식있는 자를 선발하여 그들을 훈도하고 부추기어 권면하고, 어리석은 남정네와 아녀자들이 모두 깨달음이 있게 하여 그 삼강의 도리를 다하도록 만들게 하고자 한다. 그대들의 생각은 어떠하뇨?

『삼강행실도』의 탄생은 조선왕조 출판역사의 최대사건

이렇게 해서 탄생된 『삼강행실도』는 우리나라의 출판역사상 민중에게 가장 심원한 영향을 끼친 책이 되었다. 『삼강행실도』는 조선왕조를 뒤흔든 막강한 책이었다. 오늘날에도 정권이 교체되면 KBS와 MBC를 누가 어떤 방식으로 장악하느냐를 놓고 실갱이를 벌인다. 조선왕조 시대에는 라디오도 없었고, 신문도 없었다. 국민의 통제수단으로서의 매스컴이 부재하던 시대에 출판은 국가권력의 상징이었다. 조선왕조가 하나의 거대한 출판사였고, 왕은 출판사 사장이었다고 생각을 해도 과히 틀린 유비는 아니다. 물론 요즈음 같이 민영화된 자유로운 출판계와는 달리 거의 독점적 출판권을 국가가 소유했고, 그 출판물의 유통구조가 법제화된 권력에 의하여 뒷받침되었다는 것이 오늘날의 상황과는 다를 뿐이다.

『삼강행실도』의 정치화

『삼강행실도』를 지방의 관찰사와 수령들에게 배포하면서, 학식있는 자들을 구하여 먼저 그 내용을 숙지케 하고, 그들로 하여금 일반백성에게 강습하도록 하였으나 이러한 하달방식의 강습이 아름답게 이루어질 수가 없었다. 향교에 일반백성들을 모아놓고 강의를 한다는 것도 당시로서는 쉬운 일이 아니었고 또 이렇게 구차스러운 일에 지방 수령들이 열심일 까닭이 없었다. 국민들은 상부로부터 일방적으로 하달되는 도덕교육이라는 것에 신물이 날 뿐이었다. 그러므로 예조에서는 지방수령들이 『삼강행실도』를 통한 국민교화를 자기 임무 이외의 귀찮은 일로 여기는 풍조가 생겨나자, 이를 타개하기 위하여 새로운 방안을 제시했다. 그것은 관찰사로 하여금 수하 수령들이 『삼강행실도』의 보급에 얼마나 열성적인가를 세밀히 살펴서 근무평가의 근거자료로 삼게 하는 것이다. 그리고 이러한 평가의 구체적인 제도가 바로 효자·열녀의 포상이었다. 효자·열녀를 배출하는 집안이라야 여러 가지 우대적인 이익과 성세를 획득하게 되는 것이다. 이러한 권력획득의 체인과 맞물려 들어가게 되면 『삼강행실도』는 무서운 속도로 확산될 뿐 아니라 실제로 그 가치가 일반백성의 뇌세포 속으로 침투하게 마련이고 행동거지를 지배하게 된다. 이 『삼강행실도』의 영향으로 우리사회는 양계(兩系)사회에서 친계(親系)사회로, 이성(異姓)양자에서 동성(同姓)양자로, 혈통에서 종법으로, 불교에서 유교로 급속한 패러다임의 변화가 일어나게 된 것이다(주영하 외, 『조선시대 책의 문화사』 86~99).

백남준의 비디오아트와 조선왕조 텔레비젼 『삼강행실도』

얼마 전에 작고한 백남준이 나에게 이런 말을 한 적이 있다.

"옛날에도 비디오 아트가 있었다우."

내가 물었다.

"조선시대에도 테레비가 있었단 말이요?"

"암 있었구 말구. 고조선시대에도 테레비는 집집마다 다 있었지."

그러면서 그는 한밤중의 둥그런 저 보름달을 가리켰다.

백남준의 설명에 의하면 동네방네 밤중이면 마당에 평상 펴놓고 모기불 피우며 모든 사람들이 KBS 테레비 화면과도 같은 보름달을 다 쳐다본다. 꼭 중앙방송을 전 국민이 똑같이 시청하는 것과도 같다. 그런데 이 테레비는 리드아웃(read-out)하는 테레비가 아니라 리드인(read-in)하는 테레비인 것이다. 할머니가 손자 데리고 달나라

옥토끼 이야기를 해주는데 천차만별 그 버젼이 달라지는 것이다.

『삼강행실도』는 조선왕조의 가장 강력한 텔레비전 방송이었다. 『삼강행실도』는 효자 · 충신 · 열녀를 각각 110 케이스를 모았다. 그러니까 330개의 스토리로 구성되어 있는데 이 330개의 스토리마다 전면에 판화가 있다. 그리고 후면에 한문으로 스토리가 적혀있고, 또 그 스토리에 대한 시(詩)가 붙어있고 또 찬문(贊)이 있다(시詩와 찬贊 중 하나만 있는 상황도 많다).

판화의 특수효과

판화가 한 페이지의 전면(全面)을 차지하기 때문에 요즈음의 만화와 같이 다양한 스토리를 커트들의 시퀀스로써 전하지는 않는다. 그러나 한 면의 판화 속에 다양한 시 · 공간의 사건들이 동시에 다 표현되어 있다. 그러니까 그냥 봐서는 잘 모르지만, 뒤의 스토리를 읽으면 그 판화의 내용을 자세히 알 수 있다. 그런데 재미있는 것은 최초에 스토리를 판독하는 사람은 지식인이어야 하지만, 한번 스토리를 들은 사람은 무식한 사람이라 할지라도 판화만 보고서도 그 스토리를 대강은 엮어낼 수 있다. 그러기 때문에 판화의 효과는 막강하다고 할 수 있다. 사람들에 따라 다양한 버젼의 이야기들이 지어질 것이다. 그러므로 사가(私家)에서도 아이들의 교육용으로 이 판화는 엄청나게 재미있는 담론의 소재가 되었을 것이다. 그것은 330개의 채널을 가진 테레비였다.

『삼강행실도』 다이제스트 언해본의 등장

그러나 330설화의 한문본 『삼강행실도』는 3권(卷) 3책(冊)으로 그 분량이 방대하기 때문에, 대량으로 인출(印出)하여 대중에게 보급하기가 힘들었다. 『경국대전』을 완성하고 『동국여지승람』 등 각종의 문화서적을 편찬하여 대중의 삶의 질을 높이고, 또 도학이념에 충실하면서 훈구세력을 견제하고 새로운 사림세력에 의한 왕도정치를 실현하려고 하였던 성종(成宗)은 『삼강행실도』의 민중보급에 대한 절실한 필요성을 절감하였다. 세종이 『삼강행실도』를 만든 것은 훈민정음 반포 이전의 사건이었다. 따라서 성종은 『삼강행실도』를 간략화시키고 그것에 언해를 첨가하여 포퓰라 다이제스트판을 만들 필요성을 느꼈던 것이다. 이러한 구상은 경기 관찰사 박숭질(朴崇質)을 인견(引見)하는 자리에서 구체화된다. 박숭질이 임지로 떠나기 전에 하직인사를 하며 말한다(성종 20년[1489] 6월 1일 기사):

> 臣近年遭喪在鄕, 見愚民與父母相詰者有之, 兄弟不和者有之, 不宜盛時有此風俗也。世宗朝以三綱行實頒諸中外, 使人興起善心。然官府尙未有此書, 況民間乎? 臣意以爲三綱行實之書, 圖形於前, 記實於後。若敎之以此, 則風俗可變, 人心可改。但此書汗漫, 愚民未易徧覽。其中擇節行特異者, 抄略刊印, 頒諸村野, 使閭閻小氓, 無不周知, 庶有補於風化矣。

신이 근년에 상을 당하여 시골에서 살고 있습니다. 그런데 어리석은 백성이 자기 부모와 더불어 서로 힐난하며 사는 자도 있고, 또 형제가 서로 불화한 자도 보게 됩니다. 주상께서 이루어놓으신 태평성세에 이와 같은 풍속이 존재한다는 것은 매우 마땅치 못한 일입니다. 세종조에 이미 『삼강행실도』를 경향 각지에 반포하여 사람들로 하여금 선한 마음을 일으키게 하였습니다. 그러나 관부에는 아직 이 책이 구비되어 있지 못한 상황이 허다하니 하물며 민간은 어떠하겠습니까? 제가 생각하건대 『삼강행실도』라는 책은 앞면에 그림을 그렸고 뒷면에 그 실제상황을 기술해놓고 있는, 사람 마음을 쉽게 끄는 좋은 책입니다. 이 책으로 사람들을 교화시킨다면 풍속이 변할 수가 있으며 사람들의 가치관이 개혁될 수 있습니다. 단지 이 책은 너무 한만(汗漫: 분량이 많고 정돈된 맛이 없다)하여 어린 백성들이 이 책을 두루 다 보기란 매우 어렵습니다. 그러니 그 방만한 사례들 중에서 특이하고 절실한 것들만 골라 다이제스트판을 만들어 인쇄하여 시골구석에까지 배포한다면, 여염의 보통 백성들까지도 그 내용을 모르는 자가 없게 될 것이니 조선 풍속의 혁신(風化)에 크게 보탬이 될 것입니다.

『삼강행실도』 언해본, 성종 21년 완성

성종은 곧(20년 6월 을사乙巳) 시강원보덕(侍講院輔德) 허심(許琛)과 이조정랑(吏曹正郎) 정석견(鄭錫堅) 두 사람에게 『삼강행실도』의 산정(刪定)을 명한다. 이 두 사람은 『삼강행실도』에서 효자, 충신, 열녀를 각각 35명씩만 추려(총 105명, 그러니까 330명에서 105명으로

줄은 것이다) 3권(卷) 1책(冊)의 형태로 편찬하였다. 그리고 상단에 언해를 가하여 한문을 모르는 사람들도 읽을 수 있게 하였다. 또 언해를 읽어가면서 한문공부를 하는 재미도 있었을 것이다. 성종 21년 4월 계미조에, "『삼강행실도』를 경성(京城) 5부(五部)와 8도 군현에 골고루 나누어주어 우부우부(愚夫愚婦)라도 모르는 사람이 없게 하였다"라는 기록으로 보아, 1490년에 완성되었다고 볼 수 있다.

조선문명의 가치관 『삼강행실도』, 『효경』의 한국판

1490년 성종조에 완성된 『삼강행실도』 산정언해본이야말로 오늘 우리가 알고있는 조선문명의 가치관을 형성시킨 가장 결정적인 책이라고 단언할 수 있다.

경기관찰사 박숭질의 말에서 우리가 놓치지 말아야 할 사실은

1) 성종조 때까지만 해도 조선사회의 풍속이 충분히 효사상에 물들어있지 않은 사회였다는 것이다. 부모자식간에 서로 힐난하고 형제간에 우애가 없는 상황이 비일비재한 자유로운 모랄의 사회였다는 것이다.

2) 세종조 때에 반포된 『삼강행실도』가 어떠한 고차원의 성리학책보다도 민중의 풍속을 변화시키는 데 효율적이었다는 사실이다.

3) 판화의 효과가 대단히 우수했다는 사실이다.

4) "풍화風化"라는 표현이 입증하듯이 『삼강행실도』는 대중교육

에 매스컴적인 역할을 담당했다는 것이다. "바람에 쓸리듯 교화된다"는 뜻의 풍화(風化)는 『효경』을 이해하는 가장 중요한 키워드이다. 풍(風)은 본시 바람이면서 "노래"라는 뜻이다. 『효경』이 매장마다 『시詩』의 인용으로 끝나는 것은 매장을 하나의 노래로서 인식했다는 뜻이다. 주희가 『효경』에서 『시』의 인용을 제거한 것은 가장 큰 실수였다. 『효경』의 실제적인 한국판은 『효경대의』가 아니라 『삼강행실도』였다. 『삼강행실도』에는 매 일화마다 시(詩)가 붙어있는 것이다.

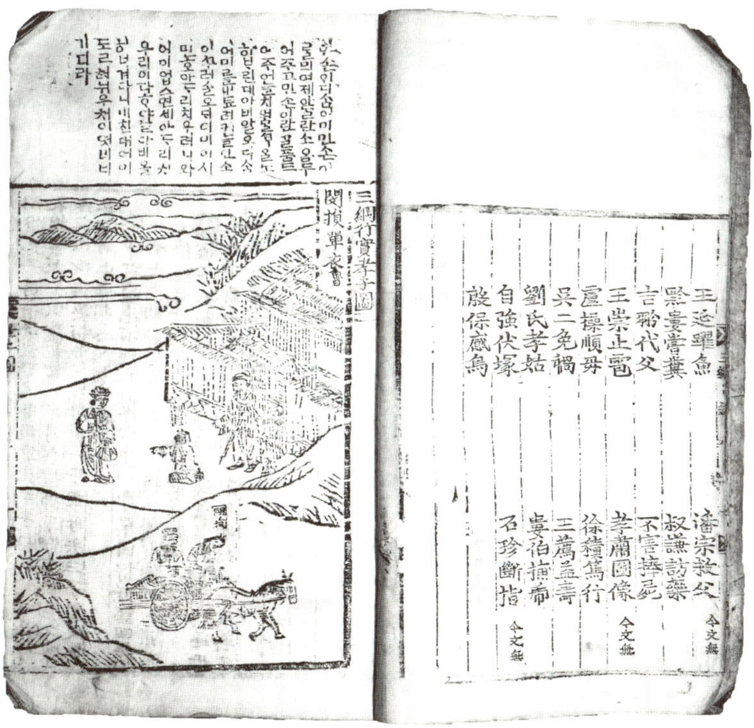

『삼강행실도』 산정언해본. 권채(權採. 권근의 조카)의 서문(1432년)이 실려있다. 연세대학교 중앙도서관 국학자료실에 소장되어 있는데 서지정보는 미상이나 성종 때 만들어진 판본의 조선중기 이후의 복각으로 보여진다.

중종의 시대는 『삼강행실도』의 전성기

『삼강행실도』 산정언해본을 만든 성종 본인은 물론 위대한 군주였지만 어우동과의 스캔들도 야사에 남길 정도로 삼강행실에 어긋나는 로맨스를 즐길 줄도 아는 인간이었다. 그러나 투기가 심한 부인 윤씨의 감정처리를 잘못하여 결국 연산군의 폭정과 무오사화·갑자사화라는 엄청난 비극의 씨를 남기었다.

연산군의 패륜행위를 문제삼아 그를 몰아내고 반정(反正)으로 왕위에 오른 중종(『대장금』이라는 드라마의 배경이 된 임금)은 초기에 공신세력을 견제하기 위하여 급진적 개혁론자인 신진 사림의 거두 조광조를 끌어들여 지치주의(至治主義)적 도학의 이상정치를 실현하려고 하였으나, 조광조는 너무도 형식주의적 도덕정통론에 치우쳤고 중종은 훈구대신들의 입지를 살려가면서 세력의 밸런스를 취할 수 있는 정치적 역량이 없었다. 그래서 결국 조광조는 제거되어 능주의 붉은 꽃이 되었고(기묘사화) 다시 정국은 혼란에 빠졌지만, 그럴수록 중종은 『삼강행실도』와 같은 대중교화야말로 치세의 첩경이라고 굳게 믿었다. 중종의 시대야말로 『삼강행실도』의 전성기였다.

우선 중종 6년(1511) 8월 28일 기사를 보면 다음과 같은 내용의 교지를 내린다.

> 近來風俗不美, 三綱行實多印頒布中外, 使閭巷小民, 無不周知。國初以來, 烈女孝子之不及與者, 亦令撰集圖

寫, 竝述詩贊, 刊以行之, 俾民易知。

근래에 풍속이 불미하도다. 『삼강행실』을 많이 인쇄하여 서울과 지방 각지에 반포하라. 여항의 소민(小民: 보통사람)들도 그 내용을 모르는 사람이 없도록 하라. 국초 이래의 열녀 · 효자 중에서 『삼강행실도』에 언급되지 않은 자들도 편찬하여라. 또한 그들에 대한 그림을 그리고 시(詩)와 찬(贊)까지 지어 간행하여 일반 백성들이 쉽게 알도록 하라.

중종, 일시에 2,940질을 중외에 반포, 출판 대사건

이러한 명령이 떨어진지 불과 2개월만에(10월 20일 3번째 기사) 『삼강행실도』 2,940질을 찍어 중외(中外: 서울과 지방. 전국)에 반포하였다는 기사가 『실록』에 실려있다. 불과 2개월만에, 새로 편찬한 뉴에디션의 『삼강행실도』를 간행한다는 것은 불가능하다. 성종조의 산정언해본 목판을 다시 인출한 것이다. 그러나 불과 2개월만에 2,940질을 간행한다고 하는 것은 조선왕조의 출판역사상 유례가 없는 일이다. 3천 질 이상의 책이 일시에 간행된 사례는 정조 20년(1796)에 간행된 『규장전운奎章全韻』의 예가 있기는 하지만, 『전운』은 이덕무(李德懋) 등이 동음(東音: 조선의 한자음)과 화음(華音: 중국의 본토음)을 함께 표시한 한자 운서이며, 오늘날로 치면 특수한 사전이다. 이 사전은 특수한 학술기관, 도서관, 사고, 대신, 고급관료들을 대상으로 만든 것이며(4,705책을 인쇄), 널리 보급되지도 않았고 대부분은 수장고에 보관되었다. 일반서민들을 대상으로 3천 질의 책을 만든다는 것은 요즈음의 인쇄기술로 유추하여 별일이 아닌 것으로 생각할 수도 있으나 당시의 제지 · 인쇄 · 제본의 공정을 생각하면 참으로 막대한 수공을 요하는 사업이었다. 요즈음으로 치면 30만 혹은 300만 부의 책을 일시에 보급하는 것과도 같은 일이다.

조선인 사례를 다룬 『속삼강행실도』의 편찬

중종 6년 8월 28일의 조령의 내용에, 국조 이래의 열녀 · 효자 중에서 『삼강행실도』에 언급되지 않은 자들을 편찬하라는 내용이 있는데, 이 명령은 중종 9년(1514) 10월 신용개(申用漑, 1463~1519: 김종직의 문인) 등에 의하여 간행된 『속삼강행실도續三綱行實圖』로써 구현되었다. 기존의 『삼강행실도』가 우리나라 사람보다는 중국사람의 윤리실천 사례를 들고 있다면(효자의 경우 35명 중 31명이 중국인, 4명만이 한국사람이다: 누백포호婁伯捕虎, 자강복총自强伏塚, 석진단지石珍斷指, 은보감오殷保感烏의 4 케이스), 『속삼강행실도』는 조선왕조의 윤리실천사례를 집중적으로 다루고 있다는 것이다. 효자의 경우 36명이 실렸는데 중국인이 3명뿐이고 33명이 조선왕조의 사람이다(우리나라의 사대주의를 나타내는 극단적 용어 용례를 하나 소개하면, 『삼강행실도』에서 "국조國朝"라는 것은 명나라를 의미한다. 그리고 『속삼강행실도』의 용례에서 "본조本朝"는 명나라를 의미하고 "본국本國"은 조선왕조를 뜻한다. 명나라가 본 조정이고, 조선왕조는 그 조정에 속한 제후국이라는 뜻이니 과도한 아부이다). 보다 비근한 우리나라의 사례를 수록함으로써 일반백성들이 자기들이 주변에서 볼 수 있는 이웃들의 이야기로 느껴 쉽게 본받게 하려 함이었다(우선 지명이 진주, 거창, 동래, 청주, 춘천, 목천, 풍기, 안악 등으로 나오니까 친근하지 않을 수 없다). 그리고 편제에 있어서도 충신을 5명만 수록함으로써, 효(孝)·충(忠)·열(烈) 중에서 충의 덕목을 대폭 줄여버렸다. 이 책의 보급대상이었던 일반백성들이 군주에게 직접적으로 충성할 기회는 많지 않으므로, 부모에게 효도하고 남편에 순종하는 가치관에 집중하는 것이 대중세뇌에 더 효율적이라고 판단했던 것이다.

장유와 붕우의 윤리 다룬 『이륜행실도』 또 편찬

중종의 대중세뇌작업은 여기서 끝나지 않았다. 조광조와 더불어 김굉필(金宏弼)의 동문인(同門人)인 김안국(金安國, 1478~1543)이 정원(政院)에 재직할 때, 경연에서 중종에게 오륜 중에서 삼강(부자, 군신, 부부)은 『삼강행실도』에 다루어졌으나 그 나머지 이륜, 즉 장유(長幼)와 붕우(朋友)의 윤리가 다루어진 책이 없으니, 이러한 『이륜행실도二倫行實圖』도 편찬하는 것이 좋겠다고 상계(上啓)하자 중종은 예조(禮曹)에 명하여 따로 국(局)을 설치하여 찬진(撰進)케 한다.

그러나 김안국은 이 일이 실현되기 전에(중종 12년) 경상도 관찰사로 나간다. 그래서 김안국은 『이륜행실도』의 편찬사업의 책임을 전 사역원정(前司譯院正) 조신(曺伸)에 맡긴다. 김안국은 조신에게 형제도(兄弟圖)에 종족(宗族) 항목을 부속시키고, 붕우도(朋友圖)에 사생(師生) 항목까지 부속시켜 전체 4항목으로 만들라고 당부한다(형제 25·종족 7·붕우 11·사생 5, 4 항목 48 케이스).

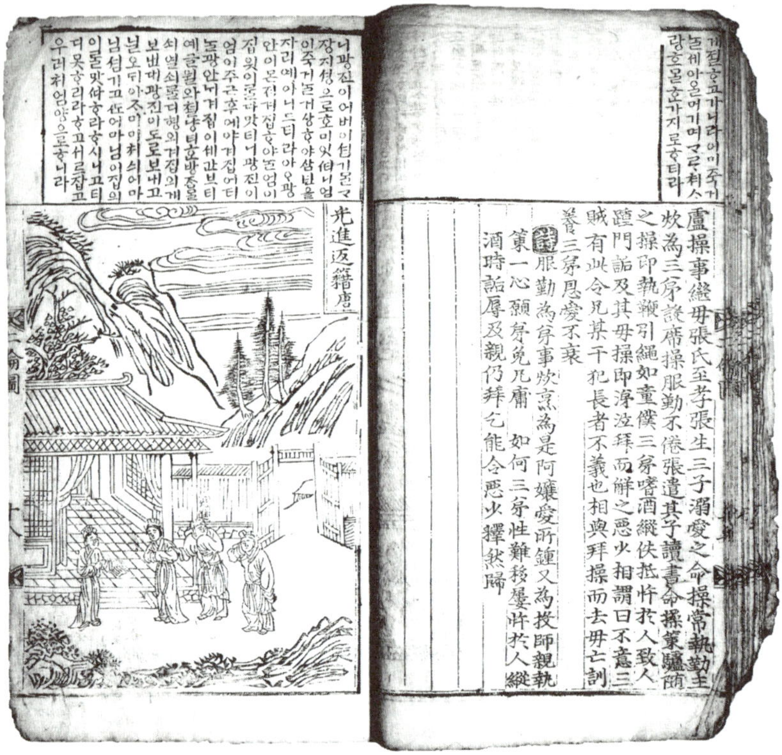

『이륜행실도』「광진반적光進返籍」. 1730년 6월 嶺營開刊. 연대 국학자료실 소장. 광진(光進)이 지극한 효자였기에 엄마가 돌아가시고 3년상을 치룬 후에나 결혼을 했다. 그러나 그의 동생 광안(光顔)은 일찍 결혼하여 엄마를 생전에 모시었다. 광진이 부인을 들이게 되자, 제수씨가 가계부와 곳간열쇠를 새댁형님에게 보내었다. 그러나 광진은 생전에 엄마를 모신 제수가 열쇠를 갖는 것이 마땅하고 그것이 엄마의 뜻이었다고 하며 돌려 보내자, 형제가 부둥켜 안고 울었다. 우리나라 예산禮山의 의좋은 이성만 형제 이야기(형님 아우간에 서로 걱정하여 밤에 볏단을 갖다 놓는다)와 같은 미담이다. 요즈음 부모유산 싸움에 패가망신하는 꼴을 보면 이러한 형제의 우애는 참으로 소중한 것이라 하겠다.

다음 해 중종 13년 이 편집이 완성되자, 김안국은 그것을 자기 관할 하에 있는 경상도 금산군(金山郡: 지금의 김천)에서 간행하였다. 그 초간본은 현재도 경상북도 월성군(月城郡) 옥산서원(玉山書院)에 소장되어 있다. 이 간행은 기묘사화가 일어나기 바로 전 해의 사건으로 조광조가 막강한 실력을 행사하고 있었던 시기였다. 조광조의 지치주의(至治主義)의 실내용이 이런 『이륜행실도二倫行實圖』의 간행에까지 미치고 있었으니 그들 비전의 실상을 규탐하는 한 실마리가 될 것이다. 더구나 『이륜행실도』에 실린 48 케이스가 전부 중국인이며 우리나라 사람은 한 명도 수록되어 있지 않다.

조광조가 제거된 후 말년에도 중종은 『삼강행실도』의 보급에 박차를 가한다(중종 31년). 그리고 중종 33년(1538)에는 예조판서가 된 김안국이 『이륜행실도』를 많이 간행하여 반포하기를 건의하자 그대로 하라고 전교한다. 하여튼 중종은 『삼강행실도』의 보급에 가장 적극 대처했던 임금이라고 말할 수 있다.

임진왜란 끝나고 『동국신속삼강행실도』 또 편찬

『삼강행실도』의 간행역사는 여기서 끝나지 않는다. 임진왜란이라는 비극적 국난을 거치면서 조선왕조는 기강이 흐트러지고 민심이 이반된다. 왜적을 막지 못했고 국민을 도탄에 빠뜨렸으니 국가의 신뢰도가 땅에 떨어질 수밖에. 그러자 조정에서는 또다시 『삼강행실도』를 대규모로 증보하는 사업을 벌인다. 문제의 본질을 파고들지 않고 헛치레로 역사의 과실을 땜방하는 치자의 꼬락서니는 예나 지금이나 다를 바 없다. 왜란 이후에 정표(旌表)를 받은 효자·충신·열녀를 중심으로 자그마치 1600여 명의 케이스를 모두 17권 17책으로 편찬하였는데 이름하여 『동국신속삼강행실도東國新續三綱行實圖』라 하였다. 이 증보판의 특징은 수록된 인물이 모두 조선사람이라는 것이다. 광해군 7년(1615)에 편찬이 완성되었으나 워낙 방대한 내용이라서, 간행에 막대한 경비가 소요되었으니 각 도별로 분담하여 그 목각을 진행시켰다. 5도의 경제력에 비례하여 전라도 6책, 경상도 4책, 공홍도(共洪道: 충청도) 4책, 황해도 3책, 평안도 1책씩 분담하여 광해군 9년(1617)에 그 간행이 완성되었다. 충신도는 1권 1책으로 최소화시켰는데 그 마지막에 "통제사이순신"(統制使李舜臣)이 한 커트 들어가 있는 것도 눈에 띈다. 8권 8책이나 되는 열녀도에는 왜적들의 강탈에 정조를 지키느라고 처참하게 죽거나 자결한 무수한 여인들의 이야기가 쓰여져 있는데 열녀이야기라기보다는 무정부상태의 국가에서 억울하게 희생당하는 한많은 여인들의 참혹한 이야기라고 해야 할 것이다.

조선왕조 오백년은 『행실도』 만화로 유지되었다

조선왕조는 『삼강행실도』의 나라라고 해도 과언이 아니다. 우리에게 보편화 되어있는 효라는 덕목은 조선왕조 오백년을 통해 지속적으로 토착화되었는데, 그것은 『효경』이라는 경전을 통하여 이루어진 것이 아니라 『삼강행실도』라는 만화를 통하여 이루어진 것이다. 『삼강행실도』라는 만화책은 조선왕조라는 출판주식회사의 빅 히트작으로서 화려한 역사를 연출했지만 뭐니뭐니 해도 그 중심책은 고려말 권씨가문에서 만들어진 『효행록』이다.

유향의 『효자전』에서 곽거경의 『이십사효』까지

『효행록』에서 선정된 인물들이 『삼강행실도』에도 계속 등장할 뿐

『동국신속삼강행실도』「이씨사적李氏死賊」. 서울대 규장각 소장본. 홍문각 영인본. 이씨는 전라도 광주(光州)에 사는 미모의 처녀였는데 충의위(忠義衛) 이활(李活)의 딸이었다. 임진왜란 때 왜적이 들어와 처녀 이씨를 겁탈하려고 쫓았는데, 이 처녀는 당당하게 하늘을 가리키며 내가 죽을지언정 너희 도적놈에게 정절을 빼앗기지 아니하리라 하고, 왜적들을 향해 준엄하게 꾸짖기를 그치지 아니하였다(指天誓死, 罵不絶口). 그리고 왜적의 칼에 버히었다. 5·18광주민중항쟁의 한 장면을 보는 듯 하다. 400년을 격해도 민중의 모습은 변함이 없다. 『효경』 제20장에 다음과 같은 말이 있다: "불의를 당하면 투쟁하라! 當不義則爭之。"

아니라(선정과 배열에 출입이 있다), 그 이야기의 양식적 패턴이 반복되고 있는 것이다. 그런데 『효행록』의 전편에 "24인의 효행"을 아들 권준이 실었다 했는데, 많은 사람들이 권준이 독창적으로 중국 고사에서 뽑아 실은 것처럼 이야기하는데 "이십사효"라는 것은 이미 당말(唐末)에서부터 시작되어 송대에는 확고하게 정착된 일종의 설화문학양식이다. 이미 한나라 때의 유향(劉向)이 『효자전孝子傳』을 지은 이래 『벽암록』 첫 번째 공안의 주인공이며 우리나라에도 불사리(佛舍利)를 보내곤 했던(신라 진흥왕 10년) 양무제(梁武帝)를 비롯하여 많은 사람들이 효자전을 지었다. 이러한 효자전류에서 발췌하여 24인을 모은 "24효"라는 문학장르가 이미 당말에 정착된 것으로 보인다. 돈황의 장경동(藏經洞)에서 "고원감대사이십사효압좌문故圓鑑大師二十四孝押座文"이라는 문서가 발견되었는데(대영도서관과 불란서국립도서관에 수장됨. 번호는 S7, S3728, P3361) 그 작자가 당말오대의 원감대사(圓鑑大師) 운변(雲辯, ?~951)으로 사료되고 있다. 이미 이 속에 순(舜), 왕상(王祥), 곽거(郭巨), 노래자(老萊子) 등의 효자이야기가 수록되어 있어 24효의 한 원형임을 말해주고 있다.

1950년대 이래 중국에서 발굴된 송나라 때의 많은 분묘 속에서 24효도(二十四孝圖)의 벽화가 발견되는 것으로 보아 "24효도"의 개념이 이미 송나라 때는 매우 유행되었음을 알 수 있다. 분묘 속에 효자도를 그려넣는 것은 분묘 속의 주인공이 효자이기 때문에 사후의 세계에서도 복을 받으리라는 것을 기원하는 상징이기도 하고, 또 분묘 속의 효자들이 악귀들을 내쫓아버린다는 방술의 의미도 들어있다. 24효가 독립된 서물로서 일반인들에게 애독된 것 중 가장 유명한 것은 원나라 때 대전(大田)의 사람 곽거경(郭居敬, 자字는 의조義祖)이 편찬한 『이십사효二十四孝』인데 이 책이야말로 중국의 명·청대와 동아시아문명권에 엄청난 영향을 끼쳤다.

24명의 효자 리스트

24명을 누구로 볼 것이냐, 그 선정대상과 순서는 사람들에 따라서, 그리고 판본에 따라서 약간씩 차이가 있으나, 이미 한나라 유향의 『효자전』에 거론된 순(舜)·곽거(郭巨)·정란(丁蘭)·동영(董永)은 빼놓지 않고 등장하며 기본 인물들을 공유한다. 곽거경(郭居敬)의 『이십사효』에 등장하는 인물은 다음과 같다:

우순(虞舜)·한문제(漢文帝)·증삼(曾參)·민손(閔損)·중유(仲由)·동영(董永)·염자(剡子)·강혁(江革)·육적(陸績)·당부인(唐夫人)·오맹(吳猛)·왕상(王祥)·곽거(郭巨)·양향(楊香)·주수창(朱壽昌)·유금루(庾黔婁)·노래자(老萊子)·채순(蔡順)·황향(黃香)·강시(姜時)·왕포(王褒)·정란(丁蘭)·맹종(孟宗)·황정견(黃庭堅).

그리고 우리나라 『효행록』 전편의 24인은 곽거경의 『이십사효』와는 조금 다른 계통의 판본에서 유래한 것인데 다음과 같다:

우순(虞舜)·노래자(老萊子)·곽거(郭巨)·동영(董永)·민손(閔損)·증삼(曾參)·맹종(孟宗)·유은(劉殷)·왕상(王祥)·강시(姜時)·채순(蔡順)·육적(陸績)·왕무자(王武子)·조아(曹娥)·정란(丁蘭)·유명달(劉明達)·원각(元覺)·전진(田眞)·노고(魯姑)·조효종(趙孝宗)·포산(鮑山)·한백유(韓伯瑜)·염자(琰子)·양향(楊香).

권준의 아버지 권보가 위의 24효를 보고 다시 38효를 보탰다고 하는 것은, 당시 이미 송·원대에서 유행하던 다른 판본의 효행기록에서 권보의 24효가 누락한 케이스들을 골라 모았다는 뜻이며 전혀 독창적인 컬렉션은 아니다. 고려말에 권가에서 편찬한 『효행록』에서부터 이미 판화가 삽입되어 있었는데, 그것도 이미 중국 24효가 대개 판화를 동반했던 것임을 본뜬 것이다. 그러나 현존하는 조선초기의 권근의 주석판본에는 판화가 없다. 주석작업을 하면서 판화를 누락시킨 듯하다. 가학의 권위를 높이기 위하여 『효행록』이 보다 진지하게 인식되기를 바랬을 것이다.

동영(董永)의 고사, 나무꾼과 선녀 이야기의 원형

순임금의 효도 이야기는 이미 『맹자』에도 잘 소개가 되어있는 것이며, 70 먹은 노인 노래자(老萊子)가 100세가 된 부모 앞에서 5색의 색동저고리를 입고 어린애처럼 재롱을 부려 노부모를 즐겁게 하여 노쇠함을 방지케 하려 했다는 이야기나, 민자건·증삼의 이야기는 이미 고전을 통하여 알려진 상식적인 수준의 것이다. 자로는 공자의 수제자로서 일화가 많은 캐릭터이다. 동영(董永)의 이야기도 후한 무씨사(武氏祠) 화상석(畵象石)에 이미 명료하게 나타나는 것으로 지극히 낭만적인 이야기 틀을 가지고 있어 중국역사를 통하여 문학이나 다양한 희곡의 주제가 되었다. 동영은 본시 효행이 지극하여 품팔이로 아버지를 극진히 모셨는데, 아버지께서 돌아가시자 자기 몸까지 팔아 전주(錢主)에게 1만 전을 빌려 후장(厚葬)을 지내었다. 그런데 장례에서 돌아오는 길에 한 아리따운 여인이 동영의 처가 되기를 자처하였다. 동영이 이미 몸을 팔아 노예가 된 처지를 이야기하자 그 여인이 동영과 함께 주인에게 나아가 동영을 노예신분에서 풀어주기를 간청한다. 주인이 비단 300필만 짜 오면 풀어주겠다고 약속한다. 그 여인은 동영의 누추한 집에 행복하게 거하면서 불과 한 달만에 비단 300필을 다 짜버린다. 전주에게 비단 300필을 갖다 주니 전주는 놀라면서 약속대로 두 사람을 풀어준다. 돌아오는 길에 두 사람이 처음 만났던 지점에 이르자 그 여인은 슬픈 표정을 지으며 동영에게 다음과 같이 말한다: "나는 본시 하늘나라의 직녀올시다.

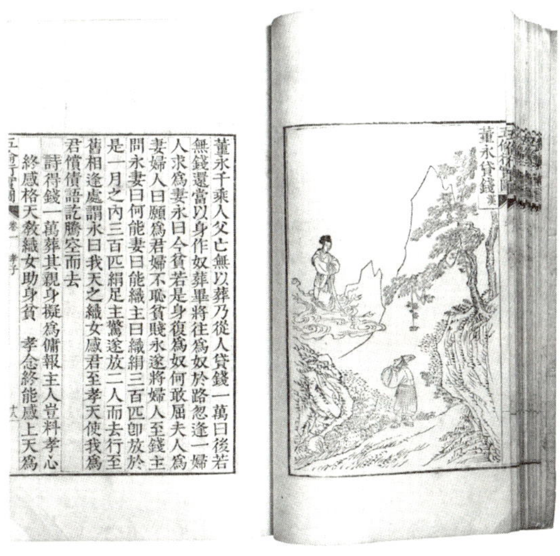
董永貸錢

董永千乘人父亡無以葬乃從人貸錢一萬曰後若
無錢還當以身作奴葬畢將往爲奴於路忽逢一婦
人求爲妻永曰今貧若是身復爲奴何敢屈夫人爲
妻婦人曰願爲君婦不恥貧賤永遂將婦人至錢主
問永妻曰何能妻曰能織主曰織絹三百匹卽放於
是一月之內三百匹絹足主驚遂放二人而去行至
舊相逢處謂永曰我天之織女感君至孝天使我爲
君償債語訖騰空而去
詩 得錢一萬葬其親身擬爲傭報主人豈料孝心
終感格天教織女助身貧　孝念終能感上天爲

五倫行實圖 卷一 孝子 十六

『오륜행실도』 동영董永고사부분. 단원그림

그대의 지극한 효성에 감복하여 하느님께서 그대를 대신하여 빚을 갚아주라고 나를 보내셨다오. 나는 돌아가야 할 몸이요." 말이 끝나자마자 푸른 하늘로 치솟으며 훨훨 날아가버렸다.

이 이야기는 하늘세계(이상계)와 땅의 세계(현실계)라는 우주적 스케일의 대비가 있고, 하늘의 선녀와 정직한 속세의 선남이 만나 같이 땀을 흘리면서 살아가는 땅의 기쁨이 있는가 하면 갑작스러운 이별의 슬픔이 있다. 희곡의 작가들은 이 줄거리에 무한한 상상력을 독입(讀入. to read in)할 수 있다. 나는 올 봄(2009)에 빼이징의 국가대극원(國家大劇院)에서 후앙메이시(黃梅戲) 『천선배天仙配』라는 작품을 관람했는데 이것도 동영의 고사를 아름다운 노래로 각색한 일종의 전통 뮤지컬이었다. 우리나라의 나무꾼과 선녀 이야기의 한 원형을 이룬다 할 이 이야기는 한대로부터 현대중국에 이르기까지 끊임없는 민중의 사랑을 받고 있다. 그런데 이 작품의 본래의 주제는 "효"이다(동영은 산동성 박흥현博興縣 진호진陳戶鎭 동가촌董家村 사람으로서 어느 정도 역사적 실존성의 근거가 있는 인물로 알려져 있다. 무씨사武氏祠의 사람들과 동시대의 인물이라고 한다).

효는 평상의 장이 으뜸, 그러나 포상을 위해서는 극화되기 마련

그러나 효가 발현되는 가장 중요한 장(場)은 삶의 평상시이다. 일상적 평온함 속에서 은은히 꾸준하게 발현되는 효야말로 가장 위대한 효인 것이다. 그러나 평상적 효는 이야깃거리가 되지 않는다. 그리고 더구나 『삼강행실도』류의 효는 그 포상을 목적으로 하는 것이다. 포상을 통하여 백성들의 가치관을 유도하려는 것이다. 일상적으로 보이지 않게 하는 위대한 효는 포상의 대상이 되기 어렵다. 타인에게 모범으로 내걸 수 있는, 그러니까 타인의 주목을 끌만한 드라마가 없다. 따라서 효의 상황이 점점 극화되게 마련이다. 일상이 아닌 이변(異變) · 재해(災害) · 우환(憂患), 생사의 기로와 같은 극적 상황이 설정되고, 그 극적 상황에 대처하는 효자들의 극적 희생이 그 예찬의 대상이 되는 것이다. 그래서 노자는 일찍이 이렇게 말한 적이 있다.

> 대도가 폐하여지니깐 인의가 생겨났고
> 지혜가 생겨나니깐 큰 위선이 생겨났고
> 육친이 불화하니깐 효도와 자비가 생겨났다.
>
> 大道廢, 有仁義;
> 慧智出, 有大僞;
> 六親不和, 有孝慈。

가슴에 새겨보고 또 새겨볼 만한 명언이라 아니 할 수 없다. 효를 포상하면 효는 사라질 수밖에 없다. 효를 포상의 대상으로 삼고자 하면 효는 위선이 되거나 불순해질 수밖에 없다. 그러나 조선왕조는 이러한 철인 노자의 말씀에 귀를 기울이지 않았다.

모기에게 알몸을 주는 효자 오맹

곽거경의 『이십사효』에는 들어 있는데, 권준의 『이십사효』에 누락되자, 권보가 다시 집어넣은 고사 중에 "오맹문서吳猛蚊噬"라는 것이 있다. 오맹은 진(晋)나라 사람인데 불과 8살밖에 되지 않은 어린 아동이다. 집안이 빈곤하여 식구들이 여름철에 모기장을 치고 잘 돈이 없었다. 그래서 몸을 발가벗고 부모님 곁에 누워 잤는데 그 효심인즉 자기 몸을 모기들이 진냥 뜯어먹고 배가 불러 부모님을 물지 않도록 했다는 것이다. 어찌 이러한 어린아이의 행태가 효심의 예찬이 될 수 있을까? 어린이는 발가벗고 모기에게 진냥 뜯기고 어른은 편하게 잠을 잔다? 아니 모기들이 그토록 영민할까? 여덟 살 짜리 오맹의 피를 잔뜩 먹었다고 그 어린이의 효심을 생각하여 부모님은 안 물으리라는 보장이 있을까? 옛 사람은 이 정도의 상식도 없었단 말인가?

어린 아들을 묻는 곽거, 아브라함과 이삭의 이야기

"곽거매자郭居埋子"의 이야기는 한대 유향의 『효자전』에서부터 나타나는 가장 보편적인 이야기 중의 하나이다. 곽거는 한나라 때 사람인데 가정이 빈한하기 그지없었다. 어머니를 극진히 봉양하는데 3살 난 아들이 있었다. 그런데 어머니께서 음식을 줄여 드시고 나머지를 3살 난 손자에게 주시니까(어떤 버젼에는 철없는 아들이 엄마 식사를 탐하여 자꾸 뺏어 먹었다라고 되어 있다), 곽거가 그 부인과 의논하기를, "아들은 또 낳을 수 있지만, 다시 없는 어머님을 봉양하는 데 아들이 방해가 되니, 우리 아들을 산 채로 묻어 버립시다"하니, 착한 부인이 동의하여 같이 3살 난 아들과 함께 산으로 갔다. 아들을 묻으려고 땅을 파는데 땅속에서 두 개의 금덩어리가 발견되었다. 임금이 이 소리를 듣고 "천사효자天賜孝子"(하늘이 낸 효자)라는 명호를 내려, 관(官)에서도 금덩이를 못 뺏게 하였고 민(民)에서도 취하지 못하게 하였다 운운.

효행담과 불트만의 비신화화

해피엔딩으로 끝난 스토리라서 다행이기는 하지만, 어디까지나 효행을 장려하기 위하여 만들어진 이야기이지 이것을 실제로 행한다는 것은 참으로 곤란한 사태이다. 기독교의 신화(myth)도 어디까지나 신화로 이해해야지 그것을 사실로 믿고 실천한다면 그것은 신앙이 아니라 우신(愚信)이 된다. 신화는 오직 신화로서만 이해할 때 그 의미가 전달된다는 것이 불트만(Rudolf Bultmann, 1884~1976)의 비신화화(demythologization)의 요점이다. 서양문명이 얼마나 기독교 신화의 사실적 인식의 오류에 젖어있었길래 개명한 20세기에도 불트만의 신학이 요청되어야만 했을까? 그런데 결코 이것은 남의 이야기가 아니다. 부활을 입증하기 위해서 광신도로 하여금 자기 부인을 죽이게 해놓고 자기 부인의 시체를 놓고 하염없이 기도를 하던 목사가 최근에 매스컴에 공개된 일도 있다. 그런데 엄마 밥을 축낸다고 어린 자식을 산에다 생매장한다고 한다면 이런 우행도 부활에 미친 목사의 기도와 과히 큰 차이가 없다. 밥이란 죽을 때까지 같이 나누어 먹는 것이다. 어찌 엄마 밥 때문에 어린 아들의 생명을 희생시킬 수 있는가? 그런데 이런 광신적 윤리가 조선오백년의 리얼한 모랄이었다. 이 "곽거매자"의 이야기는 곽거경의 『이십사효』에 등장하여 권준의 『효행록』을 통과하여 『삼강행실도』로 들어갔다.

왕상빙어

"왕상빙어王祥冰魚"의 이야기도 마음씨가 악랄한 계모가 겨울에 잉어를 먹고 싶어하니깐, 왕상이라는 효자가 꽁꽁 얼어붙은 연못 얼음을 깰 수가 없어 옷을 벗고 알몸으로 드러누워 얼음을 녹이려 하자, 얼음이 스스로 녹고 잉어 두 마리가 튀어올라 왔다는 이야기인데, 이 이야기도 "효성감천孝誠感天"의 한 패턴으로서 곽거경 『이십사효』에 등장하여 권준의 『효행록』을 통과하여 『삼강행실도』로 들어갔다. 그리고 악랄한 계모에게도 효도를 다해야 한다는 이야기는 민자건의 이야기(『설원說苑』에 실림)로부터 내려오는 한 패턴이다. 이 이야기 때문에 얼마나 많은 조선의 아동들이 계모에게 학대를 받으면서도 끽소리 한번 못냈을 것인가?

정란의 목각엄마

유향의 『효자전』에도 나오고 한대의 화상석에도 나오는 포퓰라한 주제이며 『이십사효』 → 『효행록』 → 『삼강행실도』로 들어간 "정란각모丁蘭刻母"라는 고사가 있다. 이 정란의 고사는 버젼의 변화가 너무 심해 일정한 이야기가 없지만, 우선 우리나라 『효행록』의 버젼을 한번 들어보자.

정란(남자이다)은 엄마에게 지극한 효도를 다하였다. 그런데 엄마가 병으로 돌아가시자 애통하는 마음 그지없어, 나무를 각하여 엄마의 형상으로 만들어 놓고, 그 목각엄마를 섬기기를 살아계신 엄마와 같이 하였다. 그런데 정란이 밖에 나갔을 때에, 심술궂은 부인이 불경(不敬)한 여자인지라, 바늘로 목모의 눈깔을 찔렀다. 그랬더니 눈에서 피가 나고 눈물이 흘렀다. 정란이 귀가하여 이를 살피고 즉시로 그 아내를 내쫓았다. 그 효성이 이와 같았다.

丁蘭事母大孝, 母因病亡, 哀痛罔極。刻木爲母形, 事之如生。蘭出外, 其妻不敬, 以針刺目, 出血泣下。蘭歸察知之, 卽逐其妻, 其孝如此。

그런데 이 이야기는 『삼강행실도』에서 다음과 같은 버젼으로 세련화된다.

정란은 하내(河內)의 사람이었다. 어려서 일찍이 어머니를 여의었고 공양의 기회를 얻지 못하였다. 그래서 나무를 조각하여 어머니 형상으로 만들어 놓고 섬기기를 살아계신 어머니 모시듯이 하였다. 목상에게 아침 · 저녁으로 꼭 문안인사를 올리었다. 후에 이웃에 사는 장숙(張叔)이라는 사람의 처(妻)가 정란의 처에게 그 목상을 빌려달라고 하였다. 정란의 처가 무릎을 꿇고 그 목상을 빌려주려고 하자, 목상이 기뻐하지 않았다. 그래서 목상을 빌려주지 않았다. 그런데 어느날 장숙(張叔)이 술에 취하여 들어와 목상에게 욕지거리를 퍼부으며 지팡이로 목상 대가리를 두드려 팼다. 정란이 집에 돌아와 목상을 보니, 목상의 안색이 심히 좋지 않았다. 그래서 아내에게 연고를 물으니 아내가 전후 사정을 다 이야기하였다. 정란은 분한 마음에 그 길로 장숙에게 가서 그를 몽둥이로 쳤다. 나졸이 와서 정란을 체포하였다. 정란이 목상에게 정중하게 작별인사를 하고 떠나자, 목상은 떠나는 정란의 뒷모습을 보면서 눈물을 흘렸다. 군현의 사람들이 정란의 지극한 효성이 신명(神明)에 통하는 것을 보고 찬미하였다.

丁蘭, 河內人。少喪考妣, 不及供養。乃刻木爲親形像, 事之如生, 朝夕定省。後鄰人張叔妻從蘭妻借看。蘭妻跪授木像, 木像不悅, 不以借之。張叔醉罵木像, 以杖敲其頭。蘭還見木像色不懌, 問其妻, 具以告之。卽奮擊張叔, 吏捕蘭。蘭辭木像去, 木像見蘭爲之垂淚。郡縣嘉其至孝通於神明。

그런데 이 이야기는 일본에만 남아있는 고본(古本) 효자전으로 양명본(陽明本)이라고 부르는 판본에는 다음과 같이 다른 버젼으로 나타난다.

하내(河內)의 사람인 정란이라고 하는 자는 지극한 효자였다.

어려서 엄마를 여의었고, 나이가 15세가 되었을 때 엄마에 대한 극진한 사모의 정이 그치지를 않아 나무를 깎아 엄마를 만들었다. 그리고 생모를 섬기는 것과 하등의 다를 바 없이 목모를 공양하였다. 그런데 정란의 처는 매우 불효한 여자였다. 어느날엔 불을 지펴 목모의 얼굴을 끄슬렸다. 그날 밤 정란은 꿈에서 목모가 이야기하는 것을 들었다: "네 처가 내 얼굴을 끄슬렸다." 정란은 그 부인을 곤장으로 다스리고 난 후에 내쫓아 버렸다. 또 어느날, 이웃 사람이 정란에게 도끼를 빌리러 왔다. 정란은 목모가 계신 곳을 열고 상의를 드렸더니 목모의 안색이 심히 기쁘지를 않았다. 그래서 도끼를 빌려주지 않았다. 그 이웃 사람은 눈을 흘기며 앙심을 품고 돌아갔다. 어느날 그 사람이 정란이 집에 없는 틈을 타서 들어와 칼로 목모의 어깨를 내리쳤다. 그랬더니 유혈이 낭자하여 바닥을 적시었다. 정란이 집에 돌아와 이를 보고, 비참하여 울부짖으며 대성통곡을 하였다. 즉시 이웃에게 달려가 그 놈 모가지를 베어다가 목모 앞에서 제사를 지내었다. 관(官)에서는 이 사건에 대해 죄를 묻지 않았다. 그리고 정란에게 녹(祿)과 위(位)를 더해주었다. 찬하여 말하노라. 정란은 지효(至孝)하도다. 어려 어머니를 여의고 추모하는 마음 미칠 곳 없어 목모상을 세우고 조석으로 공양하였네. 사친(事親)에서 특출났고, 그 몸은 갔으나 이름은 남아 만세에 진실하도다.

河內人丁蘭者, 至孝也。幼失母, 年至十五, 思慕不已。乃刻木爲母, 而供養之如事生母不異。蘭婦不孝, 以火燒木母面。蘭卽夜夢語木母，言:“汝婦燒吾面。”蘭乃笞治其婦，然後遣之。有隣人借斧，蘭卽啓木母，木母顏色不悅。便不借之。隣人瞋恨而去。伺蘭不在，以刀斫木母一臂，流血滿地。蘭還見之，悲號叫慟，卽往斬隣人頭，以祭母。官不問罪，加祿位其身。贊曰，丁蘭至孝，少喪亡親，追慕无及，立木母人，朝夕供養，過於事親，身沒名在，萬世惟眞。

독자들은 과거의 설화들이 기록자에 따라 제멋대로 변형해가는 하나의 재미있는 샘플을 목격했을 것이다. 말하려고 하는 주제는 확실한 그 무엇이 있지만 결코 바람직한 윤리를 가르치고 있지는 않다. 목모 때문에 부인을 내쫓은 이야기나, 목모 때문에 살인까지 정당화될 수 있다는 이야기는 결코 합리적이지 못하다. 그런데 문제는 이러한 이야기가 실제로 중국법제에까지 그대로 반영되었다는 사실이다. 친부모의 효도를 위한 복수살인은 정당화되었으며 이 주제는 중국법제사의 거대한 흐름을 형성하는 과제상황이다. 부인을 내쫓는 이야기라면 더욱 끔찍한 이야기가 『효행록』에 실려있다. “포영거처鮑永去妻”의 항목을 보자!

시어미 앞에서 개 야단쳤다고 내쫓긴 포영 처

한나라의 포영은 자(字)가 군장(君長)이었다. 포영의 처가 엄마 앞에서 개를 꾸짖었다. 그래서 포영은 부인을 내쫓아버렸다.

漢鮑永，字君長。妻於母前叱狗。永遂去之。

이 고사는 매우 간단하다. 그 구체적인 상황설명이 없다. 그러나 시어머니 앞에서 개를 꾸짖었다고 조강지처를 내쳐버린다는 것은 바른 윤리라고 말할 수 없다. 소위 칠거지악(七去之惡)에 해당되었다는 이야기다. 이 고사에 대하여 우리나라 성리학의 개산조 중의 한 사람이며 여말『효행록』을 엮은 권보·권준의 후손인 권근은 다음과 같은 재미있는 주석을 달아놓고 있다.

> 존장(尊丈)의 앞에서는 개도 소리쳐 꾸짖지 아니 한다는 것은 예의 소절(小節)이다. 지금 포영의 부인이 시어머니 앞에서 개를 꾸짖었다는 것은 예를 몰라서 소절을 범한 것이라고 한다면 당연히 용서할 수도 있는 것이다. 그러나 결국 포영이 부인을 내쫓고 말았다는 것은 어머니를 공경하는 마음이 더 중했던 것이다. 또한 예로써 그 부인을 내쫓고 그 죄목을 명백히 밝히지 아니 한 것은, 그나마 다른 남자에게 용납되어 새로 시집을 갈 수 있도록 도와준 것이다. 그러므로 포영은 그 허물이 커지는 것을 기다리지 아니 하고, 그 소절을 책망하여 내쫓아 딴 사람에게 새로 시집갈 수도 있게끔 한 것은 또한 충후(忠厚)한 배려라고 할 수 있다.
>
> 尊丈之前不叱狗, 此禮之小節也。今鮑永之婦, 叱狗於母前, 是不知禮而犯小節, 宜若可恕也。永遂去之, 是其敬母之心重矣。且禮出其婦, 而不明言其罪者, 欲使見容於他人而可以嫁也。故永不待其過之大, 責以小節而出之。令其可嫁於人, 亦忠厚之意也。

고려사회에서 조선사회로 변해가는 모랄의 한 단면

양촌 권근은 완전히 소설을 쓰고 있다. 부인을 내쫓은 것이 그나마 예를 갖추어 내쫓은 것이라는 논리를 펼 수 있는 하등의 실마리도 본문 고사에는 비치지 않는다. 그러나 여말선초 우리나라의 상식에 비추어 볼 때도 이 고사는 좀 황당했다. 이러한 이유로 부인을 내쫓는다는 것은 권근에게도 비상식적으로 여겨졌던 것이다. 어떠한 방식으로든지 변명을 하지 않을 수 없었다. 그런데 더 재미있는 사실은 여말선초까지만 해도 우리나라 여자들이 남자가 내쫓는다고 해서 굴하는 여자들이 아니요, 마음대로 딴 남자에게 개가할 수 있었다는 색다른 풍속도를 엿볼 수 있다. 조선 중기라면 이러한 권근의 주석은 생겨날 수 없었을 것이다. 『행실도』류를 통하여 우리는 우리사회의 모랄이 어떻게 변모해갔는지를 규탐할 수도 있다.

효녀 조아의 슬픈 이야기, 효녀 심청의 프로토타입

"효아포시孝娥抱屍"의 고사는 14살 먹은 소녀의 슬픈 이야기이다. 조아(曹娥)는 회계(會稽)의 사람이다. 그 아버지가 무당이었는데 5월 5일 강신(江神) 파사(婆娑)에게 강가에서 제사를 지내는데 물이 급히 불어 그만 빠져 죽고 말았다. 그런데 그 시체를 건질 길이 없었다. 14살 먹은 어린 딸 조아는 강가를 헤매며 주야로 아버지 이름을 부르며 호곡하다가 17일만에 물에 빠져 죽어 아버지의 시체를 껴안은 채 물위로 떠올랐다. 후에 관민이 개장(改葬: 처음에는 초라하게 묻어 놓았다가 나중에 포상되어 크게 분묘를 다시 만들었기에 이런 표현이 사용된

이것은 정조 때 간행된 『오륜행실도』 속에 나오는 「효아포시孝娥抱屍」의 판화이다. 단원 김홍도의 작품으로 추정되는데 독자들이 스스로 판단할 수 있듯이 기존의 행실도 판화와 비교해 볼 때 심청이 빠져 죽은 임당수의 성난 물결이 튀어 오르는 듯 그 텃치가 너무도 리얼하다. 조아는 17일 동안이나 강변을 헤매였으니, 아비의 주검이 떠오른 것을 목격하고 그것을 건지기 위해 투강했을 것이다. 그래서 그 주검을 꼭 부둥켜 안은채 익사한 것이다. 조아의 이야기는 결코 신화적 각색이 아니라 리얼한 삶의 이야기로 보여진다.

것 같다)하고 비를 세웠다.

허벅지 살을 도려낸 왕무자의 처

"의부할고義婦割股"는 하양인(河陽人) 왕무자(王武子)의 처가 그가 환유(宦遊: 벼슬하여 타지에 삼)하고 있는 동안에, 그 어머니가 병으로 위독하게 되었는데 그 부인이 효성이 지극하여 허벅지 살을 도려내어 시어머니께 달여 드려서 그 병이 나았다는 이야기이다.

아버지 똥맛을 보는 효자

"금루상분黔婁嘗糞"은 남북조시대의 남제(南齊) 사람 유금루(庾黔婁)가 아버지가 병으로 위독해지자 벼슬도 버리고 고향으로 돌아와 아버지 병환의 차도를 알기 위해 아버지의 설사똥 맛을 보았다는 이야기이다. 상분(嘗糞)은 효행의 주요한 테마 중의 하나이다.

부모 살리기 위해 사슴젖 구하다 화살 맞은 염자

"염자입록琰子入鹿"은 『이십사효』와 『효행록』에 나오는 유명한 일화다. 두 눈을 실명해가는 부모를 살리기 위해 사슴젖이 좋다는 소리를 듣고 사슴젖을 구하는 염자의 이야기이다. 『이십사효』에는 염자가 주나라 사람으로 되어 있고 『효행록』에는 가이국인(迦夷國人)으로 나온다. 염자는 사슴젖을 구하기 위해 사슴가죽으로 된 옷을 입고 사슴떼 속으로 들어가 젖을 짠다. 그러던 중 사냥꾼의 화살에 맞을 뻔 하다가 구출되는 것으로 『이십사효』에는 기술되고 있다.

그러나 우리나라 『효행록』에는 왕의 사냥행렬을 만나 화살에 맞는다. 염자는 왕의 화살에 맞아 죽어가면서 애통하게 부르짖는다(哀呼曰): “임금님의 화살 하나가 세 사람을 죽이는구려. 王今一箭殺三人。” 왕이 그 까닭을 묻는다. 숨을 헐떡이며 대답한다: “내가 죽으면 나의 양친이 같이 죽게 되옵니다. 我已死而兩親具死矣。” 그리고 숨을 거둔다. 왕이 그 부모를 데려오게 한다. 부모는 그 시체를 부둥켜안고 대곡진동(大哭振動)한다. 그때 하늘에 계신 하느님께서(天宮天帝) 감동하여 그의 입으로 약을 불어넣어 준다. 그러자 염자는 기적적으로 소생하였다(琰子得蘇).

손가락 자른 우리나라 완주군 고산 사람 유석진

『삼강행실도』의 효자도 끝머리에 실려 있는 본국(本國: 조선왕조)의 유석진(兪石珍) 이야기는 고산현(高山縣)의 아전의 효행에 관한 이야기이다(왜 하필 민중을 착취해서 먹고사는 아전을 모델로 썼을까? 불순한 의도가 있을 수도 있다). 아버지 천을(天乙)이 악질(惡疾: 아마도 간질류였을 것이다)을 얻었는데 매일 한 번씩 발작하여 기절하고 만다. 사람들이 차마 볼 수가 없었다. 석진이 밤낮으로 옆에 붙어 간호하고 정성을 다했으나 차도가 없었다. 석진은 하늘에 울부짖으며 호곡하며 사방으로 의약(醫藥)을 광구(廣求)하였다. 그런데 사람들이 말하기를 살아있는 사람의 뼈(生人之骨)를 피와 섞어 달여 먹으면 낫는다고 하였다. 석진은 이에 좌수(左手) 무명지를 짤라 그 말대로 달여 드리니 아버지의 병이 나았다고 운운.

손가락 하나 고아 먹어봤자, 요즈음의 곰탕 수준에도 못 미치는 것이다. 어찌 곰탕 한 그릇으로 간질이 나을 수 있단 말인가! 조아가 물에 빠져 죽는 이야기도 우리나라 『심청전』의 리얼 스토리를 전해주는 고사일 수도 있다. 임당수에 빠져 죽는 심청이가 어찌 안락하게 용궁으로 간단 말인가? 그 순간 허우적거리는 심청이의 고뇌 속에 담긴 조선 여인들의 천추만한(千秋萬恨)은 오색찬란한 용궁의 신화적 각색 속에 단순한 선업선과(善業善果)의 해피엔딩으로 탈색되어 버리고 만다.

우효·우충·우열의 역사, 주원장부터 강희제까지

조선조 오백년을 통하여 『삼강행실도』가 가르친 우효(愚孝)·우충(愚忠)·우열(愚烈)의 소행은 참으로 비참한 수준의 것이었다. 송·원대에 『이십사효』가 확립된 이래, 이러한 우효의 관행은 명나라를 통하여 주자학의 관학화와 더불어 엄청난 포퓰리즘의 흐름을 형성한다. 그것은 명태조 주원장의 개인 싸이콜로지와도 관계가 있었다. 주원장은 천애(天涯)의 고아(孤兒)로 자라나 천자가 된 인물이다. 우리나라 북녘땅 곳곳의 민담 중에 주원장이 자기네 동네 고아였다는 설화가 많이 있다. 그토록 그는 출신이 명확하지 않다. 그러나 포의(布衣)로서 민간의 빈곤과 질고를 충분히 체험하였으며, 민간에서의 효도의 거대한 효용을 숙지하였다. 더구나 원나라 통치를 통하여 북방 유목민족의 악습과 괴이한 가정풍습(형이 죽으면 형수를 부인으로 맞이하는 등등의 풍습)이 중국인에게 침투하였다고 생각하였기에 중국 정통의 종법개념과 일가일성(一家一姓)의 효도를 새롭게 확립할 필요를 절감하였다. 더구나 최고의 권력자인 황제가 된 후에도 자신의 영화를 같이 나눌 수 있는 혈육이나 부모가 없다는 고아로서의 고독감은 부모에 대한 그리움을 뼈에 사무치게 만들었다. 그는 조종(祖宗)에 제사를 지낼 때도 실제로 눈물을 펑펑 쏟았다고 한다.

청나라도 이민족으로서 중원을 제패했을 때, 한민족의 민족적 감정을 억누르고 충군(忠君)케 하는 가장 효율적인 방법이 효도를 강조하는 것이라는 비법을 그들은 일찍이 체득했다. 순치(順治)황제도 입관(入關)하여 자금성의 주인이 된 후 얼마 안되어 친히 『효경』을 주석했고, 강희제도 강희 46년에는 만한합벽(滿漢合璧: 만주어와 중국어가 같이 쓰여짐)의 『효경』을 간행했다. 옹정제도 옹정 5년에 흠정(欽定)의 새로운 『효경』을 판각하여 반포시켰다. 그리고 역대 『효경』의 중요한 주해를 회집(匯集)하여 『효경집주孝經集註』를 간행하였다. 이들은 효의 충화(忠化)야말로 한족을 통치하는 가장 좋은 방법이라는 것을 알고 있었다. 강희제는 효야말로 백행지본(百行之本)이요, 만사지강(萬事之綱)이라는 확고한 신념을 가지고 있었다. 효로써 위로는 신명에 감응하고(上感神明), 아래로는 민심을 순화시킨다(下順民心)는 효치(孝治)의 이념에 철저했다. 그는 강희 16년에 『인심풍속치치미정십육조人心風俗致治美政十六條』를 반행(頒行)했는데 그 제1조가 "효제를 돈독히 함으로써 인륜을 중시하고 敦孝悌以

重人倫, 종족을 돈독하게 함으로써 화목을 밝힌다 篤宗族以昭雍睦"라는 것이다. 명대의 썩어문드러진 황제들에 비하면 청조의 이민족 황제들은 학술과 문화에 밝은 개명한 인물들이었다.

조선왕조에서 일제까지 우효의 조장

이러한 명·청대의 분위기를 감안한다면, 그 양 조대에 걸쳐 지속된 조선왕조는 안심하고 『삼강행실도』의 우효 · 우충 · 우열의 우행을 선전한 것이다. 『삼강행실도』에 실린 상당수의 우행들이 "신체발부, 수지부모, 불감훼상"이라는 『효경』의 종지에 어긋난다. 송대는 이러한 우효(愚孝)를 조장했다. 그러나 그러한 전통에 물들지 않은 원나라의 통치자들은 송나라 사람들이 최고의 효행이라고 여긴 단지(斷指: 손가락을 자름)와 할고(割股: 허벅지 살을 베어 료친療親함), 그리고 효도를 위하여 자녀를 상해하는 행위를 금지시켰다. 그러나 원조(元朝)가 지난 후, 명·청대에는 다시 이러한 송대의 분위기가 부활된 것이다. 효행의 포퓰리즘은 날로 극단화되어간 것이다. 우리나라 조선왕조의 수많은 젊은이들이 단지나 할고로 목숨을 잃었을 것이다. 소독(sterilization: 미생물 발견 이후에 생겨남)관념이 전혀 없었던 시대에 부엌칼로 자기 살을 에어내는 고통이란 형언키 어려운 것이다. 뿐만 아니라 세균감염(infection)으로 그들의 대부분은 죽어갔다고 보아야 한다. 물론 몇 사람이 쾌차되어 표창을 받았을지는 모르지만 그러한 우매한 소행에 우리는 낭만성을 부여해서는 아니 된다. 그것은 공자라도 괘씸하게 생각했을 우행일 뿐이요 인권의 유린이다.

더구나 우리나라의 경우, 중국은 만청에서 끝난 우행이, 일제의 악랄한 압제수탈시기를 통하여 더욱 조장되었다는 것이다. 조선총독부는 교풍회(矯風會) 등의 조직을 통해 효자·열녀에게 상을 내리고, 명륜회와 향교도 "삼강적" 행위에 대하여 적극적 권장을 하였다. 조선총독부와 천황에 복종하는 식민지 국민을 만드는 데 삼강적 인간상은 매우 유효하였던 것이다. 오늘날까지도 유교도덕을 부르짖는 보수주의자들이, 대부분 반공이나 부르짖고 친체제적인 사유에 물들어 있는 까닭은 그들이 참다운 『효경』의 도덕을 배우지 못한, 모두 일제 끄나풀에 불과한 세도가나 우매한 촌로들의 후손이기 때문이다. 그래서 우리사회에서 "유학"이라 하면 사회적 영향력이 없는 것이다(이러한 문제는 『조선시대 책의 문화사』 제5장 주영하의 글을 보라). 1922년 10월 3일, 『동아일보』 기사를 한번 살펴보자.

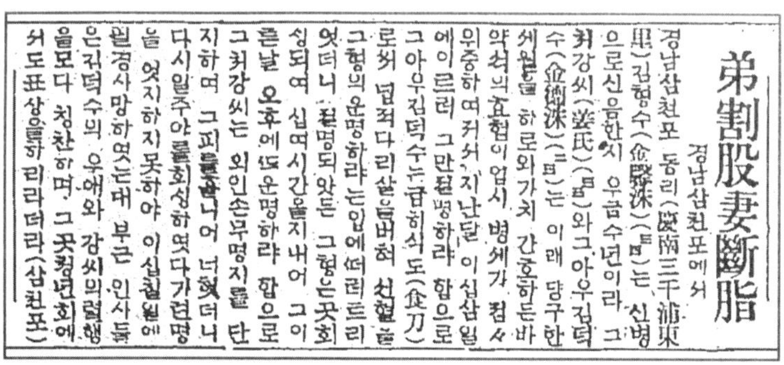
弟割股妻斷脂

경남삼천포에서

경남삼천포 동리(慶南三千浦東里)김형수(金馨洙)(三四)는 신병으로신음한지 우금수년이라 그쳐강씨(姜氏)(三三)와그아우김덕수(金德洙)(二三)는 이래 댱구한 셰월을 하로와가치 간호하든바 약석의효험이업시 병세가 졈々위중하여가서 지난달 이십삼일에이르러 그만절명하랴 함으로 그아우김덕수는급히식도(食刀)로써 넙적다리살을버혀 선혈을 그형의운명하랴는입에떠러트리엇더니 절명되얏든 그형은곳회생되여 십여시간을지내어 그이튼날 오후에또운명하랴 함으로 그쳐강씨는 외인손무명지를 단지하며 그피를흘니어 너헛더니 다시일주야를회생하엿다가련명을 엇지하지못하야 이십칠일에 필경사망하엿는데 부근 인사들은김덕수의 우애와 강씨의렬행을모다 칭찬하며 그곳청년회에서도표상을하리라더라(삼쳔포)

경남(慶南) 삼천포(三千浦) 동리(東里) 김형수(金馨洙, 34세)는 신병으로 신음한 지 우금(于今) 수년이라. 그 처 강씨(姜氏, 33세)와 그 아우 김덕수(金德洙, 23세)는 이래 장구한 세월을 하루와 같이 간호하든 바 약석의 효험이 없이 병세가 점점 위중하여져서 지난 달 23일에 이르러 그만 절명하려 함으로 그 아우 김덕수는 급히 식도(食刀)로써 넓적다리 살을 베어 선혈을 그 형의 운명하려는 입에 떨어트리었더니 절명되었던 그 형은 곧 회생되어 10여 시간을 지내어 그 이튿날 오후에 또 운명하려 함으로 그 처 강씨는 왼쪽 손 무명지를 단지(斷指)하여 그 피를 흘리어 넣었더니 다시 일주야(一晝夜)를 회생하였다가 운명을 어찌하지 못하여 27일에 필경 사망하였는데, 부근 인사들은 김덕수의 우애와 강씨의 열행을 모두 칭찬하여 그곳 청년회에서도 표상을 하리라더라(삼천포).

이러한 유형의 기사들은 『동아일보』에서만도 수없이 발견된다. 남편에게 우육(牛肉)이라 가장하고 자기 살을 멕인 여인이 오히려 병석에 눕게 되어 병원에 입원했다는 등의 기사가 눈에 띈다. 할고한 부인이 대부분 남편보다 먼저 황천객이 되었을 것이다. 이러한 우행이 미담으로서 1920·30년대 우리나라 신문의 페이지를 장식하고 있었다는 것을 생각하면 조선왕조의 『삼강행실도』의 비극이 어떠했으리라는 것은 쉽게 연상될 수 있다. 우리는 결코 과거를 낭만화시킬 수 없다. 이러한 세태에 일침을 가하는 논설이 『동아일보』에 실려 있는데(1924년 1월 6일 기사) 누구의 글인지 추정하기는 어려우나 참으로 희대의

자살로절제

행류의지단인덕도질접

◇근일경향각처[illegible]하고 소위 효
자나열부의단지(斷指)가 매우 만히류
행되는모양이다 손가락하나를 [illegible]하여서
죽은사람이 정말소생한다하면 남의아
래사람된사람은 손가락하나도 남길수
가업슬것이다
◇부모가세상을버리랴할때의자식된
마음은 정말비통한것이오 남편이운명
하랴할때의 안해된마음은 극히압흘것
이다 이자리를당하야 여간손가락쯤이
아니라 [illegible]수업슬것은사실이오
엇더한방법으로던지 죽어가는 목숨을
살니랴할것은 인정의 당연한일일것이
다
◇우리는 이와가튼아름다운 심사를
결코가비압게비평하고자하지아니한다
그러나 고왕금래에단지나 렵지를한자
식이나 안해가잇다는소문은 들엇스나
자식이나 안해를위하야 그가튼일을하
엿다는 아비나남편이잇다는 소문은[illegible]
은[illegible]업다 아—이것이 [illegible]무슨모순
됨이리오
◇인정은일반이다아비의죽는것을자
식이보기나자식의죽는것을아비가보기
나그무엇이다름이잇스며오히려[illegible]
하야웃사람의단지는업는가이는두말할
것도업다 [illegible]만남은효(孝)와렬(烈)
이라는 [illegible]도덕으로 인함이다종래우
리의도덕은아래사람에게만만히지우고
웃사람은[illegible]한편이만핫다다시말하면우
생을압[illegible]하야 [illegible]해드렷든[illegible]이다
◇아—부모의죽음과 남편의 죽음에
손가락을끈는 가련한사람들아— 우리
는그대들의행위를 악이라고 배척하는
것은아니다 그러나손가락의피로 사람
의생명을 구할수는업다 낫키도제틀로
이오 죽기도제틀로이다 살기도제틀로
살자 [illegible]도덕에가치 살지말고

명문이며, 우효의 문제점을 너무도 명료하게 드러내놓는 논리를 담고 있어 여기 좀 길지만 전문을 인용한다. 개화기 지사의 정의로운 카랑카랑한 목소리를 들을 수가 있다. 그 제목부터가 확고한 의식이 드러나 있다: "**제절로 살자 - 썹질 도덕인 단지의 류행.**"

> 근일 경향 각처를 물론하고 소위 효자나 절부의 단지(斷指)가 매우 많이 유행되는 모양이다. 손가락 하나를 끊어서 죽은 사람이 정말 소생한다 하면 남의 아랫사람 된 사람은 손가락 하나도 남길 수가 없을 것이다. ◇ 부모가 세상을 버리려 할 때의 자식 된 마음은 정말 비통한 것이요, 남편이 운명을 다하려 할 때의 아내 된 마음은 극히 아플 것이다. 이 자리를 당하여 여간 손가락쯤이야 아플 줄을 헤아릴 수 없을 것은 사실이오. 어떠한 방법으로든지 죽어가는 목숨을 살리려 할 것은 인정의 당연한 일일 것이다. ◇ 우리는 이와 같은 아름다운 심사를 결코 가볍게 비평하고자 하지 아니한다. 그러나 고왕금래에 단지나 열지를 한 자식이나 아내가 있다는 소문은 들었으나, 자식이나 아내를 위하여 그 같은 일을 하였다는 아비나 남편이 있다는 소문을 들은 적은 없다. 아! 이것이 대체 무슨 모순됨이리오. ◇ 인정은 일반이다. 아비가 죽는 것을 자식이 보기나, 자식이 죽는 것을 아비가 보기나 그 무엇이 다름이 있으리오. 하거든 어찌 윗사람의 단지는 없는가. 이는 두말할 것도 없다. 껍질만 남은 효(孝)와 열(烈)이라는 형식도덕으로 인함이다. 종래 우리의 도덕은 아래 사람에게만 많이 지우고

윗사람은 헐한 편이 많았다. 다시 말하면 후생(後生)을 압박하여 멸망을 청해 드렸을 뿐이다. ◇ 아! 부모의 죽음과 남편의 죽음에 손가락을 끊는 가련한 사람들아! 우리는 그대들의 행위를 악이라고 배척하는 것은 아니다. 그러나 손가락의 피로 사람의 생명을 구할 수는 없다. **낫키도 저절로 이오, 죽기도 저절로 이다. 살기도 저절로 살자. 껍질 도덕에 갇혀 살지 말고.**

효의 생리성과 도덕성

이 위대한 논설이 우리에게 일깨우고자 하는 것은 효의 도덕성의 일방성(the unilaterally hierachical character of morality)에 관한 것이다. 어찌하여 아랫사람이 윗사람을 위하여 희생하는 것만이 효가 될 수 있는가? 앞서 말했듯이 「예운」편에서 말하는 십의(十義)는 어디까지나 쌍방적인 것이었다. 그리고 효의 원초적 본질을 아래로부터 위에로의 방향에 있는 것이 아니라, 위로부터 아래에로의 방향에 있는 것이다. 효의 가장 원초적 사실은 병아리를 품는 암탉의 행태에서 볼 수 있듯이(병아리를 기를 때는 암탉은 솔개에게도 저항한다), 어미의 자식에 대한 보호본능과 관련된 것이다. 이 보호본능은 도덕적 현상이라기보다는 핵산 배열의 정보 속에 내장된 생리적 코드라고 보아야 할 것이다. 그런데 이러한 보호는 갓 태어난 개체가 사회화(socialization) 되기까지만 유지되는 것이다. 여기 "사회화"라고 하는 것은 그 개체가 속한 사회 속에서 독립적으로 생활할 수 있는 능력을 갖추는 시기를 가리킨다.

그런데 인간이라는 동물은 원래 그 사회화의 과정이 비교적 긴 시간을 요하는 동물인데다가 군집생활을 통하여 문명세계를 창출하면서부터 그 사회화과정이 비상하게 연장되었다. 따라서 연장되는 것만큼 부모의 보호가 필요하게 되고, 그 필요성은 생리적 한계를 넘어 도덕적 요구로서 발전해간 것이다. 따라서 인간의 효에는 생리성과 도덕성이 혼합되어 있다. 그러나 그 효가 도덕적 차원으로 발전하면 할수록 그 핵심에 있는 것은 부모의 자애이지 자식의 효도가 아니다. 부모의 자애 때문에 자식의 효도는 마땅한 당위로서 인식될 뿐이다. 왜냐하면 그것은 생리적 코딩(coding)을 넘어서는 도덕적 "베품"이기 때문이다. 효의 본질은 위로부터 아래에로의 베품에 있는 것이다. 이 "베품"의 전제가 없이 아랫사람의 복종이나 희생, 헌신을 요구하는 것은 권위주의적 강탈이요, 복종주의적 강압이다.

만왕의 여호와 하나님은 만백성에게 충을 강요하는 폭군일 뿐

어찌하여 24효 중에 병들어 죽어가는 어린 자식을 위하여 부모가 단지나 할고를 했다는 소리는 단 한 건도 없는가? 다석이 기독교 신앙의 본질을 효로서 인식했다고 하는 것은 바로 하나님의 인간에게로 향한 아가페적 베품을 전제로 하고 있는 것이다. 충화된 효가 아닌 아가페화된 효를 말하고 있는 것이다. 다시 말해서 예수가 하나님에 대한 완벽한 효자라고 한다면, 그것은 곧 하나님이야말로 인간 모두에게 완벽한 효자일 때만이 가능한 것이다. 하나님이야말로 나의 효자이다. 하나님이야말로 나의 길이요, 진리요, 생명이다. 하나님은 『삼강행실도』를 만백성에게 강요한 폭군이 아닌 것이다.

하나님이야말로 인간에게 효자, 가정윤리의 연속성

우리가 일상적 체험을 가지고 말한다 하더라도 자식이 아무리 부모에게 효도한다 한들, 부모가 자식을 사랑하는 마음에 미칠 수는 없는 것이다. 자유를 구가하는 발랄한 생명을 먼거리에서 지켜보면서 보호하고, 또 그의 불안정한 판단에 대해 달관된 눈으로 가슴아프게 쳐다보는 아버지 · 엄마의 인욕과 사랑(愛惜)의 깊은 심정이야말로 자식이 다 깨달을 수는 없는 것이다. 그러나 언젠가 자식이 또다시 부모의 입장이 되어 그러한 심정을 깨닫게 될 때 가정윤리의 연속성이 성립한다. 그 연속성의 도덕성을 우리가 효라고 부르는 것이다. 이러한 시각에서 아랫사람의 윗사람에 대한 복종적 효와는 전혀 다른 차원에서 효를 설파한 또 하나의 흐름을 우리는 바로 『부모은중경』에서 발견하게 되는 것이다.

제6장: 한국의 토착경전『부모은중경』

정조의 효의식

정조는 아버지 사도세자가 뒤줏간에 갇혀 굶어죽는 8일간의 고통을 11세의 나이에 같이 했다. 그는 그 현장을 목격했고 피끓는 아픔으로 그 처절한 사투를 같이 느꼈을 것이다. 따라서 정조의 효심은 각별한 것이었다. 정조는 혜경궁 홍씨가 환갑을 맞이한 다음 다음해 정조 21년(1797) 정월 초일에, 앞서 말한『이륜행실도』와『삼강행실도』를 합본하여 새롭게 편찬한『오륜행실도五倫行實圖』를 펴낸다(총 150 케이스, 그 중 한국인은 16명). 그 서문에서 엄마 혜경궁 홍씨가 환갑을 맞이하도록 모실 수 있었던 행운을 언급하면서 이와 같이 말한다.

> 觀政在朝, 觀俗在野。政之所及者淺, 俗之所得者深。故善乎觀人之國者, 必先其野, 而後其朝肆。
>
> 정치가 돌아가는 것은 조정에서 볼 수 있고, 나라의 풍속은 민간에서 볼 수 있다. 그런데 정치가 미치는 한계는 매우 천

박한 것이요, 풍속이 발전해나가는 것이야말로 심오한 것이다. 그러므로 한 나라가 다스려지는 것을 제대로 볼 줄 아는 사람은 반드시 민간을 우선으로 하고, 조정은 뒤로 한다.

『오륜행실도』를 펴내는 그의 문제의식의 명료함을 엿볼 수 있다. 그리고 이에 앞서 정조 7년(1783)에는 어제(御製) 『돈효록敦孝錄』을 펴내었다. 그 「어제서御製序」에서 정조는 다음과 같이 말하고 있다.

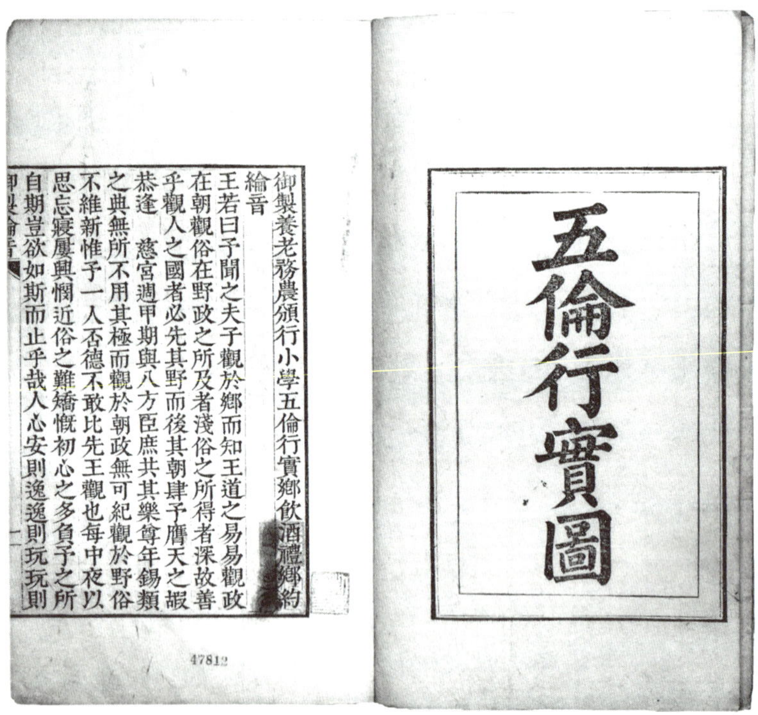
御製養老務農頒行小學五倫行實鄉飲酒禮鄉約
綸音
王若曰予聞之夫子觀於鄉而知王道之易易觀政
在朝觀俗在野政之所及者淺俗之所得者深故善
乎觀人之國者必先其野而後其朝肆予膺天之嘏
恭逢 慈宮週甲期與八方臣庶共其樂尊年錫類
之典無所不用其極而觀於朝政無可紀觀於野俗
不維新惟予一人否德不敢比先王觀也每中夜以
思忘寢屢興憫近俗之難矯慨初心之多負予之所
自期豈欲如斯而止乎哉人心安則逸逸則玩玩則

御製綸音 一

五倫行實圖

정조 어제 『오륜행실도』. 금속활자본인데 기존의 어떠한 행실도보다도 인쇄나 그림이 정갈하다. 연세대학교 국학자료실 소장본.

孝爲天經地義人道之大本, 固無論已。王者之敎民成俗, 莫急於孝。故爲政者, 未有不以興孝爲先務焉。

효란 하늘의 벼리요, 땅의 마땅함이요, 사람의 길의 큰 근본이다.『효경』의 이와 같은 말씀에 더 붙일 말이 없다. 왕된 사람이 백성을 가르치고 풍속을 이루는 데 효보다 더 절실한 것은 없다. 그러므로 정치를 행하고자 하는 자는 효를 일으키는 것을 제일 힘써야 할 일로 삼지 아니 한 자가 없다.

박성원의『돈효록』, 주자가 짓고 싶었던『효경』외전에 해당

『돈효록』은 본시 영조 38년(1762)에 조선 후기 학자인 박성원(朴聖源)이『효경』,「서명西銘」을 비롯하여 경사와 다양한 문헌에서 효와 관련된 각종 교훈과 고사를 가려내어 57권 23책으로 편찬한 방대한 분량의 책이다. 이것은 효를 주제로 한 대백과사전과도 같은 것이며 박성원의 필생의 노작이다. 주희가『간오』끝머리에서『효경』의 뜻을 발휘하는 말들만 여러 책에서 골라 모아 별도로 외전(外傳)을 짓고 싶으나 여력이 미치지 못한다고 말한 바로 그 작업을 완수한 셈이다. 방대한 자료를 효의(孝義), 효교(孝敎), 생사(生事), 상사(喪事), 봉제(奉祭), 효감(孝感), 현미(顯美), 계술(繼述), 광효(廣孝), 수신(守身), 처변(處變), 11개 항목으로 분류하여 기술하였다. 박성원이 원래 이 책의 이름을『효경』의 뜻을 펼쳐내는 책이라 하여『효경연의孝經衍義』라고 지었는데, 그의 스승이며 노론계 낙론(洛

『오륜서五倫書』 62권. 연세대학교 국학자료실 소장. 서여西餘 민영규(閔泳珪, 1915~2005) 교수 기증본. 명나라 제5대 황제 선종(宣宗, 朱瞻基, 1425~34 재위)이 경전과 기타전적에서 오륜五倫과 관련있는 가언嘉言과 선행善行을 채집하여 62권으로 편찬한 것. 선종은 조카 건문제建文帝의 제위를 찬탈하고 그 찬탈에 항거한 대유大儒 방효유方孝孺 등 900여 명의 일족과 친구, 학자들을 학살한 영락제의 손자이다.

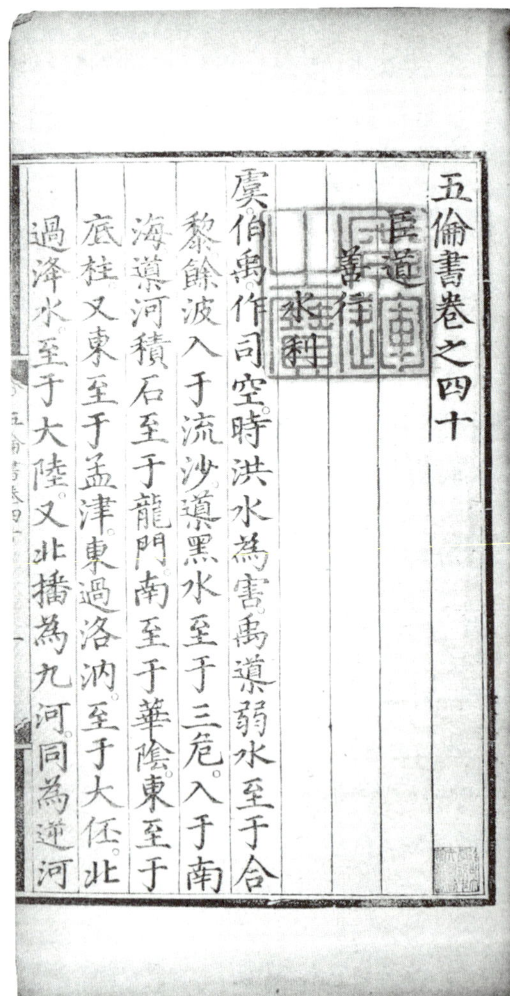
五倫書卷之四十
臣道 善行
水利
虞伯禹作司空時洪水為害禹導弱水至于合
黎餘波入于流沙導黑水至于三危入于南
海導河積石至于龍門南至于華陰東至于
底柱又東至于孟津東過洛汭至于大伾北
過洚水至于大陸又北播為九河同為逆河

그러므로 재위에 대한 불안감이 있었기에 이런 책을 적극적으로 편찬한 것이다. 권1은 오륜총론五倫總論, 권2~23은 군도君道, 권24~53은 신도臣道, 권54~55는 부도父道, 권56~58은 자도子道, 권59 부부지도夫婦之道, 권60은 형제지도兄弟之道, 권61~62 붕우지도朋友之道로 구성되어 있다. 영종英宗 정통正統 12년(1447)에 상재上梓, 천하天下에 반포頒布하였다. "광운지보廣運之寶"라는 황제의 주인朱印이 찍혀있다. 1469년 중국황제가 보낸 이 책을 조선의 사신들이 받아와서 예종(睿宗, 1468~69 재위)에게 바쳤는데 예종은 바로 영락제의 선례에 힘입어 조카 단종을 죽이고 왕위에 오른 세조의 아들이다. 정조의 『오륜행실도』편찬은 우리나라에 이미 들어와 있었던 중국 도덕교과서들의 사례를 따른 것이다.

論)의 거두인 도암(陶庵) 이재(李縡, 1680~1746)가 효행의 돈독함을 권장한다는 의미를 강조하여 "돈효敦孝"라고 명명(命名)한 것을 존중하여 선생의 말대로 책이름으로 삼는다고 서(序)에 써있는데, 내가 생각하기에는 『돈효록』이라는 이름보다는 당연히 『효경연의』가 되었어야 한다. 정조가 간행한 책으로 『돈효록』은 효에 관한 이론의 집대성이며 학구적 노작이며, 『오륜행실도』는 효에 관한 실천사례 집성으로서 대중계몽적 걸작이라 할 것이다. 『돈효록』을 테오리아(*theoria*)라고 한다면, 『오륜행실도』는 프락시스(*praxis*)라고 할 수 있다. 정조의 삶에 있어서 이 테오리아와 프락시스 사이에 끼어 있는 것이 바로 『불설대보부모은중경佛說大報父母恩重經』이다.

용주사에 숨은 뜻은

용주사(龍珠寺)라는 이름 자체에서도 우리는 정조의 애틋한 효심을 읽을 수 있다. 억울하게 유명을 달리한 아버지 사도세자가 죽어서라도 제왕의 묘혈에서 제왕을 상징하는 용(龍)으로서 입에 여의주(珠)를 물고 승천하기를 기원하는 마음이 담겨있다. 용주사 대웅전 대들보 주변으로 여의주를 문 용들이 13수나 조성되어 있다.

『조선불교통사』의 기록을 자세히 살펴보면, 정조와 보경(寶鏡) 사일(獅馹) 스님의 만남이 일차적으로 용주사를 매개로 해서 이루어진 것은 아니다. 용주사를 개창하기 이전에 만난 것이며, 그 인연은 바로 『부모은중경』을 매개로 이루어진 것이다. 정조는 원래 성리학

용주사 대웅전의 위용. 정조 14년(1790년)에 완공된 그 모습대로 보존되어 있다. 한국전쟁의 화마도 비켜갔다. 후불탱화는 단원 김홍도의 역작으로 알려져 있다.

에 밝은 대 유학자였다. 그래서 처음에는 불법(佛法)의 시비를 가려 도태시키려고 했다는 것이다(初欲沙汰佛法). 그런데 우연한 기회에 전라남도 장흥 보림사의 승려인 보경(寶鏡)이라는 자를 만나게 되었고, 그로부터 『불설대보부모은중경』이라는 책자를 얻어보게 되었다는 것이다. 어차피 정조는 효에 관심이 있었다.

乙覽之餘, 宸心大有所感觸者。

여기 "을람乙覽"이라는 표현은 임금이 낮에는 정무에 바빠 책을 못 읽으므로 밤(乙夜)에 독서한다는 뜻으로 "임금의 독서"를 의미하는 표현이다. "신심宸心"이라는 표현도 임금에게 쓰는 말로 "임금의 마음"을 뜻한다. 정조께서 우연히 『부모은중경』을 얻어 읽다가 그 마음에 크게 "감촉感觸"된 바가 있었다는 뜻인데, 여기 "감촉"이라는 표현은 그 문자에 촉발을 받아 생각의 큰 변화가 일어났다는 뜻이다. 정조는 우연히 『부모은중경』을 읽은 나머지 어떠한 생각의 변화를 일으키게 되었다는 뜻이다. 과연 그 패러다임 쉬프트(paradigm shift)란 무엇을 뜻하는 것일까?

효의 본질은 위로부터 아래로의 방향에 있다

『은중경』에서는 "효孝"라는 개념을 "보은報恩"이라는 개념으로 바꾼다. 효와 보은은 어떻게 다른가? 앞서 말했듯이 효의 본질은 아래서부터 위로의 방향에 있는 것이 아니라 위로부터 아래로의 방향에 있다.

전술의 동아일보의 논설이 적확히 지적했듯이 유교의 『삼강행실도』류의 효는 아래로부터 위로의 방향에만 관심이 있다. 그러나 "보은"은 필연적으로 쌍방적이다. 보(報)가 있기 전에 반드시 은(恩)이 선행해야 하는 것이다. 그런데 은(恩)이란 위로부터 아래로 베풀어지는 것이다. 은이란 부모가 자식에게 무조건적으로 베푸는 무량(無量)한 은혜이다. 따라서 『부모은중경』의 위대한 측면은 『삼강행실도』가 강요하는 복종의 윤리를 하해(河海)와도 같은 자비의 윤리로 바꾸고 있다는 것이다.

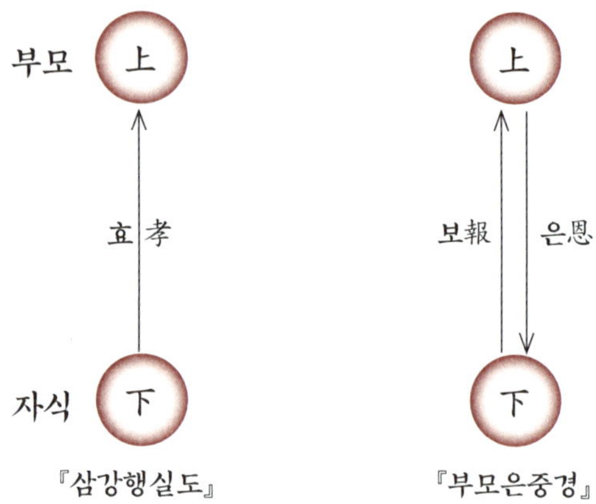

남성성에서 여성성으로

다음으로 지적되어야 할 중요한 패러다임 쉬프트는 효를 남성성(masculinity)으로부터 여성성(femininity)으로 전환시켰다는 것이다. 효의 가장 원초적 출발은 모성애이다. 동물의 세계에 있어서도 수컷은 수태과정에 주로 기능하며, 출산과 양육에 대한 책임을 지지 않는다. 출산과 양육은 암컷의 모성애에 의한 것이다. 따라서 효의 교감의 가장 원초적 대상은 엄마일 수밖에 없다. 그런데 『효경』이나 『삼강행실도』나 기타 유교경전을 보면 효의 대상이 모두 아버지로만 되어 있다. 모녀 관계는 언급되지 않고 부자관계, 부녀관계, 부부관계만 언급되어 있다. 부(父)는 자(子)의 벼리(綱)가 되고, 부(夫)는 부(婦)의 벼리가 된다. 그러니깐 모든 것이 아버지 중심이요, 남성 중심이다.

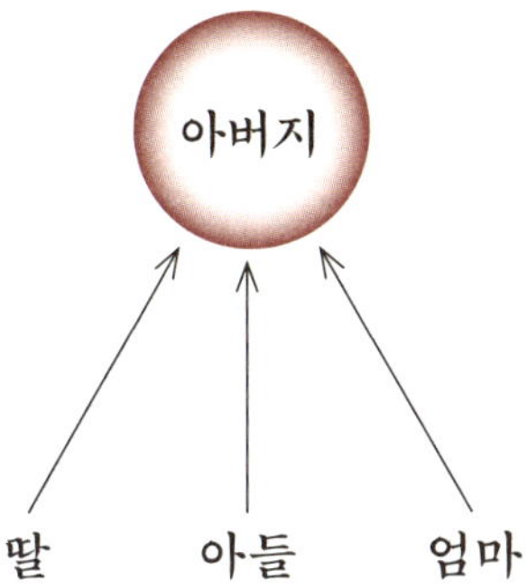

전쟁(War)과 가부장제(Patriarchy)

왜 이런 현상이 일어났을까? 이것은 자연현상을 넘어서는 문명현상이요, 정치현상이다. 인간세의 문명은 전쟁과 더불어 시작하였고 (고릴라의 세계에도 대규모 전쟁이 있다), 전쟁의 주도권을 남성이 장악하였는다는 데 있다. 전쟁의 주도권과 함께(추방사회chiefdom의 등장) 가정의 경제권을 아버지가 장악하였다는 데 부계의 우위(the superiority of patrilineage)가 확보된다. 그러니까 아버지에 대한 효라는 것은 본질적으로 정치적이며 문명의 가치관 속에서 인위적으로 만들어진 것이다. 어머니에 대한 효라는 것도 문명화되고 윤리화되었지만, 그 바탕에는 자연적이고 생리적이고 본능적인 그 원초성이 퇴색되지 않는다. 아버지의 체취는 사라져도 엄마의 체취는 평생 사라지지 않는다. 『삼강행실도』가 철저히 아버지중심의 효를 말한 것은, 군(君)

용주사 대웅전 앞에 있는 천보루天保樓와 5층석탑(1702년 성정性淨스님이 부처님 사리 2과 안치). 천보루의 아래층이 대웅보전으로 들어가는 통로가 된다. 그 안에는 홍제루弘濟樓라는 현판이 있다. 용주사는 우리나라 효문화의 중심이며 소중한 문화재가 많이 보존되어 있다. 현륭원·건릉(정조의 릉)과 유기적인 공간연속체를 형성하고 있으며 주변경관이 모두 정조 효행의 족적과 의미를 담고있다. 그것을 다 복원해도 모자를 판에 그 소중한 역사공간에 고층 아파트를 짓는 등 단순한 자본의 논리에 따라 마구 훼손해 가고 있다. 효를 테마로 하는 세계적인 공원을 조성하면 훨씬 더 수익이 높을 수도 있는데 수요도 절실하지 않은 고층 아파트만 지을려고 하는 것은 토목·건설공화국의 소아병적 발상이다. 국가의 보호와 지역인사들의 각성이 절실히 요청되고 있다.

은 신(臣)의 벼리(綱) 된다고 하는 군위신강(君爲臣綱)에 부위자강(父爲子綱)과 부위부강(夫爲婦綱)을 귀속시켜야 하는 정치적 목적이 있기 때문이다. 아버지 중심의 효는 한마디로 불순(不純)한 측면이 있다.

불교와 여성성

그런데 불교는 원래 정치적 권력의 장악을 목표로 하는 종교가 아니라, 인간의 고해로부터의 구원과 해탈을 목적으로 하는 각성(覺惺)운동이다. 따라서 그 각성을 유도하는 대자대비의 상징체계에는 본시 남성성보다는 여성성이 강하다. 우리나라 민중에게 가장 아필이 된 구세보살(救世普薩)인 관세음보살(觀世音菩薩)의 경우에도 그 성별을 정확히 논하기는 어려운 것이나(물론 남성으로 규정되었다), 그 불상의 표현양식을 보면 온갖 찬란한 영락(瓔珞: 꿴 보석구슬 장식)으로 몸을 휘감고 속이 비치는 샤리 속에 아련히 흘러내리는 몸매의 표현은 지극히 여성적이다. 고려불화 「수월관음도水月觀音圖」의 섬세하기 그지없는 그 매혹적인 자태를 보라! 석굴암의 11면관음보살상 대비성자(大悲聖者)의 지엄한 자태 속에도 아주 소박한 조선

국보 제120호, 용주사 범종. 명문은 다음과 같다: 成皇山葛陽寺, 梵鐘一口, 釋般若鑄成, 二萬五千斤。今上十六年九月日, 沙門廉居。 성황산 갈양사 범종 한 구를 석반야가 2만5천근을 들여 주성하였다. 금상(今上) 16년 9월 어느날 사문 염거.

의 여인, 우리가 흔히 느낄 수 있는 엄마의 모습이 들어가 있다. 『부모은중경』의 뛰어난 사실은 "부모"를 말하면서도 오로지 "엄마의 무한한 은혜"를 강조하고 있다는 것이다.

『삼강행실도』	『부모은중경』
아버지에 대한 충효	엄마의 자애
아버지 ↑ 아들 · 딸	엄마 ↓ 아들 · 딸

누구에게든지 뼈에 사무치는 엄마의 은혜

『부모은중경』은 세존이 수많은 대중들과 함께 여행(南行)을 하다가 한 무더기의 마른 뼈(枯骨)를 보자 갑자기 오체투지를 하여 그 삭은 뼈에게 절을 하는 극적인 장면으로 시작한다. 많은 대중 앞에서 놀란 아난은 세존이야말로 삼계의 큰 스승이요, 중생의 자비로운 아버지이시라서 모든 사람이 절을 올리는 분이신데 어찌하여 썩은 뼈에 절을 올리시는 일이 있을 수 있냐고 묻는다. 이에 세존은 대답한다: **"저 마른 뼈가 전생의 나의 부모님이 아니라고 어찌 말할 수 있으랴!** 此一堆枯骨, 或是我前世翁祖累世爺孃。"

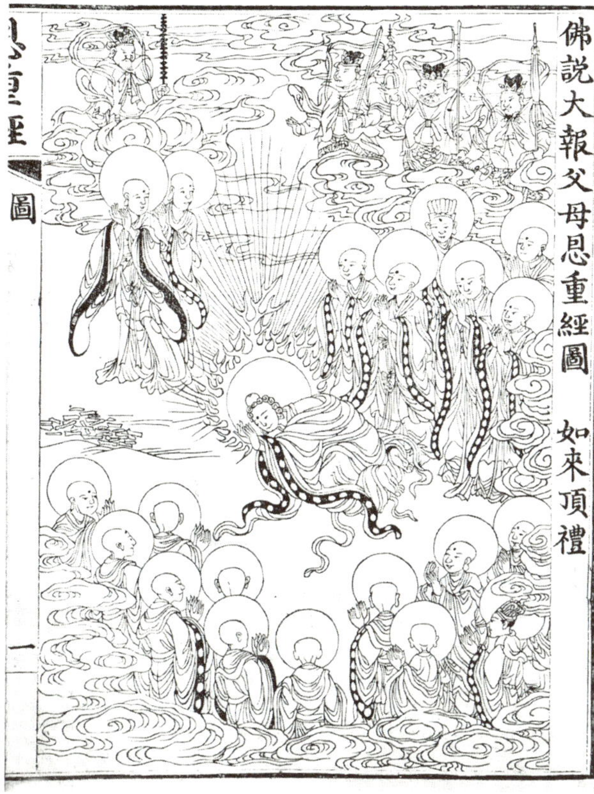

용주사 『은중경』의 첫 판화 「여래정례如來頂禮」. 가운데 세존이 오체투지를 하고 있고 그 앞에 마른 뼈(고골枯骨)가 놓여 있는 것이 보인다. 자세히 뜯어보면 단원의 표현력이 섬세하다.

이런 극적인 대화로써 사람을 끌어들이며 곧바로 엄마가 아기를 가진 후 열 달 동안 고생하는 모습을 그리는데, 한 달, 두 달, 세 달 … 열 달까지 그 태아의 생성모습을 그리는 언어가 오늘날의 발생학적 사유와 대차가 없으며 그 묘사기법이 매우 절실하다. 그리고 천 개의 칼로 배를 휘젓고 만 개의 칼로 심장을 찌르는 듯한 엄마의 산고를 묘사하고 곧이어 앞서 말한 어머님 은혜 십게찬송(十偈讚頌)이 설파된다.

불교를 찬양하는 유교국가 조선의 영의정 채제공의 게송

정조가 『부모은중경』을 펴내고(1796) 게송을 지었는데, 그 게송에 화답하여 당시의 영의정이었던 채제공(蔡濟恭, 1720~1799)이 지은 게송을 보면 당시 편견없이 『부모은중경』을 읽은 사람의 감정이 잘 드러나 있다(『번암집樊巖集』 권59).

臣年前，偶上竹山七長寺，見有恩重經。拈讀未半，感淚自然盈眶，此人心之不待勉强而然者。夫吾儒之不以佛乘爲在夷狄，則進之者以其不知有五倫之重也。今是經也，說及父母恩重，描寫得十分眞切，造人所不能到，其感人之深。… 遂懇僧人挾以來，至今置在丌上，珍惜愛護，恨世之同我見者蓋尠。

신이 연전에 우연히 죽산(竹山) 칠장사(七長寺)에 올라 갔다가, 그곳에 『부모은중경』이 있는 것이 눈에 띄었나이다. 그것을 집어들고 읽기 시작했는데 채 반도 나가기 전에 감격하여 눈물이 저절로 눈시울 안에 가득하게 되었나이다. 이는 사람이 마음이 동하여 스스로 그렇게 된 것이지 억지로 된 것이 아니옵니다. 대저 우리 유가에서는 불승(佛乘)이라 하면 오랑캐놈들의 것으로 간주하지 않으면 나아가 오륜의 중함도 모르는 것이라고 배척합니다. 그러나 이 『은중경』을 보면 부모의 은혜가 중함을 설파하는 데 그 묘사가 너무도 진솔하고 핍절하여 보통사람들이 이르지 못하는 경지에 이르게 하고 사람을 감동시키는 심도가 깊고 깊습니다. … 그리하여 승인(僧人)

에게 간청하여 『은중경』을 끼고 내려왔습니다. 지금까지 책상 위에 올려놓고 진귀하게 여겨 아끼고 애호하옵나이다. 세간에 저와 같이 이 책을 보는 자가 적은 것만을 한탄하옵나이다.

『은중경』 대성공의 비결

물론 왕의 보호가 있으니 이런 말을 마음놓고 하는 것이겠지만, 조선왕조의 영의정의 입에서 이런 말을 공식적으로 듣는다는 것은 우리의 상념을 여지없이 격파해버리는 것이다. 그러나 아무리 유학에 심취한 자라도 『은중경』을 읽으면 부모님의 은혜에 관해 어떤 진솔한 느낌이 촉발된다는 그 고백은 진정성이 인정된다. 그 진정성의 핵심은 역시 "엄마의 정"을 묘사했다는 데 있다.

아버지에 대한 감정은 위압적이고 권위적이고 수직적이고 당위적이고 이성적인데 반해, 엄마에 대한 감정은 인종적이고 포용적이며 수평적이고 자연적이고 감성적이다. 따라서 『부모은중경』은 남녀노소를 불문하고 "엄마에 대한 원초적 느낌"을 촉발시킨다. 아버지에 대한 효는 강요되는 느낌이 있지만 엄마에 대한 감정은 효라는 말을 떠나 그냥 스스로 가슴속에서 솟구치는 것이다. 이것이 『부모은중경』의 대성공의 비결이라 할 것이다.

유조집서 중하 개인

용주사에 소장된 목판본 『불설대보부모은중경』 뒤에 보면, "세유조집서중하개인歲柔兆執徐仲夏開印, 장우화산용주사藏于花山龍珠寺"라고 되어 있다. 고갑자(古甲子)로 "유조柔兆"는 천간(天干) 병(丙)의 별칭이고, "집서執徐"는 12지중 진(辰)의 별칭이다. 때는 병진년(정조 20년, 1796) 중하(仲夏: 한 여름)에 개인(開印: 초판 인쇄)하였고, 경판은 화산 용주사에 보관한다는 뜻이다. 이 목판은 규장각(奎章閣) 소속의 주자소(鑄字所)에서 만들어진 것이다. 그리고 경판을 용주사에 내려보내어, 그곳에 보관케 하였다. 용주사에 경판이 보관된다는 의미는 용주사에서 계속 책으로 찍어낼 수 있었다는 의미이다. 이 목판의 특징은 변상도 12매(목판은 앞뒤로 다 새겼으므로 6매가 된다), 한문 경전 22매(목판 11매), 한글 경전 50매(목판 25매)가, 보통 경전에는 혼합되어 병렬되어 있는 것과는 달리, 완전히 분리되어 있다는 것이다. 그러니까 순 한글 경전에 변상도만 붙이어 책으로 만들 수도 있고, 순 한문 경전에 변상도를 붙이어 책으로 만들 수도 있고, 변상도, 한문, 한글을 합본할 수도 있다. 완벽하게 대중보급을 의식한 처사라고 할 수 있다. 대중보급을 의식하였기 때문에, 한문본이나 한글본에 모두 친절하게 용어해석을 한 주석까지 곁들였다.

위경은 잘못된 개념, 전래경전과 토착경전만 있을 뿐

『부모은중경』을 보통 중국에서 만들어진 위경(僞經)이라고 일컬어지지만, "위경僞經"이라는 표현은 매우 잘못된 관념에서 날조된 용어이다. 불경의 경우 진·위를 인도경전을 기준으로 하여 말할 수 없다. 인도경전 자체가 다양한 유파에 의하여 시공을 달리하여 제멋대로 만들어진 것이기 때문에 현존하는 팔리어 아가마(*āgama*, 阿含

經: 장부長部 · 중부中部 · 상응부相應部 · 증지부增支部 · 소부小部의 다섯 니까야nikāya[部]가 있다) 경전 정도나 그 권위를 보장받을 수 있을까, 불경에 대해 진위를 논한다는 것은 근본적으로 어불성설이다. 한역 불경을 기준으로 해서 말한다면 "전래경전傳來經典"과 "토착경전土着經典" 정도로 분류하는 것이 훨씬 더 불교의 진면목을 정확하게 표현해 줄 것이다. 불교는 토착화 과정에서 새롭게 만들어지는 경전을 위경(僞經)으로 간주하지 않았다. "위경apocrypha"이라는 개념은 오직 삼위일체론을 주장하는 가톨릭 정통파의 편견 속에서나 있을 수 있는 개념일 뿐이다. 『부모은중경』을 보면 그것이 효사상을 강조하는 중국적 맥락에서 만들어진 것임이 분명하고, 고판본에는 유향의 『효자전』에 나오는 정란(丁蘭), 곽거(郭居)와 같은 인물들이 등장하기도 한다(1900년에 발굴된 돈황 문서 중에 그러한 문헌이 실제로 발견되었다).

『은중경』과 우리나라 판본들

그러나 더 중요한 사실은 『불설대보부모은중경』이라는 이름의 경전이 중국에서 통용되지 않았으며 그것은 오직 우리나라에서만 통용되었다는 사실이다. 중국에서도 비슷한 이름의, 우리나라 판본의 원형을 이룬다고 말할 수 있는 은중경류의 경전이 많이 있으나 우리나라 『불설대보부모은중경』과 같이 완벽한 체제를 갖춘 짜여진 경전은 존재하지 않는다(이러한 문제에 관하여서는 최은영, 『부모은중경』의 해설과, 『가산불교대사림伽山佛敎大辭林』 제10권 "부모은중경" 항목을 보라). 우리나라 판본은 다음과 같은 것이 있다.

1) 대덕본(大德本): 현존하는 가장 오래된 것으로 대덕 4년(충렬왕 26년, 1300)에 목판으로 간행된 『부모은중경』. 후대의 판본과 내용상 차이가 있으나 이영성(李永成)의 발문과 연기(年紀)가 있어 우리나라에서 판각된 것이 확실하다. 현재 경주의 기림사(祇林寺)에 소장되어 있음.

2) 고려무오본(高麗戊午本): 고려 우왕 4년(1378)에 간행된 목판. 조명기 박사 소장 보물 제705호.

3) 삼경합부본(三經合部本): 조선 문종 1년(1451)에 명빈 김씨(明嬪金氏)의 발원으로 간행.

4) 화암사본(花岩寺本): 조선 세종 23년(1441) 전라도 고산 화암사에서 간행된 판본.

5) 구마라집역본(鳩摩羅什譯本): 조선 태종 7년(1407) 궁중에서 간행된 판본. "구마라집조역鳩摩羅什詔譯"이라하여 역자를 밝히고 있는데 이것은 구마라집이 번역했다는 뜻이 아니라, 그의 권위에 가탁하여 이 경전의 가치를 높이고자 한 사족일 뿐이다.

6) 보물 제920호 『불설대보부모은중경』: 단종 2년(1454)에 간행된 목판본으로 "사문구마라집봉 조역 沙門鳩摩羅什奉 詔譯"으로 되어 있다. 평양부(平壤府) 대성산(大成山) 광법사(廣法寺) 개판(開板). 이행로(李幸鷺) 소장.

7) 동대소장귀중본: 가정(嘉靖) 41년 임술(명종 17년, 1562) 6월, 안동(安東) 광흥사(廣興寺), 채문(蔡文)등 개판. 이것도 구마라집역으로 되어 있다.

이 외에도 여러가지 판본이 있으나 문제는 이 판본들이 모두 정확하게 공개되어 학자들이 연구할 수 있도록 정리되어 있어야 한다는 것이다. 이 모든 판본의 완성판이라고 할 수 있는 것이 바로 용주사의 『불설대보부모은중경』이다. 고려 · 조선 판본들을 세밀하게 대비 · 검토하여 그 출입을 논할 필요가 있겠으나 필자의 여력이 그에 미치지는 못하였다. 후학들의 노력을 기대한다. 사진상으로 언뜻보기에 기림사 대덕본을 제외하고, 가장 오래된 고려무오본(1378)의 내용은 이미 용주사판의 내용과 대차가 없다고 판단된다. 그러니까 이미 고려말에는 우리가 오늘 운운하는 『불설대보부모은중경』의 원형이 성립되어 있었다고 판단된다.

중국의 『은중경』과 우리나라 『은중경』의 차이

현재 대정대장경 85권(No. 2887)에 실려 있는 돈황본의 『불설부모은중경佛說父母恩重經』("대보大報"가 빠져 있다)을 살펴보면 훨씬 더 간소하고 상식적인 언어로 기술되어 있으며 "엄마"의 은혜가 집중적으로 논의되기보다는 일반적으로 "부모"의 은혜를 설하고 있다. 앞에서 세존이 고골(枯骨)에 오체투지 절하는 드라마틱한 도입도 없다. 그리고 돈황본은 자식에 대한 부모의 사랑을 강조하면서도 한편으로는 그 사랑을 배반하는 자식에 대한 한탄이나 질책이 강하게 나타나는데 반하여 용주사본은 오직 자식에 대한 부모님의 끝없는 근심과 무한한 애정을 강조할 뿐, 배반한 자식에 대한 부모의 한탄은 보이지 않는다. 그리고 용주사본에는 불효하면 아비무간지옥(阿鼻無間

地獄)에 떨어져 쇠몽둥이, 쇠꼬챙이, 쇠망치, 쇠창과 칼날과 도끼날이 비구름처럼 공중에서 떨어져 찔리고 베이면서 몇 겁이 지나도록 조금도 쉬지않고 참기어려운 고통을 받는다는 이야기가 실려있으나 돈황본에는 일체 지옥이야기가 없다. 그러니까 용주사본의 구성은 보은에 대한 절실한 마음을 흥기시키는 강렬한 드라마적 구성이 장치되어 있는 것이다. 진정한 "한류"의 시작을 『부모은중경』에서부터 찾아야 할지도 모르겠다.

효의 새로운 보편주의적 지평

그리고 여타 돈황본에는 우란분재와의 연결이 있지만, 우리 용주사본에는 그러한 언급이 없다. 그리고 용주사본에는 "원유팔종援喩八種"이라하여 부모님의 무량한 은혜는 현실적으로 곧 갚을 수 있는 그러한 성질의 것이 아니라는 것을 여덟번이나 강조하는 대목이 있다.

> 설사 어떤 사람이 아버지를 왼쪽 어깨에 메고 어머니를 오른쪽 어깨에 메고 살갗이 닳아 뼈가 드러나고, 다시 뼈가 닳아 골수가 드러나도록 수미산을 돌고 돌아 백천 번을 지나치더라도 오히려 부모의 깊은 은혜는 갚을 수 없나니라.
>
> 假使有人, 左肩擔父, 右肩擔母, 研皮至骨, 骨穿至髓, 遶須彌山, 經百千匝, 猶不能報父母深恩。

이러한 이야기가 여덟 번이나 반복하여 설파되는 것은 부모의 은혜는 한이 없어 현세적 좁은 개념의 인과로써는 갚을 길이 없는 것이라는 사실을 강조하고 있는 것이다. 이것은 곧 단지나 할고와 같은 우효(愚孝)의 우행이 배제된다는 것을 의미하는 것이다. 내 부모만에 국한되는 개체적 보은은 진정한 보은이 될 수 없다. 그러한 한계를 뛰어넘는 보편적 보은으로 확산될 수 있는 가능성이 개입된다. 그리고 좁은 인과적 행동이 아닌 넓고 무량한 자비공덕의 보편적 행동으로 승화될 수 있는 새로운 효 개념이 도입되는 것이다. 이것은 효의 새로운 보편주의적 지평(a new universalistic paradigm of *xiao* morality)을 의미하는 것이다.

보경과 정조의 해후, 그 역사적 필연성

보경스님과 정조의 특별한 만남이 단지 우발적인 사태가 아니라 기나긴 조선불교사의 필연적 기파(奇葩)라 해야 할 것이다. 보경이 가지산문의 본산인 장흥 보림사의 스님이었고 또 용주사의 전신인 갈양사는 가지산문의 제2대 조사인 염거스님이 창건한 절이다. 가지산문은 체징(體澄) 이후로, 강진 무위사(無爲寺)에서 입적한 선각대사(先覺大師) 형미(逈微), 태조 왕건의 존숭을 받았던 풍기 비로암의 진공대사(眞空大師), 고려시대 숙종과 인종때 활약하였던 원응국사(圓應國師) 학일(學一), 『삼국유사』를 찬술한 보각국존(普覺國尊) 일연(一然), 충렬왕 · 충숙왕 때 존지를 선양하였던 보감국존(普鑑國尊) 혼구(混丘), 현재 한국 불교의 종조가 되는 태고보우(太古普愚)로써 그 법맥이 이어진다.

『은중경』은 가지산문 학승의 작품

이러한 정황을 생각해 볼 때, 『불설대보부모은중경』은 가지산문의 탁월한 학승이 성리학의 주요개념인 효에 상응할 만한 불교이념을 제시해야만 했던 어떤 역사적 필연성을 이미 여말선초의 격동기에 예감하고 새롭게 한국적 정서를 감안하여 찬술한 한국불교의 한 토착적 대맥이라는 가설을 나는 제시하고자 한다. 하여튼 이러한 인연으로 『부모은중경』은 16세기 중반 이후 유교적 정통론의 강화로 다소 소강상태를 유지해오다가 조선 말기에 이르러 정조대왕의 효심을 빌어 장엄한 화엄의 꽃을 피우게 된다.

변상도는 단원 김홍도의 작품

용주사 『은중경』은 변상도의 그림이 워낙 섬세하고 탁월하다. 그리고 당시의 민중이 아주 쉽게 이해할 수 있는 세련된 언해본이 동시에 간행된 것이다. 변상도의 그림을 자세히 살펴보면, 다음 해 간행된 『오륜행실도』의 판화와 같은 수법임이 드러나는데 이 양종의 판화가 모두 단원 김홍도의 작품이라고 전한다. 그리고 용주사의 대웅보전의 삼존상 뒤에 위치하는 삼세불의 후불탱화도 김홍도의 작품이라고 사계의 학자들이 고증하고 있다. 이 시기가 단원 김홍도의 작품활동의 전성시기였을 것이다(신창현감新昌縣監 사임 전후). 아마도 요새 전문 만화가들이 하나의 도제그룹을 형성하는 것처럼, 김홍도가 주관하는 화공그룹이 있었을 것이다.

용주사 『부모은중경』, 『삼강행실도』를 능가하는 대중적 인기

용주사 『부모은중경』은 정조대왕의 후원과 함께 조선말기 우리사회의 최대의 힛트작이 되었다. 그 후로 일제시대까지 다양한 판본이 유통되었고 그 포퓰라리티는 실제로 『삼강행실도』를 능가했다. 『삼강행실도』보다는 단일하게 촛점이 맞추어진 스토리이며 훨씬 더 부모의 은혜를 자식에게 가르치는데 유용했으며, 또 삶의 가치를 깨닫는데 어떤 종교적 위안을 주었기 때문이다. 『삼강행실도』가 가르치는 의무적 효와는 전혀 다른 차원의 효 개념이었다.

우리나라 기독교도 『은중경』의 덕을 톡톡히 보았다

구한말의 기독교의 전파도 실상 『부모은중경』의 덕을 톡톡히 보았다. 다석이 "효기독론"을 주장하게 되는 배경에도 불교의 효의 보편주의적 패러다임이 깔려 있다. 실상 오늘날 기독교 신앙인들의 심리상태를 살펴보면 대부분이 "모태신앙" 운운하면서, 어머니의 신앙을 이어받고 있는 것이다. 그들이 교회에 나간다고 하는 신념의 배면에는 『은중경』적 가치관이 배어 있다. 그들의 기독교는 실제로 "은중경기독교"인 것이다. 우리나라의 불교나 기독교가 모두 아녀자들의 종교라고 말해도 과언이 아니다. 그들에게는 무한하신 사랑의 하나님 아버지나 대자대비의 구세주 관세음보살이나 결국 대차가 없다. 그리고 교회에 나오는 사람들의 상당수가 가족관계의 화목을 위하여 불가피하게 나간다. 부인이 교회에 미쳤는데 아니 나갈 수 없고, 시어머니의 눈치를 봐야하는 며느리가 아니 나갈 수 없다. 우리나라 기독교는 유교적 덕성에도 큰 빚을 지고 있는 것이다. 이러한 전통적 가치관을 잘 활용하는 목사는 목회에 성공할 것이고, 그렇지 못한 자는 메뚜기도 뛰어봐야 한 철이라는데 그 "한 철"에 그치고 말 것이다. 연세대학교 도서관 귀중본 중에 용재 백낙준(白樂濬, 1895~1985) 박사의 회갑연에 송신용(宋申用)이라는 사람에 의하여 기증된 용주사 『은중경』이 보관되어 있는데 내가 본 『은중경』 중에서는 가장 정교하고 가장 아름답게 제본된 것이다. 기독교도들 사이에서도 『은중경』이 소중하게 여겨졌던 역사적 사실을 엿보게 한다.

이 기나긴 효의 역사를 한마디로 축약하자면, 우리 민중의 효의 가치관의 패러다임은 『삼강행실도』의 효에서, 『부모은중경』의 효로, 사복음서의 효로 확대되어 나갔다가, 요즈음은 묵시론적 대형교회의 효로 축소되었다고 볼 수 있다.

유교	불교	예수의 가르침	묵시화된 기독교
『삼강행실도』의 효 →	『부모은중경』의 효 →	「사복음서」의 효 →	타락한 대형교회의 효
정치적 충화	무량공덕	아가페	정치적 충화

제7장: 효와 제국의 꿈

『효경』은 누가 지었을까?

이상으로 주자학의 수용으로부터 시작하여 한국인의 효관념의 변화과정을 살펴보았다. 이제 우리가 감행해야 할 작업은 『효경』이라는 텍스트 그 자체에 관한 것이다. 과연 누가 언제 왜 『효경』을 만들었는가? 이러한 문제에 관하여 아무 『효경』책이나 거들떠보면 있는 얘기들을 내가 나열할 필요는 없을 것 같다. 공자자찬(孔子自撰), 증자소록(曾子所錄), 증자문인편집(曾子門人編輯), 자사소작(子思所作), 칠십제자문도의 유서(遺書), 한유소찬(漢儒所撰) 등등의 다양한 제설이 있으나, 그 작자(作者)를 이야기하면 "증자문인계열에서 성립한 책"이라는 설이 가장 일반적으로 받아들여지고 있다. 증자는 효를 주제로 하여 공자학설을 발전시킨 인물이라는 것이 통설이고, 그 효의 학풍을 이은 제자 중에 누군가가 『효경』을 편집하거나 찬술했을 것이라는 주장이다. 나는 이러한 통설을 반박할 생각은 없다. 그러나 이러한 통설은 아무런 구체적 정보를 우리에게 전하지 않는다. 과연 누가 언제 왜 이『효경』을 지었을까?

"효경"이라는 서명의 참 뜻

우선 "효경孝經"이라는 서명(書名)부터 우리는 통념을 받아들이기 어렵다. 외면상 "효경"이라는 서명에 "경經"이라는 권위있는 단어가 접합되어 있기 때문에『효경』이야말로 십삼경(十三經) 중에서 "경經"(canon)이라는 권위있는 이름이 붙은 최초의 책이라고 말하지만, 이 말도 잘 따져보면 어폐가 있다. "경經"이라는 개념 속에, 권위있는 경서로서의 의미가 포함되려면 그러한 바이블을 규정하는 조직이나 정치권력의 권위가 뒷받침되지 않으면 안된다. 일례를 들면, 신약 27서가 권위있는 정경으로서 인지된 배경에는 로마가톨릭이라고 하는 강압적 종교-정치권력조직의 정경화작업(canonization)의 뒷받침이 있었다. 아타나시우스의 정경 리스트 이래 진행된 가톨릭의 정경화작업은 주로 이단을 죽이기 위하여 이단 계열의 성경을 모두 외경화하기 위한 배타적 작업이었지만, 백화노방(百花怒放)의 다양한 학설을 포용하는 것을 미덕으로 안 춘추전국시대를 거친 중국제국에서는 그러한 배타적·부정적 정경화의 필요성은 부각되지 않았다. 그러나 통일된 제국이 등장하면서 사상의 통일이나, 존중되어야만 할 경전의 규정에 대한 긍정적 필요성은 부각되지 않을 수 없었다. 춘추전국시대의 다양한 학파가 있지만 그들 학파가 제국의 정통학문이 되지 못한 가장 큰 이유는 역사의식의 결여라고 말할 수 있다.

십삼경은 송대 이전에는 존재하지 않았다

공자는 하 · 은 · 주 삼대에 대한 뚜렷한 역사의식이 있었다. 그리고 역사의 교훈을 통하여 미래를 예견하는 통찰력이 있었다. 그래서 『시詩』 · 『서書』를 편찬했고, 『춘추春秋』라는 역사서를 편찬했다. 다시 말해서 유교만이 중국이란 무엇이며 중국의 역사는 어떻게 이어져가야 하는가에 대한 역사적 통찰을 제시할 수 있었던 것이다. 막연하지만 선진시대에 "육예六藝"라는 말이 있었다고 사료되지만, 시(詩) · 서(書) · 예(禮) · 악(樂) · 역(易) · 춘추(春秋)를 "육경六經"이라는 말로 지칭한 것은 『장자莊子』 「천운天運」편에 나오는 공자의 말이 최초의 용례이다. 그러나 과연 「천운」편이 언제 만들어진 문헌인지를 단정하기는 매우 어렵다. 하여튼 보통 "육경"이라는 개념에서 문서화되기 어려운 "악樂"을 제외하고 나머지 "오경五經"이 중국의 권위있는 캐논으로서 그 지위를 부여받은 것은 역시 한무제 때 "오경박사五經博士"제도가 설치되면서부터 일 것이다. 물론 이 "오경"이라는 개념 속에 『효경』은 들어가 있질 않다. 우리가 중국의 경전을 보통 "십삼경十三經"이라 말하지만, "십삼경"의 개념은 송대에나 와서, 당나라 때의 개성석경(開成石經) "십이경十二經"에 『맹자』를 보태어 성립한 것이며, 그 이전에는 매우 유동적인 셈법이 많았다. 한대에도 "칠경七經"이라는 말이 유행했고, 당대에도 "구경九經"이라는 말이 가장 보편적으로 쓰였으며, "구경"에 무엇을 보태느냐에 따라 "십경十經," "십일경十一經," "십이경十二經" 등의 말이 존재했다. 하여튼 십삼경이라는 중국의 경전이 바이블로서 중국역사에 존재했다는 것은 하나의 환상에 불과하다. 그것은 송대 이전에는 해당되기 어려운 말이다. 그러니까 경전의 권위를 가지고 말한다면 한무제 때 "오경박사"의 "오경" 이전에는 "경經"을 말하기 어려운 것이다. "경"이라 말해도 그 "경"은 국교의 정경으로서의 권위를 갖는 경(바이블)이 되기는 어려운 것이다. 그리고 유교가 실제로 중국사회 통치이념으로서 구체화된 것은 왕망(王莽, BC 45~AD 23) 이후의 사건이다. 왕망은 실제로 『주례周禮』라는 유교경전에 의거하여 이상적 유교국가(an ideal Confucian state)를 건설하려는 황당한 꿈을 유향·유흠 부자와 함께 실현시키려고 노력했다. 그의 신(新)왕조의 꿈은 좌절되었지만, 그 꿈은 후한제국의 정신적 기초가 되었다.

『효경』의 "경"은 오경박사제도 이후의 경 개념일 수 없다

그러니까 선진시대에, 그러니까 통일제국이 출현하기 이전에 서명으로서 "경經" 자가 붙은 『효경』을, 오경박사 제도 이후의 경전과 같은 개념의 최초의 용례로서 인식한다는 것은 논리적으로 분명한 비약이 있다. "효경孝經"이라는 서명은 『효경』이라는 문헌 자체 내에 나오는 말을 축약시킨 단순한 용례일 수도 있다. 고문효경 「삼재장三才章」 제8에 다음과 같은 말이 있다:

> "대저 효란 하늘의 벼리이요, 땅의 마땅함이요, 백성이 행하여야 할 바이다. 그것은 천지의 벼리이니 백성이 본받지 않을 수 없다.

夫孝，天之經也，地之誼也，民之行也。天地之經，而民是則之。”

“효경”이란 바로 “효(孝)가 하늘의 벼리(經)”이다, “효가 하늘과 땅(天地)의 벼리(經)”이다라는, 『효경』 내에 존재하는 구문을 축약시켜 그 책명으로 삼은 편의상의 이름이며, 그것을 곧바로 “효의 경전”이라는 식으로 해석하기는 곤란하다는 것이다. “효경”이란 “효의 벼리,” 그러니까 효의 원칙이나 방법을 제시한 책이라는 뜻이 그 원초적인 의미일 것이다. 최근에 마왕퇴(馬王堆) 3호 한묘에서 출토된 고일서(古佚書)의 이름이 『경법經法』이니, 『십육경十六經』으로 되어 있는 것도 이러한 “효경”의 용례와 의미의 맥을 같이 하는 것이다. 그렇다면 『효경』은 과연 언제 만들어진 것인가?

언어는 문화의 전승체, 사람은 말하는 존재

한번 이런 생각을 해보자! 요즈음 젊은이들에게 효심이 사라지고 있다고들 말한다. 이대로 가면 효도나 효성은 우리사회에 자취를 감추고 말 것이다 운운. 과연 그럴까? 한국인의 가족관계와 서양인의 가족관계를 차이지게 하는 것이 무엇일까? 사람은 일차적으로 말하는 존재이다. 불교가 아무리 불립문자를 이야기해도 인간 존재의 모든 규정성은 언어 속에서 이루어진다. 그런데 “말”이란 결코 서구언어학이나 철학이 말하는 어떤 추상적 논리나 감정이나 역사가 배제된 어떤 수학적 도상이 아니다. 말이란 존재의 역사이다. 말이란 단순히 의사전달을 위한 논리적 매개가 아니라, 나의 존재의 역사성을 토탈하게 규정하는 논리 이상의 그 무엇이다. 말이 의사전달의 수단이 아니라 나의 의사전달 방식을 말이 규정하는 것이다. 나는 말을 습득하는 순간, 그 말이 소속된 문명의 전승체가 되어버린다. 아무리 유아라 할지라도 말을 습득하는 동시에 이미 고등한 문명의 전승자가 되어버리는 것이다. 말의 일차적 기능은 개념의 외연이나 내연을 정확히 규정하거나 개념들간의 정밀한 연결방식을 습득하는 데 있는 것이 아니다. 말의 습득과 더불어 체득되는 축적된 감성의 심미성 속으로 나의 존재양식이 확대되어 나가는 것이다. 나라는 상징체계는 내가 습득한 말로써 구성된다.

인도유러피안 어군 속에는 "효"라는 개념이 없다

여기 내가 말하고자 하는 것은 "효"라는 말이 있는 한, 효라는 내 마음의 역사성은 소멸될 수가 없다는 것이다. 우리는 "효"라는 말이 어느 나라 언어에 든지 그 상응되는 말이 있을 것이라고 무의식적으로 상정하기 쉽다. 그러나 그것은 천만의 말씀이다. 우선 인도·유러피안 언어군 속에서 효에 해당되는 말을 찾기란 거의 불가능하다. 영어에서 단 하나의 개념화된 단어로써 효를 번역하기는 불가능하다. 보통 효를 "필리알 파이어티"(filial piety)라고 번역하는데 (James Legge), 이것도 벌써 두 단어로 구성되어 있고 의미도 정확히 전달하지 못한다. "필리알"이라는 형용사는 아들을 의미하는 라틴어 필리우스(filius)에서 온 말이다. "아들이 부모에 대하여 지녀야 하는 경건성"이라는 뜻인데, 우리가 앞서 비판한 복종주의적 도덕의 일방성을 전제로 하고 있는 매우 국부적인 뜻 밖에 전달하지 못한다. 그리고 "파이어티"(piety)라는 말도 종교적 함의가 강하여 순수한 인간관계에 적용되기 힘든 측면이 있다. 그 외로도 "필리알 컨덕트"(filial conduct, R. T. Ames), "더 트리트먼트 어브 페어런츠"(the treatment of parents, Arthur Waley), "필리알 듀티"(filial duty) 등등의 번역이 있으나 효라는 하나의 포괄적 개념을 전달하기에는 너무도 조잡한 번역이라는 느낌을 준다. 그러나 이것은 서양언어와 중국어를 동시에 마스터한 사계의 대가들의 번역이다. 가장 포괄적인 번역으로서 "러브 비트윈 페어런츠 앤 칠드런"(love between parents and children)이라고 한다 해보자! 그러면 "효"라는 개념의 특수한 느낌은 "러브"라는 전혀 다른 차원의 보편적 패러다임 속으로 용해되어 버리고 아무런 흔적을 남기지 않는다. 도대체 어찌 이런 일이 있을 수 있는가! 그토록 기본적이고 단순한 "효"라는 개념이 영어로써 표현할 길이 없다니!

효는 우리에게 특유한 사고 개념지도

"학교"를 "스쿨school"로 상응시키는 데 우리가 별로 불편이나 어색감을 느끼지 않는 것은 우리의 교육체제나 학교라는 개념을 둘러싼 대중교육의 일반적 분위기나, 커리큘럼, 양식, 감정, 건물 등등의 모든 요소들이 우리의 삶의 체험 속에서 거의 일치되는 것으로 느껴지고 있기 때문이다. 학교에 상응되는 스쿨이 있는 것처럼 당연히 효에 상응되는 서양말이 있어야 한다는 우리의 기대가 부서지는 당혹감에서 우리는 학교와 같이 물리적으로 구체화될 수 있는 사태가 아닌 우리 삶의 양태가 얼마나 타문화권의 사람들과 다른 것인가, 그 총체적 역사성의 실상을 명료하게 파악할 필요가 있다. 사고의 개념지도가 다른 것이다. 문명의 양태나 삶의 전승의 갈래가 다른 것이다. 무수한 겁을 통하여 알라야식(ālaya-vijñāna)에 저장되어 있는 종자들의 의미론적 결합양태가 다른 것이다.

유대교 창조신화도 효 결여

유대교의 전통 속에서도 최초의 인간인 아담은 자신을 창조한 야훼 아버지와 선악과를 사이에 두고 끊임없는 긴장관계에 있다. 그리고 부인 하와(이브)와의 관계도 대등한 관계가 아니다. 하와는 아담의 갈빗대 하나에 불과한 종속적 존재이다. 그리고 실락원과 복락원의 테마는 인간과 야훼와의 긴장관계가 유지된 채 인간 삶의 역사성을 계속 신화적 합목적성 속에서 전개하게 만든다. 다시 말해서 효라는 주제가 결여되어 있다는 것이다.

희랍신들의 세계도 효 결여

제우스(Zeus)도 아버지 크로누스(Cronus)와 끊임없는 대립적 긴장관계에 놓여있다. 티탄들의 왕인 크로누스는 부인 레아(Rhea)와의 관계에서 태어나는 자식들이 자기보다 더 강성한 존재가 될 수 있다는 공포심에서 낳는 족족 그들을 다 삼켜버린다. 즉 아버지에게 자식은 사랑의 대상이 아니라 경쟁의 대상이며 공포의 대상이며 삼켜 없애버려야 할 대상이다. 결국 레아가 갓난아기 제우스 대신 돌덩어리를 크로누스에게 줌으로써 제우스는 죽음을 모면한다. 장성한 후에 제우스는 티탄들에게 항거하는 반란을 주도하고 아버지 크로누스의 성기를 낫으로 절단하여 죽여버린다. 제우스는 아버지에 대한 반란으로써만 그 존재를 보장받은 것이다. 물론 이런 관계 속에는 효라는 덕목이 자리잡을 곳은 없다. 제우스가 올림푸스산의 전지전능의 제왕의 자리에 등극한 후에도 그에게 일차적 관심은 사랑이 아니라 정의이다. 정의(δίκη)란 대립적 신들이 서로 고유의 영역을 이탈하여 침범하지 않는 상태일 뿐이다. 인간세에 관한 그의 관심도 마찬가지다. 그러니까 정의라는 개념에는 반드시 대립적 인간관계가 전제되어 있는 것이다.

외디푸스 콤플렉스와 효

신화는 인간의 삶의 양식의 투영이다. 이러한 신화 속에 사는 인간들에게 비로소 외디푸스 콤플렉스(Oedipus Complex)와 같은 인간이해가 의미를 가질 수 있을지는 모르겠다. 유아의 성욕(infatile sexuality)의 발견이 인간의 성욕개념을 확장시킨 프로이드의 공헌이라고 찬양하지만, 우리의 기억이 미치지 못하는 세계에 대한 그토록 상세한 설명을 통하여 인간존재의 보편적 구조를 규정하려는 정신분석학적 언어가 과연 어디까지 타당한지 우리 자신의 언어개념지도로써는 너무도 파악하기 힘들 때가 많다. 원초성이 인간성의 근원이라는 가설, 그리고 그 근원에 인간의 보편성이 존한다는 가설도 때로는 매우 나이브한 생각일 수가 있다. 그리고 왜 유아의 정신세계를 근친상간에 대한 욕정과 금기의 갈등을 통하여서만 규정하려고 드는지, 그리고 왜 인간의 양심이나 도덕적 이상의 형성이 일차적으로 그런 외디푸스 콤플렉스의 극복과정에서 일어나는 동성 부모와의 동일시로써만 설명되어야 하는지, 왜 어린아이의 자기 신체의 인식이 "거세공포"와 같은 강박관념을 거쳐야만 하는지 도무지 알 수가 없다. 특수한 뉴로시스 환자의 정신세계의 무의식적 바탕으로서 유아정신영역에 관한 판타지의 언어들은 보편적인 것이라기보다는 신화적이며, 서구언어의 독특한 전승의 산물일 뿐이라고 우리는 생각하지 않을 수 없다. 그것이 상징적 의미체계라고 한다면 그 의미는 매우 단순한 실존적인 것일 수 있다. 그 단순한 의미를 부각시키기 위하여 꼭 근친상간의 대립과 갈등과 그 극복이라는 테제를 도입해야만 할 필요성이 있는지, 우리는 의문을 제기하지 않을 수 없다. 유아에 대한 가설은 어차피 신기루이다. 도라(Dora: 프로이드가 정신분석의 대상으로 삼은 뉴로시스 환자의 이름)의 의식세계를 가지고 인간 보편을 운운할 수는 없다. 서구인들의 언어개념지도에 우리의 사유를 억지로 꿰맞출 것이 아니라 우리의 언어의 특수한 개념과 감성구조에 따라 우리 스스로의 철학을 전개해야 한다. 효라는 언어가 있는 한 효심은 사라지지 않는다. 서구인들은 어떠한 경우에도 "효의 철학"을 전개할 수가 없다. 효라는 언어가 없는데 어찌 효의 철학이나 효의 가치관이 성립할 수 있겠는가? 이 기나긴 효의 가치관의 전승을 이룩한 경전이 바로 『효경』이다. 『효경』은 사라지지 않는다. 『효경』이 표방하고자 했던 그 가치관은 바로 지금 이 순간 21세기 한국인들의 혈맥 속을 흐르고 있는 것이다. 『논어』「위정」편을 한번 펴보자!

孟武伯問孝。子曰: "父母唯其疾之憂。"

맹무백과 공자의 효 담론

우리는 『논어』의 구절들을 아주 상식적으로, 다시 말해서 우리의 의식 속에 당연히 주어져 있는 평범한 사태로서 읽어버리고 말 수가 있다. 그런데 여기 첫 마디, "맹무백이 효를 물었다. 孟武伯問孝"라는 말은 객관적인 사태의 기술로서는 좀 황당하다는 생각이 들 수도 있다. 왜 뜬구름 없이 갑자기 효를 묻는가? 효가 무엇이길래 공자에게 갑자기 던지는 질문의 대상이 되는가? 효는 인간의 가장 순수한 원초적 감정이고 누구나 일상생활 속에서 저절로 느끼는 감성의 체계일 것이다. 결코 이성적 질문의 대상으로서 객관적 탐구의 대상이 되기 어려운 것이다. 그럼에도 불구하고 공자라는 대 석학을 만났을 때 갑자기 맹무백이 효를 물었다는 사실은, 효가 이미 사회적 담론으로서, 즉 하나의 에피스팀(*episteme*)으로서 객관화되고 공론화되어 있었다는 것을 의미한다. 이에 대한 공자의 대답은 무엇이었던가?: "부모는 오직 자식이 병들까 걱정일 뿐. 父母唯其疾之憂。"

"효를 물었다" 했을 때의 효는 분명 당시의 사회적 가치를 집결시킨 하나의 개념이다. 그런데 공자의 대답은 질문의 대상이 된 개념에 대한 논리적 분석을 행하고 있질 않다. 즉 그 개념의 구조에 대한 개념적 성찰이 전혀 없다. 그리고 효라는 개념에 관하여 우리가 통상적으로 갖는, "아래로부터 위로의 방향"에 관한 복종이나 의무의 냄새가 전혀 없다. 자식에 대한 부모의 걱정을 말했을 뿐이다(불교의 은恩이나 기독교의 카리스마χάρισμα와 상통한다). 그리고 그것은 개념적 성찰이나 설명이 아니라 말로 표현하기 어려운 "안타까운 느낌"일 뿐이다. 여기에 바로 공자의 위대성이 있고 인간을 바라보는 그 원초적 도덕성의 진실성이 있다. 이러한 공자의 느낌에 대해 "외디푸스 콤플렉스"를 운운할 수는 없다. 라캉의 "미끄러짐"(시니피앙에 대해 시니피에가 즉각적으로 부착되지 않으며 인간의 언어는 시니피앙의 연속일 뿐이다. 시니피에는 무의식의 담론 속으로 미끄러져 숨어버릴 뿐이다)을 운운할 수는 없는 것이다. 욕망과 좌절과 갈망이 범벅이 된 인간의 갈등구조가 아닌 것이다. 『논어』에서 이미 담론화되고 있는 효를 하나의 독립된 주제로서 형상화하여 그것을 보편적 통치이념으로서 만들려고 했던 노력의 결과물이 『효경』이라고 한다면, 과연 누가 언제 그러한 작업을 감행하였을까?

알랭 바디우의 『성 바울』

불란서의 좌파 지식인으로서 유럽 현대철학의 리더 중의 한 사람인 알랭 바디우(Alain Badiou, 1937~)가 쓴 『성 바울 *Saint Paul* - 보편주의의 정립 *La fondation de l'universalisme*』이라는 책이 있다. 바디우는 결코 현대서구신학적 논쟁의 디테일한 맥락 속에서 바울을 해석하고 있지 않다. 마치 레닌이 맑스를 해석하는 과정을 통하여 새로운 러시아공산혁명을 이룩했듯이, 예수를 해석하는 과정에서 로마의 정치권력과 대항하는 또 다른 정신세계로서의 보편주의적 교회-세계질서를 창출해낸 사상가로서, 마치 하나의 콘템포러리 혁명적 이데올로그를 그리듯이 바울의 이미지를 그려내고 있다.

> **누구든지 세례를 받아 그리스도 안으로 들어간 자는 그리스도라는 옷을 입었나니라. 유대인도 없고, 헬라인도 없다. 노예도 없고 자유인도 없다. 남자도 없고 여자도 없다. 너희 모두가 예수 그리스도 안에서 하나일 뿐이니라.**(갈 3:27~28)

새로운 보편주의적 제국의 꿈

유대인의 좁은 율법의 테두리를 타파하고 인간에 대한 보편적 사랑과 희망을 선포하는 바울의 논리는, 역사적 예수라는 인간과의 해후는 완전히 생략된 채, 오직 예수가 죽었다 살아났다고 하는 부활의 케리그마에 매달려 있다. 바울은 예수를 만난 적도 없고, 예수라는 인간에 대한 정보도 없다. 오직 부활이라는 "사건"의 주체로서의 예수를 선포하고, 인간이 예수와 더불어 죽음으로써 더 이상 죽음이 지배하지 못하는 영의 인간으로서 다시 부활하는, 니체가 말하는 초인으로서 다시 태어나는 특권을 인간 모두에게 부여한다. 예수의 죽음을 통하여 하나님은 자신의 초월적 분리를 포기하고 아들로 육화됨으로써 자신을 인간과 하나 되게 하며, 분열된 인간 주체의 새로운 구성에 참여한다. 예수가 하나님의 아들로서 우리에게 보내졌다는 사실은 하나님이 아들의 형상으로 화했다는 것이며, 그 아들의 죽음에 참여함으로써 우리 인간은 모두가 하나님의 아들이 될 수 있다는 가능성을 제시한 것이다. 하나님의 아들됨을 통하여 모든 인류는 평등한 혈연관계를 지니게 되는 것이다. 바울은 이러한 보편주의적 결속을 통하여 이방인(에트네 *ethnē*: 유대인 이외의 모든 사람들)의 교회조직을 만들었고, 그 교회조직은 결국 로마제국을 복속시켰다. 오늘날까지도 서양을 하나로 결속시키고 있는 정신적 제국의 엄연한 토대가 되고 있는 것이다. "예수의 부활"이라는 단순한 하나의 담론에 모든 것을 환원시키는 바울의 진술이 서양의 가장 거대한 정신제국을 만들었다면, 오늘날 진보적 지성인은 바울에 상응하는 새로운 혁명적 논리를 창출할 수는 없을까, 하는 문제의식이 바디우의 바울론의 배면에 깔려있다.

바울이 부활의 논리로써 로마제국을 압도시켰다고 한다면, 우리는 똑같은 가설을 세워볼 수가 있을 것이다. 『효경』의 저자는 효라는 인간의 가장 기본적인 감정의 담론화를 통하여 세계에서 가장 지속적인 효의 제국을 창출하는 데 성공하였다. 『효경』은 **제국의 꿈**이었다. 과연 『효경』의 저자는 누구일까?

사울(Saul)이 다메섹(Damascus)으로 가는 길. 필자가 걷고 있는 이 자리는 현재 시리아 다마스커스 근교인데 아마도 사울의 "얼나"가 예수를 만난 지점으로 사료되는 곳이다. 사도행전 제9장의 기록에는 사울의 박해여행에 관한 구체적인 정보가 없다. 다메섹지방 민간전승에는 사울은 걸어간 것이 아니고 말을 타고 가다가 홀연히 하늘로부터 빛이 비추어 낙마한 것으로 전해내려오고 있다. 이 사건으로 사울은 영적인 눈을 떴고 사도바울로 변신하여 전혀 새로운 개념의 에클레시아 공동체운동을 펼쳤다. 바울은 이미 제1세기에 로마제국에 대항하는 새로운 부활의 제국을 꿈꾸었다. 지금 21세기 한국의 젊은이들은 무엇을 하고 있는가? 새로운 효의 제국을 꿈꾸어야 할 때가 오지 않았는가!

제8장: 선진시대 효의 담론화

『효경』이라는 책명과 내용이 인용된 최초의 사례

『효경』이 선진문헌에서 독립된 책자로서 언급되고, 그 책의 내용이 정확하게 인용되어 있는 최초의 사례를 『여씨춘추呂氏春秋』에서 발견할 수 있다. 「선식람先識覽」 제4, 여섯 번째 편인 「찰미察微」에 다음과 같은 말이 있다.

> 凡持國, 太上知始, 其次知終, 其次知中。三者不能, 國必危, 身必窮。孝經曰: "高而不危, 所以長守貴也; 滿而不溢, 所以長守富也。富貴不離其身, 然後能保其社稷, 而和其民人。" 楚不能之也。
>
> 대저 나라를 보지(保持)하는 데 있어 최상의 방책은 위험을 발생시킬 수 있는 사태의 최초상황을 파악하는 것이다. 그 다음의 방책은 벌어진 일이 결국 어떻게 결말지어질지를 예견하는 것이다. 그 다음의 차선책은 현재 벌어지고 있는 일의

상황이라도 정확히 분석하는 것이다. 이 세 가지에 능하지 못하면 나라가 반드시 위태로워지고, 군주 자신도 궁색하게 되고 마는 것이다. 『효경』에 이르기를: "높은 자리에 올라도 위태롭게 처신하지 않으면 그 높은 자리를 오래 지킬 수 있다. 돈이 집안에 가득차도 그것이 넘치지 않도록 행동하면 그 부를 오래 지킬 수 있다. 부귀가 그 몸을 떠나지 않은 연후에나 능히 사직을 보전할 수 있고, 그 인민을 평화롭게 다스릴 수 있다." 초나라는 바로 이것을 실천하지 못한 것이다.

찰미와 계보지전

"찰미察微"라는 것은 사태가 발발하기 이전에 그 미세한 조짐(微)을 미리 살피고 간파(察)하는 것을 의미한다. 여기 실례로 든 역사적 사례는 초나라와 오나라 사이에서 일어난 대 전역(戰役)이었던 "계보지전雞父之戰"(BC 519, 魯 昭公 23년)을 두고 한 말이었다. 초나라 변읍으로서 오나라와의 접경지대에 있었던 비량(卑梁)이라는 마을이 있었다. 이 비량의 처녀와 오나라의 변읍의 처녀가 함께 변경 뽕나무 숲에서 뽕닢따며 지들끼리 놀다 어쩌다가 비량의 처녀가 생채기를 입게 된다. 그래서 비량처녀 아버지가 아이를 데리고 오나라 변읍동네에 가서 사과를 요구했는데, 오처녀 아버지가 애들 싸움에 뭔 어른까지 야단이냐고 불순하게 대했다. 비량처녀 아버지가 격분한 나머지 오처녀 아버지를 격살하고 돌아와 버렸다. 오처녀 사람들이 가만히 있을 리 없다. 다시 비량으로 가서 비량처녀 한 집안사람들을 모두 죽여 버렸다. 그러자 비량의 군주는, "어찌하여 오나라사람들이 내 읍성을 깔보고 쳐들어 와서 우리 읍 사람들을 죽인단 말이냐"하고 군대를 일으켜 오나라 변읍으로 가서 그곳의 남녀노소를 막론하고 모조리 죽여 버렸다. 그러자 오왕 이매(夷昧, BC 543~527 재위)가 이 사실을 듣고 화가 치밀어 군대를 일으켜 초나라 비량으로 가서 그 성읍사람들을 전멸시키고 초토화시켜 버렸다. 이렇게 해서 십 년을 끄는 대 전쟁이 벌어졌는데 결국 초나라가 수치와 굴욕 당하는 패배를 맛보게 된다. 초나라의 평왕(平王, BC 528~516 재위)은 부인까지 빼앗기고 만다. 참으로 황당하기 그지없는 이야기 같지만, 실제로 21세기에 벌어지고 있는 이라크사태나 아프가니스탄사태도 그 심층에 있어서는 동일한 양상이라고 생각된다. 부시는 전혀 "찰미察微"의 덕성이 없는 사람이었으니 오바마라도 그 미(微)를 살피고 또 살피어야 할 것이다.

『여씨춘추』 집필 당시 『효경』은 독립문헌으로 엄존

이 계보의 전역을 사례로 들어 "지시知始," "지종知終," "지중知中"의 세 방책을 논의하다가 『효경』을 인용하고 있는데 이 『효경』의 문장은 현재 금·고문의 「제후장」에 들어있는 원문 모습 그대로이다. 이설(異說)을 세우기를 좋아하는 주석가들이 여기 『효경』 운운하여 인용한 대목은 앞 문장에 대한 주석의 형태로 후대에 첨가된 것이라고(진창제陳昌齊 설) 말하기도 하고, 『효경』 인용 대목을 빼면 앞뒤가 더 매끄럽게 연결된다는 등(진기유陳奇猷 교석) 여러 다양한 기설을 펴고 있으나 후에 다시 상술하겠지만 『여씨춘추』라는 문헌의 성격으로 보나(그렇게 사람들이 만지작거렸던 문헌이 아니다), 『여씨춘추』 내에 존재하는 「효행孝行」편에 또 다시 인용되고 있는 『효경』의 문장들을 보나 이러한 제설은 췌설에 불과하다. 앞뒤의 연결도 초나라 군주와 오나라 군주의 문제를 다루고 있는 의미맥락이므로 『효경』의 「제후장」의 의미맥락과 자연스럽게 연결된다. 『여씨춘추』가 쓰여졌을 당시 『효경』이 독립된 문헌으로서 존재하고 있었다는 것은 의론의 여지가 없다. 『여씨춘추』의 「찰미」편 기사는 『효경』이 선진시대에 독립된 책자로서 존재하고 있었다는 사실에 대한 부동의 확증이다.

효의 담론화

잠깐 앞서 얘기했던 "효의 담론화"라는 주제를 다시 한번 생각해보자. 공자에게 맹무백(孟武伯)이 효를 물었다는 이야기는 분명히 "효"가 사회적 담론으로서 개념화되어 있었다는 것을 의미한다. 『논어』 「위정」편에 보면 제5장부터 제8장까지 쪼르르륵 "맹의자문효孟懿子問孝," "맹무백문효," "자유문효子游問孝," "자하문효子夏問孝"라는 식으로 양식화된 질문이 4장을 관(冠)하고 있다. 이것이 바로 공자 당대에 공자의 말로써 오간 상황이 기록된 것이라고 간주되기는 어렵다.

"孟武伯問孝。子曰: "父母唯其疾之憂。"라는 기록에서, 아마도 "부모는 오직 자식이 병들까 걱정이다"라는 문장은 옛부터 전해내려오는 공자의 말로서 공문(孔門) 내에서 전송된 것이었을 것이다.

그 공자의 말을 “맹무백문효”라는 담론화된 질문과 연결시킨 것은 이미 효라는 개념이 사회담론으로서 등장한 이후에 이루어진 사태이다. 그것은 공자의 시대로부터 상당한 시간이 흐른 후, 최소한 맹자의 시대에나 이르러서 그러한 양식으로 결합되었을 것이다. 맹자는 효를 인의예지(仁義禮智)라는 인간의 내면적 덕성을 구체적으로 나타내는 인간의 행위라고 보았다. 효야말로 인의예지를 구체화시킬 수 있는 실마리이며, 역으로 말하면 인의예지는 효를 통하여 구현되는 것이다. 따라서 효(孝)도 사회화된 규범으로서의 인간의 외면적 행동이 아니라, 인간 내면으로부터 절로 우러나오는 덕성이라고 보았다.

> 仁之實, 事親是也。義之實, 從兄是也。智之實, 知斯二者弗去是也。禮之實, 節文斯二者是也。樂之實, 樂斯二者, 樂則生矣。生則惡可已也。
>
> 인(仁)의 구체적 표현은 부모를 섬기는 것이다. 의(義)의 구체적 표현은 형의 의로움을 잘 따르는 것이다. 부모를 잘 섬기는 것이 효(孝)이며, 형의 의로움을 따르는 것이 제(悌)이다. 인간의 지혜(智)의 구체적 표현이란 바로 이 효제(孝悌)를 깨달아 그것이 나에게 떠나지 않도록 하는 것이다. 예(禮)의 구체적 표현이란 무엇인가? 바로 이 효제(孝悌)를 절도있게 만들고 또 예의바르게 문식(文飾)하는 것이다. 음악(樂)의 구체적 표현이란 무엇인가? 그것은 바로 이 효제를 즐기는 것이다. 즐길 줄 알면 효제의 마음이 끊임없이 생겨나는 것이니 어찌 효제의 마음을 그칠 수 있겠는가! (「이루離婁」상)

맹자가 말하는 인의예지와 효

인·의·예·지·악 오자(五者)의 주요 덕목을 효제(孝悌)로써 설명하는 맹자의 인식체계 속에서 이미 효는 충분히 담론화(*episteme*) 되어 있다. 효에 관한 다음의 절실한 이야기를 한번 들어보자.

> 蓋上世嘗有不葬其親者, 其親死, 則擧而委之於壑。他日過之, 狐狸食之, 蠅蚋姑嘬之。其顙有泚, 睨而不視。夫泚也, 非爲人泚, 中心達於面目。蓋歸反虆梩而掩之。掩之誠是也, 則孝子仁人之掩其親, 亦必有道矣。
>
> 아주 옛날에는 부모가 돌아가셨을 때 땅에 묻지를 않고 그냥 버려두는 습속을 따르는 자들이 있었다. 그 어버이가 돌아가시자, 그 시신을 들고 가서 야산 구덩이에 던져 버렸다. 그런데 어느날 그 사람이 그곳을 지나가게 되었는데 여우와 살쾡이가 자기 어버이를 파먹으며, 파리와 등에가 새카맣게 모여 빨아먹고 있는 광경을 목도하게 되었다. 그 광경을 바라보는 그 사람의 이마에 땀방울이 맺히고, 흘겨보기는 한들 차마 똑바로 쳐다볼 수가 없었다. 대저 그 자의 이마에 왜 땀방울이 맺혔을까? 그것은 남들이 보기 때문에, 체면 때문에 땀방울이 맺힌 것은 아니다. 그것은 마음속 깊은 감정이 절로 얼굴과 눈시울에 북받친 것이다. 얼른 돌아와 삼태기와 들것에 흙을 담아 뒤집어 쏟아 시신을 엄폐하였다. 시신을 엄폐하는 것이 진실로 옳은 행동이라고 한다면, 효자(孝子)와 인한 사람(仁人)이 부모의 시신을 엄폐하는 방식에 있어서 반드시 도리가

있을 것이니, 그냥 흙이나 덮고 말 리는 없다(후한 장사를 지낼 수밖에 없는 것이다). (「등문공滕文公」 상)

맹자의 선천주의적 내면 도덕

맹자의 논리는 매우 강렬하다. 외면적으로는 발생론적이고 자연주의적인 논리를 펴고 있지만, 그것이 소기하는 바는 내면주의적이고, 선천주의적이며, 강렬하게 도덕주의적이다. 이것은 맹자가 "효孝"를 담론화하고 있다는 것을 의미한다. 이 「등문공」의 문장도 묵가(墨家)의 박장(薄葬)을 의식하면서 논쟁의 한 테제로서 반박적으로 제시한 것이다. 이미 효가 선진철학의 한 중심과제상황이 되었다는 것을 의미한다. 『맹자』라는 서물 속에서 이러한 효에 관한 언급은 무수히 찾을 수 있으나, 내면주의적이고, 선천주의적이며, 도덕주의적인 입장을 맹자는 일관되게 고수하고 있다. 그러나 맹자보다 한 반세기 늦다고 사료되는(전목錢穆의 『선진제자계년先秦諸子繫年』에 의거) 순자(荀子)의 논의는 맹자와 전혀 길을 달리하고 있다.

존 록크의 백지와 순자

데카르트의 코기탄스(*cogitans*)로부터 라이프니츠의 모나드론(monadology)에 이르는 모호한 선험적 명제들을 대하다가, 갑자기 존 록크(John Locke, 1632~1704)의 "백지white paper"(록크는 『인간오성론』 속에서 "타불라 라사 *tabula rasa*"라는 말을 쓴 적이 없다. 그것은 1700년 삐에르 코스테Pierre Coste가 『인간오성론』을 불어로 번역할 때 아리스토텔레스 저작물의 라틴어 번역개념을 부과하여 날조한 개념이며 전혀 록크의 의도와 관련없다)를 대하는 느낌을 받는다. 록크는 『인간오성론』 속에서 인간의 마음은 백지로써 태어나며, 그 백지 이전의 감성에 주어진 것은 아무 것도 없으며, 그 백지 위에 무한히 다채로운 저작물을 그려넣는 것은 오직 경험(experience)이라고 주장한다.

> Whence has it all the materials of reason and knowledge? To this I answer in one word, from experience: in that all our knowledge is founded, and from that it ultimately derives itself. (Book Ⅱ, Ch.1, Sec.2).
>
> 무엇이 이 백지 위에 무한히 다채로운 추론과 지식의 저작물을 그려넣었을까? 이에 대하여 내가 한마디로 대답한다면, "경험으로부터"라고 나는 말하겠다. 경험이야말로 우리의 모든 지식이 근거하는 것이며, 경험으로부터 인간의 마음은 모든 것을 끄집어내는 것이다.

록크는 백지(白紙)라는 말을 통하여 플라톤이나 데카르트, 그리고 스콜라철학자들이 인간의 마음속에는 본래적으로 어떤 하나님에 대한 관념이나 도덕적 원리 같은 것이 구유되어 있다고 하는 모든 선험론적 주장을 통박하고 있는 것이다.

맹자를 반박하는 순자의 명쾌한 논리

자아! 이제 맹자를 반박하는 순자의 명쾌한 논리를 한번 들어보자!

今人之性，飢而欲飽，寒而欲煖，勞而欲休，此人之情性也。今人飢，見長而不敢先食者，將有所讓也；勞而不敢求息者，將有所代也。夫子之讓乎父，弟之讓乎兄，子之代乎父，弟之代乎兄，此二行者，皆反於性而悖於情也。然而孝子之道，禮義之文理也。故順情性則不辭讓矣，辭讓則悖於情性矣。用此觀之，然則人之性惡明矣，其善者僞也。(「성오性惡」편)

지금 사람의 본성에 관해 이야기해보자. 배고프면 배불리 먹으려 하고, 추우면 따습게 몸을 뎁히기를 원하고, 일을 많이 하여 피곤하면 쉬기를 원한다. 이것이 곧 사람의 성정이다(타고난 대로의 감정이나 생리의 경향성, 그것을 순자는 곧 본성이라고 규정한다). 지금 사람이 배가 고픈데도 윗사람을 보면 감히 먼저 먹으려고 하지 않는 것은 양보해야 한다는 생각이 있기 때문이다. 노동하여 피곤한데도 감히 쉴 생각을 하지 않는 것은 대신해야 한다는 생각이 있기 때문이다. 대저 아들이 아버지에게 양보하고 동생이 형에게 양보하는 것과, 아들이 아버지 일을 대신하고 동생이 형 일을 대신하는 것, 이 두 가지 행동은 인간의 본성(性)에 반(反)하는 것이며 인간의 정리(情理)에 어긋나는 것이다. 그러므로 효자의 도리라고 하는 것은 후천적 예의의 학습을 거쳐 수식된 질서이다. 그러니 성정을 솔직히 따르게 되면 사양하지 않게 되는 것이다. 사양한다고 하는 것은 인간의 본래적 성정에 패역(悖逆)하는 것이다. 이러한 사실로써 인간의 문제를 살펴본다면, 인간의 본성이 본시 혐오스럽다(惡: "악"으로 읽지 않는다)는 것은 명백한 것이다. 인간의 본성이 선(善: 좋다)하다고 하는 것은 후천적 습득에 의한 작위(僞)일 뿐이다.

성선(性善)과 성오(性惡)

이것은 순자가 맹자의 성선(性善)의 논리를 반박하기 위하여 치열하게 전개하고 있는 성오(性惡)의 논리의 일부분이다. 많은 사람들이 순자의 학설을 성악(性惡)이라고 잘못 알고 있는데 순자는 "성악"을 말한 적이 없다. 맹자의 선(善)도, 순자의 악(惡)도, 어떤 윤리적 실체를 말한 것이 아니다. 따라서 순자의 "惡"는 "악"으로 읽지 말고 "오"로 읽어야 한다. 선진철학에 있어서는 조로아스터교 · 유대교 · 기독교의 윤리와는 달리 선 · 악이 실체화되지 않는다. 순자는 인간의 본성이 호오(好惡)의 주체임을 말했을 뿐이다.

人之性惡, … 生而有疾惡焉。

"인지성오"라는 것은 태어나면서부터 "질오疾惡"함이 있다는 것이다. 인간의 본성이 악하다고 실체적으로 규정하는 것이 아니라, 선의 가능성을 태어난 대로의 본성에 다 부여해버리면 후천적 학습의 필요성이나 의미가 다 상실된다는 것을 말하고 있을 뿐이다. 진흙을 이겨 기와를 만드는 도자기꾼(陶人)이 아무 것도 배우지 않고 어떻게 타고난 본성 그대로 도자기를 만든단 말인가? 어찌 목공이

나무를 깎아 기물을 만드는 것이 목공의 타고난 대로의 재주란 말인가? 성인이 예의를 만들어내는 것은 도자기꾼이 진흙을 빚어 기와를 만들어내는 것과 똑같은 후천적 학습의 과정이라는 것이다(聖人之於禮義積僞也, 亦猶陶埏而生之也). 인간의 본성이라고 하는 것은 요·순이나 걸왕·도척이나 다 동일한 것이다(堯舜之與桀跖, 其性一也). 예의나 축적되는 인간의 후천적 노력을 인간의 본성에 고유한 것이라고 해버린다면 요임금·우임금을 귀하게 여길 까닭이 도대체 어디에 있겠는가? 걸왕·도척·소인배들을 천하게 여기는 까닭은 그들이 타고난 본성 그대로를 따르고(從其性), 자기 감정 흐르는 대로 제멋대로 행동하며(順其情), 결국에 가서는 이익을 탐내고 타인의 물건과 행복을 다투어 빼앗기 때문이다. 결론적으로 효와 관련하여 순자는 다음과 같이 말한다.

> 天非私曾騫孝己, 而外衆人也。然而曾騫孝己獨厚於孝之實, 而全於孝之名者, 何也? 以綦於禮義故也。
>
> 하늘이 어찌하여 증삼(曾參)과 민자건(閔子騫)과 효기(孝己: 은나라 고종高宗의 태자로서 효행으로 유명)만을 사적(私的)으로 사랑하고, 그 외의 뭇사람들은 다 제켜 두었을까보냐! 그런데도 유독 이 세 사람만이 효의 실천에 있어서 홀로 돈독하여 효의 이름을 독차지한 것은 무슨 까닭이뇨? 그 이유는 간단하다. 이들은 삶의 과정을 통하여 예의의 실천에 극도로 헌신했기 때문인 것이다.

순자의 냉철한 합리주의

순자에게 있어서 효란 후천적 노력과 학습의 결과일 뿐이다. 선천적 도덕원리의 자연스러운 발로가 아니다. 우리는 경험론자들의 논리가 합리론자들보다 더 합리적이라는 생각을 할 수가 있다. 신화적 얼버무림이 없기 때문이다. 순자의 논리야말로 오히려 공자의 적통일 수 있다. 공자가 말하는 도덕성을 더 합리적으로 발전시킨 사상가일 수가 있다. 여기서 중요한 것은 효가 논쟁의 중심과제로서 담론화되고 있다는 사실이다. 이러한 "효의 담론화"과정에 대한 이해가 없이는, 『효경』의 성립을 이해할 수가 없는 것이다. 순자의 냉철한 합리성은 다음의 논지에서 더욱 명료하게 드러난다. 순자의 합리주의는 우리가 『삼강행실도』의 비판적 검토에서 논의한 바, 인륜관계의 쌍방성에 관한 것이다. 그는 일방적 관계는 결국 인간세에 파탄을 가져올 뿐이라고 굳게 믿는다. 순자는 인륜관계의 무차별적 평등이라는 것은 혼란을 의미하기 때문에 어쩔 수 없는 하이어라키는 인정하지만 복종주의나 권위주의는 수용하지 않는다. 그는 우선 군·신, 부·자, 형·제, 부·부의 관계가 인륜도덕의 근본이라는 것을 인정한다.

> 君臣父子兄弟夫婦, 始則終, 終則始, 與天地同理, 與萬世同久, 夫是之謂大本。
>
> 군신·부자·형제·부부 이 네 관계는 시작하면 끝이 나고, 끝나면 또다시 시작하여 무궁한 순환고리를 이루는 것이니,

천지와 이치를 같이 하고, 만세와 더불어 같이 영원하다. 이러한 것을 일컬어 대본(大本)이라 말하는 것이다(「왕제王制」편).

효는 호혜적 관계에서만 성립, 난군(亂君)만 있고 난국(亂國)은 없다

그것이 우주만물의 큰 근본인 만큼, 그것은 예에 합당하고, 의에 합당하여야 하며, 쌍방이 호혜적 관계를 이루는 것이라야만 한다. 그가 임금의 바른 도(君道)를 말하는 첫마디는 매우 함축적이고 시사적이다.

有亂君, 無亂國; 有治人, 無治法。

혼란한 임금이 있어 혼란한 나라가 있는 것이지 혼란한 나라가 따로 있는 것은 아니다. 잘 다스리는 인물이 있고나서 좋은 법이 있는 것이지 나라가 저절로 잘 다스려지는 법이 따로 있는 것은 아니다(「군도君道」).

난군(亂君)만 있고 난국(亂國)은 없다. 치인(治人)만 있고 치법(治法)은 없다. 천하의 명언이라 아니 할 수 없다. 순자의 합리주의에 깔린 깊은 인민대중에 대한 사랑을 읽을 수 있다. 21세기에도 이러한 메시지는 강렬하게 우리 체험의 한복판을 쑤시고 들어온다. 어찌 "어지러운 대한민국"이 있을까보냐? 단지 대한민국을 어지럽히는 권력자들만 있을 뿐이다. 다스리는 사람(治人)만 있고 다스리는 법(治法)은 없다라고 말하는 뜻은, 아무리 법이 완전해도 법 자체로써 사회에 질서를 부여할 수는 없다는 뜻이다. 그 법을 해석하고 운용하는 사람이 훌륭해야 치법은 치법으로서의 가치를 지닐 수 있다는 뜻이다.

유의 적통, 법가적 합리성의 새 국면 개척

오늘날 법제가 발달한 사회일수록 이러한 순자의 명제는 매우 적확한 의미를 지닌다. 순자는 유·법을 통합하고 있다. 아니, 보다 정확하게 말하자면, 유(儒)의 적통성을 지키면서 법가적 합리성의 새로운 국면을 개척하고 있는 것이다.

> 請問爲人君? 曰: 以禮分施, 均偏而不偏。請問爲人臣? 曰: 以禮待君, 忠順而不懈。請問爲人父? 曰: 寬惠而有禮。請問爲人子? 曰: 敬愛而致文。請問爲人兄? 曰: 慈愛而見友。請問爲人弟? 曰: 敬詘而不苟。請問爲人夫? 曰: 致功而不流, 致臨而有辨。請問爲人妻? 曰: 夫有禮則柔從聽侍, 夫無禮則恐懼而自竦也。此道也, 偏立而亂, 俱立而治, 其足以稽矣。(「군도君道」)

> 묻건대, 사람의 임금(人君) 된다 함이 무엇이뇨? 대답컨대, 예를 기준으로 하여 신하들에게 관작과 봉록을 나누어주는데 공평하고 두루 미치게 하여 어느 한편에 치우침이 없어야 임금이다. 묻건대, 사람의 신하(人臣) 된다 함이 무엇이뇨? 대답컨대, 예를 기준으로 하여 임금을 대하고 마음속으로부터 우러나와 따르고 나태함이 없어야 신하이다. 묻건대, 사람의 아

비(人父) 된다 함이 무엇이뇨? 대답컨대, 자식에게 관대하고 자혜를 베풀며 예에 어긋나는 행동을 하지 않아야 아비이다. 묻건대, 사람의 자식(人子) 된다 함이 무엇이뇨? 대답컨대, 부모를 공경하고 사랑하며 예를 극진히 하는 것이 자식이다. 묻건대, 사람의 형(人兄) 된다 함이 무엇이뇨? 대답컨대, 자비로운 마음으로 동생을 사랑하며 우애를 나타낼 줄 알아야 형이다. 묻건대, 사람의 동생(人弟) 된다 함이 무엇이뇨? 대답컨대, 형에게 굽힐 줄도 알고 공경하며, 가급적 형의 뜻에 어긋나지 않도록 행동해야 동생이다. 묻건대, 사람의 남편(人夫) 된다 함이 무엇이뇨? 대답컨대, 부인에게 공을 세우면서도 그것을 자랑치 아니 하며, 부인과 허물없이 화합하면서도 음란치 아니 하고, 위엄을 나타내면서도 정확한 분변이 있어야 남편이다. 묻건대, 사람의 아내(人妻) 된다 함이 무엇이뇨? 대답컨대, 남편이 예가 있으면 부드럽게 따르고 잘 들어 모실 줄 알고, 남편이 예가 없으면 두려운 마음을 지니고 송구스럽게 대하면서도 스스로의 위엄을 잃지 않아야 아내이다. 이러한 사람의 윤리의 도(道)야말로, 한 편으로 치우치면 가정과 나라가 어지러워지는 것이요, 쌍방적으로 같이 제 길을 가면 가정과 나라가 평화롭게 되는 것이다. 이러한 사실이야말로 사람들이 계고(稽考)하고 또 계고해야 할 일이다.

편립이란 구립이치

여기 핵심적인 메시지는 "편립이란偏立而亂, 구립이치俱立而治"라는 명제이다. 인간의 윤리는 쌍방적이고 호혜적일 때만이 그 진정

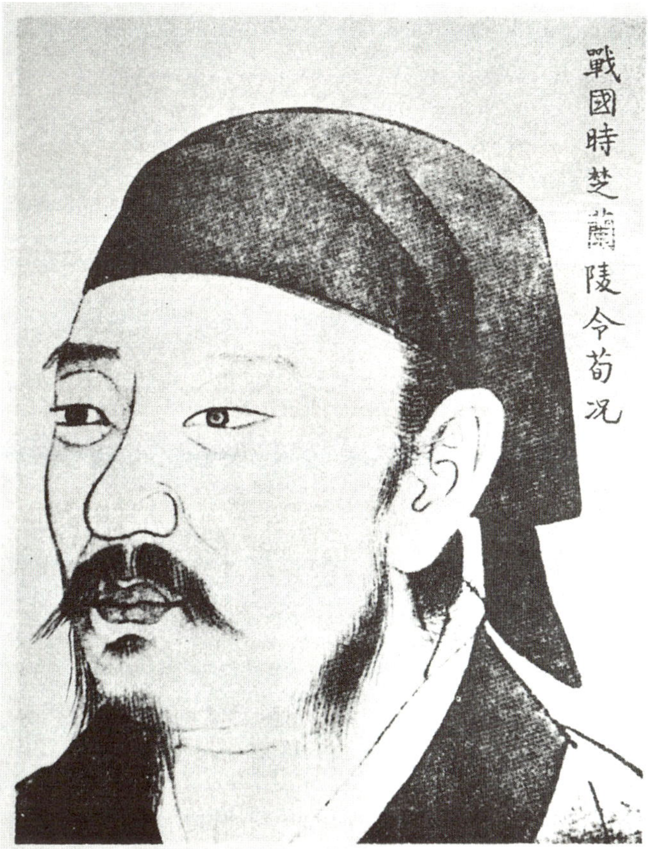

순자의 모습을 잘 그려내고 있는 초상화. 남훈전南薰殿 장藏『역대성현명인상歷代聖賢名人像』에 실려 있다. 청淸나라 내부內府에 전해 내려오는 유서깊은 초상화로서 순자의 기품을 잘 표현하고 있는 명작이다. 자신에 넘치는 당당한 풍도와 말끔한 자태는 그의 합리주의 정신을 나타내고 있다. "戰國時楚蘭陵令荀況 전국시기의 초나라 난릉의 령令, 순황"이라고 쓰여져 있다.

한 가치가 드러난다는 것이다. 이를 위해 인간들은 서로를 존중하면서 깊게 깊게 생각할 줄 알아야한다는 것이다. 이러한 순자의 합리주의는 시대적 한계 즉 군주제의 기미(羈縻) 때문에 오늘날 우리가 생각하는 "인권"이나 "개인"의 개념을 찾아보기는 어렵다. 그러나 순자를 통해서 바라볼 수 있는 선진시대의 일반적 사회윤리가, 맹자를 적통으로 해서 생각한 송대 이후의 가치관에 비하면, 오히려 발랄한 평등적 인간관을 깔고 있었다는 것을 알 수 있다. 우리가『삼강행실도』에서 가장 문제시 삼았던 효의 충화(忠化)라는 테제에 있어서도 순자는 명료하게 합리적인 정신을 드러내고 있다. 무조건 윗사람의 명령에 따르는 것이 효인가? 물론 오늘날에도 대 교회조직을 이끌어가는 사람들은 신도들이 하나님의 이름 아래 무조건 복종하는 것을 행복하게 여길 것이고, 국가 정치조직을 이끌어가는 우파나 좌파나 모두 국민들이 그들의 사고방식이나 명령에 무조건 따르는 것을 행복하게 여길 것이다. 순자는 인륜관계에 있어서 그 관계를 설정케 하는 인간 개체 항목이 중요한 것이 아니라, 그 개체항목들을 초월하는 도(道)나 의(義)와 같은 추상적 원리가 더 중요하다고 본다. 도의(道義)의 객관성이 보장되지 않고, 그것이 인간의 주관적 임의성에 굴복되면 그것은 결코 순종해야 할 대상이 아니다. "이슬람*Islam*"이 일차적으로 "복종"을 의미한다면 그것은 참으로 불행한 사태이다. 그 나름대로 어떠한 정당성이 부여된다 하더라도 복종을 통해서만 평화를 얻는다는 것은 인간세에서 배제되어야 할 윤리이다. 아무리 추상적 절대자일지라도, 인간의 사유나 언어를 초월하는 그 무엇이라 할지라도 그것을 복종이라는 인간적 윤리의 대상으로 생각하는 것은 그 초월적 타자를 기만적 존재로 비하시키는 것이다. 초월자이기 때문에 언어를 초월한다고 하면 인간의 모든 협애한 도덕도 초월해야 하는 것이다. 인간의 자유로운 영혼은 복종되어서는 아니 된다. 순자는 말한다.

入孝出弟, 人之小行也。上順下篤, 人之中行也。從道不從君，從義不從父，人之大行也。若夫志以禮安，言以類使，則儒道畢矣；雖舜不能加毫末於是矣。

집에 들어오면 어버이께 효도를 다하고, 밖에 나가면 어른에게 공경을 다하는 것, 이런 것은 인간의 소행(小行)이라고 하는 것이다. 윗사람에게 고분고분 따르고, 아랫사람에게 두터운 인정을 베푸는 것, 이런 것은 인간의 중행(中行)이라고 하는 것이다. 오직 도(道)를 따르고 임금을 따르지 아니 하며, 오직 의(義)를 따르고 아버지를 따르지 아니 하는 것, 이것이야말로 인간의 대행(大行)이라고 하는 것이다. 만약 이 위에 그 뜻이 예를 기준으로 하여 평온함을 유지하고, 그 말이 정확한 논리를 기준으로 하여 아름답게 구사된다면 유도(儒道: 지식인의 합리성)가 완성된다고 말할 수 있다. 지극한 효자인 순(舜) 임금이라 할지라도 한 터럭 만큼이라도 이에 더할 것은 없을 것이다(「자도子道」).

군·부(君父)라도 도·의(道義)를 구현치 않으면 따르지 말라

여기 충격적인 메시지는 "종도부종군從道不從君, 종의부종부從義不從父"이다. 송·명·청대의 윤리와는 너무도 다른 것이다. 임금이라도 도(道)를 구현하는 자가 아니면 따라서는 아니 되는 것이요, 아버지라도 의(義)를 구현하는 인간이 아니라면 따라서는 아니 되는 것이다. 도와 의는 인간 개체의 임의성을 초월하는 객관적 사회적 원리요 기준이다.

孝子所以不從命有三：從命則親危，不從命則親安，孝子不從命乃衷；從命則親辱，不從命則親榮，孝子不從命乃義；從命則禽獸，不從命則脩飾，孝子不從命乃敬。故可以從而不從，是不子也；未可以從而從，是不衷也；明於從不從之義而能致恭敬忠信端慤以愼行之，則可謂大孝矣。

효자가 어버이의 명령을 따르지 않는 경우, 그 이유는 다음 세 가지가 있다. 어버이의 명을 따르면 오히려 어버이가 위태롭게 되고, 어버이의 명을 따르지 않으면 어버이가 안전하게 되는 경우, 효자라면 어버이의 명을 따르지 않는 것이 충정(衷情: 여기서 "충忠" 대신 "충衷"이라는 어휘를 택한 것도 순자 표현의 특징에 속한다)이다. 어버이의 명을 따르면 어버이가 욕을 보게 되고, 어버이의 명을 따르지 않으면 어버이가 영예롭게 되는 경우, 효자라면 어버이의 명을 따르지 않는 것이 의(義)로운 것이다. 어버이의 명을 따르면 어버이가 금수와 같은 행동을 하게 되고, 어버이의 명을 따르지 않으면 어버이가 예절을 되찾게 되는 경우, 효자라면 어버이의 명을 따르지 않는 것이 경(敬)이다. 그러므로 마땅히 어버이의 명을 따라야 할 때 따르지 아니 하는 것은, 자식된 도리가 아니요(不子), 마땅히 어버이 명을 따라서는 아니 될 때 어버이 명을 따르는 것은 자식의 충정이 아니다(不衷). 따라야 할 것이냐! 따라야 하지 말 것이냐! 그 의로운 기준을 명백하게 하여, 공경(恭敬)과 충신(忠信: 진실한 마음속에서 우러나오는 믿음)과 단각(端慤: 정성어린 단정함)을 다하여 신중하게 실천하여 나간다면 비로소 그것을 일컬어 대효(大孝)라 할 수 있는 것이다.

햄릿의 독백과 순자의 대효(大孝)

여기서 이미 우리는 "존재할 것이냐, 존재하지 않을 것이냐, 그것이 문제로다. ***To be, or not to be, that is the question.***"를 외치는 햄릿의 처절한 독백의 함성을 들을 수 있다. 햄릿에게서 존재(to be)와 비존재(not to be)의 명제가 삶과 죽음의 선택의 기로를 의미했다면 이미 "**따를 것이냐**(從), **아니 따를 것이냐**(不從)" 놓고 고민하는 효자의 독백 속에도 삶과 죽음의 무수한 기로들이 오가고 있는 것이다. 존재와 비존재, 따름과 따르지 아니 함의 "아이더 오아 either or"를 근원적으로 초탈하는 객관적 규범을 순자는 갈망하고 있는 것이다. 순자가 말하는 대효(大孝) 속에는 소효(小孝)의 갈등들이 극복되어 있다. 『부모은중경』이 제시하는 보편적 담론이 이미 예시되어 있다. 이것은 전국시대에 이미 효(孝)라는 개념에 대한 모든 갈등구조가 충분히 노출되어 있었다는 것을 의미하는 것이다. 그리고 전국시대의 사상가들은 이러한 문제에 대하여 정직한 대답을 모색하고 있는 것이다. 이러한 과정에서 효는 사회적 담론(*episteme*)으로서 정착되어간 것이다.

애공과 자공과 공자, 왜 복종해야 하는지 그 이유를 따져라

노나라 애공이 공자에게 이와 같이 묻는다: "아들이 아버지의 명에 무조건 따르는 것이 효(孝)입니까? 子從父命, 孝乎? 신하가 임금의 명에 무조건 따르는 것이 정(貞)입니까? 臣從君命, 貞乎?" 여기 순자의 어휘선택에서 우리가 주목할 사실은 후대의 "군신관계"에서 고착적으로 사용된 "충忠"이라는 말을 일부러 기피하고 있다는 것이다. 그는 충 대신 "정貞"이라는 단어를 썼다. "정"에는 "곧음" "절개" "정절"의 의미가 더 강하게 풍기고 있다. 그러나 여기서 정은 충(loyalty)을 의미한다.

애공이 세 번이나 되풀이하여 물었어도 공자는 대답을 하지 않고 물러났다. 물러난 뒤 공자는 자공에게 말하였다: "애공이 나에게 아들이 아버지 명을 따르는 것이 효이고, 신하가 임금 명을 따르는 것이 충정이냐고 물었다. 세 번이나 되풀이해서 물었는데도 나는 대답을 하지 않았다. 사(賜)여! 그대는 이 문제를 어떻게 생각하는가?" 그러자 자공이 대답한다: "아버지 명을 따르는 것, 임금 명을 따르는 것, 당연한 진리외로 또 무슨 대답이 있겠나이까?" 이러한 자공의 상식적 가치관에 대하여 공자는 자공을 나무라며 다음과 같이 열변을 토한다.

> 小人哉! 賜不識也。昔萬乘之國有爭臣四人, 則封疆不削; 千乘之國有爭臣三人, 則社稷不危; 百乘之家有爭臣二人, 則宗廟不毁。父有爭子, 不行無禮; 士有爭友, 不爲不義。故子從父, 奚子孝? 臣從君, 奚臣貞? 審其所以從之, 之謂孝, 之謂貞也。

사(賜: 자공의 이름. 제자를 친근하게 부를 때는 자字를 취하지 않고 명名을 취한다) 이놈 너 소인이로구나! 몰라도 한참 모르는구

나. 옛부터 만승(萬乘)의 나라에 간쟁하는 신하(爭臣) 넷만 있어도 나라의 국경이 오그라드는 일이 없고, 천승(千乘)의 나라에 간쟁하는 신하 셋만 있어도 사직이 위태롭지 않고, 백승(百乘)의 가(家)에 간쟁하는 신하 둘만 있어도 종묘가 훼손당할 일이 없다. 또 아버지에게 간쟁하는 아들이 있으면 무례(無禮)를 행치 아니 하고, 선비에게 간쟁하는 벗이 있으면 불의(不義)를 행치 아니 한다. 그러니 어찌하여 아들이 아비의 명을 좇는 것만이 아들의 효일 것이며, 어찌하여 신하가 군주의 명을 좇는 것만이 신하의 충정(貞)일까 보냐? 아버지나 군주의 명이라 할지라도 그것이 따라야 할 것인지 안 따라야 할 것인지 그 소이(所以: 까닭)를 밝혀 행동하는 것, 그것을 효라 일컫고, 그것을 충정이라 일컫는 것이다(「자도子道」).

순자가 말하는 논리는 바로 "심기소이종지審其所以從之"라는 이 한마디로 집약된다. 복종 그 자체가 충·효가 될 수가 없다. 과연 왜 복종을 해야 하는지, 그 이치가 납득이 되지 않으면 안된다. 지배자의 입장에서 보면 한없이 불편한 논리를 순자는 제공하고 있는 것이다. 정이천이 "일음일양지위도一陰一陽之謂道"라는 『주역』「계사」의 명제에 대하여, "도는 음양 그 자체가 아니다. 일음일양 하게 하는 그 까닭이 바로 도이다. 道非陰陽也, 所以一陰一陽者道也"라는 유명한 말을 했다. 이것이 바로 기(氣)와 리(理)를 나누는 성리학의 기본명제가 되었는데, 이미 그러한 사유의 시원을 순자의 사유패턴에서도 찾을 수 있다.

순자가 말하는 군신관계: 간(諫)·쟁(爭)·보(輔)·불(拂)

순자는 군신관계에 관하여 다음과 같이 말한다.

君有過謀過事，將危國家殞社稷之懼也，大臣父兄，有能進言於君，用則可，不用則去，謂之諫；有能進言於君，用則可，不用則死，謂之爭；有能比知同力，率群臣百吏而相與彊君撟君，君雖不安，不能不聽，遂以解國之大患，除國之大害，成於尊君安國，謂之輔；有能抗君之命，竊君之重，反君之事，以安國之危，除君之辱，功伐足以成國之大利，謂之拂。故諫爭輔拂之人，社稷之臣也，國君之寶也，明君之所尊厚也，而闇主惑君以爲己賊也。故明君之所賞，闇君之所罰也；闇君之所賞，明君之所殺也。

임금에게 그릇된 모책(謀策)과 그릇된 사업이 있어, 장차 그것으로 국가를 위태롭게 하고 사직을 멸망시킬 수 있는 두려움이 있을 때에, 대신(大臣)이나 부형(父兄) 중에 충직한 사람이 있어, 임금에게 잘못된 것을 고치도록 진언함에, 다행히 그것이 받아들여지면 그것으로 좋으나, 그것이 받아들여지지 않을 때는 관직에서 물러나는 것을 간(諫, remonstrance)이라고 한다. 또 임금에게 잘못을 진언하였다가 그것이 받아들여지면 다행이지만, 그것이 받아들여지지 않을 때는 그냥 물러서지를 않고 죽을 때까지 간하는 것을 쟁(爭, wrangling)이라고 한다. 또 곧잘 지혜를 합하고 힘을 모아 여러 대신과 여러 하급관리들을 통솔하여 서로서로 임금에게 선을 강권하고 임금의 잘못을 바로잡도록 한다. 이에 임금은 비록 속으로는 불쾌하지만 아무래도 신하의 말을 듣지 않을 수 없게 된다. 이렇게 하여 나라의 대환(大患)을 풀고, 나라의 대해(大害)를 제거하며, 오히려 임금의 존엄을 세우고 나라의 안녕을 꾀하는 것, 이것을 일컬어 보(輔, assistance)라 한다. 그리고 곧잘 임금의 명령에 항거하며, 임금의 권위를 몰래 빌어, 임금의 사업의 방향을 틀며, 그렇게 함으로써 국가의 위기를 벗어나게 하고, 임금의 치욕을 제거하고 그 공적이 족히 나라에 큰 이익을 가져오고도 남음이 있는 것, 이것을 일컬어 불(拂, opposition. 이상의 4개 영역 개념은 『순자』의 영역자인 노블록 John Knoblock의 번역이다. 여기 "불"은 위배의 뜻이므로 "필"로 읽으면 안된다)이라고 한다. 그러므로 간 · 쟁 · 보 · 불의 사람들이야말로 사직의 충신이요, 국군(國君)의 보배이다. 명군(明君)은 이들을 두텁게 존중하지만 암주(闇主)나 혹군(惑君)은 도리어 자기를 해치는 적(賊)으로 여긴다. 그러므로 명군이 상을 내리는 보배로운 신하는 암군에게는 벌을 내려야 할 대상이 되고, 암군이 상을 내리는 신하는 명군에게는 주살해야 할 역신이다(「신도臣道」).

『효경』 성립시기 최종 추정

이것은 바로 "종도부종군從道不從君"의 다른 표현이다. 때로는 위배(違背)야말로 진정한 충순(忠順)이 된다. 신하가 힘써야 할 것은 군주의 명령을 따르는 것이 아니라, 국가의 안전과 이익을 도모하는 것이다. 바로 이러한 순자의 합리주의 정신은 법가(法家)의 객관주의로 발전해나갔다. 그런데 재미있는 사실은 이러한 순자의 사상이 『효경』에 전면적으로 수용되고 있다는 것이다(『순자』「자도子道」편이 『효경』「간쟁장諫爭章」으로 들어갔다). 그렇다면 우리의 논의는 명료해진다. 『효경』의 성립시기는 순자 이후, 『여씨춘추』 이전으로 집약된다. 순자의 전성활동시기를 BC 280년 정도로 잡는다면, 『여씨춘추』의 성립시점은 BC 241년이 되므로 BC 3세기의 중반 전후로 추정될 수 있다.

여불위가 활약했고 진시황이 태어나서 어린시절을 보냈던 조趙나라의 수도 한단邯鄲. 2005년 EBS다큐멘타리 "도올이 본 한국독립운동사 10부작"을 찍기 위해 태항산맥 마전麻田 팔로군총사령부로 가는 길에 필자가 촬영한 사진이다. 팔로군총사령부 곁에 무정, 최창익, 진광화, 윤세주 등이 이끌었던 조선의용군 화북본부가 있었다. 개울건너 보이는 건물들은 조나라의 옛모습을 복원해놓은 것이다. "한단지몽邯鄲之夢"이라는 말이 있을 정도로 전국시대에는 화려한 국제도시였다.

제9장: 사마천의 「여불위열전」을 비판함

청대 필원(畢沅)의 교정본으로 재발굴된 여씨춘추

이제 우리가 감행해야 할 작업은 『여씨춘추』의 성격을 밝히는 것이다. 『여씨춘추』는 누가 왜 썼는가?

중국은 선진고경 중에서 『여씨춘추』처럼 저작연대가 확실하고("유진팔년維秦八年"의 해석을 놓고 BC 239년이냐, BC 241년이냐 하는 정도의 논란만 있을 뿐), 또 직접적인 집필자는 아니더라도 그 책을 편찬하게 만든 인물의 역사성이 확실한 서물을 찾아보기 힘들다. 그런데도 불구하고 이 책이 우리의 의식에서 소원하게 자리잡고 있는 이유는 역사적으로 이 서물이 방치된 채로 있었으며 청나라 때의 고증학자가 손을 대기까지는 사람들이 거의 읽지 않았으며 따라서 별로 인용도 되지 않았다는 사실에서 찾아볼 수 있다. 필원(畢沅 삐 위앤, Bi Yuan, 1730~1797)의 교정본, 『여씨춘추신교정呂氏春秋新校正』(건륭 54년, 1789)이야말로 『여씨춘추』 재발굴의 효시라고 해야할 것이다. 왜 그렇게 냉대를 받았을까? 그 냉대에 관한 원인을 추구하다 보면 우리는 매우 단순한 결론에 도달하게 된다.

『여씨춘추』의 마스타 플랜을 짠 사나이에 대한 근거없는 혐오

이 책의 편찬사업을 주도한 여불위(呂不韋, ?~BC 235)란 인물에 대한 혐오감이나 천시에서 우리는 그 일차적 이유를 발견하게 되는 것이다. 여불위라는 인간에 대한 우리의 지식은 대부분 사마천『사기』의「여불위열전呂不韋列傳」에 의존하고 있다. 사마천은 여불위라는 인간의 생애와 행적을 디테일까지 매우 생생하게 묘사하고 있어 우리는 그 붓길의 문학적 아름다움에 압도당하게 된다. 그리고 우리는 상상력의 자유를 빼앗기고 마는 것이다. 그러나 사마천의 기술은 한(漢) 무제(武帝) 때의 사건이며, 당시는 이미 진나라에 대한 가치관이 매우 부정적이었다. 따라서 진제국 창업의 적통을 세우는 어떠한 위업을 평가하는 사마천의 붓길을 기대하기는 어렵다. 게다가 100여년 밖에는 되지 않은 사건이라서 사마천은 매우 풍부한 정보를 동원할 수 있었을 것이다. 그러나 그러한 만큼 사마천의 너무도 인간적이고 너무도 드라마틱한 문학적 상상력은 정교한 날조의 날개를 달 수 있었다.

위대한 비젼의 기업인과 색마의 야누스

한번 생각해보자! 한국과 미국을 무대로 해서 활약하는 거대한 기업인이 한 사람 있다고 하자! 그 기업인이 미국시민권을 소유한 어떤 탁월한 재능있는 교포가 한국에 와서 살면서 고생하고 있는 모습을 목도하게 된다. 그 재능의 미래적 가능성이 탐나 그에게 막대한 투자를 한다. 그리고 그의 고향인 로스앤젤레스에서도 엄청난 로비활동을 벌여 그를 로스앤젤레스 시장에 당선시킨다. 그러나 그는 그러한 투자에 만족하지 않는다. 그 시장의 아들이 원대한 포부가 있는 큰 인물임을 발견하고 대를 물려 그 아들에게 또 투자를 한다. 그리하여 그 아들을 오바마와 같은 미국의 대통령으로 만드는 데 성공한다. 그런데 그 과정에서 그 아들이 대통령으로서 미국을 재건해 나가는 데 필요한 방대한 정치 백과사전을 선거 이전에 이미 완성한다. 그는 이 백과사전을 만들기 위하여 하바드대학에 기금과 센터를 설치하고 전 세계의 위대한 학자들 3천여 명을 끌어 모았다. 그리고 그 편찬작업을 완수하는 과정에서 그 아들과 미국의 위상을 동시에 높여 놓았다. 이러한 행적이 누구나 다 알고 있는 객관적 사실이라고 한다면, 과연 이 거대한 기업인을 간통을 일삼는 하찮은 색마로 동시에 기술한다는 것이 과연 정당한 역사서술방법일까?

진시황의 혈통 무너뜨리기, 진제국의 정통성 상실

당대의 국제적 호상(豪商)인 여불위가 조(趙)나라의 한단(邯鄲)에서 볼모로 와있던 진나라 왕손 자초(子楚)를 발견하고 쓸모있는 재목이라 생각되어 그에게 재정지원을 하고, 또 진나라 정비 화양부인(華陽夫人: 자초의 의붓엄마인데 후사가 없다)에게 로비활동하여 그 마음을 움직여 자초를 후사로 삼게 한 것은 분명한 역사적 사실일 것이다. 그러나 자초가 여불위가 사랑하던 한단의 절세미인 애첩을 탐내자, 그 애첩이 여불위의 애를 밴 상황이라는 것을 속이고 자초의 정실로 맞이하게 한 것은 상당히 흥미진진한 스토리이긴 하지만, 임의성과 모략이 개재되어 있다고 판단할 수밖에 없다. 우선 자초가 눈치챌 수가 없었다면 거의 난자와 정자가 결합한 며칠상관의 사건일 텐데 과연 누구의 아이인지를 확언할 길이 없다. 결국 자초와 한단의 미녀 사이에서 난 아이가 정(政)이요, 그가 후세의 진시황이라고 한다면, 사마천은 여불위열전의 드라마를 통해 진시황이라는 역사적 거물의 정통성을 일거에 무너뜨린 셈이다. 진나라 왕실의 핏줄을 이은 적통이 아니요, 당시 여러나라를 떠돌던 한 상인이 조나라 여자와의 사이에서 난 호로자식이 되고마는 것이다. 사마천이 날조를 하지 않았다 하더라도 이미 한나라의 항담(巷談)을 지어내는 이야기꾼(說話人)들 사이에서 널리 유포된 이야기일 수도 있다(곽말약郭沫若은 한고조의 부인 여후呂后가 천하를 취하면서 여씨를 정통의 핏줄로 높이기 위한 전설로서 조작되었다고 주장). 따라서 여불위는 진왕(秦王) 정(政)의 실부(實父)가 된다. 이 실부인 상국(相國) 여불위와 진왕 정(政), 훗날의 진시황제와의 관계는 끊임없이 긴장감이 감돌 수밖에 없다. 그 애증의 드라마 속에서 결국 자결로써 생을 마감하는 여불위의 비감어린 생애는 셰익스피어의 비극의 스토리를 흠상하는 것보다도 더 애절한 감흥을 우리에게 불러일으킨다. 『사기』 열전이라는 대하드라마의 저자로서 사마천은 대 히트작을 냈을지는 모르지만, 과연 진시황과 여불위의 관계가 그런 수준의 것이었을까?

사가 사마천의 권위가 여씨춘추를 2천 년간 망각 속으로

더구나 진시황의 실모인 한단 미녀가 태후가 된 후에도 여불위와 계속 간통하고, 끊임없는 색정을 밝혀 그러한 불륜의 관계를 지속할 수 없다는 것을 판단한 여불위가 "자지" 하나의 꼴리는 힘으로 큰 오동나무 수레바퀴를 돌릴 수 있는(以其陰關桐輪而行) 노애(嫪毐)라는 황당한 놈을 환관으로 둔갑시켜, 진시황의 엄마이자 자기 옛 애첩이었던 태후의 섹스 파트너로서 집어넣어준 이야기, 그로 인하여 온갖 추행이 전개되고 그러한 드라마로 인하여 여불위에게 몰락의 비극과 죽음의 그림자가 드리우는 그 설화(說話) 결구(結構)를 액면 그대로 받아들이기는 어렵다. 그것은 한나라 장안(長安)의 시장에서 떠드는 약장수의 이야기일 수는 있겠으나 정사(正史)의 사료로서 우리가 그대로 인정하기는 곤란하다. 이러한 이야기 때문에 여불위라는 인간의 가치가 코믹하게 느껴지고 따라서 『여씨춘추』의 가치마저 코믹하게 하락되고 말았다면 그것은 참으로 불행한 일이다. 그러나 사마천의 『사기』는 그토록 권위가 있었고, 사마천의 붓길은 『여씨춘추』를 2천 년간 인간의 무지 속에 파묻어 두는 데 진실로 큰 공헌을 하였던 것이다.

제10장: 『여씨춘추』를 논함

『한서』「예문지」가 말하는 대로 『여씨춘추』는 과연 잡가일까?

『한서』「예문지」는 『여씨춘추呂氏春秋』 26편(二十六篇)을 유가, 도가, 음양가, 법가, 명가(名家), 묵가, 종횡가 등 그 어느 분류에도 끼지 못하는 잡가자류(雜家者流)로 규정하고 있다. 그 바람에 『여씨춘추』는 일정한 견해나 사상의 족보가 박약한 잡서(雜書)로서 인상 지워지는 경향이 강했다. "잡雜"이라는 어휘 속에는 분명 천시하는 가치판단이 들어가 있다. 곽말약도 『십비판서十批判書』 속에서 "잡雜"이라는 명칭 속에는 악의가 숨겨져 있다고 지적한다. 내가 생각하기에는 『한서』「예문지」의 분류로써 일논(一論)하자면 『여씨춘추』는 "유가"로써 들어갔어야 한다. 중국문명의 정통의 위치를 확보했어야만 했을 서물이었다. 『여씨춘추』가 당대의 다양한 사상을 포용하고 있는 것은 잡(雜)하다고 말할 것이 아니라, 오히려 그 잡 속에서 어떤 통일성을 지향하고 있다고 하는 그 위대한 측면을 간파해야 한다. 그것은 시대적 분위기의 정직한 반영이다. 『여씨춘추』에는 통일제국의 비젼이 있었다. 그 비젼을 위해서는 여하한 사상경향도 가릴 여가가 없었다. 『여씨춘추』의 잡한 성격이야말로 『여씨춘추』의 강점이다. 이러한 문제에 관하여 『여씨춘추』 스스로가 변론하고 있는 대목을 한번 살펴보자. 「심분람審分覽」 「불이不二」편에:

> 聽群衆人議以治國, 國危無日矣。何以知其然也。老耽貴柔, 孔子貴仁, 墨翟貴廉, 關尹貴淸, 子列子貴虛, 陳駢貴齊, 陽生貴己, 孫臏貴勢, 王廖貴先, 兒良貴後。此十人者, 皆天下之豪士也。有金鼓, 所以一耳, 必同法令, 所以一心也, 智者不得巧, 愚者不得拙, 所以一衆也, 勇者不得先, 懼者不得後, 所以一力也。故一則治, 異則亂, 一則安, 異則危。夫能齊萬不同, 愚智工拙, 皆盡力竭能, 如出乎一穴者, 其唯聖人矣乎! 無術之智, 不敎之能, 而恃彊速貫習, 不足以成也。

> 많은 사람들의 제각기 다른 의견을 다 좇아 나라를 다스리려고 한다면, 나라는 며칠이 안 가서 위태로운 지경에 빠지고 말 것이다. 어떻게 그러하다는 것을 아는가? 노담(老耽)은 유(柔: 노자가 말하는 부드러움)를 귀하게 여기고, 공자는 인(仁)을 귀하게 여기고, 묵적(墨翟)은 렴(廉: 물질적 생활의 검약)을 귀하게 여기고, 관윤(關尹: 전설적 도가사상가)은 청(淸: 삶의 깨끗한 소박성)을 귀하게 여기고, 자열자(子列子)는 허(虛)를 귀하게 여기고, 진병(陳駢: 전병田駢이라고도 한다)은 제(齊: 생·사의 한 이치, 제물齊物의 제)를 귀하게 여기고, 양생(陽生: 양주

楊朱)은 기(己: 위아爲我의 이기적 주장)를 귀하게 여기고, 손빈(孫臏)은 세(勢)를 귀하게 여기고, 왕료(王廖: 병권모가兵權謀家. 진목공秦穆公을 섬긴 내사료內史廖)는 선(先: 실전에 앞선 계략이 중요하다)을 귀하게 여기고, 아량(兒良: 전국시대의 병가兵家)은 후(後: 계략보다 실전이 중요하다)를 귀하게 여겼다. 이 열 사람을 보라! 모두 제각기 일가를 이룬 천하의 호걸들이다. 그러나 생각해보자! 싸움에서 왜 징과 북을 두드리는가? 그것은 전투에 참가하는 사람들의 귀를 통일시켜 행동의 질서를 주기 위함이다. 나라가 법령을 제일적으로 적용하는 것은 사람들의 마음을 하나로 만들기 위함이다. 머리가 좋은 사람이라도 함부로 기교를 발휘하도록 하지 않으며, 머리가 나쁜 사람이라도 아둔한 상태로 두지 않는 것은 대중의 지력을 하나로 모으려 하기 때문이다. 용기있는 자라고 함부로 나서지 않게 하며 두려워하는 자를 쳐지지 않게 하는 것은 힘을 하나로 모으려 하기 때문이다. 그러므로 하나로 모으면 나라가 다스려지고, 제각기 뿔뿔이 흩어지면 나라가 어지러워진다. 하나로 모아지면 나라가 편안해지고, 제각기 다른 주장을 하면 나라가 위태롭게 된다. 대저 만 가지로 다른 다양한 것들을 가지런히 하나로 모으고, 어리석은 자나 지혜로운 자나, 정교한 자나 거친 자나 모두 있는 힘을 다하여 능력을 발휘하는 것이 하나의 원천(구멍)에서 나온 것 같이 만드는 것은 성인(聖人)이 아니고서는 도저히 불가능한 것이다. 지혜는 있으나 아랫사람을 통제할 수 있는 술(術)이 없고, 능력은 있으나 백성을 교화시킬 수 있는 가르침의 방책이 부족한 채, 강압적인 수단으로

속성(速成)만을 강요하고, 관행으로 내려오는 구습(舊習)에 만 의지한다면 국가통치의 성공이란 도저히 기대할 수 없는 것이다.

모든 다양성을 포용하는 일(一)

춘추전국시대의 제자(諸子)들은 모두 자가(自家)의 학설만이 유일한 선이라는 것을 고집하고 타설을 배척하는 것을 논쟁의 핵심과제로 삼았다. 그러나 여기서는 놀라웁게도 학설의 다양성에 대한 관용이 있다. 십가(十家)의 학설을 한 큐에 꿰어 말하는 품새도 이전의 주장과는 사뭇 다르다. 각 학파의 학설의 주요테마를 하나의 단어로 요약해서 말하는 것도 이미 『여씨춘추』의 시대에는 각 학파의 주장이 명료하게 하나의 특징적 개념으로 정리될 만큼 담론화되어 있었다는 것을 의미한다. 순자에게도 「비십이자非十二子」라는 편이 있지만 이것은 열두 사상가를 비난하기 위하여 나열하는 것이다. 그러나 『여씨춘추』는 각가의 특징을 비난하기 위하여 늘어놓는 것이 아니라, 그들의 다양한 주장을 제각기 특색있는 학설로서 관용하면서 소개하고 있는 것이다. 그러나 이 다양한 학설을 그들의 주장대로 다 쫓아가는 것은 위국(危國: 나라를 위태롭게 함)의 첩경이다. 문제는 이 다양한 학설을 배척하는 것이 아니라 그것을 종합하여 하나의 구심체로 끌어모으는 작업이 필요하다는 것이다. 그것은 다(多) 속에서 일(一)을 끄집어 내는 것이요, 잡(雜)을 전일(全一)한 그 무엇에로 통합시키는 것이다. 일(一)은 타를 배척하는 일이 아니요, 타를 포용하는 일이 되어야 한다. 다(多)를 다 소화하여 일(一)로 묶어내는 것, 그것을 "제만부동齊萬不同"이라고 표현하고 있다. "우지공졸愚智工拙"이 모두 "진력갈능盡力竭能"하게 만드는 것, 그 모든 다양한 재능과 사상이 하나의 광원에서 프리즘을 투과하여 나온 무지개처럼 창공에 펼쳐지게 만드는 것, 그것이야말로 성인이 해야 할 일이라는 것이다. 더 이상 구습(舊習)의 강압(强壓)에 의하여 세계를 지배해서는 새로운 통일제국을 형성할 수 없다는 것이다. 이미 주(周)나라는 진(秦) 소왕(昭王) 말년, BC 256년에 공식적으로 종언을 고했으며, 주나라 천자의 상징인 구정(九鼎)이 이미 진나라로 귀속되었다. 그리고 진왕 정(政)은 확고한 통일기반을 마련했으며 육국(六國: 초楚·연燕·제齊·한韓·위魏·조趙)의 멸절은 풍전등화와도 같은 가냘픈 운명에 매달려 있을 뿐이었다. 대제국의 탄생을 임박케 하는 진왕 정의 말발굽이 중원의 대지를 뒤흔들기 직전, 진나라의 중부(仲父) 여불위는 바로 이 『여씨춘추』를 편찬하고 있었던 것이다. 여불위는 이미 진제국의 탄생을, 정이 태어나기 전부터 예상했고 마스터플랜을 짰다. 그리고 모든 것이 그 꿈대로 실현되어 갔고, 그 최종의 완성을 눈앞에 두고 있는 상황에서 『여씨춘추』라는 거대한 서물을 편찬하고 있었던 것이다. 무력으로 인한 통일은 이미 끝난 것이나 마찬가지였다. 대세를 통찰할 줄 아는 그랜드한 비전의 사나이 여불위는 지금 춘추·전국의 제자백가의 외침 속에 전승되어온 다양한 사상의 통일이 없이는, 무력에만 의존하는 제국의 성립은 그 자체가 하나의 가냘픈 풍전등화일 뿐이라고 생각하고 있는 것이다. 『여씨춘추』의 편찬상황에 관한 사마천의 기록을 한번 훑어보자!

當是時, 魏有信陵君, 楚有春申君, 趙有平原君, 齊有孟嘗君, 皆下士喜賓客以相傾。呂不韋以秦之彊, 羞不如, 亦招致士, 厚遇之, 至食客三千人。是時諸侯多辯士, 如荀卿之徒, 著書布天下。呂不韋乃使其客人人著所聞, 集論以爲八覽、六論、十二紀, 二十餘萬言。以爲備天地萬物古今之事, 號曰呂氏春秋。布咸陽市門, 懸千金其上, 延諸侯游士賓客有能增損一字者予千金。

이 시기에 위(魏)나라에는 신릉군(信陵君: 무기無忌. 위나라 안리왕安釐王의 아우), 초(楚)나라에는 춘신군(春申君: 황헐黃歇. 초나라의 귀족), 조(趙)나라에는 평원군(平原君: 조승趙勝. 조나라 혜문왕惠文王의 아우), 제(齊)나라에는 맹상군(孟嘗君: 전문田文. 제선왕齊宣王의 이복동생 전영田嬰의 아들)이 있었는데, 이들은 모두 천하의 선비들 앞에서 자신을 낮출 줄 알았고 빈객(賓客) 좋아하기를 서로 경쟁하였다. 여불위는 진나라가 강성하기는 하지만 문화적으로 그 여타 나라와 같지 못함을 부끄럽게 여기었다. 그래서 또한 선비들을 불러 모으고 그들을 후대하였는데 식객(食客)이 3천 명에 달하였다. 이 시기에 제후국들에는 변론을 잘하는 지식인들이 많았는데, 순경(荀卿: 순자를 일컫는다. 『여씨춘추』가 편찬될 당시 제나라 직하학파의 총장을 지낸 바 있는 순자는 생존해 있었다. 초나라 재상인 춘신군[春申君]의 전폭적인 지원으로 난릉[蘭陵]의 현령으로 있다가 춘신군이 죽자[BC 238] 관직을 물러난 뒤 계속 난릉에서 제자들을 키우고 저작에 몰두하였다. 아마 순자의 제자들[직하학파계열] 중 상당수가 여불위의 식객으로 유입되었을 것이다)의 무리들은 글을 지어 천하에 유포하였다(순자계열의 사상가들이 여불위집단에 많았다는 것을 암시한다. 沃案). 여불위는 이에 자기에게 모여든 식객들로 하여금 그들의 식견을 집필케 하였다. 이들의 논문을 모아 「팔람八覽」, 「육론六論」, 「십이기十二紀」로 편집했는데, 모두 20여 만 언이나 되었다. 여불위는 이로써 천지만물에 관한 고금(古今)의 일이 다 구비되었다고 생각하였고, 이 책을 이름 지어 『여씨춘추』라고 하였다. 『여씨춘추』가 완성되자 그것을 함양(咸陽)의 성문에 진열해놓고 그 위에 천금을 놓았다. 그리고 제후국의 유사(游士)나 빈객(賓客) 중에 여기에 한 글자라도 더하거나 뺄 수 있는 자에게는 천금을 주겠다고 널리 포고하였다.

『여씨춘추』는 치열한 편집의 결과물

이 기사로써 우리는 『여씨춘추』 편찬의 실제정황에 관하여 많은 정보를 얻을 수 있다.

1) 『여씨춘추』는 한 사람의 체계적인 저술이 아니라, 당시 중원 각국에 포진되어 있던 다양한 사상가들이 모여서 만든 것이다.
2) 다양한 사상가들이 모인 만큼 다양한 사상에 대한 존중이 있다.

3) 이들 사상가들에게 일정한 테마를 주고 각기 집필케 한 후에 따로따로 집필된 논문들을 한데 모아 편집한 것이다.
4) 편집의 체계가 치밀하여 한 글자의 가감도 있을 수 없다고 자랑할 정도의 전체 틀을 갖추었다.

이상의 정황은 오늘 우리가 목도하는 텍스트의 실상과 그대로 부합된다. 「십이기十二紀」는 12권이며 각 권마다 5편씩 할당되어 총 60편이 있으나 마지막에 「서의序意」편이 삽입되어 61편이고, 「팔람八覽」은 8권이며 각 권마다 8편씩 할당되어 64편이 될 텐데, 「서의」편이 삽입되는 바람에 「유시람有始覽」에서 한 편을 감하여 63편이 되었고, 「육론六論」은 6권이며 각 권마다 6편씩 할당되어 36편이 되었다. 그러니까 전체가 26권 160편인데, 이 숫자에도 편집의도가 반영되어 있을 뿐 아니라, 또 각 편마다 대강의 균일한 분량이 정해져 있어 『여씨춘추』는 치열한 편집의 결과물이라는 것을 알 수 있다. 그리고 서로 다른 사상가들의 논의를 하나의 서물로서 결집시키는 어떤 특수한 체계를 갖춘 노력의 결과라는 것을 알 수 있다. 단순히 잡가라고 치부해버릴 수 없는 어떤 내면적 통일성을 상정하지 않을 수 없다.

「팔람」이 먼저냐, 「십이기」가 먼저냐?

그런데 『사기』의 기록에서 가장 중요한 사실은 편집체계가 「팔람」, 「육론」, 「십이기」의 순서로 되어 있다는 사실이다. 이것은 본 서의 편집체계의 원래 모습을 전하고 있는 중요한 언급으로 간주된다. 오늘날의 『여씨춘추』는 「십이기」, 「팔람」, 「육론」의 순서이다. 즉 「십이기」가 앞으로 와있는 것이다. 『여씨춘추』를 보통 『여람呂覽』이라고 말하기도 하는데 이것은 「팔람八覽」이 가장 앞으로 와있는 상황에서 유래된 것이다. 그리고 「팔람」의 제1람이 「유시람有始覽」으로 되어 있는데, 「유시람」의 내용이 전체 서물의 총론적 성격을 지니고 있어 그것을 경(經)이라고 한다면, 나머지 일곱 람과 육론(六論)이 전(傳)에 해당된다고도 말할 수 있다. 역시 「팔람」이 맨 처음에 오는 것이 이 책의 본면목이었다는 생각이 든다. 텍스트의 문제에 관하여 이 자리에서 상론(詳論)하기는 어려우나, 「십이기」와 「팔람」, 「육론」은 좀 성격을 달리하는 서물이다. 「육론」은 「팔람」을 만들고 난 후에 거기에 편입되지 못한 논문들을 가지고 만든 속편과도 같은 성격의 서물이기 때문에 「팔람」과 「육론」은 하나의 연속된 흐름을 형성한다.

『여씨춘추』라는 서명의 유래

그러나 「십이기十二紀」라는 것은 춘·하·추·동을 다시 맹(孟)·중(仲)·계(季)로 세분하여 일년의 체계를 세운 것이다. 그러니까 맹춘·중춘·계춘·맹하·중하·계하·맹추·중추·계추·맹동·중동·계동의 12달에 일어나는 일, 그리고 있어야 할 일들을 기록한 시령(時令)의 서물로서 매우 독특한 정치시스템을 갖춘 것이다. 『여씨춘추』라는 책 이름은 바로 십이기(十二紀)가 춘추(春秋: 시간의 흐름)를 의미하기 때문에 붙여진 이름이다.

시령(時令)의 정치

제국은 시간 속에서 흘러가고 운영된다. 이러한 말이 요즈음 사람들에게는 별다른 의미를 갖지 못하는 것은 시간과 인간사회의 사이에 너무도 시령을 무시하는 인위적 시스템이 발달했기 때문이다. 그러나 옛 사람들에게는 한 나라의 운영도 반드시 열두 달의 시령에 따라 움직여야 그 효율을 획득할 수 있었다. 전쟁을 농경이 시작되는 봄에 일으킬 수 없는 것이요, 죄인의 처형 또한 만물이 소생하는 봄에 할 수 없는 것이다. 낙엽이 떨어질 때 죄인의 목도 떨어져야만 하는 것이다. 나는 이 글을 쓰고 있는 이 순간에 노 전 대통령의 서세(逝世) 소식을 접했다. 고인의 명복을 비는 것 외에 내가 무슨 말을 하리오마는 그는 적절한 시의에 죽음을 선택함으로써 그릇 인도되어가는 민심을 바로잡고 역사의 정의로운 대세를 새삼 각인시켰다. 그리고 권좌에 있는 모든 자들에게 아무도 우리사회의 죄악으로부터 자유스러울 수 없다는 반성의 염을 촉구시켰다. 구한말에는 자정치명(自靖致命)의 의열지사(義烈之士)들이 있었으나 근자에는 자신의 업(業)에 책임을 질 줄 아는 정치인들이 너무도 없었다.

정치는 타이밍의 예술, 시령과 인간세의 합일

여기 「십이기」의 시령사상이 우리에게 전하려고 하는 것은 정치는 근본적으로 타이밍의 예술이라는 것이다. 시령의 사상은 천지자연(天地自然)과 인간(人間)의 하나됨을 말하고 있다. 하늘의 기가 하강하고 땅의 기가 상등(上騰)하면서 생물이 맹동(萌動)하는 맹춘

(孟春)의 달에는 시생(始生)하는 천지의 기운에 맞추어 전성(全性: 본성을 온전하게 함)하고 전덕(全德: 덕을 온전하게 함)해야 하며(「본생本生」편), 욕망을 조절하여 장생의 길을 터득해야 하며(「중기重己」편), 무편무당(無偏無黨)의 공도(公道)를 실천함으로써 천하를 한 사람의 사심으로써 소유하는 것이 아니라 천하의 천하가 되게 하며(「귀공貴公」편), 사심(私心)을 버려야 한다(「거사去私」편). 하늘은 사적인 마음으로 만물을 덮지는 않는다(天無私覆也). 땅은 사적인 마음으로 만물을 품지 않는다(地無私載也). 해와 달은 사적인 마음으로 불을 밝히지 않는다(日月無私燭也). 사계절은 사적인 마음으로 제멋대로 움직이지 않는다(四時無私行也). 그 자연스러운 덕을 골고루 베풀어 만물이 다 같이 성장하도록 만들고 있는 것이다(行其德而萬物得遂長焉). 황제(黃帝)가 일찌기 말하지 않았던가? 아름다운 음악이라도 그 도가 지나쳐서는 아니 되고, 화려한 색채라도 그 도가 지나쳐서는 아니 되고, 가볍고 따스한 옷이라도 그 도가 지나쳐서는 아니 되고, 향기를 흠상해도 그 도가 지나쳐서는 아니 되고, 맛있는 음식이라 해도 그 도가 지나쳐서는 아니 되고, 쾌적한 주거라도 그 도가 지나쳐서는 아니 된다고. 요(堯) 임금에게 아들이 열이나 있었어도 아들에게 제위를 물려주지 아니 하고 순(舜)에게 주었고, 순 임금에게 아들이 아홉이나 있었어도 아들에게 제위를 물려주지 아니 하고 우(禹)에게 주었다. 이 모든 것이 지공(至公)의 존중이다!

지공(至公)한 거사(去私)의 제국

겉으로는 자연(Nature)과 인간(Human Society)의 합일을 말하고 있는 시령(時令)의 자연철학 같이 들리지만 그것이 소기하고 있는 바는 지공무사(至公無私)한 새로운 제국의 질서를 설파하고 있다는 데 『여씨춘추』의 위대한 소이연이 있다. 과거의 정치체제와는 다른 사적 권력의 개입이 없는 새로운 질서, 사유(私有)가 없는 제국의 질서, 그렇지만 이러한 질서를 창조하기 위해서는 강력한 군주를 필요로 한다는 현실적 요청은 하나의 딜레마가 아닐 수 없다. 일인(一人)이 소유하는 천하가 아닌, 천하가 소유하는 천하(天下非一人之天下也, 天下之天下也), 과연 이러한 천하를 어떻게 일인(一人)이 없이 창조한단 말인가? 『여씨춘추』가 성립할 즈음에는 이미 강력한 진왕 정(政) 한 사람(一人)에 의한 제국의 제패가 눈앞의 현실로서 그려지고 있었다. 강력한 군주와 지공무사한 정치체제의 결합은 결국 군주의 무위(無爲)라는 도·법적 사유로 귀착된다. 이것이 후대에 황로사상(黃老思想)이라고 부르게 되지만 그 원형, 그 생생하고 진실한 요청의 실상을 우리는 『여씨춘추』에서 발견하게 되는 것이다.

『여씨춘추』의 군주론: 집권의 요청과 견제

『여씨춘추』가 말하는 군주론은 새롭게 중국문명에 등장하는 훗날의 진시황 정(政)에 대한 인정과 견제의 양면을 지니고 있는 것이다. 그 군주론을 요약하면 다음과 같다.

1) 군주는 국정의 개별적 사안에 관여해서는 아니 된다. 정무의 만단(萬端)을 능력있는 신하들에게 맡겨야 한다.
2) 군도(君道)는 "정靜," 신도(臣道)는 "동動." 군도는 "인因," 신도는 "위爲." 군주된 자는 군·신의 구별을 확실하게 하고, 자신은 "무지무능無知無能"의 철학을 실천하면서 신하의 "유지유능有知有能"에 철저히 의거할 것.
3) 군주는 천박한 이목(耳目)의 시청(視聽)을 버리고, 번잡한 사려(思慮)를 중단하고("에포케*epochē*"에 집어 넣는다), 성명(性命)의 정(情)을 따르고 오직 허정무위(虛靜無爲)의 양생(養生)만을 힘쓴다. 그렇게 함으로써 군주는 마음을 비울 수 있고, 마음을 비울 수 있기에 만기(萬機)를 총람(總覽)할 수 있으며, 또 신하들의 명(직분)과 실(실적)이 상부한가, 상부하지 아니 한가를 정확히 따져 그들을 통어(統御)함으로써 실권을 유지한다.

제국의 관건: 유능한 사(士)의 확보

이러한 군주의 무위론에서 상대적으로 부각하는 것은 유능한 사 계급의 부상이다. 그리고 정치는 얼마나 유능하고 정직한 사(士)를 확보하느냐에 달려있는 것이다. 결국 여불위가 꿈꾼 새로운 제국의 질서는 편협한 법가의 좌파무리들에 의하여 망가져 갔다. 여불위의 『여씨춘추』가 성립하면서 진시황은 새로운 진제국의 탄생에 박차를 가하게 된다. 그러나 진시황은 여불위의 품을 떠난다. 그리고 여불위는 실각한다. 여불위는 『여씨춘추』를 유언장으로 남기고, 권력의 암투 속에서 구구하게 생존할 생각을 하지 않고 깨끗하게 짐독(鴆毒)의 잔을 들이킨다. 결국 여불위의 자결과 함께 진제국의 단명(短命)은 결정된 것이다. 그러나 『여씨춘추』의 이상(理想)은 한제국의 원동력이 되었다. 그리고 그 무위(無爲)의 제왕과 능력있는 사(士)의 유위(有爲)질서는 실상 송대에나 내려와 그 청사진이 제대로 그려진다. 그러나 송대에도 그러한 이상은 실현되지 않았다. 그 과제상황은 오늘의 동아시아문명의 정치현실에까지 적용되고 있는 것이다. 아무리 의회민주주의가 발달했다고 한들, 정치적 리더들이 만물을 사심 없이 휘덮는 하늘과도 같은, 만물을 사심 없이 품에 안는 대지와도 같은, 지공무사한 마음을 지녀야 한다는 여불위의 외침은 결코 공허한 울림은 아닐 것이다.

여불위 자신의 변: 제왕의 무위(無爲), 신하의 거사(去私)

여불위 자신의 변을 한번 들어보자! 『여씨춘추』가 완성되었을 때 어떤 평범한 사람이 여불위에게 「십이기十二紀」에 관해 물었다. 그러자 문신후(文信侯: 장양왕[莊襄王: 여불위가 자금을 댄 자초子楚] 원년元年에 여불위는 승상丞相이 되었고 문신후에 봉하여졌다)가 이와 같이 대답했다.

> 嘗得學黃帝之所以誨顓頊矣:“爰有大圜在上, 大矩在下。汝能法之, 爲民父母。”蓋聞古之淸世, 是法天地。凡十二紀

者, 所以紀治亂存亡也, 所以知壽夭吉凶也。上揆之天, 下驗之地, 中審之人, 若此則是非可不可, 無所遁矣。天曰順, 順維生。地曰固, 固維寧。人曰信, 信維聽。三者咸當, 無爲而行。行也者, 行其數也。行數, 循其理, 平其私。

나는 일찌기 황제(黃帝)가 그의 손자인 전욱(顓頊)을 교육할 때 다음과 같이 말했다고 들은 적이 있다: "너의 머리 위로는 저 둥근 거대한 하늘이 있고 너의 발 아래는 저 네모난 거대한 땅이 있다. 너는 저 하늘과 땅을 본받아라. 그리하면 너는 백성들의 부모되기에 부족함이 없으리로다." 그리고 내가 또 듣기로도, 옛날의 깨끗한 치세에는 모두가 천지의 큰마음을 본받았다고 한다. 대저 십이기라고 하는 것은 다스려지거나, 어지러워지느냐, 사느냐, 죽느냐의 기로를 밝힌 것이며, 장수와 요절, 길조와 흉조의 분별을 깨닫게 하려 함이라. 십이기로써 위로는 하늘을 엿볼 수 있고, 아래로는 땅의 현실을 증험하며, 가운데로는 인간세를 살필 수 있다. 이와 같이 하면, 옳고 그름, 가(可)함과 불가(不可)함이 숨을 곳이 없어진다. 하늘의 본질은 순조로운 질서이다. 순조롭기 때문에 만물을 생성할 수 있다. 땅의 본질은 확고한 떠받침이다. 확고하기 때문에 만물이 편안함을 얻는다. 사람의 본질은 거짓을 모르는 신험이다. 신험이 있기에 사람들이 서로 믿고 따를 수 있는 것이다. 이 천 · 지 · 인 삼자가 다 같이 마땅한 바를 얻으면 모든 것은 억지로 강요하지 않아도 절로 행하여진다(無

爲而行). 행하여진다고 하는 것은 객관적 법칙을 행하는 것이다. 객관적 법칙을 행하게 되면, 합리적 질서(理)를 따르게 되고, 인간의 사사로운 정욕을 평정할 수 있게 되는 것이다(「서의序意」).

여기서 이미 우리는 여불위라는 탁월한 비져너리(visionary)의 사심 없는 요청을 들을 수 있다. 군주에게는 무위를 요청하고, 신하에게는 합리(合理)와 거사(去私)를 요청하고 있는 것이다.

여불위의 비젼과 효 담론

이러한 문제와 관련하여 특기할 일은 『여씨춘추』 본래 모습의 최초의 머릿권인 「유시람有始覽」 다음 권이 「효행람孝行覽」으로 되어 있다는 놀라운 사실이다. 『여씨춘추』의 전 체계에서 "효孝"가 얼마나 중요한 위치를 차지하고 있는가 하는 사실을 입증하고 있는 것이다. 「효행람」의 「효행孝行」편을 일별해보면 그것은 거의 현행 『효경』의 날개(翼: 주석의 의미를 포함)와도 같다는 인상을 받는다.

왜 『여람呂覽』의 제1람 총론에 해당되는 「유시람有始覽」의 경문(經文)이 끝나고, 그것의 전(傳)에 해당되는 제2람의 첫머리를 「효행孝行」편이 장식하게 되었을까? 생각해보라! 여불위가 갈구한 새로운 제국의 사상질서의 실현을 위하여 "효孝"만큼 유용한 사회적 담론을 찾기가 어려웠을 것이다. 여불위가 생각하는 자연과 인간의 상응

질서라는 자연주의적 세계관을 전제로 할 때, 효처럼 인간에게서 천지(天地)와 호흡하는 자연의 질서에서 출발한 구체적 덕성을 찾기도 어렵다. "대저 효라는 것은 하늘의 벼리요, 땅의 마땅함이요, 백성이 행하여야 할 바이다. 夫孝, 天之經也, 地之誼也, 民之行也"라는 『효경』의 메시지는 "위로는 하늘을 헤아리며, 아래로는 땅을 증험하며, 가운데로는 인간세를 살핀다. 上揆之天, 下驗之地, 中審之人"라는 여불위의 메시지와 크게 다를 바 없다.

치세의 제1원리: 효라는 보편주의적 패러다임

그리고 "효"의 특징은 명백한 보편주의적 패러다임(universalistic paradigm)을 항상 과시한다는 것이다. 효는 구체적으로 인간에게 인지될 수 있으면서도 누구에게든지, 천자로부터 서인에 이르기까지, 예외적 상황이 될 수 없다고 하는 보편적 덕성의 면모를 지닌다. 이러한 자연주의적이면서도 보편주의적인 덕성이야말로 치세(治世)의 제1원리가 될 수가 있다.

그리고 효는 『여씨춘추』가 추구하는 무위론적 세계관과 합치한다. 효를 보편적 질서로서 한 국가가 실천하게 될 때 그 국가는 저절로 다스려진다는 것이다. 『효경』에서는 "불숙이성不肅而成," "불엄이치不嚴而治"라는 말이 중요한 의미를 지니는데, 이것은 백성의 교화가 엄숙주의에 의존하지 않아도 저절로 이루어지고, 정교나 법령이 엄형주의에 의존하지 않아도 저절로 다스려지게 된다는 것이다. 여불위는 "효"를 과거의 권위주의(authoritarianism)적 치세방법에서 벗어난 새로운 무위지치(無爲之治)의 한 전형으로 생각했을 수도 있다.

『효경』의 저자는 여불위의 식객이었다

사도 바울은 "십자가와 부활"이라는 추상적 가치로써 인욕을 절제시키고 영으로 다시 태어나는 인간세의 새로운 보편주의적 질서를 설파함으로써 로마제국을 압도하는 새로운 제국의 질서를 창출해내는 데 성공한다. 『효경』의 저자는 인간의 생리적 본능으로부터 고도로 추상화된 상징계의 도덕적·인문적 원리까지를 포괄할 수 있는 "효"라는 개념 하나로 새로운 제국의 질서를 창출할 수 있다고 생각했다. 그 『효경』의 저자, 그 엑스(x)는 누구일까? 나는 감히 단언한다. 아니, 단언할 수밖에 없다. 그 엑스는 여불위의 식객 중의 한 사람이었을 것이다.

『효경』과 「치의」, 『여씨춘추』와 『효경』

요즈음 간백(簡帛)자료가 출토된 이후 중국 고경의 상한선을 마구 올려잡는 경향이 있으나 『효경』의 경우, 그런 방식으로 올리기에는 너무도 명백한 양식의 한계가 있다. 최근 곽점에서 출토된 죽간 중에 현행 『예기』 속에 보존되어 있는 「치의緇衣」편의 부동전본(不同傳本)이 발견되어 충격을 주었다. 「치의」편은 어떤 간략 주제를 전개하고 그 논리를 『시』나 『서』의 구절을 인용함으로써 마감하는 양식을 취하고 있는데, 그러한 양식이 『효경』과 동일하다는 측면에서 『효경』과 「치의」가 동시대의 작품이 아니냐고 반문할 수 있지만, 『효경』은 「치의」의 양식은 취했으나, 「치의」의 잡다한 성격에 비해 아주 전일한 주제를 다루고 있으며 전체가 어떤 의도된 결구를 과시하고 있기 때문에 「치의」보다는 후대에 성립한 것이 확실하다. 더구나 「치의」에는 현실정치적 효과라는 것이 전혀 직접적으로 반영되어 있지 않으나 『효경』은 효라는 일관된 주제를 "위정爲政"과 결합하여 "효치孝治"라는 정치적 개념을 창출해내고 있다. 『효경』은 분명 새로운 제국질서의 태동을 감지하면서 『여씨춘추』에 앞서 어떠한 사상가가 집필한 작품이며, 『여씨춘추』에 서물로서 인용되었다는 것은 『여씨춘추』를 편집한 학자군 속에 그 엑스가 포함되어 있었을 가능성을 시사하는 것이다. 그 엑스가 증자학파 계열의 사람일 수도 있겠으나 반드시 그렇게 볼 필요는 없다. 아사노 유우이찌(淺野裕一)는 증자문하의 사람이 전국말기에 공자의 "르쌍띠망 *ressentiment*"을 해결하기 위하여, 공자에게 왕자(王者)의 자격을 부여하기 위한 위장공작의 일환으로 『효경』을 썼다고 말한다. 공자를 허구적인 공자왕조의 개종(開宗)으로서 떠받들기 위하여 만든 일종의 공자 해원(解寃)의 선전작품이라고 혹평하고 있다(『공자신화孔子神話』 제6장). 그러나 그의 시각은 너무 편협하다. 내가 『논어한글역주』에서 설파했듯이(1-147~156), 아사노는 "르쌍띠망"이라는 개념 자체도 제대로 파악하지 못한 상태에서 그 부적절한 개념을 공자에게 덮어씌우고 있다. 그리고 공자와 『효경』이 르쌍띠망이라는 주제로 연결될 가능성은 전무하다. 『효경』은 증자–맹자 계열의 유교를 적통으로 하면서, 순자, 법가, 도가의 사상을 폭넓게 수용한 엑스가 시세의 풍운을 감지하면서 만든 걸작품이고, 그것이 『여씨춘추』의 성립의 한 원동력이 되었다고 보아야 한다. 그러나 『여씨춘추』는 한대에까지는 상당한 영향을 끼쳤으나 그 후 역사에서 종적을 감추었고, 『효경』만이 살아남아 막대한 영향을 끼쳤고 결국 동아시아문명을 효의 제국문명으로 만들고 말았던 것이다.

『효경』과 진(秦)제국의 탄생, 헬레니즘 사상 속에서 로마제국 부상

재미있는 사실은 『효경』의 저자가 산 시대가, 에피쿠로스(Epikuros, BC 341~270)나 스토아학파의 창시자인 제논(Zenon, BC 336~264)과 같은 사상가들이 산 헬레니즘의 시대와 병행되고 있다는 사실이다. 알렉산더대제로 인하여 제국이 출현하면서 폴리스가 코스모폴리스로 확대되고, 동서문명의 교류가 활발하였으며, 견유학파(Cynics), 스토아학파(Stoics), 에피큐로스학파(Epicurean), 회의학파(Sceptics) 등의 자유로운 사상가들이 다양한 논리를 제공하였다. 이들의 아타락시아(*ataraxia*)와 같은 양생의 논리, 선악의 초월, 그리고 이성과 절제를 가르치는 로고스적 세계관은 서구사상사에서 최초로 인생론과 우주론이 본격적 결합되는 계기가 되었고 그것이 신흥 로마문명의 새로운 정신질서의 바탕이 되었다. 여불위의 비젼과 더불어 진제국문명이 탄생되어가는 과정이나, 로마가 이탈리아반도를 통일하고 결국 카르타고를 제압, 지중해 제해권을 거머쥐면서 새로운 제국을 형성해가는 과정은 맞물려있다. 『효경』의 탄생과 바울의 서한문을 동차원에 비교할 것은 아니지만 둘 다 가장 지속적인 동·서문명의 제국의 정신적 기둥이 되었다는 측면에서 아니 비교될 수 없다. 효(*Xiao*)에도 부활(Resurrection)에도 다 신화적 측면이 있고, 다 인문적 측면이 있다. 그러나 부활은 건강한 인문의 기준이 흔들리면 항상 신화로 퇴행한다. 그러나 효에 있어서의 신화는 강요된 정치적 세뇌일 뿐이며, 그러한 세뇌가 쇠퇴할 수밖에 없는 과학적 세기에 있어서는 가장 비폭력적이고 자발적이며 상식적인 인문질서를 끊임없이 창조해낼 수 있다는 측면에서 보다 안전하게 지속적일 수 있는 의식형태라고 사료된다. 광명천지에서 부활의 신화는 호박꽃처럼 한 철일 뿐 견지되기 어렵다. 그것은 우신(愚信)이다. 종교의 제도나 경전의 권위를 빌리지 않고 합리적인 도덕질서를 창조하는 데는 효 이상의 대안을 찾기가 어렵다. 우리에게 너무도 상식화되어 있고, 내면화되어 있기 때문에 우리는 그것을 객관적 실체로서 감지하지 않을 뿐이다.

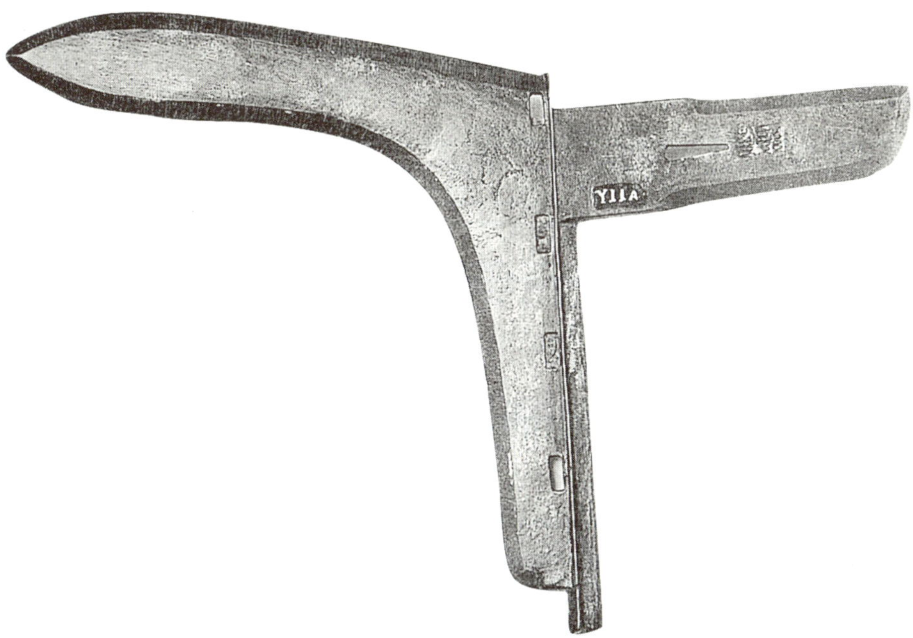

"오년상방여불위五年相邦呂不韋" 청동과靑銅戈

청동시대가 시작된 후로 가장 보편적으로 쓰인 무기는 과戈였다. 은말주초殷末周初로부터 진한秦漢에 이르기까지 대표적인 병기兵器가 과였다. 우리가 쓰는 "전戰"이라는 글자에 "과戈"가 들어가 있는 것을 보아도 과거 전쟁의 주무기가 과였음을 알 수 있다. 찌르는 용도만을 지닌 창모양의 것은 "모矛"라고 하는데 모에 비하여 과의 용도는 다양하다. 날카로운 칼날이 돌출되어 있는 부분을 "원援"이라고 부르고 자루 역할을 하는 부분을 "호胡"라고 한다. 원의 반대편에 직각으로 나와 있는 것을 "내內"라고 하는데, 내도 3면이 칼날을 형성하고 있음을 볼 수 있다. 호부분에 구멍이 4개 나 있는데 내를 자루속으로 집어 넣고 그 구멍에 가죽끈을 통과시켜 단단하게 묶는다. 호와 원의 각도가 100°일때 가장 사람 목을 정확하게 벨 수 있다는 법칙을 고대인들은 발견했다.
지금 이 과의 배면에 "五年相邦呂不韋造詔事圖丞蕺工寅"이라는 글씨가 새겨져 이것이 여불위가 실제로 사용하던 과라는 것이 입증되었다. "오년五年"이라는 것은 진왕秦王 정政의 5년(BC 242)이며, "상방相邦"은 상국相國, 즉 재상이라는 뜻이다. "조사詔事"는 과를 제조한 무기제조창의 이름이며, "즙蕺"과 "인寅"은 제조한 사람의 이름이다. "승丞"과 "공工"은 이 두 사람의 직위를 나타낸다. 전문을 번역하면 이와같다: "BC 242년 재상 여불위께서 만드신 과. 조사도의 승 즙과 공 인이 만들었다." 병기제조에 상국相國이 직접 관여하는 것만 보아도 진나라가 얼마나 무력에 힘쓴 나라인지 알 수 있다. 병기의 질도 탁월하다. 중국의 역사는 이와같이 사실史實을 전하는 유물들이 남아 있어 그 실존성을 우리가 생생하게 느낄 수 있다.

제11장: 『여씨춘추』「효행」편 역주

『효경』의 충실한 이해를 도모하기 위하여 『여씨춘추』「효행」편 전문을 여기 소개한다. 독자들 스스로의 『효경』 연구에 큰 도움이 되리라고 확신한다.

1. 凡爲天下, 治國家, 必務本而後末。所謂本者, 非耕耘種殖之謂, 務其人也。務其人, 非貧而富之, 寡而衆之, 務其本也。務本莫貴於孝。人主孝, 則名章榮, 下服聽, 天下譽。人臣孝, 則事君忠, 處官廉, 臨難死。士民孝, 則耕芸疾, 守戰固, 不罷北。夫孝三皇五帝之本務, 而萬事之紀也。

대저 천하를 다스리고 국가를 통치한다는 것은 반드시 먼저 근본을 힘쓴 후에 말엽을 다스리는 것이다. 근본이란 무엇인가? 소위 근본이라는 것은 밭을 갈고 김매고 파종하고 경작하는 그런 경제적 행위와 관련된 것이 아니다. 근본이란 바로 국민 그 개개인 사람을 향상시키는 것이다. 사람을 향상시킨다 하는 것은 빈궁한 자를 부자로 만들고, 재력이 부족한 자를 풍요롭게 만드는 것이 아니라 그 사람의 본바탕을 향상시키는 것이다. 그 본바탕을 향상시키는 데는 효처럼 좋은 것은 없다. 사람의 주인된 자(人主: 통치자)로서 효를 삶의 원칙으로 삼으면 이름이 영예롭게 드러날 수밖에 없으며 아랫사람들이 그에게 진심으로 복종하고 따르지 않을 수 없으니, 천하가 그 덕을 찬양하리라. 신하된 자(人臣)로서 효를 삶의 원칙으로 삼으면 임금을 섬기는 데 충성스러울 수밖에 없고, 관직에 있으면서 청렴할 수밖에 없고, 국난에 임하여서는 죽음을 불사한다. 일반 선비와 서민들(士民)이 효를 삶의 원칙으로 삼으면 농사를 지을 때도 부지런히 최선을 다하며, 전쟁이 일어나도 굳건하게 국토를 지키며, 패배하여 도망가는 일이 없다. 대저 효는 삼황오제(三皇五帝: 옛 성왕들의 총칭. 고유주高誘注에는 삼황을 복희伏羲·신농神農·여와女媧로, 오제를 헌원軒轅·전욱顓頊·고신高辛·제요帝堯·제순帝舜으로 해설하여 놓았다)의 본무(本務)이며 만사(萬事)의 기강(紀綱)이다.

沃案 치국(治國)의 근본을 경제와 같은 물리적 지표에 두지 아니하고 "인간의 향상"이라고 하는 후마니타스(*humanitas*: 사람의 사람으로서의 교육)에 두었다는 것이 역시 인치(人治)를 표방하는 유가의 적통을 밟고 있다. 『효경』이 "천자天子－제후諸侯－경대부卿大夫－사士－서인庶人"을 말하고 있는데 비하여 "인주人主－인신人臣－사민士民"으로 간략화한 것은 「효행」편이 보다 현실적인 당시의 체제를 반영하고 있다고 보여진다. 여기 말하는 효의 공능(功能)이란 결국 오늘날로 말하자면 컨센서스(consensus)가 이루어지고 사회협동(cooperation)이 이루어지는 어떤 정신적 바탕 같은 것이다. 그리

고 여기 특기할 사실은 "인신효人臣孝, 즉사군충則事君忠"이라고 말함으로써 이미 효를 정치적 맥락에서 규정하고 있다는 것이다. 효의 충화(忠化)가 어느 정도 진행되었다고 보여진다. 그러나 후대의 충화(忠化)된 관계처럼 사친을 사군에 복속시키고 있지는 않다. 진정으로 사친의 효를 실천하면 사군도 충(忠)하게 된다는 것인데, 여기서 "충"은 복종이라는 사회적 하이어라키의 맥락이라기 보다는 사군의 진정성 같은 내면의 덕성을 지칭한 것으로 해석되어야 한다. 정치적인 맥락이 엿보이기는 하지만 『효경』이나 「효행」편의 "충"은 아직도 유교 본래의 의미맥락을 상실하고 있지는 않다. 예를 들면, 『논어』 내에서 "충忠"이라는 글자는 단 한 번도 군(君)에 대한 충성의 의미로 사용된 적이 없다. 「팔일」 제19장의 "신사군이충臣事君以忠"도 "가슴에서 우러나오는 진심"의 뜻이지 "충성"이라는 뜻은 아니다. 여기 "인신효人臣孝, 즉사군충則事君忠"은 『효경』 「사장士章」의 "이효사군즉충以孝事君則忠"을 발전시킨 것인데, 『효경』의 문장 또한 "복종"의 충으로 해석할 수 없다. 그리고 "처관렴處官廉"은 『효경』 「응감장」의 "수신신행修身愼行, 공욕선야恐辱先也"와 내면적인 관련이 있다. 이렇게 『효경』 텍스트와 『여씨춘추』 「효행」편 텍스트는 깊은 관련을 맺고 있다. 그리고 여기 "무본務本"의 사상은 『논어』 「학이」에 나오는 "군자무본君子務本, 본립이도생本立而道生。효제야자孝弟也者, 기위인지본여其爲仁之本與!"라는 테마의 발전으로 보인다. 그런데 이 『논어』의 로기온은 유약(有若)에게 속하는 것이므로 「효행」편의 저자가 유약학파와 관련을 맺고 있다고도 볼 수 있겠으나, 유약학파가 전국시기에 큰 세력을 형성하고 있었다고 보기는 힘들기 때문에 단지 그 주제를 발전시킨 것으로 간주되어야 할 것이다. 「학이」편이 편집되었을 당시 이미 유약의 말이 증자학파에게 흡수되어 증자학파 내에서 전승되었을 가능성이 높다.

2. 夫執一術而百善至, 百邪去, 天下從者, 其惟孝也。故論人必先以所親, 而後及所疏。必先以所重, 而後及所輕。今有人於此, 行孝敬於親重, 而不簡慢於輕疏, 則是篤謹孝道。此先王之所以治天下也。故愛其親, 不敢惡人, 敬其親, 不敢慢人。愛敬盡於事親, 光耀加於百姓, 究於四海, 此天子之孝也。

대저 하나의 원칙을 굳게 지키면, 백 가지로 좋은 결과가 도래하며 백 가지로 나쁜 일들이 사라지며, 천하 사람들이 모두 존경하여 따르게 되는 상황이란 "효"가 그 유일한 대안일 것이다. 그러므로 사람을 평가할 때는 반드시 먼저 그가 친부모를 어떻게 대하는가를 살펴야 할 것이요, 그가 사회적 인사들을 사귀는 방식은 평가에서 뒤로 돌려야 한다. 반드시 먼저 그가 중요한 사람들을 대하는 방식을 살펴야 하고, 가벼운 관계의 사람들을 대하는 방식은 나중에 살펴도 좋다. 지금 여기에 한 사람이 있어, 육친과 중요한 사람들에게 효경(孝敬)를 다하고, 먼 친척이나 가벼운 관계의 사람들에게도 소홀히 하거나 깔봄이 없다면 이 사람이야말로 효도를 독실하게 지키는 사람이라고 말할 수 있을 것이다. 이것이 바로 선왕(先王)이 천하를 다스리는 근본이다. 그러므로 부모를 아낄 줄 아는 사람은 타인을 미워하지 아니 하며, 부모를 공경할 줄 아는 사람은 타인을 깔보지 아니 한다. 부모를 섬기는 데 애경(愛敬)를 다하며, 그 감화의 빛이 백성 만민에게 두루 미치며, 사방의 문화적으로 낙후한 나라들에게까지 미치는 것, 이것이 바로 천자(天子)의 효이다.

沃案 "집일술執一術"의 "술術"은 요즈음의 말처럼, 기술이나 술수를 뜻하는 것이 아니라 원칙이나 원리, 즉 도(道)를 의미한다. 옛말에는 "유도儒道"도 "유술儒術"이라고 했다. "일술一術"은 효라는 원칙이다. 이 단에서는 앞에서 말한 "무본務本"의 사상이, 친(親)에서 소(疏)로, 중(重)에서 경(輕)으로 "확이충지擴而充之"되어 나가는 것으로 표현되고 있다. 나에게서 가깝고 본질적인 것을 바르게 실천하여 타인에게로 확대시켜 나가는 것을 정치의 본질이라고 본 것이다. 현금의 사회과학적 방법론과는 매우 다른 것이지만, 도덕과 사회적 원리의 분리라는 서구 사회과학의 방법론 자체를 반성해볼 필요가 있다. 아무리 효율적인 사회과학적 질서가 있다 하더라도 그 사회의 리더의 도덕성이 확보되지 않을 때는 끊임없이 비생산적 문제가 발생하며 결국 그것은 대중의 피해로 귀결된다.

"고애기친故愛其親"에서부터 "차천자지효야此天子之孝也"까지는 『효경』「천자장天子章」의 문장을 거의 그대로 인용한 것이다: "愛親者, 弗敢惡於人; 敬親者, 弗敢慢於人。愛敬盡於事親, 然後德教加於百姓, 刑於四海, 蓋天子之孝也。"『여씨춘추』의 편찬자들의 손에 『효경』 원본이 있었다는 사실의 확증이다. 여기서는 "천자의

孝"가 "선왕지소이치천하先王之所以治天下"와 관련되어 있다.

3. **曾子曰: "身者父母之遺體也。行父母之遺體, 敢不敬乎? 居處不莊, 非孝也。事君不忠, 非孝也。莅官不敬, 非孝也。朋友不篤, 非孝也。戰陳無勇, 非孝也。五行不遂, 災及乎親, 敢不敬乎?" 商書曰: "刑三百, 罪莫重於不孝。"**

증자가 말하였다: "우리의 몸은 부모의 몸의 연장태이다. 부모의 몸의 연장태를 다루는 데 있어서 어떻게 감히 공경하지 아니 할 수 있겠는가? 일상의 기거(起居)에 있어서 장중하지 아니 하면 그것은 불효이다. 임금을 섬김에 충성되지 아니 하면 그것은 불효이다. 관직에 임하여 공경함이 없으면 그것은 불효이다. 붕우를 사귐에 독실하지 아니 하면 그것은 불효이다. 전장에 나아가 진을 침에 용기가 없으면 그것은 불효이다. 이 다섯 가지 행동을 완벽하게 수행하지 아니 하면 그 재앙이 부모에게 미칠 수 있으니, 어찌 감히 공경하지 아니 할 수 있겠는가?" 『상서商書』에 다음과 같이 말하였다: "형벌에 삼백 가지가 있어도 그 죄가 불효보다 중한 것은 없다."

沃案 『효경』에는 공자가 증자에게 한 말로서 "신체발부身體髮膚, 수지부모受之父母, 불감훼상不敢毁傷"이라고 한 것이 여기에서는 증자 자신이 한 말로서 나타나고 있다. "내 몸이 곧 부모의 유체(遺體)"라고 하는 말로써 보다 간략하고 강렬하게 그 의미를 전달하고 있다. 여기 "유체"란 "남긴 몸"이라는 뜻으로 해석할 것이 아니라,

생명의 연장태, 즉 나의 몸은 부모의 몸의 익스텐션(extension)이라는 뜻이다. 나의 몸이 나의 소유가 아니라 부모의 몸의 연장으로서 이해될 때, 당연히 "불감훼상不敢毁傷"하게 될 것이다.

마지막의 "상서商書"의 말로써 인용된 것은 지금 우리가 "상서尙書"라고 부르는 것의 일부일 텐데 현존하는 금·고문『상서』속의 "상서商書"(상商나라의 문서)에는 전하지 않는다. 본시 "상서尙書"의 "상尙"은 "상대上代"라는 의미이다. "서書"는 "문서로서 기록된 것"이라는 의미이다. "상서尙書"는 "고대의 공문서"라는 뜻인데, 그 속에 "상서商書"가 포함된다. 현행『상서』속에서 발견되지 않는 인용문들을 위조로서 보는 경향이 강했는데, 최근 청화간(淸華簡)의 상황이 그러하듯이 우리가 알고 있는『상서』의 범위를 벗어나는 "상서尙書"는 많이 있었을 것이다. 여기『상서商書』의 인용문과 거의 같은 내용이『효경』「오형장五刑章」에는 공자의 말로서 나오고 있다.

그리고 이 단의 증자의 말은 거의 같은 모습으로『예기』「제의祭儀」편에 나온다.「제의」에는 "부독不篤"이 "불신不信"으로, "오행五行"이 "오자五者"로 되어 있다.

4. 曾子曰: "先王之所以治天下者五, 貴德、貴貴、貴老、敬長、慈幼。此五者, 先王之所以定天下也。所謂貴德, 爲其近於聖也。所謂貴貴, 爲其近於君也。所謂貴老, 爲其近於親也。所謂敬長, 爲其近於兄也。所謂慈幼, 爲其近於弟也。"

증자가 말하였다: "선왕(先王)께서 천하를 다스리는 근본이 되는 것이 다섯 가지가 있었다: 덕이 있는 자를 귀하게 여기고(貴德), 본시 존귀한 자를 귀하게 여기고(貴貴), 오래 산 사람들을 귀하게 여기고(貴老), 손위의 사람들을 공경하고(敬長), 손아래 사람들을 자애롭게 대하는 것(慈幼), 이 다섯 가지였다. 이 다섯 가지야말로 선왕께서 천하를 안정되게 만드는 요체였다. 덕이 있는 자를 귀하게 여긴다는 것은 그가 성스러움에 가깝게 가기 때문이다. 존귀한 자를 귀하게 여긴다는 것은 그가 임금을 보좌하고 있기 때문이다. 오래 산 사람들을 귀하게 여긴다는 것은 그들이 나의 부친과도 같은 사람들이기 때문이다. 손위의 사람들을 공경한다는 것은 그들이 나의 형과도 같은 사람들이기 때문이다. 손아래 사람들을 자애롭게 대한다는 것은 그들이 나의 동생과도 같은 사람들이기 때문이다."

沃案 아가페의 실천이 가까운 나의 느낌으로부터 확충되어 나간다는 것을 말하고 있다. 기독교와는 아주 다른 방식이다. 신앙을 통한 결단(바울적 테제)과 도덕을 통한 점진적 수양과 확충(효의 테제), 그 어느 것이 더 실제적으로 인간세의 선(善)을 구현할지는 독자들 스스로 고민해봐야 할 문제이다.

이 단의 내용도 거의 같은 모습으로 『예기』「제의祭儀」편에 나온다. 「제의」편에는 "귀덕貴德"이 "귀유덕貴有德"으로 되어 있고, 마지막의 "제弟"가 "자子"로 되어 있으며, 문장 스타일에 약간의 출입이 있다.

5. 曾子曰: "父母生之, 子弗敢殺。父母置之, 子弗敢廢。父母全之, 子弗敢闕。故舟而不游, 道而不徑, 能全支體, 以守宗廟, 可謂孝矣。"

증자가 말하였다: "부모님께서 낳아주신 이 몸, 자식된 자로서 어찌 감히 그 생명을 잃게 할 수 있으랴! 부모님께서 내가 서서 살아갈 수 있도록 양육해주신 이 몸, 자식된 자로서 어찌 감히 폐(廢)하리오! 부모님께서 온전한 생명체로서 부여하여 주신 이 몸, 자식된 자로서 어찌 감히 결손케 할 수 있으랴! 그러므로 강을 건널 때도 배를 타고 건널지언정 함부로 헤엄쳐 건너지 아니 하고, 길을 갈 때에도 샛길로 다니지 아니하고 당당히 대로를 걷는다. 내 몸의 지체를 마치 종묘와 같은 성전을 지키는 것처럼 온전하게 지키는 것, 그것이 바로 효인 것이다."

沃案 『효경』의 "불감훼상"의 논리를 아주 극대화시켜 아름다운 레토릭을 구사하고 있다. 우리가 잊지 말아야 할 것은 "효의 철학 The Philosophy of *Xiao*"은 "몸의 철학 The Philosophy of *Mom*"이라는 것이다. 몸의 온전함이 곧 효의 알파요 오메가라는 사상은 생명의 고귀함을 가르쳐주는 위대한 철학이다. 그러나 이 "불감훼상"의 논리를 체제순응의 정언명령으로 해석하면 인간을 편협한 이데올로기의 질곡으로 빠뜨리는 족쇄일 수도 있다.

내 몸을 종묘(宗廟)와 같은 성전으로 생각하고 지키라는 표현은 참으로 함축적이고 강렬하다. 기독교인들에게는 "내 몸"이야말로 교회가 될 것이요, 유대교도들에게는 "내 몸"이야말로 예루살렘 성전의 지성소가 되어야 할 것이다. 종묘라는 의미에는 자손대대로 이어지는 적통의 의식과 역사의식이 배어있다. 내 몸이야말로 혈통과 역사의 원천이다. 그래서 온전히 지켜야 하는 것이다. 평생 자기 몸을 종묘처럼 지켜온 증자가 임종을 지켜보는 제자들에게 "이제야 온전한 몸을 지키는 근심에서 벗어나게 되었노라"고 말하는 감동적인 장면이 『논어』「태백」3에 실려있다.

"舟而不游, 道而不徑"은 『예기』「제의」편에 있는 "是故道而不徑, 舟而不游, 不敢以先父母之遺體行殆"라는 표현 속에도 나오고 있다. 「제의」편에는 이 말이 뒤에 나오는 악정자춘(樂正子春) 고사의 후미에 붙어있다.

6. 養有五道。修宮室, 安牀笫, 節飮食, 養體之道也。樹五色, 施五采, 列文章, 養目之道也。正六律, 和五聲, 雜八音, 養耳之道也。熟五穀, 烹六畜, 和煎調, 養口之道也。和顔色, 說言語, 敬進退, 養志之道也。此五者, 代進而厚用之, 可謂善養矣。

부모님을 잘 봉양하는 데는 다음의 다섯 가지 길(五道)이 있다: 1) 사시는 집을 잘 수리하고, 주무시는 침대를 편안하게 해드리고, 음식을 적절하게 제공하는 것은 부모님의 신체를 봉양하는 길(養體之道)이다. 2) 사시는 집을 오색(五色)으로 단장하고, 입으시는 옷을 오채(五采)로 무늬 놓고, 생활공간을 아름다운 문양으로 꾸미는 것은 부모님의 눈을 봉양하는 길(養目之道)이다. 3) 육률(六律: 황종黃種 · 태주太蔟 · 고선姑洗 · 유빈蕤賓 · 이칙夷則 · 무역無射)을 바르게 하고, 오성(五聲: 궁宮 · 상商 · 각角 · 치徵 · 우羽)을 조화롭게 하며 팔음(八音: 악기의 여덟 가지 소재로서 음색tonality과 관계된다)을 골고루 섞어 아름다운 음악을 연주해드리는 것은 부모님의 귀를 봉양하는 길(養耳之道)이다. 4) 오곡(五穀)을 잘 익혀 밥 짓고, 육축(六畜: 소 · 말 · 양 · 닭 · 개 · 돼지)을 잘 삶아 요리하고, 볶아 조미를 잘하여 맛있게 드시도록 하는 것은 부모님의 입을 봉양하는 길(養口之道)이다. 부모님 앞에서 안색을 평화롭게 지니고 기뻐하실 말들을 고분고분 하며 나아가고 물러남을 공경하게 하는 것은 부모님의 마음을 봉양하는 길(養志之道)이다. 이 다섯 가지를 번갈아 향유케 하시는데 후덕하게 사용하면 참으로 효자다웁게 잘 봉양한다고 일컬을 만하다.

沃案 이것은 단지 좁은 의미에서의 "부모님의 봉양"이라는 개념을 떠나 인간의 삶이 문화생활의 영위라는 것을 우리에게 말해주고 있다. 부모님의 봉양은 곧 나 자신의 봉양이며, 곧 사회의 봉양이며, 문화의 성숙으로 연결되는 것이다. 오도(五道)라는 개념이, 인도-유러피안 어군에 공통된 안眼 · 이耳 · 비鼻 · 설舌 · 신身의 오관(五官, Five Senses) 개념이 아니라, 체體 · 목目 · 이耳 · 구口 · 지志라는 것도 특기할 사항이다. 그리고 『여씨춘추』에는 음악에 대한 특별한 관심과 존중이 있다는 것도 특기할 사항이다. 삼분손익법에 의하여 황

종으로부터 중려에 이르는 12율이 순차적으로 생성되는 음정의 법칙을 논한 최초의 문헌이 바로 『여씨춘추』이다. 그리고 12율을 12기(紀)에 대응시키고 있다. 묵가의 비악론(非樂論)에 대한 강력한 아폴로지로서, 음악 문화의 중요성을 총체적으로 강조하고 있다고 볼 수도 있다.

7. 樂正子春, 下堂而傷足, 瘳而數月不出, 猶有憂色。門人問之曰: "夫子下堂而傷足, 瘳而數月不出, 猶有憂色。敢問其故?" 樂正子春曰: "善乎! 而問之。吾聞之曾子, 曾子聞之仲尼: '父母全而生之, 子全而歸之。不虧其身, 不損其形, 可謂孝矣。' 君子無行咫步而忘之。余忘孝道, 是以憂。" 故曰: 身者非其私有也, 嚴親之遺躬也。

악정자춘(樂正子春)이 당(堂)에서 내려오다가 발을 다쳤다. 다 나았는데도 수개월 동안 외출을 하지 않았고, 또한 근심어린 낯빛이 있었다. 악정자춘의 문인(門人)이 그에게 물어 가로되: "선생님께서는 당에서 내려오시다가 발을 다치셨는데, 다 나았는데도 수개월 동안 외출도 안 하시고, 또한 근심어린 얼굴빛이시온대, 감히 그 까닭을 여쭈어도 되겠나이까?" 악정자춘이 대답하여 가라사대: "훌륭하도다, 그대가 이런 것을 질문하다니! 나는 일찌기 증자에게서 들었고, 증자께서는 중니 어른께 들으셨나니라. 그 말인즉 다음과 같다: '부모께서 온전하게 나를 낳아주셨으니 자식인 나 또한 온전하게 내 몸을 되돌려야 한다. 그 몸을 훼손하지 말아야 하고, 그 형체를 이그러뜨리지 말아야 가히 효라 일컬을 수 있나니라.' 그러니 군자는 한 두 걸음 사이에서도 이러한 효를 잊어서는 아니 된다. 그런데 나는 효를 잊어버리고 몸을 다치는 실수를 저지르고 말았다. 그래서 나는 근심하고 근신하고 있는 것이다." 그러므로 말한다. 나의 몸이라는 것은 결코 내가 사유(私有)하는 것이 아니다. 엄친(嚴親: 존엄한 부모)의 몸의 연장태인 것이다.

沃案 "신체의 온전함의 보존"이라는 몸의 테마가 계속 강조되고 있다. 우선 악정자춘(樂正子春)이라는 인물에 대해 우리는 살펴보지 않을 수 없다. 악정자춘 자신의 말로써 살펴볼 때, 그는 증자의 직전제자인 것처럼 기술되고 있다. 그렇다면 그는 공자의 손제자(孫弟子)가 되며, 자사와 비슷한 시기가 될 것이지만 현실적으로 그러한 가능성은 희박하다. 증자의 문인이며 효로써, 혹은 효에 관한 이론가로서 이름이 높았다는 것은 확실하지만 증자의 직전제자라고 단정하기는 어렵다. 훨씬 후대에 이름이 난 인물로 추정된다. 그러나 하여튼 여기서는 증자의 직전제자로서 기술되고 있다. 『춘추공양전』 소공(昭公) 19년 하휴(何休)의 주(注)에 "악정자춘은 증자의 제자이며 효로써 이름을 날렸다. 樂正子春, 曾子弟子, 以孝名聞"라고 되어 있고, 『한비자』「현학顯學」편에 공자가 죽고나서 공자의 학풍이 8파로 나뉘었다고 했는데, 그 8파 중에 "악정씨지유樂正氏之儒"가 들어가 있는 것으로 보아 효에 관하여 증자의 학풍을 이어 일가를 이룩한 인물이라고 평가된다. 그리고 「설림하說林下」편에는 제나

라가 노나라를 정벌하여 노나라의 보물인 참정(讒鼎: 거대한 세발솥)을 요구했으나 노나라의 군주가 가짜 참정을 내놓자, 제나라 사람이 그럼 악정자춘에게 감정을 의뢰하자고 한다. 그의 말이라면 믿겠다는 것이다. 이러한 이야기의 맥락에서 보면 악정자춘은 노나라 사람일 것이다. 당대의 제후들에게 신망이 높았던 인물로서 그려지고 있는 것이다. 그러나 『맹자』라는 서물 속에서는 악정자(樂正子)는 맹자의 제자로서 이름이 극(克)인 인물로서 나온다. 「효행」편이 악정자춘 학파의 사람에 의하여 쓰여진 것이라는 설도 있으나(진기유陳奇猷), 그것은 너무 안이한 비약일 것이다. 악정자춘도 효행의 한 전형적 모델로서 그 캐릭터만 빌려온 것일 수 있다. 그런데 재미있는 사실은 이 「효행」편의 악정자춘 이야기가 『예기』「제의」편에 나오며, 또 『대대례기』「증자대효曾子大孝」편에도 나오고 있다는 사실이다. 「제의」와 「증자대효」는 거의 비슷한 양식으로 기술되고 있는데, 「효행」과는 양식적으로 뚜렷한 차이가 있다. 그런데 문장양식을 자세히 분석해보면 「제의」와 「증자대효」는 「효행」의 기사를 모델로 하고 있다는 것이 확실하다. 「효행」편의 기술이 더 간략하며 오리지날한 형태임이 틀림이 없다. 대체적으로 『효경』「효행」「제의」「증자대효」는 동일한 시대의 패러다임 속에서 이루어진 것이라는 것을 알 수 있는데, 시기적으로 보자면 『효경』(전국말기) → 「효행」(진제국형성시기) → 「증자대효」(한초 대덕戴德 편찬) → 「제의」(한초 대성戴聖 편찬)의 순서로 배열될 수 있다.

8. 民之本教曰孝，其行孝曰養。養可能也，敬爲難。敬可能也，安爲難。安可能也，卒爲難。父母旣沒，敬行其身，無遺父母惡名，可謂能終矣。仁者仁此者也。禮者履此者也。義者宜此者也。信者信此者也。彊者彊此者也。樂自順此生也，刑自逆此作也。

백성에게 가장 근본이 되는 가르침을 효(孝)라고 말하며, 그 효를 실천하는 것을 봉양(養)이라고 말한다. 봉양하기는 그래도 쉬운 것이나, 공경(敬)하기는 어렵다. 공경하기는 그래도 쉬운 것이나, 편안하게 해드리는 것(安)은 어렵다. 편안하게 해드리는 것은 그래도 쉬우나, 돌아가실 때까지 그리고 돌아가신 후에까지 효도를 완수하는 것(卒)은 어렵다. 부모님께서 돌아가신 후에도 그 몸을 공경히 행하여 부모에게 오명을 남기는 일이 없다면 비로소 효도를 완수했다고 말할 수 있을 것이다. 인(仁)이라고 하는 것은 바로 이것(효)을 인(仁: 어질게 감지하는 것)하게 하는 것이며, 예(禮)라고 하는 것은 바로 이것을 밟은 것(履: 바르게 실천함)이며, 의(義)라고 하는 것은 바로 이것을 마땅하게 하는 것이며, 신(信)이라고 하는 것은 바로 이것을 신험있게 만드는 것이며, 강(彊: 강함)이라고 하는 것은 바로 이것을 강하게 하는 것(彊: 부지런히 노력함)이다. 인생의 즐거움(樂)이란 바로 이것에 순응함으로써 생겨나는 것이요, 형벌(刑)이란 바로 이것에 역행함으로써 지어지는 것이다.

沃案 "효행孝行"이란 편명대로 효의 구체적 행동이나 실천에 관한 테마가 주종을 이루고 있다. 이에 비하면 『효경』은 효의 추상적 원리

와 사회적 준칙으로서의 전체 체제적 논의에 중점을 두고 있다. "봉양하기는 쉬워도 공경하기는 어렵다"는 주제는 『논어』「위정」7에 이 나오고, 또 효의 완수라는 개념은 『효경』「기효행장」과 관련있다. 그리고 이 단의 논의도 『예기』「제의」편과 『대대례기』「증자대효」 두 곳에 나오고 있다. 그 양식에 관한 분석은 앞 단의 논의와 대차가 없다. 같은 자료가 다양한 문헌에서 조금씩 문장양식을 달리하여 나타나는 문제에 관하여 양식사학(Formgeschichte)적인 분석이 필요하다고 느껴진다. 이러한 문제는 향후 동방고전학의 과제상황이다.

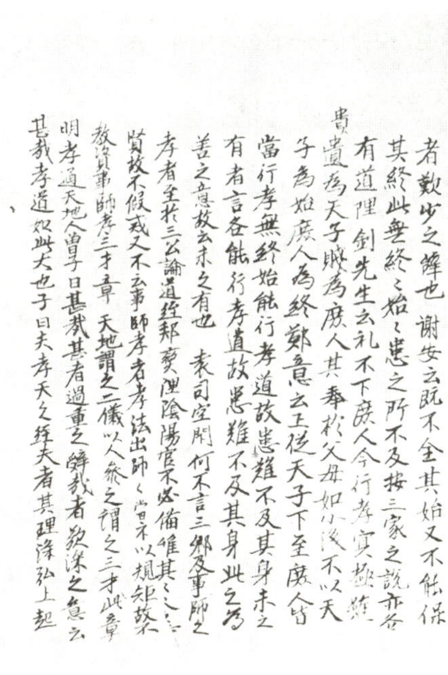
者斅少之辭也 謝安云既不全其始又不能保
其終此無終始之患之所不及按三家之說亦各
有道理 劉先生云礼不下庶人今行孝實極難
貴 盡為天子賤為庶人其奉於父母如小沒不以天
子為始庶人為終 鄭意云上從天子下至庶人皆
當行孝無終始能行孝道故患難不及其身未之
有者言各能行孝道故患難不及其身此之為
善之意故云未之有也 袁司空問何不言三卿及事師之
孝者全於三公論道經邦燮理陰陽官不必備惟其人人
賢故不假戒又不云事師孝者孝法出師師當不以規矩故不
教資事師孝 三才章 天地謂之二儀以人參之謂之三才此章
明孝道天地人曾子曰甚哉其者過重之辭哉者歎深之意云
甚哉孝道如此大也子曰夫孝天之經夫者其理深弘上起

돈황유서효경정주의소敦煌遺書孝經鄭注義疏.
펠리오 수집본 문서번호 3274. 파리 국립도서관 소장.

제12장: 금문효경과 고문효경

진시황 분서령의 역사적 정황

금·고문의 문제는 중국고전을 대할 때 가장 골치아픈 문제처럼 느껴진다. 실제로 금·고문에 얽힌 문제가 역사적으로 많은 과제상황들을 파생시켰기 때문에 일반독자들은 매우 답답하고 난삽하게 느낄 수 있다. 그러나 금·고문의 문제 그 자체는 결코 복잡한 문제는 아니다. 금·고문에 대하여 학자들이 지어낸 담설들이 복잡할 뿐이다.

진시황이 여불위와 같은 비젼 있고 포용적인 인물의 충고를 계속 들었더라면 금·고문 문제는 생겨나지 않았을 것이다. 극좌에서(법가의 좌파) 극우로(새 체제의 승상) 전향한 이사(李斯) 같은 쫌팽이 무리들에게 둘러싸여 제국을 운영하는 바람에 분서(焚書)와 같은 비극적 사태가 벌어진 것이다. 창업보다 수성이 더 어렵다는 옛말이 참으로 실감난다.

진시황 34년(BC 213)조의 「진시황본기秦始皇本紀」 기사를 보면 순우월(淳于越)과 같은 충신이 고인(古人)들의 지혜를 본받지 아니 하고는 제국을 장구(長久)하게 지킬 방도가 없다는 것을 논구하는데 대한 이사(李斯)의 논박이 나온다. 승상 이사의 주장인즉, 이미 통일제국이 완성되었고(BC 221), 체제가 하나로 정비되었는데 지식분자들은 제각기 사학(私學: 사사로운 학문)만을 고집하고, 변화된 현재를 인정치 아니 하고 옛것만을 배우려 하며, 당세를 비난하고 아무 것도 모르는 백성들을 미혹시키고 있다는 것이다. 이제는 옛날 제후시대가 아니니, 고(古)를 말하여 금(今)을 해하고, 허언(虛言)을 수식하여 실(實)을 어지럽히는 일체의 사상경향을 금지시켜야 한다는 것이다.

이제 황제께서 천하를 통일하고, 흑백을 가리어(別黑白) 하나의 지존을 정립하였으니(定一尊), 기발한 주장을 내세워 붕당을 조성하고 황제의 위세를 떨어뜨리게 하는 일체의 다양한 논의를 싹쓸이 해버리는 것이 좋겠다고 건의한다. 진(秦)나라에서 만들어진 관학 이외의 시(詩)·서(書), 제자백가 전적을 모두 불태우고, 시·서를 운운하는 자들은 처형하여 시신을 저잣거리에 걸어놓고, 옛것을 가지고 지금을 비난하는 놈들은(以古非今者) 모조리 일족을 멸하는 형벌을 내려야 한다. 령(令)을 내린지 30일 내로 전적을 불사르지 않는 놈들은 모조리 만리장성 축조노역에 내몰아야 한다고 건의한다. 그러자 어리석은 진시황은 그 자리에서 오케이(可)하고 분서의 령을 내린다.

만리장성萬里長城. 지금 우리가 보는 장성은 진시황 때의 것이 아니다. 진시황이 쌓은 것은 주로 토벽이며 1억 8천만 평방미터의 흙이 투입되었다고 하는데 죽은 일꾼들의 시체도 건축자재로 쓰였다고 전한다. 성벽이 오로지 방어목적 이라는 우리의 상념도 황당한 것이다. 보초병들은 쉽게 매수될 수도 있다. 성벽의 힘은 오직 그것을 방어하는 병사들의 정신에 있는 것이다. 장성은 주로 고속도로와 같은 역할을 해서 사람이나 물자를 산악지역을 통해 신속하게 이동시키는데 쓰였다. 이러한 역할을 할 수 있는 성벽은 대부분 명나라 때 축조된 것이다.

분서의 사상배경: "이고비금以古非今"에 대한 분노

이사의 분노에도 현금(現今)을 인정치 아니 하고 고석(古昔)에만 집착하는 지식인들의 보수성향에 대한 답답함이 서려있는 것을 이해할 수는 있으나, 자신이 생각하는 금(今)만이 옳다하고 그 이외의 고(古)에 대한 생각은 싹쓸이 해버려야 한다는 발상은 집체주의·전체주의의 독선(a totalitarian dogma)에 불과하다. 대운하나 극단적 반공이념 같은 터무니없는 발상을 지고의 선으로 추앙하고 그 외의 모든 생각을 수용치 아니 하려는 발상과 대차가 없다. 이사의 "이고 비금以古非今"에 대한 분노 때문에, 천하의 전적을 다 불사르는 분서의 불상사가 생겼던 것이다.

문과계 불온서적만, 이과계 서적은 제외

그러나 과연 매스컴이 존재하지 않는 시절에 진시황의 하령(下令)이라 한들, 얼마나 많은 사람들이 얼마나 많은 책들을 부지런히 불태웠을까? 함양(咸陽: 진나라 제도帝都) 주변의 몇몇 부자들은 태웠을지 몰라도 수만 리 떨어진 노나라 · 제나라 지역에서 귀한 책들을 불태웠을까? 뿐만 아니라, 분서라 하지만 의약(醫藥) · 복서(卜筮) · 종수(種樹) 등등에 관한 책들은 제외시켰다고 하니, 다시 말해서, 말썽 많은 문과계 불온서적은 다 태우고 이과계 서적은 제외시킨 것이다. 재미있게도 『주역』은 이과계로 분류되는 바람에 분서의 대상이 되지 않았다. 다시 말해서 무자비하게 무작위로 태운 것은 아니라는 것이다. 그리고 진시황은 분서의 령을 내린지 불과 3년만에 죽는다(BC 210). 그리고 서한 혜제(惠帝) 4년(BC 191)에 공식적으로 협서(挾書)의 율(律)이 해제된다(협서율: 민간의 장서를 금지하는 법률). 그러니 공식적으로 협서율이 적용된 기간은 12년밖에 되지 않는다. 사실 진시황의 분서령으로 인해 많은 고대전적이 유실된 것은, 정신적인 위축감과 더불어, 의문의 여지가 없겠지만, 사실 협서율이 적용된 그 기간은 유례없는 격랑의 세월이었고 거대한 제국의 흥망이 엇갈리는 전환기였다. 따라서 무지막지한 전란의 풍화 속에서 사라진 전적이 더 많았을 것이다. 우직하기만 한 항우가 함양을 함락했을 때 투항한 진나라 왕 자영(子嬰)을 죽이고 인민을 도륙하고 진나라의 궁실을 불태웠는데 3개월 동안을 타고도 꺼지지 않았다(燒秦宮室, 火三月不滅)고 했으니 그때 무엇이 얼마큼 탔는지 알 수가 없다. 강유위(康有爲, 캉 여우웨이, Kang You-wei, 1858~1927)의 말대로 이사가 분서령을 내렸을지언정 자기가 보는 책들은 모두 진궁(秦宮)에 보관했을 것이고, 경서들의 관본(官本)은 다 궁안에 보존되어 있었을 것이다.

한 무제의 오경박사제도 확립과 금문경

하여튼 이러한 전란의 시기에 협서율이 존재했다는 사실 그 자체가 오히려 불탄 서적들을 복귀시켜야 한다는 반작용을 확실하게 의식화시켰을 수도 있다. 혜제(惠帝) 이후, 문제(文帝) · 경제(景帝)의 시기에 이러한 복구사업은 열심히 진행되었고 무제(武帝) 때 이르러 오경박사(五經博士) 제도가 확립되기에 이른다(BC 136). 복구작업 중 가장 먼저 이루어진 방식은 고경들을 외우고 있다고 하는 사람들이 암송한 내용을 다시 옮겨 쓰는 작업이었을 것이다. 이렇게 되면 새로 만들어진 경전은 당대의 문자로 기록되게 된다. 당대의 문자란 이미 진나라에서 노예(하급관리)들도 읽을 수 있도록 단순화되고 규격화된 예서(隷書)를 말하는 것이다. 한나라 당대의 문자로 쓰여진 경서라는 의미에서, 이렇게 새로 구술을 통해 복원된 경전을 "금문경今文經"이라고 부르는 것이다. 금문경은 아무래도 사람의 두뇌의 기억작용을 거친 것이기 때문에 본래의 성격에서 좀 멀어질 수는 있으나, 의미론적으로 군더더기가 없이 깔끔하게 떨어지며, 분량이 축소되어 보다 정돈된 체제를 갖춘 느낌을 줄 수가 있다. 그래서 금문경은 일단 서한(西漢: 전한)시대의 대세로서 자리잡게 된다.

과두문자 고문경의 출현

그런데 시간이 지날수록, 민간에 불타지 않고 옛 문서로 남아있던 것이 발견되며, 산의 동굴이나 집의 흙벽이나, 특별한 비부(秘府)에 숨겨져 있던 것들이 발견되는 것이다. 이것들은 모두 진나라 이전의 육국문자(六國文字)로 쓰여진 것이며 올챙이(蝌蚪) 같이 생긴 꼬부랑 글씨, 즉 과두문자(蝌蚪文字) 등등의 고대자형으로 쓰여진 문헌이라 하여 "고문경古文經"이라는 이름이 붙게 된다. 고문경이 출현할 때마다, 이미 금문경으로 권위를 확보하고 있던 박사(博士)들은 그것이 위서(僞書)라고 주장하게 되고, 또 고문경으로 새로운 권위를 주장하는 학자들은 금문경이야말로 인간의 가냘픈 기억에 의존한 불확실한 문헌이며, 일차자료가 아닌 이차자료라고 논박하게 될 것이다. 이렇게 해서 "금고문논쟁"이 생겨나게 되는 것이다. 경전마다 개별적으로 논의되어야 하지만, 고문경은 금문경에 의존하던 박사들이 보지 못했던 금시초문의 새 자료가 많으며 따라서 금문경보다 대체적으로 분량이 더 많다. 그리고 아무래도 문장이 껄끄럽고 고졸하며 허사 같은 것이 더 많다. 하여튼 이렇게 해서 생겨난 문제가 금고문논쟁이라는 것만 알아두면 족하다. 그런데 금고문논쟁이 외면상으로는 경전의 오리지날한 정본에 누가 더 가깝냐는 텍스트의 싸움 같지만, 실제로는 그러한 경전의 오리지날리티와 무관한 권력싸움일 때가 많다. 서울대학교에 과(科)가 하나 생겨나면 새로운 교수자리가 생겨나 신나는 사람이 있게 되고, 있던 과가 통폐합되거나 축소되면 기존 교수들이 반발하는 것과 비슷한 사태라고 생각하면 된다.

금고문논쟁 이전에 과연 오경(五經)의 정본이 있었나?

가장 중요한 문제는 우리가 지금 말하는 5경이라는 것이 과연 정본(定本)이라는 것이 있는 문헌이었냐고 하는 문제이다. 확고한 정본이 있고나서 금·고문 문제가 있다면 정밀한 논의가 가능할 수 있지만 정본 자체가 당초에 없는 것이라면 금·고문 문제는 웃기는 말장난이 되고 만다. 이런 말은 진실로 학문의 자유가 보장된 21세기에나 와서 할 수 있는 말이다.

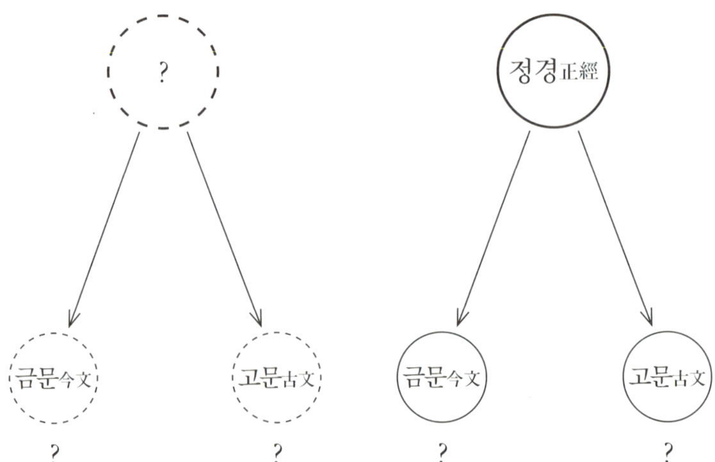

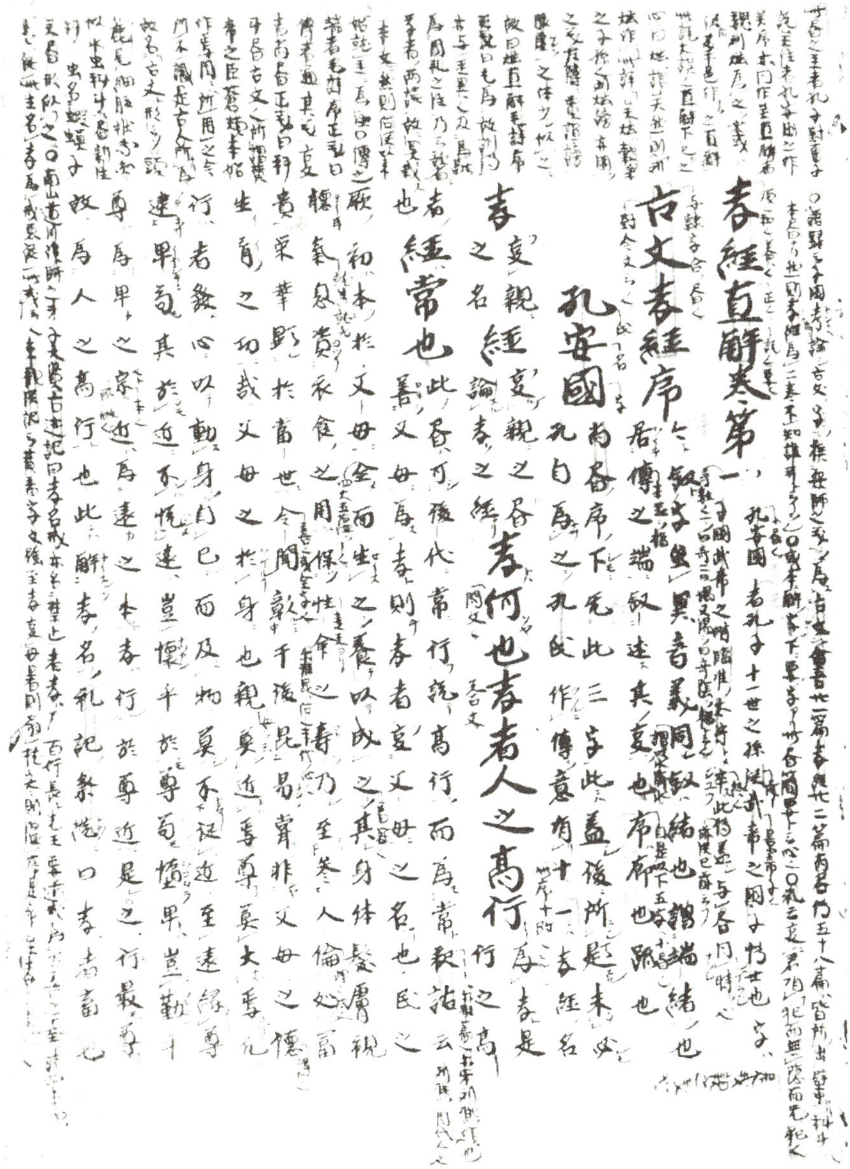

아시카가본足利本 『효경직해孝經直解』. 토찌기현栃木縣 아시카가시足利市 아시카가학교足利學校 유적도서관遺蹟圖書館 소장. 일본 국보. 공안국孔安國의 고문효경서古文孝經序에 주注가 달려있는 것으로 유명하다. 『효경직해』가 과연 누구의 작인지에 관해 이견이 있었다. 그것이 유현劉炫의 작이라는 설이 유력했으나, 결국 유현의 『효경술의孝經述議』를 저본으로 하고 형병의 『효경정의』를 참고하여 일본에서 제작된 것으로 판명이 났다.

선진시대에 "정경正經"이라는 개념이 있을 수 없다는 말은 무엇을 뜻하는가? 당시는 종이도 없었고 인쇄라는 획일적 유통체계가 없었다. 간(簡) 아니면 백(帛)밖에 없었는데 간(簡)은 무지하게 분량이 많았고, 백(帛)은 무지하게 비쌌다. 따라서 문서란 아주 소수가 베껴서 보관하는 것인데 베끼는 사람마다 전승계통과 인식방법이 다를 수밖에 없다. 엄밀하게 같은 문헌은 선진시대에 단 하나도 없었다.

분서(焚書)는 소실의 계기가 아니라 복원의 명분

기본적으로 금고문논쟁은 하나의 환상일 수가 있다. 어차피 진한지제(秦漢之際)의 막대한 전란을 거치면서 막중한 문헌이 소실되었다.

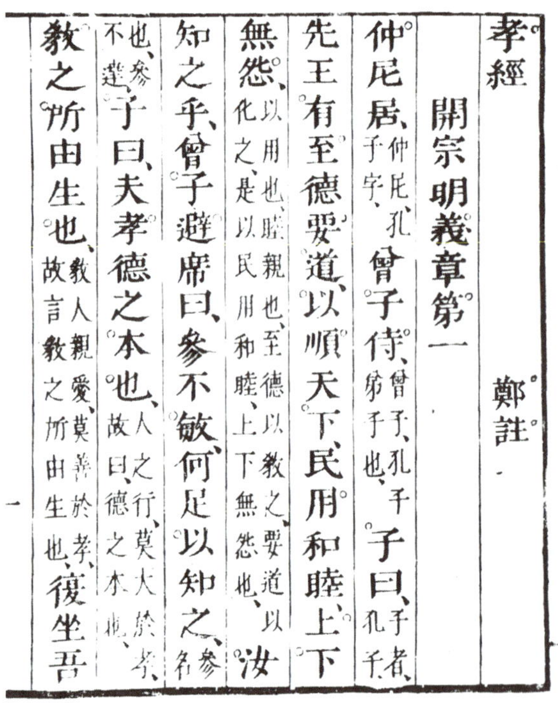
孝經 鄭註

開宗明義章第一

仲尼居、仲尼孔子字、曾子侍、曾子孔子弟子也、子曰、子者孔子、

先王有至德要道、以順天下、民用和睦、上下

無怨、以用也、睦親也、至德以教之、要道以化之、是以民用和睦、上下無怨也、汝

知之乎、曾子避席曰、參不敏、何足以知之、參名

也、參不逮、子曰、夫孝德之本也、人之行、莫大於孝、故曰德之本也、

教之所由生也、教人親愛、莫善於孝、故言教之所由生也、復坐吾

『효경정주孝經鄭註』, 1791년(寬政三年) 일본에서 간행된 판본의 모습. 카와무라 마스네(河村益根, 1756~1819) 가각家刻. 다자이 쥰太宰純의 고문효경 출판이 중국에 알려져 공전의 히트를 치자 일본에서 정주판본을 찾아내는 노력이 일어났다. 중국에서 사라진 당나라의 군서치요群書治要 전집이 일본에 보존되었는데 그 군서치요에 들어있는 효경정주를 카와무라가 펴낸 것이다.

그런데 진시황의 분서갱유는 문헌을 소실시킨 것이 아니라, 문헌을 복귀시키는 데 더 큰 명분을 제공한 역사적 사건일 수 있다는 것이다. 다양한 방식으로 제각기 존재할 수밖에 없었던 문헌들을 한제국이 성립하면서 통일된 문헌으로서 정립되어가는 과정에서 생겨난 하나의 환상이 금고문논쟁일 수가 있다. 그 판타지를 제공한 것이 진시황의 분서령이었을 뿐이다. 금고문논쟁이란 비통일문헌이 통일문헌으로 바뀌어가는 과정에서 생겨난 특수한 문제라고 생각하면 아주 정통한 견해를 획득하게 된다.

금문신약과 고문신약

한번 생각해보자! 아타나시우스의 27서 정경이 발표된 이후 아타나시우스파의 실각으로 27서 정경들이 모두 불태워졌다고 해보자! 그리고 얼마 후에 복원작업이 다시 이루어졌다! 물론 암기왕들이 나타나서 27서를 복원하여 금문신약을 만들었을 것이다. 그러나 많은 사람들이 27서 정경에서 제외되었던 고대 사경자료들을 가지고 와서 본래 27서 정경의 모습은 이러한 것이었다고 우기게 되면 고문신약은 보다 분량이 많아질 수밖에 없다. 애초에 정경과 외경의 구분은 없었던 것이다.

금고문논쟁과 한대의 경전해석학, 그리고 대장경의 성립

하여튼 금고문논쟁으로 인하여 중국은 한대에 치밀한 텍스트 의식을 개발했고 주석이라는 해석방법론을 확립했다. 양한(兩漢)의 금고문논쟁으로 유발된 경전해석학은 인류사에 유례를 보기 힘들 정도로 찬란한 것이며, 그 경전해석학의 틀에 의하여 인도에서 들어온 불전들이 해석되고 주석되어 해인사에 있는 8만대장경의 장관을 연출시켰다고 한다면 진시황의 우행도 인간역사에서는 참으로 중요한 일역을 담당한 것이다. 금고문에 관해서는 개별경전에 따라서 세목적으로 이루어져야 하며 더 이상 논급할 여지가 없다.

금문효경과 고문효경의 차이

『효경』의 경우 금문효경은 18장으로 되어 있고, 고문효경은 22장으로 되어 있다. 그러나 금문효경에 없는 것이 고문효경에 첨가된 것은 「규문장閨門章」 단 한 장일 뿐이고, 나머지는 금문효경의 한 장이 세분화된 것이다. 금문의 「서인장庶人章」이 고문에서는 「서인장庶人章」과 「효평장孝平章」 두 장으로 나뉘었고, 그리고 금문의 「성치장聖治章」이 고문에서는 「성치장」「부모생적장父母生績章」「효우열장孝優劣章」 세 장으로 나뉘었다. 그러니까 18장에 3장이 늘어났고, 거기에 「규문장」을 합치면 22장이 된다. 그런데 「규문장」이라고 해봐야 24글자밖에는 되지 않는다. 그러므로 금문효경과 고문효경은 내용상 별 차이가 없다. 그러나 독자들이 세밀하게 대조해보면 알겠지만 그래도 세부적인 측면에서는 여러가지 차이가 있다. 그러나 대의(大義)를 운운한다면 무시해도 좋을 수준이다. 우선 금·고문의 차이를 표로 만들어보면 다음과 같다.

금문효경(今文孝經)		고문효경(古文孝經)		
1	開宗明義章 第一	1	개종명의장 開宗明義章 第一	125字
2	天子章 第二	2	천자장 天子章 第二	53字
3	諸侯章 第三	3	제후장 諸侯章 第三	76字
4	卿大夫章 第四	4	경대부장 卿大夫章 第四	94字
5	士章 第五	5	사장 士章 第五	86字
6	庶人章 第六	6	서인장 庶人章 第六	24字
		7	효평장 孝平章 第七	25字
7	三才章 第七	8	삼재장 三才章 第八	129字
8	孝治章 第八	9	효치장 孝治章 第九	144字
9	聖治章 第九	10	성치장 聖治章 第十	140字
		11	부모생적장 父母生績章 第十一	30字
		12	효우열장 孝優劣章 第十二	120字
10	紀孝行章 第十	13	기효행장 紀孝行章 第十三	93字
11	五刑章 第十一	14	오형장 五刑章 第十四	37字
12	廣要道章 第十二	15	광요도장 廣要道章 第十五	81字
13	廣至德章 第十三	16	광지덕장 廣至德章 第十六	82字
14	廣揚名章 第十四	→ 제 18로 간다		
제 16으로 간다 ←		17	응감장 應感章 第十七	113字
15	諫爭章 第十五	→ 제 20으로 간다		
16	感應章 第十六	→ 제 17로 간다		
제 14로 간다 ←		18	광양명장 廣揚名章 第十八	44字
금문에 없음		19	규문장 閨門章 第十九	24字
제 15로 간다 ←		20	간쟁장 諫爭章 第二十	148字
17	事君章 第十七	21	사군장 事君章 第二十一	49字
18	喪親章 第十八	22	상친장 喪親章 第二十二	142字
고문효경 기준 경문(經文)의 합계(본서 기준)				**1,859**字

금·고문 효경의 유래

금·고문 효경의 유래를 간략히 소개하면 다음과 같다. 진시황의 분서령이 내려졌을 때 하간(河間)의 사람, 안지(顏芝)가 『효경』을 숨겨두어 연멸(湮滅)의 액(厄)을 면했다. 협서율이 해제되고 한(漢) 문제(文帝) 때에 안지의 아들 안정(顏貞)이 『효경』을 조정에 헌상하였다. 이 『효경』이 18장으로 되어 있는 금문텍스트이다. 이 18장 금문텍스트는 이미 문제(文帝) 기(期)에 학관(學官)에 정립된 것으로 사료된다(「공서」에는 안정의 『효경』을 발견하여 헌상한 사람은 하간왕이며, 하간왕이 헌상한 연도는 무제 건원 원년, BC 140년이라 한다. 그러므로 학관에 세워진 것은 무제이후로 봐야 옳다. 혹설에 의하면 안정이 예서체로 쓰여진 『효경』을 세상에 내 놓은 것은 혜제惠帝 때 BC 190년이라고 한다 그러니까 하간왕 유덕劉德은 50년 후에나 발견한 것이다). 후에 이 금문 효경은 선제(宣帝)·원제(元帝)의 시기에 장손씨(長孫氏)·박사(博士) 강옹(江翁)·소부(少府) 후창(后蒼)·간의대부(諫議大夫) 익봉(翼奉)·안창후(安昌侯) 장우(張禹) 등이 그 학통을 이어 권위를 확립하였다.

그리고 전한 무제(武帝)의 시기에 노나라의 공왕(恭王)이 공자의 구택을 헐었는데, 그 벽 속에서 『효경孝經』이 나왔는데, 이것이 과두문자로 쓰여진 것이고 22장으로 되어 있었다고 한다. 이것이 고문효경이다. 이 고문효경에 공안국(孔安國: 한 무제 때의 사람)이 전(傳: 이 경우 주注와 같은 개념이다)을 달았다고 한다. 그리고 금문효경은 후한 때에 정현(鄭玄, 127~200)이 주(注)를 달았다고 한다. 그러니까 "공안국전"이라고 하면 고문효경을 가리키는 것이고, "정현주"라고 하면 금문효경을 가리키는 것이다.

고문효경古文孝經	공안국전孔安國傳
금문효경今文孝經	정현주鄭玄注

유향의 텍스트

그러나 우리가 접하는 공안국전과 정현주가 모두 역사적 실존인물이었던 공안국과 정현의 작품인지에 관해서는 상고(詳考)의 여지가 많다. 그리고 『수서』「경적지經籍志」에 의하면 유향(劉向)이 비부(秘府)에서 전적을 정리하였는데, 금문과 고문을 대교(對校)하여 새롭게 18장으로 정(定)했다고 했는데, "안본顔本을 가지고써 고문古文과 비교하여 그 번혹繁惑함을 제거하고 18장으로 정하였다. 以顔本比古文, 除其繁惑, 以十八章爲定"이라고 한 표현으로 미루어 볼 때 유향은 고문텍스트를 금문체제에 합하도록 정리한 것이다. 유향(劉向, BC 79~BC 8)은 기본적으로 고문경학의 대가이므로 그가 만든 『효경』이 18장체제였다 할지라도 그의 텍스트는 고문효경이었다고 사료된다. 이 유향텍스트에다가 정중(鄭衆)과 마융(馬融) 두 사람이 주(注)를 지었다고 했는데, 마융의 주 또한 고문텍스트에 대한 주였다고 볼 수 있다. 마융의 주는 후세에 전하지 않았으므로 결국 고문효경에 대한 한대의 주는 공안국(孔安國)의 전(傳)이 유일한 것이다.

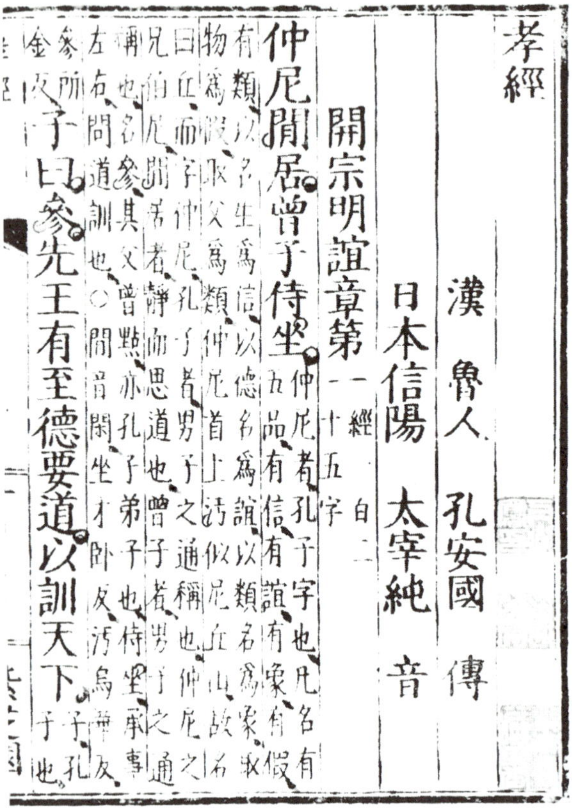
孝經
漢 魯人 孔安國 傳
日本信陽 太宰純 音
開宗明誼章第一 經一百二十五字
仲尼閒居。曾子侍坐。仲尼者孔子字也凡名有五品有信有誼有象有假有類以名生爲信以德名爲誼以類名爲象取物爲假取父爲類仲尼首上汚似尼丘山故名曰丘而字仲尼孔子者男子之通稱也仲尼之兄伯尼閒居者靜而思道也曾子者男子之通稱也名參其父曾點亦孔子弟子也侍坐承事左右問道訓也○閒音閑坐才卧反汚烏華反
子曰。子孔子也參。參所金反先王有至德要道。以訓天下。

우리나라 다산 정약용에게 충격을 준 오규우 소라이의 제자 다자이 준(太宰純, 1680~1747)이 중국에서는 사라진 공전孔傳 고문효경이 일본에 존재하고 있다는 사실을 발견하고, 고래로부터 일본에 존재하는 다양한 판본을 참고, 교정校定하여 향보享保 17년(1732)에 『효경공전孝經孔傳』을 가각家刻했는데, 이 판본이 중국에 알려져 포정박(鮑廷博, 1728~1814: 청나라 안휘성 사람으로 절우제일浙右第一의 장서가, 교간校刊의 대가)의 권위있는 지부족재총서知不足齋叢書의 제1집으로 들어갔다. 노문초盧文弨의 서문에 잃어버린 고경을 천년만에 얻게 되었다고 기뻐하며 천하의 학사들이 한목소리로 쾌재를 불러야 할 사건此豈非天下學士所同聲稱快者哉!이라고 찬탄해마지 않았다. 이로써 일본학계의 위상이 높아졌고, 나머지 정주鄭注도 반드시 일본에 보존되어 있으리라는 기대가 중국학자들에게 생겨나자, 정주 발굴작업이 일본 곳곳에서 일어났다. 그러나 다자이 준의 『효경공전』은 여러 판본을 종합한다 하면서 그 본래 면모를 상실시켰으며, 실제로 준거하기 어려운 무가치한 판본이다. 많은 사람들이 아직도 다자이의 판본에 의거하는데 그것은 잘못된 일이다. 『고문효경』에 관한 한 다자이의 공과는 반반이다.

『정주효경』의 존신

그 뒤로 동진(東晋)의 목제(穆帝) 영화(永和) 11년(AD 355), 그리고 효무제(孝武帝) 태원(太元) 원년(AD 376)에 군신(群臣)을 집결시켜 『효경』의 경의(經義)를 의론케 한 결과, 박사 순창(荀昶)이 제설(諸說)을 찬집(撰集)하여 『정주효경鄭注孝經』을 종(宗)으로 하였다(『당회요唐會要』 권77, 「논경의論經義」). 이 사건을 계기로 『정주효경』을 존신(尊信)하는 사람들이 늘어나게 되었다.

양(梁)나라에 들어서면서 『정주鄭注』와 『공전孔傳』은 다같이 학관(學官)에 세워지게 되었는데(그러니까 이때까지만 해도 금·고문경이 다 전해내려오고 있었다), 6세기 중엽 양말(梁末)의 전란을 거치면서 『공전孔傳』이 망일(亡佚)되고 말았다. 따라서 남북조시대의 진(陳, 557~589)나라, 북제(北齊, 550~577), 북주(北周, 556~581)의 시기에는 오직 『정주』만이 세상에 행하여졌다(「수지隋志」).

하여튼 박사 순창이 『정주』를 종(宗)으로 삼아 『정주』가 독주하게 되자, 『정주』에 대한 의혹이 깊어지게 된다. 남제(南齊)의 국자감 박사였던 육징(陸澄, 425~494, 자 언연彦淵)은 상서령(尙書令) 왕검(王儉)에게 『정주』를 주면서 이것이 분명 정현 자신의 주가 아닌 듯하니 잘 검토하여 보고 비부(秘府)에 간직하지 않는 것이 좋겠다고 의견을 제출한다(『남제서南齊書』 열전 제20, 「육징전」을 참고할 것). 그러나 왕검은 설사 그것이 정현 자신의 것이 아니라 할지라도, 『효경』의 가치는 사라질 수 없으므로 관행대로 학관(學官)에 존치하는 것이 옳겠다고 대답하여 그대로 존속시켰다. 따라서 『정주』는 격동의 시기에도 살아남게 된다.

『공전』의 재발견과 유현(劉炫)

그런데 한편 『공전』은 양말(梁末)의 난에 망일되었으나, 수(隋)나라 문제(文帝) 개황(開皇) 14년(AD 594)에 비서감(秘書監) 왕소(王劭)가 경사(京師)에서 우연히 『공전孔傳』을 발견하게 된다. 그래서 그것을 방득(訪得)하자마자 하간(河間)의 유현(劉炫, 자는 광백光伯. 당대의 석학)에게 보내었다. 유현은 새로 발견된 『공전』에 서(序)를 쓰고, 『공전』을 교정하여 소(疏)라고 말할 수 있는 『효경술의孝經述議』 5권을 짓고, 민간에서 『공전』을 강의하면서 유포시켰다. 이 일이 조정에 알려지게 되자, 학령(學令)에 저록(著錄)하고, 『정주』와 더불어 학관(學官)에 세웠다. 그렇지만 당대의 유자들은 유현이 강술한 『공전』은 "유현의 위작(僞作)이며 공안국 자신의 구본(舊本)이 아니다"라고 박격(駁擊)하였다. 이와 같이 하여 『고문효경공안국전』은 옛부터 수나라 유현의 위작이라는 설이 유력하게 되었다. 그러나 『효경술의』 자체가 유실되어 지금 그 위작설을 확인할 길이 없으나 일본의 학자 하야시 히데이찌(林秀一)가 일본에 전해 내려오는 『공전』 관계 문헌들 중에서 『효경술의』를 부분적으로 복원하여, 위작자는 위나라의 왕숙(王肅) 일파의 한 사람이며 유현은 교정자에 불과하다는 신설을 발표했다. 하여튼 유현의 『술의述議』 사건 이후로 공(孔)·정(鄭) 이주(二注)의 진위에 관한 논쟁이 격화되었다.

당현종의 절충, 유지기(劉知幾)와 사마정(司馬貞)의 대립

당현종은 이러한 사태를 염려하여 개원(開元) 7년(719), 제유(諸儒)에게 조(詔)를 내려 『공전』과 『정주』의 시비를 질정케 하였다. 이때에 『사통史通』의 저자인 대 역사가 유지기(劉知幾, 리우 즈지, Liu Zhi-ji, 661~721, 자는 자현子玄)는 고문을 더 신빙성 있는 것으로 간주하고 12가지 증험을 세워 현존하는 『정주鄭注』가 역사적 정현의 주가 아님을 입증하고, 유현이 교(校)한 『공전』이 정통이라고 주장하였다. 이에 맞서 사마정(司馬貞, 쓰마 전, Si-ma Zhen, 당 하내河內의 사람. 홍문관 학자. 자는 자정子正. 사마천에 대하여 자신을 소사마小司馬라고 불렀다)은 금문을 종주로 하고 『공전』도 유현의 위작이며 공안국의 구본(舊本)이 아니라고 주장하였다. 양의(兩議)가 결착이 날 기미를 보이지 않자, 당현종은 조(詔)를 내려 잠시 양주(兩注)를 병행시킬 것을 명하였다(『당회요唐會要』 권77, 「논경의論經義」).

개원시주(開元始注)와 원행충의 소(疏)

다음 개원(開元) 10년(722) 6월, 현종은 본인 스스로 금문을 주(主)로 하여 공안국(孔安國) · 정현(鄭玄) · 위소(韋昭) · 왕숙(王肅) · 위극기(魏克己), 다섯 사람의 제주(諸注)를 채용하여 『어주효경御注孝經』 1권을 지어 천하에 반행(頒行)하였다(현종의 「효경서孝經序」에 보이는 "육가六家"는 정확한 표현이 아니다. 윗 다섯 사람에 한정된다). 이것을 세칭 "개원시주開元始注"라고 하는 것이다. 이 개원시주의 간행과 동시에 현종은 어주의 취지를 부연케 할 목적으로 원행충(元行冲)에게 명하여 개원시주의 「소疏」 3권을 작성케 하였다.

천보중주와 석대효경

천보(天寶) 2년(743) 5월에 이르러, 현종은 개원시주의 불비(不備)함을 보완하여 새롭게 『효경』을 주하여 다시 이것을 천하에 반행(頒行)하였다. 이것이 세칭 "천보중주天寶重注"이다. 그리고 다음해 천

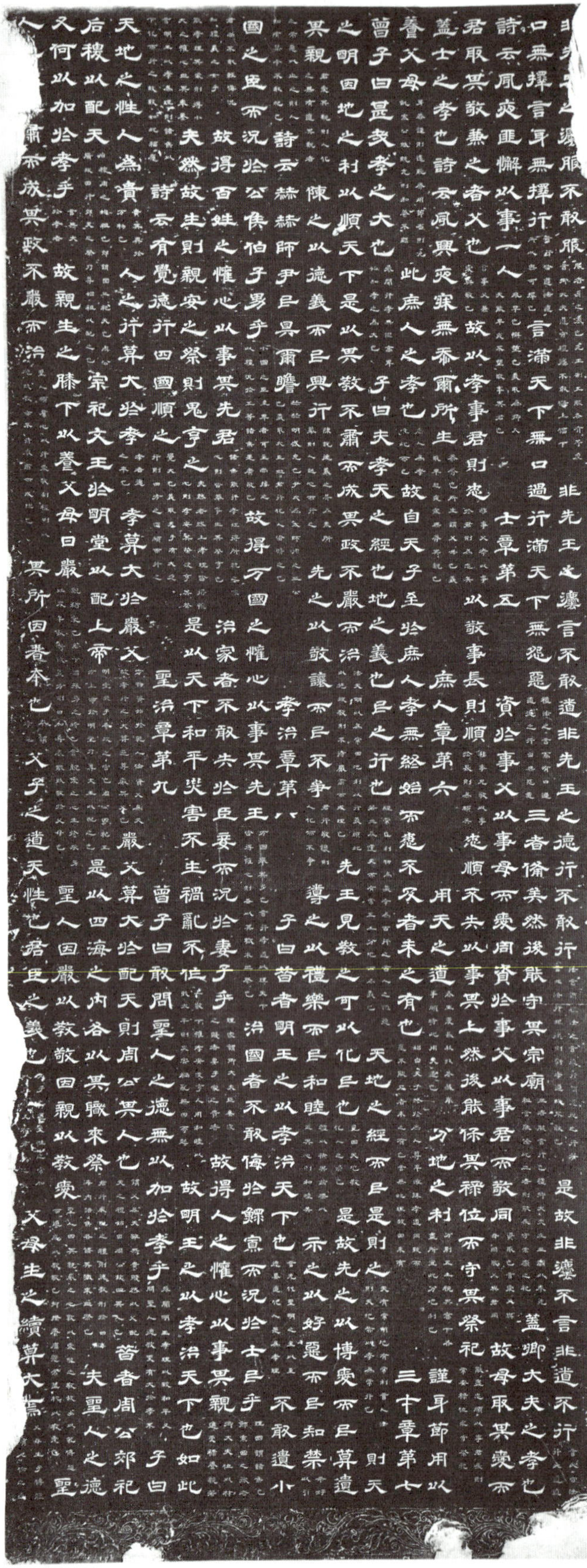

서안西安 비림박물관碑林博物館의 석대효경비石臺孝經碑 탁본. 2008년 서울역사박물관에서 전시됨. 620x132cm. 경대부장卿大夫章부터 성치장聖治章까지 보인다. 서울역사박물관 자료제공.

보 3년에는 천하에 조령(詔令)을 내려 집집마다 『효경孝經』 한 책을 소장케 하였다.

그리고 천보 4년(745) 9월, 현종은 친히 팔분(八分)의 서체로서 "천보중주" 1권을 붓으로 써서 거대한 돌에 각하여 장안(長安)의 태학(大學) 앞에 건립하였다. 이것이 바로 세상에서 말하는 그 유명한 『석대효경石臺孝經』이다. 현재 서안(西安) 비림(碑林)박물관에 보존되어 있다.

이렇게 보면, 당현종의 어주(御注)라는 것은 개원 10년에 작성되어, 천보 2년에 중수(重修)된 것이다. 그런데 원행충의 소가 "개원시주"에 의거하여 작성된 것이므로, 그 「소疏」 3권을 중수할 필요가 생겼다. 그래서 천보 5년(746) 2월에 "천보중주"에 일치되도록 부분수정을 가하였다. 그런데 이미 원행충은 개원 17년(729)에 향년 77세로 세상을 떴기 때문에(원행충은 낙양의 사람으로, 이름은 담澹. 박학하고 훈고에 통달하였다), 그가 죽은 지 17년 후에 이루어진 소(疏)의 중수(重修) 작업은 그와 무관하게 이루어진 것이다.

형병의 『효경정의』와 십삼경주소본

그래서 원행충의 「소疏」 3권이 불비한 점이 있다고 판단되어, 송나라에 들어서서 진종(眞宗) 함평(咸平) 3년(1000) 3월에 그 유명한 소(疏)의 대가 형병(邢昺)이 조(詔)를 받들어, 두호(杜鎬) · 서아(舒

雅)·손석(孫奭)과 더불어 교정(校定) 증손(增損)하였다. 이것이 바로 형병의 『효경정의孝經正義』 3권이다. 이리하여 현종의 『천보중주天寶重注』 1권과 형병의 『효경정의孝經正義』 3권을 합본하고, 그 앞에 형병 찬(撰)의 「효경주소서孝經注疏序」 75자와(孝經者, 百行之宗, 五教之要。自昔孔子述作, 垂範將來, 奧旨微言, 已備解乎注疏。尙以辭高旨遠, 後學難盡討論。今特翦截元疏, 旁引諸書, 分義錯經, 會合歸趣, 一依講說, 次第解釋, 號之爲講義也。이상 75字) 성도부학주향공(成都府學主鄕貢) 부주봉우찬(傅注奉右撰)의 「서序」 454자("夫孝經者, 孔子之所述作也"로 시작되는 문장)를 첨가하여 성립시킨 것이 현재 가장 널리 보급되어 있는 『효경주소孝經注疏』 9권이다.

『공전』 『정주』의 망일과 쵸오넨의 『정주』 헌상

보통 "어주御注"라고 하면 "천보중주天寶重注"를 가리키며 "개원시주開元始注"는 중국에서도 망일되었다. "개원시주"는 다행히 일본에 보존되어 오늘 그 모습을 볼 수 있는데, 개원시주와 천보중주의 차이는 「서문」의 이동(異同)과 주문(注文)의 증감뿐이며, 경문(經文)의 변화는 없다. 하여튼 어주가 세상에서 통용되게 되자 공(孔)·정(鄭) 이주(二注)는 모두 빛이 바래버렸고, 안타깝게도 오대(五代)의 난(亂)을 거치면서 모두 사라졌다.

그 후, 북송의 옹희(雍熙) 원년(984)에 일본의 승려 쵸오넨(奝然, ?~1016, 헤이안平安 중기의 토오다이지東大寺의 학승, 쿄오토京都의 사람.

983년에 入宋, 송태종을 알현)이 태종에게 『정주鄭注』 한 책을 헌상하였고, 태종은 이 책을 비부(秘府)에 장(藏)하였다. 이 비부에 소장된 『정주』본을 사마광이 참고하였다는 것은 앞서 이미 논하였다.

사마광의 『고문효경지해』로부터 주희 『간오』, 동정 『대의』까지

그리고 고문효경은 공전(孔傳)이 사라진 본문만 남아있는 좀 기묘한 판본이 송나라 비각(秘閣)에 보존되어 있었는데, 사마광이 그 본문에 의거하여 『고문효경지해古文孝經指解』를 짓게 된 경위는 전술한 바와 같다. 사마광은 『지해』의 본문을 고문에 의거했다고 말하면서도, 실상은 금문인 정주(鄭注)와 어주(御注)의 본문을 대폭 수용하였으므로 『지해』의 본문은 고문인 듯하면서도 고문이 아닌 좀 엉터리 잡탕이다. 도저히 고문효경이라고 말할 수 없다. 세상에서는 이 사마광의 『지해』 본문을 "송본효경宋本孝經"이라고 부른다. 이 아리까리한 송본효경을 가지고 주자가 고문경의 모범이라 착각하고, 『효경간오孝經刊誤』라는 불행한 책을 지었고, 그 책의 체제에 따라 원나라의 동정(董鼎)이 『효경대의孝經大義』를 지었고, 바로 『효경대의』가 조선왕조의 『효경』의 대세를 장악하게 된 경위는 이미 상술한 바와 같다. 『효경』은 13경 중에서도 가장 주석의 종류가 많은 경전이기 때문에 『효경대의』 이후의 명·청대의 상황도 매우 복잡하지만 더 이상 논의할 가치가 없다. 『효경』 판본에 관한 대강의 틀은 다음의 사실만 머리 속에 넣어두고 있으면 된다.

금문 今文	정주효경 鄭注孝經	당말(唐末)에 사라졌는데 송나라 태종 때 일본승 쵸오넨에 의하여 헌상되었다가 다시 사라짐. 현재 일본에 남아있는 판본들과 돈황자료로써 복원됨
	어주효경 御注孝經	가장 확실하게 살아남음
고문 古文	공전효경 孔傳孝經	당말에 사라졌는데 일본에 고판본이 남아 그 정체를 알 수 있다. 최고본은 『인치본고문효경仁治本古文孝經』(1241)이다. 인치 2년(1241) 키요하라노 노리타카(清原教隆, 1199~1265) 교점(校点). 나이토오 코난(内藤湖南) 박사 소장. 일본 국보

판본학의 바탕 없는 고전학은 구름누각

이상이 나 도올이 『효경』을 주해하기 위하여 독자들에게 주지시키고자 하는 사전정보이다. 나 도올은 본시 철학을 공부한 사람으로 사소한 고증학을 업으로 하는 사람은 아니다. 그러나 고증학의 실증이 없는 고전학은 사상누각이요, 판본학의 바탕이 없는 고전해독은 구름누각이요, 필로로지(philology)의 공독이 없는 필로소피(philosophy)는 위선누각이다. 우리나라에서 나오고 있는 중국고전이나 한국고전에 관한 논문들을 보면 너무도 터무니없이 빈곤하고 부정확한 정보들이 횡행하고 있다. 나 도올의 문학(問學)이 아직도 미숙한데 그를 일일이 다 지적할 바가 아니나, 우리나라에 제대로 된 국사사전 하나가 없다고 말해도 이의를 달 사람이 없을 것이다.

기초 공구서적이 부실하여 역사적 인물의 생몰연대 하나를 확실하게 인용키 힘들다. 더구나 고전을 공부하는 사람들이 고전의 문구해석의 임의성에만 치중하고 그 판본을 연구하거나 박학(樸學: 기초학문)적 분석을 가하는 치열한 노력들이 없다. 한마디로 "개구라"만 판을 치고, 엄밀한 과학적 학문방법이 결여되어 있는 것이다. 학문에 있어서 주관적 상상이나 이데올로기적 주장은 최후적·말엽적 사태이며 선행되어야 할 근본적 과제가 아니다. 그런데 기초학문이란 문자 그대로 고혈을 짜내는 노동이요 시간싸움이다. 우리나라에는 웬일인지 이러한 기초학문에 뜻을 두는 자가 너무 없다. 꼼꼼한 바느질을 배우려는 자는 없고 허울좋은 디자인만 배우려는 세상이니, 학문 또한 그런 허울을 쓰고 구름 위를 활보할 뿐이다.

조선 후기의 문신 명고(明皐) 서형수(徐瀅修, 1749~1824, 풍석 서유구의 작은 아버지)가 북학 사대가의 한 사람인 이덕무(李德懋, 1741~1793)에게 보내는 편지에 "조선왕조 400년간의 문치文治의 융성함을 통해 인재는 왕성하게 배출하였고 찬란하게 기록할 건덕지는 좀 있겠으나 유독 선비만은 단 한 사람도 없다. 竊嘗以爲我東四百年文治之隆, 人才之盛, 非不郁郁可述, 而獨無一箇儒耳"라고 거침없이 내뿜은 독설의 소이연을 지금도 절실하게 한번 생각해볼 만하다. 「유림전儒林傳」의 서문을 써달라는 이덕무의 부탁을 거절하면서 한 이야기인데 "천인天人 성명性命의 리기설은 시골 서당 훈장의 서탁까지도 휘덮고 있지만 『시경』이나 『서경』, 『춘추』를 펼쳐 놓으면 연륜이 쌓인 선비나 명망이 높은 대석학이라 하는 자들도 모두 꿀벙어리가 되고 만다. 天人性命之理, 塗在鄕塾講案, 而詩書春秋之說, 偏寂於老成宿德"는 것이다. 그러면서 이 나라에는 선비라고 부를 수 있는 자가 너무도 료료(寥寥: 빈 허공에 샛별 하나 있을까 말까 할 정도로 희소)하다면서 편지를 끝맺고 있다(『명고전집明皐全集』「답이검서덕무答李檢書德懋」). 그 절규를 지금도 한번 되새겨 볼 만하지 아니 한가?

내가 참고한 고문경 판본

나는 동경대학에서 공부하면서 치열한 고증학의 방법을 배웠다. 나를 가르치신 선생님들의 대석학적 학식과 그 인품을 생각하면 항상 옷깃을 여미게 되고, 나도 후학들을 그렇게 가르쳐 주어야 할 텐데 하는 사명감이 가슴에 서리지만 이미 은퇴를 한 구각(軀殼)으로 어찌 할 바가 없다. 일본 근세석학들의 책을 보면 나는 내가 직접 배운 선생님들이거나, 그들의 사우관계에 있는 분들이기 때문에 그 향기를 직접 느낄 수 있다. 그들이 기여한 일본이라는 국가에 대한 존숭의 염은 우리가 지닐 필요가 없겠지만, 그들의 학문의 정직성과 엄밀성은 우리가 본받고 또 본받아야 한다.

나는 중국고전에 있어서 금문과 고문의 전통을 편견없이 수용하려고 노력하지만 대체적으로 고문에 대한 애착이 강하다. 『효경』을 기준으로 삼는 데 있어서도 당연히 고문효경이 그 주가 되어야 한다고 생각한다. 고문효경이 『효경』의 본래의 모습에 더 가깝다고 생각

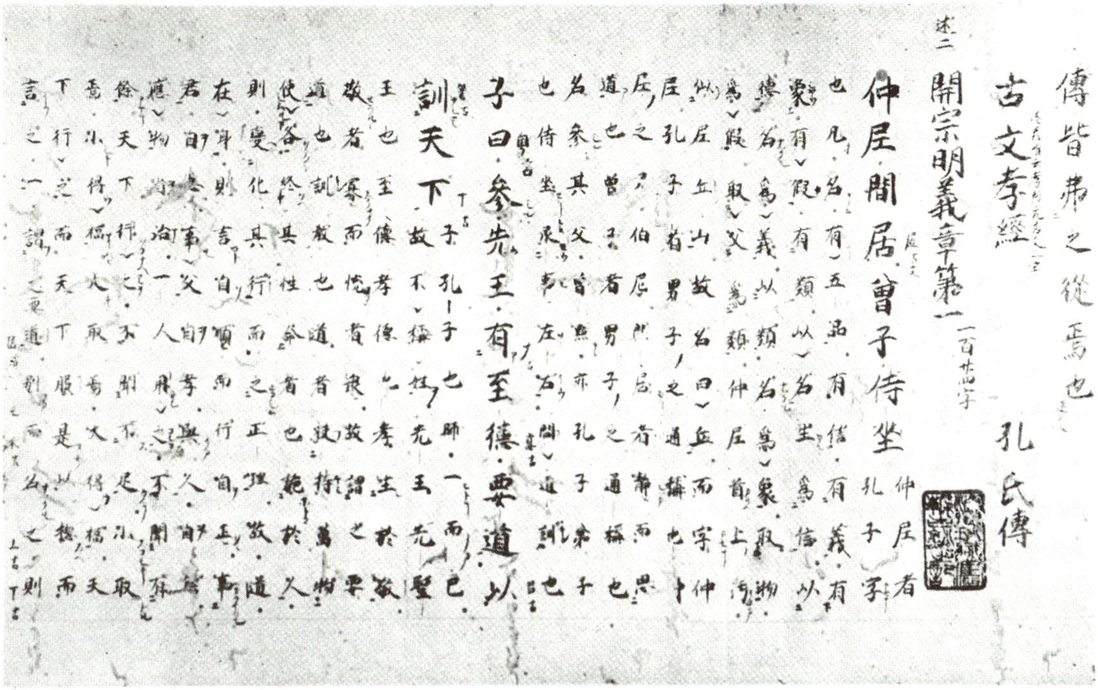

이것이 내가 준거로 삼은 고문효경이다. 고문효경으로서 이 지구상에 존재하는 최고본일 뿐 아니라 가장 정밀한 본래모습을 간직하고 있다. 이 판본에는 「공서孔序」는 들어있지 않다. 인치仁治 2년(1241), 키요하라노 노리타카(淸原敎隆, 1199~1265)의 교점본인데 동양사학자 나이토오 코난(內藤湖南, 1866~1934)의 소장이 되었다가 1934년 일본국보로 지정되었다. 키요하라노 노리타카는 카마쿠라鎌倉 학문 융성에 크게 기여한 대학자로서 본명은 仲光, 쇼오군將軍의 시강侍講 노릇을 했다. 카마쿠라 중기의 무장武將 호오죠오 사네토키(北條實時, 1224~76)를 가르쳤는데, 사네토키는 키요하라의 도움을 입어 카네사와문고金澤文庫를 건립하였다. 키요하라는 대대로 박사 집안으로서 누대에 비전되어 내려오는 비본秘本에 의거하여 교점校点을 단행하였는데, 키요하라 판본이야말로 전사轉寫의 오류가 없이 원본에 충실하게 교감을 보아 가장 본래의 모습을 간직하고 있는 최고最古의 선본善本이다.

된다. 나는 『인치본고문효경仁治本古文孝經』(1241)을 본서의 텍스트로 삼았다. 인치본에 관한 해설은 하야시 히데이찌(林秀一)의 『효경학논집孝經學論集』 제3편을 참고해주면 한다. 그것도 엄청 복잡한 문제이기 때문에 내가 여기서 논의하지 않는 것이 독자들의 피곤을 덜어 줄 것이다. 인치본(닌지혼)을 수중에 구할 수가 없어, 인치본을 경문으로 사용한 다음의 두 책을 기준으로 하였다.

1. 하야시 히데이찌(林秀一). 『孝經』. 東京: 明德出版社, 1981.
2. 쿠리하라 케이스케(栗原圭介). 『孝經』. 東京: 明治書院, 2004.

그런데 우리나라 국립중앙도서관에 소장되어 있는 텐메이(天明) 신축(辛丑, 1781)년 일본목판본(淸原宣條 校)이 키요하라 가문의 정본(淸家正本)이며, 인치본과는 정확하게 일치하지 않지만 그 대강의 틀을 계승하고 있다. "청가정본"이라고는 하나 후대의 교정을 거친 매우 세련된 판본으로 인치본의 모습과는 많이 멀어져 있다. 국립중앙도서관 자료중에 조선총독부고서 청구기호 "古古1-29-72"로 되어있는 공안국전 『고문효경古文孝經』이 서지정보 미상이지만 인치본(仁治本)에 가장 가깝게 가는 정본이다(일본연활자본日本鉛活字本으로 간행연도는 에도 후기일 것이나 인치본을 옮긴 고본이다). 관심있는 독자는 누구든지 국립중앙도서관의 인터넷 서비스를 활용하여 이 두 자료를 직접 열람할 수 있다. 국립중앙도서관의 우수한 서비스 시스템에 나는 감복하였다. 관계자들의 노력을 치하한다.

본문(本文)

고문효경(古文孝經)

고문효경서(古文孝經序)

공안국(孔安國, 콩 안꾸어, Kong An-quo)

1. 孝經者何也? 孝者, 人之高行; 經, 常也。

『효경』이라는 서물은 무엇을 뜻하는가? "효孝"라고 하는 것은 사람의 지고한 행위이며, "경經"이라고 하는 것은 "항상스러움"을 나타내는 말이다.

沃案 이 첫마디는 역시 『효경』이라는 서물의 명호(名號)에 대한 해설로 보여진다. 여기서도 중요한 것은 "경經"을 경전(canon)의 경으로 해석하고 있질 않다는 것이다. "경"이란 효가 항상스러운 인간세의 원리로서 인식되어야 한다는 것을 말해주는 일반명사로서 해석되고 있다는 것이다. 백행의 근본(百行之本)으로서의 효(孝)는 더 없이 지고한 인간의 행위(高行)이며, 항상스러운 원칙이요 원리이다.

2. 自有天地人民以來，而孝道著矣。上有明王，則大化滂流，充塞六合。若其無也，則斯道滅息。

하늘과 땅이 있고, 그 속에서 사람이 존재하게 된 이래, 효도(孝道)라는 것은 자연히 생겨나게 마련인 것이다. 때마침 위로 명철한 군주가 있게 되면 거대한 교화가 마치 홍수가 범람하듯이 온 세상을 가득 채울 것이다. 그러나 그렇게 명철한 군주가 없게 되면 사도(斯道)는 멸절되어 자취를 감추고 말게 되는 것이다.

沃案 여기 "대화大化"라고 하는 것은 풍속에 의한 사회의 교화를 의미한다. "육합六合"은 동·서·남·북·상·하의 방위를 말하며 온 천하를 의미한다.

그런데 여기 논조는 효라는 덕행의 교화(敎化)가 정치적 리더십(political leadership)의 유·무에 달려있다는 것을 말하고 있으므로 이미 효를 파악하는 관점이 매우 정치적이고 하이어라키칼하다는 것을 알 수 있다. 「공서孔序」가 누구의 작품인지는 모르지만 전한시기에 쓰여진 것이라면 이미 전한대에 효의 파악이 "위로부터 아래로의" 방향으로 이루어졌다는 것을 의미할 것이다. 그러나 한대의 가족윤리나 일반적 사회적 분위기를 감안할 때 그렇게 단정하기는 어렵다. 단지 효도의 방류(滂流)를 군주의 효도의 실천이라는 좁은 인과에 국한해서 말하지 않고 "명왕明王"이라고 말한 것은, 명철한 리더십이 확보되어야 효도가 방행하는 훈훈한 사회가 될 수 있다는 일반적 논리로 해석할 수도 있다. 오늘날에도 도덕적으로 명철한 리더십이 확보되어야 민중의 가족윤리도 명철하게 된다는 것은 정치의 기본으로서 말할 수 있는 것이다.

여기 "사도斯道"라는 표현도 선진고경의 용례가 없는 것은 아니지만 어감상 유교적 정통성을 의식한 표현이며 좀 후대의 용례 같다는 느낌이 든다.

3. 當吾先君孔子之世, 周失其柄, 諸侯力爭, 道德既隱, 禮誼又廢。至乃臣弑其君, 子弑其父, 亂逆無紀, 莫之能正。是以夫子每於閑居, 而歎述古之孝道也。夫子敷先王之教於魯之洙泗, 門徒三千, 而達者七十有二也。貫首弟子, 顏回、閔子騫、冉伯牛、仲弓, 性也至孝之自然, 皆不待諭而寤者也。其餘則悱悱憤憤, 若存若亡。唯曾參躬行匹夫之孝, 而未達天子、諸侯以下揚名顯親之事。因侍坐而諮問焉。故夫子告其誼, 於是曾子喟然知孝之爲大也。遂集而錄之, 名曰孝經。與五經竝行於世。

나의 선조인 공자의 시대로 말할 것 같으면, 주나라 왕실이 천하를 통제하는 집권적 권력을 이미 상실하여, 지방의 제후들이 무력으로 천하를 다투어, 도덕(道德)이 이미 자취를 감추었고, 예의(禮誼, 禮義와 같다) 또한 폐하였다. 신하가 임금을 시해하고 아들이 아버지를 죽이는 지경에까지 이르러 난역(亂逆)함이 도를 지나치지만 그것을 바르게 잡을 길이 없었다. 그러므로 공부자께서는 늘 냉정하게 거처하시면서도, 세태를 탄하며 옛 효도의 훌륭함을 술회하시었다. 이에 부자께서는 선왕(先王: 중국문명의 창시자들)의 가르침을 노나라의 수사(洙泗: 곡부 지역의 두 개천 이름. 공자가 태어나고 가르치고 서거한 지역)에 펼치니, 문도(門徒)가 3천 명이나 모여들었고, 그 중에 경지에 달한 인물들만 해도 72명이나 된다. 그 중에 수제자격인 안회, 민자건, 염백우, 중궁 등이 있지만 이들은 본성이 스스로 그러한 대로 지효(至孝)의 덕성을 발현하고, 모두 가르침을 기다리지 않고 깨달을 줄 아는 인물들이었다. 그 나머지 제자들은 입에 맴돌아도 그것을 말하지 못하고, 아무리 노력해도 가슴에 초조함이 서린 채, 효도를 체현한 듯, 못한 듯 애매한 상태로 있었다. 그 중 오직 증삼(曾參: 제자 그룹에서 어린 사람으로 공자 생애 말년에 공문에 들어왔다. "증자曾子"라 하지 않고 "증삼"이라고 한 표현은 공자 생시의 사태이므로 그를 낮춘 것이다. 뒤에는 "증자"로도 표현)만이 보통 서민들의 효를 몸소 실천하기는 하였으나, 천자·제후 이하 양명(揚名: 자신의 이름을 날림) 현친(顯親: 부모님을 빛나게 함)의 일에는 미치지 못하여(좀 표현이 어색하지만 『효경』 본문의 내용을 기준으로 해서 말한 것이다. 『효경』에는 효가 천자-제후-경대부-사-서인으로 나뉘어져 있기 때문에 증자가 서인의 효도는 실천하였지만 그 이상의 효도는 잘 몰랐기에 공자에게 묻게 되었다는 뜻이다), 공자를 한가히 시좌(侍坐)할 수 있는 틈을 타서 공자께 효도에 관하여 어쭙게 된 것이다. 그러자 공부자께서 효의 마땅한 대목들을 일러주시었다. 이에 증자는 탄복하면서 효의 위대함을 깨닫게 되었다. 증자는 곧 들은 것을 모아 기록하고 그것을 이름하여 『효경』이라 하였다. 증자가 기록하여 만든 『효경』은 오경(五經)과 더불어 세상에 나란히 행하여지게 되었다.

沃案 공안국(孔安國)은 생몰연대는 잘 모르지만 대대로 박사를 지낸 집안 사람이며, 전한의 무제(武帝)와 소제(昭帝)의 시기에 걸

쳐 살았다. 무제 때에 박사였으며 또 간의대부(諫議大夫: 천자의 과실을 간諫하는 역)가 되었다. 그리고 후에 임회군(臨淮郡: 지금의 안휘성 우이현盱眙縣 서북 80리)의 태수(太守: 군의 장관)가 되었다. 노나라 곡부의 사람이며 자(字)는 자국(子國)이다. 그의 형 공연년(孔延年)도 무제 시기의 박사였으며 태부(太傅) · 대장군(大將軍)을 역임했다. 여기 "오선군공자吾先君孔子"라는 표현은 공안국 자신이 공자의 후손이기 때문에 쓴 표현인데, 공안국은 공자의 직계 장손은 아니고 방계의 사람인데 공자의 12세손으로 알려져 있다. 공안국의 「상서서尙書序」에도 "선군공자先君孔子, 생우주말生于周末"이라는 표현이 있다.

『효경』이라는 책의 성립경위를 매우 차분하게 서술하고 있는데 내용인즉 다 『효경』에 들어있는 것이며 새로울 것은 없다. 자세하게 논하고 있지만 자세한 만큼 뭔가 어색한 느낌이 들 수도 있다. 제일 마지막에 "여오경병행어세與五經竝行於世"라고 한 것은 무제 당대에 말하기에는 좀 지나친 표현일 수도 있다. "오경五經"은 한 무제 때 비로소 "오경박사五經博士" 제도가 생겨나면서 보편화된 개념이며, 당대에 곧바로 오경과 효경이 병행되었다고 말하는 것은 논리적으로는 가할 수도 있으나 좀 성급한 표현이다.

4. 逮乎六國, 學校衰廢。及秦始皇焚書坑儒, 孝經由是絶而不傳也。

전국의 육국(六國: 제齊 · 초楚 · 연燕 · 한韓 · 위衛 · 조趙)이 각축을 벌이던 시대에 이르게 되면, 서울의 국학이나 지방의 향학이 모두 쇠퇴하여 폐(廢)하게 되었다. 게다가 진나라의 시황제가 서적을 불사르고(시황제 34년, BC 213), 지식인들을 생매장하는(분서령 다음 해, 35년, BC 212, 주변 사람들이 황제의 행차동선을 일체 발설하지 못하게 한 법령을 어긴 제생諸生 460여 인을 매장한 구체적 범법처리 사건이며, 실제로 지식인을 탄압한 것은 아니다) 사태에까지 이르렀으니 『효경』은 이로 인하여 멸절되고 세상에 전하지 않게 되었다.

沃案 『효경』의 전승이 단절된 역사적 상황을 기술하고 있다. 그런데 "학교쇠폐學校衰廢"를 그 한 이유로 드는 것은 별로 타당하지 못하다. 이 「서」의 저자는 『효경』을 관학의 전승으로 생각하고 있다는 뜻이다. 학교(學校)는 쇠폐하였을지 모르지만 그 시기에 제자백가의 학풍은 더욱 크게 발흥하였던 것이다.

5. 至漢興, 建元之初, 河間王得而獻之。凡十八章, 文字多誤。博士頗以教授。

한(漢)나라가 흥하는데 이르러 무제(武帝)의 건원(建元) 초에 하간왕(河間王)이 안지(顏芝)의 아들 안정(顏貞)이 봉(奉)한 『효경』 1권을 입수하여 이것을 무제에게 헌상(獻上)하였다. 이것이 금문으로 쓰여진 18장본 『효경』인데, 문자에 오류가 많았다. 그러나 박사들이 퍽으나 이것을 좋아하여 교수(教授)의 교재로 활용하였다.

沃案 "건원建元"은 한무제가 제정한 연호인데 중국역사에서 연호 제도의 시작을 의미한다. 건원 원년이 BC 140년이다. 하간왕(河間王)이란 제6대 경제(景帝)의 제3자 유덕(劉德, ?~ BC 130)을 가리킨다. 한나라 종실의 사람들을 봉(封)하여 왕(王: 그러니까 지방의 영주 같은 개념)으로 삼는데, 유덕은 경제 2년(BC 155)에 분봉되어 하간왕(河間王)이 되었다. 하간은 현재 뻬이징(北京市)에서 얼마 떨어지지 않은 정남쪽에 있었던 나라의 이름이다. 현재 하북성(河北省) 하간현(河間縣) 서남의 땅이다. 사람이 총명예지(聰明叡知)하며 수학호고(修學好古)하고, 민간에서 좋은 책들을 구하기를 좋아했는데, 좋은 책이 오면 반드시 여러 부를 필사하여 되돌려 주고, 또 진본은 비싼 값을 주고 구입했다. 이렇게 신사적으로 대접하니까 사방에서 소장자들이 좋은 책들을 그에게 가지고 왔다. 그의 라이브러리에는 고문으로 된 선진구서(先秦舊書)들이 쌓였다. 실사구시(實事求是)의 학풍을 견지했으며 산동(山東)의 제유(諸儒)들이 그에게 몰려와 교유(交遊)하였다. 그가 죽자 그에게는 헌(獻)이라는 시호가 주어졌다. 그는 위대한 중국문화 스폰서였던 셈이다(안정이 『효경』을 세상에 내놓은 것과 하간왕의 입수는 50년 가까운 시차가 있다. p.278 참고). 하간왕이 헌상한 『금문효경』 18장본이 오류가 많다고 지적함으로써 고문효경의 등장의 필연성을 정당화하는 발언을 하고 있다.

6. 後魯共王使人壞夫子講堂, 於壁中石函, 得古文孝經二十二章。載在竹牒, 其長尺有二寸, 字科斗形。魯三老孔

子慧抱詣京師, 獻之天子。天子使金馬門待詔學士, 與博士羣儒, 從隷字寫之。還子惠一通, 以一通賜所幸侍中霍光, 光甚好之, 言爲口實。時王公貴人, 咸神秘焉, 比於禁方。天下競欲求學, 莫能得者。每使者至魯, 輒以人事請索。或好事者, 募以錢帛, 用相問遺。魯吏有至帝都者, 無不齎持以爲行路之資。故古文孝經, 初出於孔氏。

후에 노나라 공왕(恭王)이 궁실을 개축하기를 좋아하여 사람을 시켜 공부자께서 강의하시던 강당(講堂)을 헐게 했는데, 그 벽 속에서 돌로 된 함이 나왔고, 그 함을 열어 보니 그 속에 『고문효경』 22장본이 들어 있었다. 글씨들이 죽간에 쓰여져 있었는데, 죽간은 대략 길이가 1척 2촌이었고, 글씨의 자형은 올챙이(科斗: 과두蝌蚪) 모양이었다. 노나라의 삼로(三老: 주나라의 제도로서 천자가 대우한 지방의 원로인데, 진·한시대에는 지방의 교화를 담당한 관리였다)인 공자혜(孔子慧: 자혜子惠가 바른 이름이다. 뒤에 "子惠"로 나온다. 이력은 미상)란 인물이 이 죽간을 가지고 경사(京師: 서울을 의미하는데 당시는 장안長安)로 와서, 그것을 천자(天子: 당시의 천자는 소제昭帝였다)에게 헌상하였다. 천자(소제)는 금마문(金馬門) 대조학사(待詔學士)와 박사(博士) 등, 군유(群儒)로 하여금 과두문자의 고문을 당시에 알기 쉬운 예서 자체(字體)로 옮겨 쓰도록 하였다. 소제는 한 통을 공자혜에게 돌려 주었고, 또 한 통을 자기가 신뢰하는 시중(侍中: 황제의 최측근 요직) 곽광(霍光: 무제武帝·소제昭帝로부터 선제宣帝에 걸친 당대 최고의 권력 실세)에게 주었다. 곽광은 이 『고문효경』을 심히 사랑하여 말끝마다 이 『고문효경』을 화제로 삼았다. 당시의 왕공귀인(王公貴人)들이 모두 『고문효경』을 신비로운 것으로 여기고, 절묘한 묘약의 비방에 비유하여 숨기고 남에게 보여주지 않았다. 그래서 천하의 사람들이 다투어 『고문효경』을 구하여 배우려고 하였지만 그것을 손에 쥘 길이 없었다. 뭇 나라로부터 사신이 노나라에 오게 되면, 곧 사람들과의 인연을 구실삼아 『고문효경』을 얻는 일을 청탁하지 않는 자가 없었다. 호사가(好事家)들 중에는 금전과 비단으로 예서체로 필사한 『고문효경』을 많이 매입하여 그것으로 안부를 물으며 선물로 보내곤 하였다. 뿐만 아니라 노나라의 관리가 제도(帝都)에 올 일이 있으면, 『고문효경』을 보따리 짐 속에 넣어 노잣돈으로 쓰지 않는 자가 없었다. 이렇게 해서 『고문효경』이 공씨집안에서 나와 세상에 널리 퍼지게 되었다.

沃案 노나라 공왕(魯恭王: 본문의 "共王"은 "恭王"을 의미함)이란 역시 노나라 지역에 분봉된 한나라 황실의 사람을 가리킨다. 경제(景帝)의 제5자로서 한 무제의 동생이다. 성은 유(劉), 이름은 여(余), 시호가 공(恭)이다. 노왕(魯王)에 봉하여졌다. 이 사람이 공자집을 고의로 허물은 것은 아니고 궁실이나 정원을 보수하고 가꾸는 데 취미가 있어, 공자집을 좋게 만들려고 일을 벌였을 것이다.

삼로(三老)란 주나라의 관제에 의하면 천자(天子)가 삼로(三老)·오경(五更)을 설치하여 부형(父兄)의 예로써 봉양하였다고 했는데, 삼로·오경이 각각 한 사람씩이었다는 설과 3인·5인이었다는 설이 있다. 진나라 때에는 교화(教化)를 담당하는 관리로서 향삼로(鄕三老)를 두었다. 서한 때에도 향삼로(鄕三老)와 현삼로(縣三老)를 두었다. 모두 1인씩이었다.

시중(侍中)은 진(秦)나라 때부터 생겨난 관명(官名)이다. 여기 "중中"이란 궁중을 마음대로 왕래하기 때문에 붙은 이름이다. 원래 승상(丞相)의 사(史)였는데 전내동상(殿內東廂)을 왕래하면서 나라 일을 주상(奏上)하는 일을 관장했다. 서한시대에 들어와 가관(加官: 관위가 높아짐)되어, 승여복물(乘輿服物)을 분장(分掌)하면서 중관(中官: 환관)들과 궐내에서 머물렀으며, 무제(武帝) 때부터는 점차 국사(國事)에 관여하고 황제 좌우에서 고문응대(顧問應對)의 일을 도맡아 중조(中朝: 조정 안)의 요직이 되었다.

"금마문대조학사金馬門待詔學士"란 한대 미앙궁(未央宮)의 문이름에서 왔다. 문의 원래 이름은 노반문(魯般門)인데 문밖에 동마(銅馬)가 서있었기 때문에 금마문(金馬門)이라 불렀다. 문학의 선비들이 출사(出仕)하는 곳이다. 이 문에서 천자의 조(詔)를 기다려 고문에 응하였다.

곽광(霍光, ?~BC 68)은 평양(平陽)의 사람이며 한 무제가 가장 신임하였던 표기장군(驃騎將軍) 곽거병(霍去病, ?~BC 117)의 이복동생이다. 자는 자맹(子孟), 시호가 선성(宣成), 관은 대사마(大司馬) · 대장군(大將軍)에 이르렀다. 소제(昭帝) · 선제(宣帝) 시기에 대권을 휘두른 인물이며 전한의 역사에서 빼놓을 수 없는 거물이다. 그의 행적에 관해서는 대부분의 중국역사서에 상세히 나온다. 그의 삶은 그 시대의 투영이므로 독자들이 자세히 조사해볼 가치가 있다.

이 단에서는 『고문효경』이 세상에 유포된 경위를 말하고 있는데 아무래도 좀 극화된 느낌이 있다.

7. 而今文十八章, 諸儒各任意巧說, 分爲數家之誼。淺學者, 以當六經, 其大車, 載不勝。反云孔氏無古文孝經, 欲曚時人, 度其爲說, 誣亦甚矣。

그런데 금문 18장에 관해서는 제유(諸儒)들이 각각 제멋대로 다양한 교설(巧說: 말만 그럴싸하게 꾸며대는 설)을 펼쳐, 주장이 나뉘어져서 수가(數家: 여러 학파)를 이루었다. 이에 천박한 학자들이 『효경』 한 권이 육경(六經) 전체에 필적한다는 등, 그 허황된 설을 편 것이 너무도 방대한 분량에 이르러 거대한 수레에도 담을 수 없게 되었다. 그러면서 금문효경 신봉가들이 오히려 쓰잘데없이 뇌까리기를, 공씨집안에는 본시 『고문효경』이라는 것이 없다고 말하여 당시 사람들의 안목을 어지럽히고 있었다. 내가 그들의 설 됨을 헤아려보니 사실무근의 낭설일 뿐이었다.

沃案 이 단에서는 『금문효경』이 상당히 유행하여 많은 주석이 생겨났다는 사실을 말하고 있다. 그리고 금문효경 학파가 여러 분파로 나뉘어 각기 다른 주장을 하고 있었는데 『고문효경』에 대하여 매우 부정적이었다는 것이다. 그러나 공안국은 『고문효경』의 가치는 사라질 수 없는 것임을 디펜드하고 있다. 즉 『금문효경』이 현학(顯學)으로서 설치고 있는 상황에서 외롭게 『고문효경』에 대한 주석을 쓰게 되었다는 것이다.

8. 吾愍其如此, 發憤精思, 爲之訓傳。悉載本文, 萬有餘言。朱以發經, 墨以起傳。庶後學者, 覩正誼之有在也。

나 공안국은 이와 같은 사태를 어엿비 여겨 발분정사(發憤精思: 분노를 발하고 사유를 정밀하게 함)하여 『고문효경』에 대한 주석(訓傳)을 쓰게 되었다. 『고문효경』의 본문을 완벽하게 빠짐없이 다 실었는데, 그 경문과 주석문의 글자를 다 합치면 1만여 자가 되었다. 경문(經文)은 빨간 주사(朱砂)로 쓰고, 전문(傳文)은 검은 먹(墨)으로 썼다. 이렇게 양자를 혼동치 않도록 확연히 구분함으로써 후세의 학자들이 『효경』의 올바른 경문텍스트와 정통의 주석이 모두 공벽의 고문에 있다는 것을 두눈으로 확인할 수 있도록 바라마지 않았다.

沃案 공안국이 『고문효경』의 전(傳)을 짓게 된 경위를 설명하고 있다. 경(經: 주서朱書)과 전(傳: 묵서墨書)의 모습에 관해서는 실제로 우리나라 국립중앙도서관 컴퓨터 "자료찾기Data Search"에 들어가 "청가정본淸家正本"을 찾아볼 것. 색은 구분 안되어도 경과 전이 구분되는 모습은 확인할 수 있다.

9. 今中秘書, 皆以魯三老所獻古文爲正。河間王所上, 雖多誤, 然以先出之故, 諸國往往有之。漢先帝發詔, 稱其辭者, 皆言"傳曰," 其實今文孝經也。

지금 궁중에서 도서를 관장하는 사람들은 모두 노나라 삼로, 공자혜(孔子惠)가 헌상한 『고문효경』을 정본으로 삼고 있다. 그러나 하간왕(河間王)이 헌상한 『금문효경』은 비록 오류가 많아도 그것이 먼저 제출된 연고로 제국(諸國)에서 왕왕(往往) 유행하고 있다. 한나라의 선제(先帝: 여기서는 문제文帝 · 경제景帝 · 무제武帝)께서 조칙(詔勅)을 발표하실 때에 『효경』의 자구를 인용하실 경우가 있는데 모두 "전왈傳曰"이라고 하시면서 경문을 인용하시는데, 그 자구를 살펴보면 그것은 실로 금문효경(今文孝經)일 뿐이다.

沃案 이 단은 조정의 라이브러리 체계 속에서는 『고문효경』이 이미 정본으로서 그 권위를 확보했음에도 불구하고 제국(諸國)의 민간에서 아직도 『금문효경』이 설치고 있다는 것을 말하고 있다. 금·고문 경전의 대립의식이 전한기에 이미 이토록 선명하게 개념화되어 부각되어 있었는지는 한번 생각해볼 일이다. 더구나 "한선제漢先帝"라는 표현도 약간 이상하다. 한나라 때의 공안국이 썼다면 당대의 나라를 객관화시켜 "한漢"이라고 표현하는 용례는 가당치 않다. 위진시대에나 와서 가능한 용법이라 하겠다.

우선 "중비서中秘書"는 궁중 속에 서적을 수장하는 서각(書閣)을 말한다. 그러나 여기서는 서적을 관리하는 관원을 말한다. 다음 "전왈傳曰"이라고 말했을 때의 "전"은 주석을 말하는 것이 아니고, 경문 그 자체를 말하는 것이다. 이 단계에만 해도 선왕의 서(書)만을 경(經)이라 했고, 『논어』나 『효경』류는 전(傳)이라 표현했다고 볼 수 있다. 한나라의 무제가 동방삭(東方朔: 무제 때의 명신名臣으로 빼어난 골계가 뛰어났다)에게 일러 말하기를, "전왈傳曰: '시연후언時然後言, 인불염기언人不厭其言'"이라고 하여 『논어』 「헌문」(14-4. 공명가公明賈의 공숙문자에 대한 평어)을 인용하였고, 성제(成帝)의 조서(詔書)에

"전왈傳曰, '고이불위高而不危, 소이장수귀야所以長守貴也'"라고 하여 『효경』「제후장」을 인용하는 사례가 보인다. 그러나 여기서 한나라 "선제先帝"라고 하면 주로 문제(文帝) · 경제(景帝)를 가리키는데, "전왈"이라고 하여 효경을 인용한 용례는 『사기』나 『전한서前漢書』에 보이지 않는다. 성제 때 단 한번 용례가 있는 것을 가지고 "개언皆言" 운운하는 것도 뺑이 쎄다는 이야기다. 이것으로 "공전위작설"을 입증하는 학자도 많으나, 공안국이 실제로 이 「서」를 지었다면 우리가 모르는 선제(先帝)들의 조칙의 인용례를 알고 있었다고 말할 수도 있는 문제이다.

10. 昔吾逮從伏生論古文尙書誼, 時學士會云出叔孫氏之門, 自道知孝經有師法。其說 "移風易俗, 莫善於樂。" 謂爲天子用樂, 省萬邦之風, 以知其盛衰, 衰則移之, 以貞盛之敎, 淫則移之, 以貞固之風, 皆以樂聲知之, 知[之]則移之, 故云: "移風易俗, 莫善於樂也。"

나 공안국은 일찍이 복생(伏生: 진秦나라의 박사로서 협서율이 해제된 후에 최초로 『상서尙書』를 복원한 사람)을 좇아 『고문상서古文尙書』의 마땅한 모습을 논구하는 토론회에 참석한 적이 있다. 당시, 그 자리에 참집(參集)한 학자들이 말하기를, "우리는 숙손통(叔孫通)의 문하에서 배출된 인물들이기 때문에, 『효경』을 이해하는 데 있어서도 숙손통 선생님께서 전수하신 사법(師法)을 엄격히 따라야 한다는 것을 잘 알고 있다"라고 말했다.

그들은 『고문효경』 「광요도장廣要道章」에 나오는 “백성들의 기풍을 변화시키고 그 풍속을 바꾸는 데는 음악처럼 좋은 것이 없다. 移風易俗, 莫善於樂”라고 한 구절를 해설하는 데 있어서도 다음과 같이 말하곤 했다: “천자는 음악을 통치의 수단으로 활용할 때에도, 그 음악을 발생시킨 만방의 기풍을 잘 성찰하고 그 성쇠의 역사를 파악하여, 쇠한 역사의 단계에 있는 나라는 정성(貞盛: 아주 착실하게 북돋아 줌)의 가르침으로써 그 풍속을 변화시키고, 음란한 역사의 단계에 있는 나라는 정고(貞固: 음란한 것을 단단하게 가라앉힘)의 풍조를 일으킴으로써 그 풍속을 변화시킨다. 이러한 역사의 진단은 모두 그 악성(樂聲: 음악의 느낌)으로써 하게 되는 것이다. 바르게 진단할 수 있으면 반드시 그 역사의 풍속을 변화시키는 것이 가능해진다. 그러기 때문에 『고문효경』에서 ‘백성들의 기풍을 변화시키고 그 풍속을 바꾸는 데는 음악처럼 좋은 것이 없다’라고 말한 것이다.”

沃案 “복생伏生”은 통속적인 세칭이며, 그 이름은 “복승伏勝”이다. 자는 자천(子賤)이다. 제남齊南사람이다. 진나라에서 박사를 지냈고(오경박사五經博士는 무제 때 비로소 생겨났지만, 박사博士라는 관직은 이미 전국말기부터 있었다), 특히 『상서』의 대가로 알려져 있었다. 분서 이후 한 문제(文帝) 때에 『상서』에 능통한 자를 구했는데 복승만한 사람이 없었다. 그러나 그때 그의 나이가 90세를 넘었기 때문에 먼 곳에서 제도(帝都)로 오게 할 수가 없었다. 그래서 문제는 문학과 변재(辯才)가 출중했던 정치가 조조(鼂錯: ?~BC 154, 영천潁川사람. 신상형명申商刑名의 학學을 배웠고 문학으로 태상장고太常掌故의 관직을 얻음. 경제景帝 때 어사대부御史大夫로서 제후들의 세력을 억제하는 정치를 폈다가 오초칠국五楚七國이 반反하여 참수됨. 우리말로 조착이라 읽지 않고 조조라고 읽

는다)를 복생에게 파견하여 복생에게 『상서』 29편을 얻었다. 이것이 곧 『금문상서』라는 것이다. 『상서대전尙書大傳』이라는 책이 복생의 작품으로 전해내려오고 있다. 그런데 복생 하면 금문의 대가인데, 여기 공안국이 복생을 따라 『고문상서』의 바른 모습을 배웠다고 운운하는 것은 도무지 어불성설이라는 것이다. 어찌 금문의 대가에게 고문을 배웠다고 하는가? 이것이 공안국 「서」가 엉터리 날조이며 근본적으로 『고문상서』가 무엇인지, 『금문상서』가 무엇인지, 그 계통도 모르는 자가 날조하였다고 열불을 올리면서 비난하는 자가 많다.

그런데 실제적 정황을 잘 살펴보면, 그렇게 말하는 것이 오히려 무지의 소치일 수도 있다. 금·고문에 대한 근원적 이해가 부족한 발언일 수도 있는 것이다. 우선 "종복생從伏生"이라는 표현이 구체적으로 무엇을 의미하는지 참 판단하기가 어렵다. 공안국이 활약할 시기에는 이미 복생이 죽고 없었을 수도 있다. 문제(文帝) 때 이미 복생의 나이 90여 세였다면 공안국은 그 뒤에 활약한 인물이기 때문이다. 그러나 공안국이 곡부의 사람이고 복생이 제남의 사람이라면 모두 비슷한 지역의 학자들이라 일찍이 직접 만났을 가능성도 있다.

또 복생이 『금문상서』의 대가로 알려져 있다는 사실이 곧 여기 금·고문의 문제와 결부될 수는 없다. 『사기』 「유림전儒林傳」이나 『한서』 「예문지」의 기록에 의하면 복생은 이미 진나라 때의 『상서』 대가였기 때문에 진나라의 분서사건 때, 스스로 『상서』를 벽에 파묻어 두었다가, 한나라가 들어서고 난 후에 다시 자기 스스로 벽을 허물어 얻었다는 것이다. 이것은 공벽상서(孔壁尙書)가 파묻은 자와 캐낸 자가 상이한 경우와는 다르다. 파묻은 자와 캐낸 자가 다 복생 자신인 것이다. 복생이 캐낼 때 수십 편을 잃어버리고 29편만을 얻었으며 그것을 가지고 다시 제로(齊魯) 지역에서 교수했다는 것이다. 따라서 복생의 『상서』도 복생의 암기에 의존하여 새로 쓴 것이 아니고, 문헌의 확실한 근거가 있었다고 한다면 복생벽장(伏生壁藏)의 『상서』도 당연히 고문으로 쓰여진 것이다. 그 고문을 복생이 역사적 문헌에 밝은 대가이기 때문에 한나라 때 문제(文帝)의 사자 조조가 찾았을 때 금문으로 고쳐써서 주었을 것이고, 그것이 최초로 발견된 『상서』이기 때문에 『금문상서』라고 규정되었을 뿐이다(「태서太誓」편이 후대에 발견된 것이라 하여 복생의 『금문상서』는 본시 28편이라 하는데 그것도 낭설이다. 「태서」편을 포함하여 당초부터 29편이었다).

후에(기록에 따라 혹은 경제景帝 때, 혹은 무제武帝 때) 노공왕(魯恭王)이 공자 교수실을 허물어 그 벽에서 나왔다는 『상서』가 복생상서 29편보다 16편이 더 많았다고 하는데(더 많은 16편을 "증대16편增大十六篇"이라고 한다) 이것이 모두 과두문자로 쓰여졌으며 『고문상서』의 원형인 『공벽고문상서孔壁古文尙書』이다.

후에 공안국이 『공벽상서』를 얻어 그것을 당대에 통용되는 금문으로 읽어내었다는 것이다. 공안국은 기존의 29편을 34편으로 재편집하였고 "증대16편" 중에서 「구공九共」을 9편으로 계산하여 24편으로 만들었다. 합계 46권 58편(「서」를 합치면 59편)이 되는데 이것이 『공안국상서』이다. 그러니까 공안국을 고문상서의 대가라고만 볼 수는 없다. 복생이나 공안국이나 다 고문을 아는 사람들이며, 고문을 안다고 하는 것은 곧 고문을 금문으로 바꾸는 능력이 있다는 것을 의미한다. 그러니까 고문·금문으로만 말한다면 복생이 고문의 대가일 수도 있고, 공안국이 금문의 대가일 수도 있다. 즉 공안국은 공벽상서 중에서 복생이 이미 작업해놓은 금문상서와 일치하는 29편은, 복생을 따라 금문으로 읽어내는 작업을 한 것이다. 공벽고문 45편 중에서 복생금문과 일치되는 29편을 빼놓은 나머지 16편이 소위 『고문상서』일 뿐이다. 더 이상 자세한 논의는 회피하겠으나 여기 공안국이 복생을 따라 『고문상서』를 배웠다는 말은 오히려 역사적 실상에 맞는 말일 수도 있다는 것을 나는 말하려 하는 것이다.

다음 『고문효경』의 해석의 한 예를 밝히는데 숙손통(叔孫通)의 문인(門人)을 끌어들인 것은 이 「서」의 저자가 역사적 정황에 탁월하게 밝은 인물임을 입증하는 예라고 하겠다. 숙손통은 진나라 시황제 때부터 한고조 유방에 이르기까지 활약한 탁월한 지략가였으며 대학자였다. 설(薛) 땅 사람으로서 노나라·제나라의 학통을 이은 사람이었다. 진시황·이세·항량(項梁)·초회왕(楚懷王)·항우·유방을 차례로 섬겼으니 참으로 배알이 없는 변절자라고 하겠지만 그만큼 지략이 뛰어나고 격동의 세월을 현명하게 넘길 줄 아는 대학자였다. 원래 항우는 초나라에서 대대로 장군을 지낸 명문가 항씨집안의 사람으로서(하남성 남부에 항項이라는 봉지封地가 있었다) 학문이 출중한 인물이었다. 그러나 유방은 강소성 북부의 패현(沛縣)사람으로 부모의 이름도 잘 알지 못할 정도의 시골 "양아치"에 불과한 인물이었다. 그러나 용모가 출중했고 덕의가 있었고 사람들을 차별하여 대하질 않고 의리를 지킬 줄 알았다. 결국 이러한 미덕 때문에 유방은 천하를 제패했지만 천자가 되었어도 전혀 학문이나 예절을 모르는 사람이었다. 그리고 그의 공신들도 양아치 집단일 뿐이었다. 그래서 천하를 통일한 후에도 뭇 신하들과 술을 마시면 공신 양아치들이 서로 공을 다투고 함부로 고함을 지르고 검을 뽑아들고 기둥을 치곤 하였다(群臣飮酒爭功, 醉或妄呼, 拔劍擊柱, 高祖患之). 한마디로 도적떼집단이나 마찬가지였다.

숙손통이 한고조를 섬기게 되었을 때 숙손통을 따르는 출중한 선비들과 제자들이 100여 명이나 되었는데 숙손통은 이들을 천거하지 않고 과거의 도적 중에서 힘센 자들만을 골라 추천하였다. 이것은 매우 현명한 처사였다. 양아치집단의 무끼(武氣)가 아직 성할 때에 노나라·제나라의 훌륭한 문인들이 가담해봐야 목숨만 잃을 것이 뻔했기 때문이다. 결국 숙손통은 공신들에게 예절과 의법을 가르쳤다. 멋드러진 의식을 찬연하게 진행하고 나중에 법주(法酒)를 거행하고 황제에게 축수하자, 한고조는 "나는 오늘에서야 비로소 황제의 고귀함을 알았다. 吾迺今日知爲皇帝之貴也"라는 유명한 말을 남겼다.

한고조는 기분이 좋아 숙손통을 태상(太常)에 임명하고 황금 500근을 하사하였다. 이 틈에 숙손통은 자기의 제자들이 의법을 만들었다 하고 그들에게 벼슬을 내려달라고 간청하였다. 고조는 그들을 모두 낭관에 임명한다. 숙손통은 궁을 물러나와 자기가 받은 500근의 황금을 주변의 선비들에게 모두 나누어주었다. 숙손통은 실제로 한나라의 의식과 제식을 만들어 정권을 안정시키고 나라를 질서있게 만들었으며, 태자계승의 권위를 확립시켰으며 종묘의 의례도 만들었다. 실제로 한제국의 문아(文雅)의 꽃을 피우게 한 인물이다. 그리고 그로 인하여 제로(齊魯)의 유생들이 한제국에 중요한 지위를 차지하게 된 것이다. 따라서 여기 복생이 주관하는 세미나에 숙손통의 제자들이 참여하여 공안국에게 『효경』의 사법(師法)을 강론하였다는 이 장면의 설정은 실로 그 사실여부를 떠나 『효경』의 권위를 높이는 기발한 착상이라 할 것이다. 숙손통에 관한 것은 『사기』 권99, 「유경숙손통열전劉敬叔孫通列傳」을 보라.

그러나 뒤에 이어지는 공안국의 논지를 살펴보면 숙손통의 문인들이 『효경』을 해석하는 방식에 대하여 공안국은 긍정적인 태도를 취하지 않는다. 그 가장 핵심적인 이유는 "이풍역속移風易俗"의 동력으로서 음악을 활용하는 주체를 천자에게 국한시켰다는 것이다. 너무 음악을 천자중심의 하달체계로 파악하였다는 것이다. 그렇게 되면 효의 이해도 너무 상층에서 하층으로 하달되는 것으로만 해석될 우려가 있다는 것이다. 음악이나 효나 모두 "종적 하달"의 문제를 떠나 "횡적 연대"로 이해되는 것이 더 건강할 수 있다는 논리를 편다. 숙손통 문인들을 끌어들여 자신의 해석의 입지를 돋보이게 하는 수법은 확실히 고단수의 기법이다.

그리고 여기 "만방萬邦"과도 같이 한고조의 휘(諱)를 그대로 쓰고 있다. 그리고 혜제(惠帝)의 휘인 "영盈"도 그대로 쓰고 있다. 이것도 한대의 작품이 아니라는 고증의 한 이유에 속한다.

11. 又師曠云: "吾驟歌南風, 多死聲, 楚必無功。" 卽其類也。且曰: "庶民之愚, 安能識音, 而可以樂移之乎!" 當時衆人僉以爲善, 吾嫌其說迂。然無以難之。後推尋其意, 殊不得爾也。

또한 진(晋)나라 평공(平公)의 악사인 사광(師曠: 성이 사師, 이름이 광曠, 자가 자야子野. 장님으로서 소리를 듣고 길흉을 점치기로 이름이 높았다)이 초(楚)나라가 대군을 일으켜 정(鄭)나라를 치는 길에 진(晋)까지 치려고 하였을 때, 다음과 같이 말하였다: "저는 북방노래도 잘 부르지만 자주 남쪽나라(초) 노래를 부릅니다. 그런데 남쪽나라 노래를 불러보면 활기가 없고 죽어가는 음색이 짙습니다. 요번에 초나라 군대가 진나라에 해를 끼치지는 못할 것입니다"(『좌전』 양공襄公 18년). 이런 예는 앞서 숙손통 문인들의 관점을 방증하는 예에 속한다. 숙손 문인들은 또 말한다: "어리석은 서민(庶民)들이 어찌 음을 식별한단 말인가! 그들은 근본적으로 음악을 활용하여 세상의 풍속을 바꾸는 일을 할 수 없을 것이다." 당시의 뭇 사람들이 모두 이러한 숙손가의 관점을 아주 훌륭하다고 생각하였다.

그러나 나는 음악을 활용하는 것은 서민들도 할 수 있는 일이므로 그들의 생각이 타당하다고 생각하지 않았다. 그러나 나는 겉으로 대놓고 그들을 비난하는 일은 하지 않았다. 그런데 나중에 『고문효경』의 전을 쓰려고 그들의 관점을 다시 검토해보니, 정말 그들의 생각은 틀린 것이었다.

沃案 음악과 효는 민중들 속에서 자발적으로 우러나오는 것이라야 한다는 생각이 「공서」에 깔려있다. "첨僉"은 "모두," "다"의 뜻이다. 사광에 대한 언급은 『맹자』「이루離婁」상, 「고자告子」상에도 있다.

12. 子游爲武城宰, 作絃歌以化民。武城之下邑, 而猶化之以樂。故傳曰: "夫樂以關山川之風, 以曜德於廣遠。風德以廣之, 風物以聽之, 脩詩以詠之, 脩禮以節之。" 又曰: "用之邦國焉, 用之鄉人焉。" 此非唯天子用樂明矣。夫雲集而龍興, 虎嘯而風起。物之相感, 有自然者, 不可謂毋也。胡笳吟動, 馬蹀而悲。黃老之彈, 嬰兒起舞。庶民之愚, 愈於胡馬與嬰兒也。何爲不可以樂化之?

『논어』「양화」편(17-4)에 나오는 일레를 들어보자! 공자의 제자 자유(子游. 언언言偃. 자하子夏와 더불어 문학과에 꼽힘)가 무성(武城)의 읍재가 되어, 현악기에 맞추어 부르는 아름다운 노래를 지어 예술적으로 통치를 행하면서 백성들의 풍속을 변화시켰던 것이다. 무성이라 하면 뭐 천자가 직접 다스리는 대단한 곳도 아니요, 단지 노나라 영내의 작은 읍이다. 그런데도 음악으로써 교화의 기풍을 일으키는 데 성공하였던 것이다. 그래서 전(傳: 여기서는 『국어國語』권14 「진어晋語」8을 가리킨다)에서 다음과 같이 말한 것이다(앞서 말한 사광이 진나라 평공에게 말함): "대저 음악이란 산천의 기운을 소통시켜, 그 자연의 덕을 넓히고 먼 지역에까지 미치게 하는 찬란한 힘이 있습니다. 음악이란 덕을 바람화시켜 넓히고, 사물들을 바람화시켜 들리게 하고, 시(詩)를 가다듬어 음영케 하고, 예(禮)를 가다듬어 절도있게 만드는 힘이 있는 것입니다." 또 『시경』의 「관저關雎」 앞에 있는 「대서大序」(작자 미상, 후한 광무제 때의 위굉衛宏의 작으로 추정)에 이르기를, "『시』의 노래들은 제후들의 여러 나라에서 즐겨 불렀던 것이며, 또 작은 향촌의 사람들도 자발적으로 즐겨 불렀던 것이다"라고 한 것만 보아도, 음악이란 오직 천자만이 홀로 활용하는 그런 것이 아님이 분명하다. 『역』의 건괘 「문언文言」에 "같은 소리는 서로 응하고 같은 기는 서로 구한다. 同聲相應, 同氣相求"라고 했듯이 구름이 모여들면 용(龍)이 일어나고, 호랑이가 포효하면 바람(風)이 이는 것이니, 이것은 모두 대중의 마음이 서로 감응하여 바람을 일으키는 사회적 현상을 상징한 것이다. 대저 사물의 상감(相感)이란 인위적으로 조작하기 어려운 것이며 스스로 그러한 것이니, 어리석은 서민들이 어찌 음악을 알리오 라고 부정적인 말을 해서는 아니 되는 것이다. 구슬픈 호가(胡笳) 젓대소리가 울려퍼지면 말이 히이잉 앞발을 구르며, 풍상에 얼굴이 바랜 동네 노인이 금(琴)을 타도 영아들이 일어나 춤을 춘다. 서민의 어리석음이라 할지라도 호마(胡馬)나 영아보다는 더 나을 것이다. 어찌 풍악으로써 서민들 스스로 교화된다 하는 것이 불가능하단 말인가?

沃案 공안국의 논지는 이 단에서 매우 명료하다. 음악의 자발적인 상호감응, 그 감응체계가 센세이션을 일으켜 사회적 분위기를 일신시키고 새로운 가치관을 정착시킬 수 있다는 생각, 바람과 노래와

문화를 하나의 개념으로 묶어 생각하는 발상은 참신하다. 그리고 그것이 천자(天子) 일인에 의하여 독점되는 체계가 아니라 그래스 루츠 레벨에서 자생적으로 생겨날 수 있는 것이라는 생각은 더더욱 참신하다. 다시 말해서 옛사람들은 효(孝)를 노래(風)로서 생각했다는 것의 한 예증이다. 노래가 한 사회의 바람을 형성하듯이 효도 노래처럼 한 사회의 바람이 되어야 한다는 것이다. 그런데 이러한 논지가 숙손가의 『효경』 해석에 대한 안티테제로서 전개되고 있다는 사실에 대한 검토가 필요하다. 앞서 살펴보았듯이, 숙손가의 주장은 반드시 천자(天子)의 용악(用樂)에 그 핵심이 있는 것은 아니었다. 단지 음악을 통하여, 그 음악을 생산한 사회의 상태를 진단한다는 것이었으며, 그 사회의 상태가 정확하게 진단되기만 하면 그 사회에 대한 정확한 대응책이 마련될 수 있다는 것이었다.

그런데 공안국의 논지는 이러한 숙손가의 주장에 대한 논리적 맥락을 정확하게 밟고 있질 않다. 옛사람들이 누구를 비판하는 것을 보면 비판의 전제로서 내건 테제들이 전혀 비판 논리의 대자적 전제가 될 수 없는 경우가 많다. 두리뭉실하게 한 건을 이야기해놓고 논리적 필연성의 연관이 없이 자기 논리만에 몰두하고 있는 경우가 허다하다. 그리고 숙손가에서는 사회진단의 방편으로서의 노래만을 이야기하고, 교화수단을 곧바로 노래로써 이야기한 것도 아닌데, 공안국은 줄곧 교화의 수단으로서의 노래의 정당성만을 이야기하고, 그 교화의 방법이 천자 한 사람으로부터의 하강은 아니라고 말하고 있는 것이다. 그리고 이러한 공안국의 논리는 다음 단에서 예기치 못한 "빵꾸"를 내고 있다.

13. 經又云: "敬其父則子悅, 敬其君則臣悅。" 而說者以爲各自敬其爲君父之道, 臣子乃悅也。余謂不然。君雖不君, 臣不可以不臣; 父雖不父, 子不可以不子。若君父不敬其爲君父之道, 則臣子便可以忿之邪? 此說不通矣。吾爲傳, 皆弗之從焉也。

또한 『효경』의 「광요도장」 본문에, "사회적 풍조가(혹은 "천자가"라고 말해도 좋다. 맥락상 "아버지보다 더 높은 사람이 아버지를 공경해주어야"라는 뜻이 있다) 그 아버지를 존경해주어야 아들이 기뻐 아버지를 따르고, 그 임금을 존경해주어야 신하가 기뻐 임금을 따른다"라는 구절이 있는데, 여기에 대해서도 숙손가의 사람들 뿐만 아니라 신설(新說)을 세우는 자들이 많다. 그들이 생각하기를, 임금과 아버지가 스스로 각자 임금과 아버지의 도를 실천해야만, 신하나 아들된 사람들이 비로소 기뻐 따르게 된다고 주장한다. 그러나 나 공안국은 그렇게 생각하지 않는다. 임금이 비록 임금답지 못하다 하더라도 신하는 신하됨을 끝내 포기해서는 아니 되는 것이요, 아버지가 비록 아버지답지 못하다 하더라도 자식은 자식됨을 끝내 포기해서는 아니 되는 것이다. 만약 임금과 아버지가 임금과 아버지 됨의 도를 공경하지 않는다고 해서, 신하와 자식이 곧 반란을 일으키거나 분노를 터뜨려서 되겠는가? 이런 설은 도대체 통용될 수 없다. 나는 전(傳: 주석)을 짓는 데 일체 이 따위 속설들은 따르지 않는다.

沃案 앞에서부터 전개해온 논지는, 위로부터의 부과나 강요나 세뇌가 아니라 노래가 유행하듯이 민간레벨에서의 효문화의 자발적 소통을 강조하는 것이었다. 여기 논지도 형식상으로는 그러한 논리에 위배되지 않는다. 신하된 자, 아들된 자의 효도가 윗사람에 대한 상대적·공리적 관계가 아니라, 자기 존재의 내면으로부터 우러나오는 절대적인 그 무엇이 되어야 한다는 주장은 옳다. 그러나 그 자발성·촉발성을 궁극적으로 윗사람에 대한 무조건적 충성으로 귀결시키고 있다는 데 「공서」의 논리의 결함이 엿보일 뿐 아니라, 그 논리를 지배하는 가치관의 보수성이 엿보이는 것이다. 순자의 합리주의 정신은 찾아볼 수 없고, 단지 철저한 효의 충화(忠化)만 남게 되는 것이다. 「공서」의 논리를 따라가다 보면 마치 우리나라 작금의 보수언론의 논설을 읽고 있는 듯한 느낌을 받는다. 겉으로는 매우 설득력 있고 보편적이고 점잖은 듯이 보이다가 나중에는 결국 "빨갱이 새끼들" 아니면 "체제에 충성할 줄 모르는 새끼들"에 대한 욕지거리로 끝나고 만다. 그러한 사람들을 만나봐도 똑같다. 인간적으로는 매우 고상하고 훌륭한 듯한데 전인적(全人的)인 합리적 판단이 결여되어 있다. 대부분이 빨갱이에게 당한 쓰라린 가족력이 있다든가, 종교적 이념에 세뇌당하여 있다든가, 권력에 아부하여 출세할 기회를 노리고 있다든가 하는 실존적 상황이 그들을 지배하고 있는 것이다. "빨갱이들"이 잘하는 짓은 없다 해도 그 빨갱이가 나의 실존으로부터 객화될 수 없는 한 부분이라는 대자대비의 마음이 없이 어찌 이 시대의 지성이라 말할 수 있겠는가! 오른 뺨을 치면 왼편도 돌

려대며, 겉옷을 빼앗거든 속옷까지 벗어주라 했는데, 그토록 원수를 사랑하지 못할지언정 나와 이념이나 비전을 달리하는 사람들을 포용하여 이 민족의 미래를 전체적으로 관망할 수 없다면 어찌 그런 자들이 신문의 논설을 쓸 수 있으리오!

「공전」을 전체적으로 살펴보면 제서(諸書)를 인용하여 무리하게 논지를 연결시키고 있는 경우가 허다하다. 출전의 횟수를 열거하면 다음과 같다: 『예기』 55, 『관자』 51, 『주역』 16, 『좌전』 16, 『상서』 11, 『논어』 11, 『모시毛詩』 4, 『주례』 4, 『국어國語』 4, 『공자가어』 4, 『공양전』 3, 『대대례기』 2, 『노자』 2 정도이다. 그런데 『예기』와 『관자』의 인용이 특별히 많은 것을 볼 수 있다. 필자는 『예기』를 통하여 유가의 효치주의·예치주의(禮治主義)를 근간으로 하면서도 『관자』를 통하여 유가정통주의에서 크게 벗어나지 않는 법치주의·공리주의적 관점을 수용하고 있다. 『예기』와 『관자』와 같은 잡다한 서물을 인용하고 있다는 사실이 벌써 한대의 분위기는 벗어났다는 느낌을 준다. 후한말부터 위진남북조시대에 걸친 전란의 계속, 북방 유목민족의 침입, 권신의 발호, 관기(官紀)의 문란 등으로 사회적·정치적 혼란이 가중되어가는 분위기 속에서 점점 개인주의·자유주의·허무주의·향락주의에 빠져가는 민심의 향배를 걱정하며, 민간에서 효제예악(孝弟禮樂)의 센세이셔날한 자발적 풍조를 일으켜, 그것을 강력한 중앙집권적 군주권력에의 충성으로 연결시키고 유교의 도덕사상에 의한 강력한 지배체제를 확립하고자 하는 어떤 비젼의 사나이가 날조한 작품이 아닐까, 나는 그렇게 생각해본다. 그러나 날조라도 "인사동 스캔들"보다는 더 정밀한 날조라고 보여지며, 『고문효경』에 대한 최초의 주석이라는 의미에서 그 가치는 손상되지 않는다. 「공전」이 간단명료한 훈고에 그치지 않고 구질구질한 의리(義理)를 부연하고 있다는 것, 그리고 설명 안해도 될 것을 불필요하게 장황하게 설명하고 있다는 것 등등으로 보아 한대의 주(注)라는 느낌보다는 그 후대의 소(疏)의 양식을 밟고 있다고 사료된다. 이러한 측면에서도 「공서」를 공안국 본인의 작품이라고 강변하기는 어려울 것 같다.

이상으로 「공서」를 마치겠으나 본문에 대해서도 기존의 주석을 나열하는 번쇄함에 빠지지 않고 간결하게 나 자신의 생각을 전달하여 21세기를 살아가는 독자들 스스로 그 정확한 의미를 파악하게 만드는 데만 주력할 것이다. 한 한국사상가의 독자적인 주석으로 이해해주었으면 한다. 판본은 인치본(仁治本, 1241년)과 청가정본(淸家正本, 1781), 『지부족재총서知不足齋叢書』본을 절충하였다(전술하였듯이 국립중앙도서관 소장자료 중 조선총독부고서 청구기호 "古古1-29-72"로 되어 있는 공안국전孔安國傳『고문효경古文孝經』이 인치본에 가장 가깝다).

나의 한글번역에 관해서는 『논어한글역주』 제1권에 있는 "번역론"을 참고해주었으면 한다.

삼소三蘇라 하면 소순蘇洵과 그의 두 아들 소식(동파) · 소철을 가리키지만 우리나라 최근세에도 삼소에 맞먹는 삼변三卞이 있었다. 변영만 · 변영태 · 변영로 삼형제를 두고 하는 말이다. 수주(樹州) 변영로선생의 외손자되시는 분이 나와 평소 왕래가 있는데 어느날 글쓰는데 너무 수척해 보인다 하며 당신이 양평시골에서 키우시는 토종 암탉 한마리를 과먹으라고 가져오셨다. 그런데 상자를 열자마자 이놈이 훨훨 날아가더니만 나흘동안이나 소식이 없었다. 그런데 나흘 후에 다시 마당에 나타났는데 이번에는 고양이에게 쫓기고 말았다. 그런데 이 닭이 하늘 높이 봉황처럼 나르는 것이 아닌가? 집마당 10m나 되는 측백나무 꼭대기로 올라가 버렸다. 그곳에서 수행승처럼 꼼짝않고 단식하며 사흘을 버티더니 다시 내려왔다. 그리고 이 땅에서 강렬한 기운을 발하며 고양이까지 제압해 버리고 주인행세를 하기 시작했다. 하도 그의 행동이 당당하고 기이하여, 나는『논어』에 나오는 공자의 탄식을 본떠 "봉혜鳳兮"라 이름지었다. 나는 봉혜를 기르면서 대자연 생생지리生生之理를 터득했다. 봄이 되어 대지가 준동蠢動키 시작하자 봉혜는 알을 품었다. 열두 알을 품었는데 스무하루동안 꼼짝않고 내가 손수 지푸라기로 만들어준 둥지를 지켰다. 나는『주역』복괘復卦에 나오는 "복기견천지지심호復其見天地之心乎"의 의미를 되새겼다. 천지대자연의 생물지심生物之心이 봉혜의 마음을 움직인 것이다. 생명을 잉태하지 아니하고서는 못배기는 천지의 마음이여! 열두개 알중 하나는 초기에 깨졌고 다섯은 본시 무정란이었다. 하나는 껍질을 깨지 못하고 막판에 죽었으나 드디어 다섯마리가 부화되는데 성공했다. 이 책의 원고가 무르익어갈 무렵이었고 나는 봉혜와 마지막 출산의 씨름을 같이 했다. 봉혜의 따사로운 체온이 삐악삐악 병아리 소리를 우리에게 전해줄 즈음 나도『효경』을 탈고했다. 다섯마리의 새생명이 이 드넓은 천지간에 모습을 드러낸 그 최초의, 감격적 순간을 카메라에 담았다. 봉혜의 효심은 가이없어라!

開宗明義章 第一

仲尼閒居，曾子侍坐。子曰：“參，先王有至德要道，以訓天下。民用和睦，上下亡怨。女知之乎？”曾子避席曰：“參弗敏，何足以知之乎？”子曰：“夫孝，德之本也，教之所繇生也。復坐。吾語女。身體髮膚，受之父母，不敢毁傷，孝之始也。立身行道，揚名於後世，以顯父母，孝之終也。夫孝，始於事親，中於事君，終於立身。「大雅」云：‘亡念爾祖，聿修其德。’”

개종명의장 제일

중니(仲尼)께서 댁에서 한가롭게 거(居)하고 계실 때에 증자(曾子)가 시중들며 곁에 앉아 있었다. 이때 공자께서 말씀하시었다: “삼(參: 자字가 아닌 증자의 이름名. 공자가 제자를 애칭하는 방식)아! 우리가 살고 있는 문명을 만드신 선왕(先王)들께서는 지덕(至德: 지극한 덕. 효덕孝德)과 요도(要道: 도의 요체. 효도孝道)를 몸에 지니고 계셔, 그것으로써 천하(天下)사람들을 가르치셨다. 백성들은 그 지덕과 요도로 인하여 화목(和睦)하게 되었고, 사회의 윗 계층과 아랫 계층이 서로 원망하는 일이 없었다. 아가, 너 그것을 아느냐?"

증자가 공손히 일어나 자리를 비키며 아뢰었다: "제가 불민(不敏)하기 그지 없사온대, 어찌 그것을 알리오리이까?" 공자께서 말씀하시었다: "대저 효(孝)라는 것은 인간의 모든 덕성의 근본이며, 교화(敎化)가 모두 그로 말미암아 생겨나는 것이다. 아가, 네 자리로 돌아가 앉거라! 내가 정식으로 너에게 가르침을 주겠노라. 다음의 말들을 가슴 깊이 새기어라. 너의 몸통(신身)과 사지(체體), 그리고 머리카락(발髮)과 피부(부膚)가 모두 부모로부터 받은 것이다. 그것을 감히 훼상(毁傷: 다치거나 못쓰게 함)하지 아니 하는 것, 그것이야말로 효의 시작이다. 몸을 반드시 세우고(立身: 떳떳한 인간으로 성장함) 인생의 정도를 걸어가는 것(行道), 그렇게 하여 아름다운 이름을 후세에 떨치는 것, 그리고 내 이름으로 부모님까지 영예롭게 만드는 것, 이것이야말로 효의 종착이다. 대저 효라는 것은 어려서부터 부모님을 섬기는 것으로부터 시작하여, 사회에 나아가서는 임금을 섬기는 것으로 진행되다가, 결국은 자기 몸을 반듯이 세우는 것으로 완성되나니라. 『시경』 대아(大雅) 「문왕文王」 노래에 이런 구절이 있나니라: '그대의 선조들을 항상 잊지 말아라. 선조들의 덕을 이어 그것이 한층 빛나도록 몸을 닦아라.'"

沃案 "개종명의開宗明義"란 종지(宗旨)를 열고, 대의(大義)를 밝힌다는 뜻으로 『효경』 전체의 총론이라는 뜻이다.

"증자曾子"라는 표현은 증삼을 높인 말인데, 증자학파에 소속되는 증자문인들이 자기 선생을 부를 때 쓰는 표현이다. 공자 앞에서 당연히 낮추어 불러야 함에도 불구하고 "증자"라고 부른 것은 증자학파의 형식주의나 권위주의가 좀 개재되어 있을 수도 있다.

"피석避席" "복좌復坐"는 자리의 예법인데, 여기 석(席)이라는 것은 마루바닥 위에 일본사람들 다다미처럼 생긴 방석이 있는 것이다. "복좌復坐。오어여吾語女。"는 그냥 상식적인 행동이 아니고 학문을 전수할 때 말하는 작법으로서 고례(古禮)로부터 내려온 것이다(『논어한글역주』「양화」8의 설명을 참고할 것). 마지막의 『시경』 인용은 대아(大雅)의 「문왕文王」에 있는 구절인데, 원래적 맥락은 피정복의 은나라 유민들을 겁주면서 하는 말로써, "조상들의 비극을 생각하면서 부지런히 덕을 닦아라"는 의미이다. 그러니까 『효경』의 인용방식이 단장취의(斷章取義)라고 할 수 있다.

"신체발부身體髮膚, 수지부모受之父母, 불감훼상不敢毁傷"이라는 메시지는 몸철학(Philosophy of *Mom*)의 대원리로서 나의 존재의 연대성과 관계성, 그리고 생명의 온전성에 대한 존중(Reverence for Life)을 의미한다. 그리고 나의 몸에 대한 존중은 타인의 몸에 대한 존중을 똑같이 수반한다는 사실을 꼭 염두에 두어야 할 것이다. 타인의 몸도 나와 똑같이 "수지부모"한 것이기 때문이다. 즉 나의 신체발부나 타인의 신체발부가 공통된 효의 원리 속에서 똑같이 존중되어야 한다는 것을 의미한다.

전통적으로 "신체발부, 수지부모, 불감훼상"이라는 이 구절은 많은 문제점을 내포하고 있었다. 그러나 이러한 구절을 해석하는 데 있어서 우리는 문자의 일면만을 보아서는 아니 된다. 그 배면에는 반어적(反語的)인 역동성이 숨어 있는 것이다. "불감훼상"을 문자 그대로 해석하면 머리카락도 함부로 자를 수 없었다. 그래서 조선조에서는 남아(男兒)도 더벅머리를 길게 따서 늘어뜨리는 관습이 생겨났던 것이다. 나의 아버지는 살아 생전에 손톱을 자르시고도, 그 손톱을 모아두었다가 꼭 화단에 묻곤 하셨는데, 부모님의 유체를 아무 곳에나 방기할 수 없다는 생각이 있으셨던 것이다.

이러한 삶의 형태는 매우 보수적인 체제순응적 인간을 길러낸다고도 말할 수 있겠지만, 구한말의 단발령에 반발한 유자들이, 한결같이 『효경』의 이 구절을 인용하여 "내 목을 자를 수 있을지언정 내 머리카락은 자를 수 없다"고 목숨으로 항거한 것은 이러한 가치관의 또다른 측면을 보여주는 것이다. 단발의 수용이 개화의 정당한 길이냐 아니냐를 따지기 전에, 그것은 일본의 정치적 압력에 대한 굴복이었고, 삶의 "일본화"를 상징하는 것이었으며, 인륜을 파괴하여 문명인을 야만인으로 전락케 하는 비열한 행동이었다. 그러한 피상적 강요는 국정개혁을 결실시킬 수 있는 대중적 지지기반을 상실케 할 뿐이었다. 을미사변(일본인에 의한 민비시해사건) 3개월 후에 선포된 단발령에 대한 전 국민의 항거는 결국 단발령을 철회하게 만들었으며, 단발령으로 촉발된 국민들의 격노는 거센 의병운동의 도화선이 되었다. 조선왕조의 비극적 종말을 막아볼려고 노력한 반일·반정부의 의병운동이라도 없었더라면 우리가 과연 조선왕조의 노블리스 오블리쥬(*noblesse oblige*)를 말할 수 있을까? 부끄러운 역사만 우리에게 남았을 것을 생각하면 『효경』의 "신체발부, 수지부모, 불감훼상"의 사상이야말로 우리민족의 영원한 "항거의 활화산"이라는 생각이 든다.

"불감훼상"의 논리가 과거에는 "왕조형법의 저촉"을 발생시키지 않는 삶을 살아야 한다는 정언명령처럼 해석되어, 왕조체제순응형의 인간을 길러내는 데 크게 기여한 것도 사실이다. 독재정권의 불의에 항거하여 경찰곤봉에 머리가 깨지고 피가 나는 데모대열의 대학생들에게 "신체발부, 수지부모, 불감훼상"을 외치면서 그들의 행동을 저지하려는 보수언론의 논객들도 있겠지만, 오히려 "불감훼상"의 논리가 항거의 원동력이 되고 있다는 역설을 우리는 기억하지 않으면 안된다. "너희들이 무엇인데, 감히 부모로부터 물려받은 이 몸을 훼상시킨단 말이냐"하고 정의로운 데모의 불꽃은 더욱 치성하게 타오를 수 있다. 서슬퍼런 간언을 일삼고 당당하게 사약을 들이키는 과거 유생들의 절개로운 삶은 부모에게 대효를 완수했다는 안도감의 전율을 후세에 전하고 있다. 더구나 과거 왕조의 형법중심의 법률체계와는 달리 민법이 발달한 현대사회에서는 이 "불감훼상"의 논리는 인간 개체의 존엄성과 거의 본능적으로 연계되어 있다.

존 록크(John Locke, 1632~1704)는 인간은 국가가 제정한 실정법과 관련없이 태어나면서부터 자연적으로 불가침(不可侵)·불가양(不可讓)의 자유와 평등의 권리를 가지고 있다고 주장한다. 따라서 현실의 사회생활에 있어서의 국가지배는 개인의 이러한 권리에 대한 "지배계약"에 의거하지 않으면 안된다. 따라서 지배자가 이 계약에 위반하여 개인의 생명·자유·재산·행복을 침해할 때에는 개인은 여기에 대하여 대항할 권리가 있다고 주장한다.

이것이 소위 자연법(自然法, Natural Law)에 기초한 천부인권설(天賦人權說, The Theory of Natural Rights)이다. 왕권신수설의 신권통치(Theocracy)의 허구에 치명적 타격을 가한 사상이며, 이 사상은 영국의 권리장전(the Bill of Rights, 1689)의 기초가 되었고, 버지니아 인권선언(the Virginia Declaration of Rights, 1776)으로 채용되었으며, 미국의 독립선언문(the American Declaration of Independence, 1776)의 뼈대가 되었다. 그리고 향후 불란서혁명(French Revolution)에 엄청난 영향을 주었다. 이러한 근세적 인권설(Human Rights)이 우리나라 헌법에도 그대로 반영되어 있다. 그리고 타생적이든지, 자생적이든지를 불문하고 현재 우리나라의 민주 법질서는 이러한 인권설에 기초한 성공적인 관례들을 축적시켜 나가고 있다. 이러한 성공의 배면에는 "신체발부, 수지부모, 불감훼상"이라는 『효경』사상이 깔려있다는 엄연한 현실을 우리는 기억하지 않으면 안된다. 한국인의 "인권"개념은 신부(神賦)도 아니요, 천부(天賦)도 아니다. 그것은 친부(親賦)인 것이다. 내 몸(*Mom*)이야말로 부모에게서 물려받은 지존의 권리이며 천자(天子)라도 훼상시킬 수 없는 지고한 가치라는 생각이 한국인의 인권개념을 정립시키고 있는데 이것을 친부인권설(親賦人權說, the Theory of *Mom*'s Intrinsic Rights)이라고 부를 수 있다. 이 친부인권설이야말로 바로 록크적인 천부인권 개념에 잘 맞아떨어진 것이다. 『효경』의 불감훼상은 결코 과거의 가치로서 이해될 것이 아니라 미래적 가치로서 더욱 존중되어야 한다.

그리고 『효경』의 "불감훼상" 논리는 "나"의 "몸"이라는 서구적 개인존엄의 가치에만 국한되지 않는다는 사실도 꼭 기억할 필요가 있다. 나의 몸은 나의 부모의 몸의 연장태로서 "천지동포"와의 화엄적 연계성을 확보하는 것이다. 따라서 나의 몸이라는 개체에 한정될 때 그것은 "인권人權"이 되지만 그것을 천지동포로 확대시킬 때는 그것은 "물권物權"이 된다. 산천초목에도 친자의 관계는 존재한다. 나무도 어미와 새끼가 있다. 그것이 "효도"라는 의식적 활동으로 연계되고 있지는 않지만, "신체발부, 수지부모, 불감훼상"이라는 논리는 엄연히 고수되고 있다. 산천초목이라 할지라도 부모에게서 받은 몸(*Mom*)을 온전하게 유지하려는 노력을 한다. 그런데 그것을 인간이 마구 톱질해대는 것은 매우 불효(不孝)한 일이다. 그들이 온전한 모습과 환경을 유지하고자 노력하는 물권(物權)을 묵살하는 죄악이다. 『효경』의 자매편이며 동일한 사상패러다임을 표현하고 있는 『대대례기』의 「증자대효曾子大孝」편, 그리고 『예기』의 「제의祭儀」편에는 다음과 같은 충격적 명언이 있다. 바로 악정자춘이 발목을 삔 이야기 이후에 연(連)하여 나오고 있다.

> 草木以時伐焉, 禽獸以時殺焉。夫子曰: "伐一木, 殺一獸, 不以其時, 非孝也。"
>
> 산천초목도 반드시 그 때를 따라 베어야 한다. 금수도 반드시 그 때에 맞추어 죽여야 한다. 그래서 공자님께서 다음과 같이 말씀하시었다: "나무 한 그루를 베는 것도, 짐승 한 마리를 죽이는 것도, 자연의 때를 따라 공경히 하지 않으면 그것은 불효이다."

"불감훼상"의 몸철학의 논리는 바로 전 우주적 스케일로 확대되고 있는 것이다. "몸"과 "효"와 "불감훼상"은 인권이라는 협애한 개념에 국소화되지 않는다. "몸"은 기(氣)의 사회(Society of *Qi*)이며, 그 기의 사회는 모든 생명체와 연계되어 있는 것이다. 「증자대효」의 사상은 우리나라 동학의 2대교조인 해월(海月)의 "이천식천以天食天"사상에서도 찾아볼 수 있다. 하느님이 하느님을 먹을 수 있는 것은 하느님이 하느님을 봉양할 때만이 허락된다는 것이다. 나무 한 그루도 하느님이요, 짐승 한 마리도 하느님이다. 공자가 말하는 "벌일목伐一木, 살일수殺一獸"는 바로 "이천식천"의 행위를 지칭하는 것이다. 그것은 반드시 최소한의 요구에 따라 최적의 자연리듬에 따라 행하여질 때만이 효(孝)가 된다는 것이다. 효는 동방인의 에콜로지

(Ecology) 관념의 근간을 형성하는 것이며, 알버트 슈바이쳐(Albert Schweitzer, 1875~1965)가 말하는 "생명외경"(Reverence for Life) 사상과 상통하는 것이다.

"신체발부, 수지부모, 불감훼상"은 평상시에는 나의 삶의 고결함을 의미한다. 그것은 극기절제의 양생(養生)철학의 구현을 의미하는 것이다. 그리고 그것이 우주적 스케일로 확대될 때는 온 생명의 온전함에 대한 경외감을 의미하는 것이다. 그리고 나를 사회적 개체로서 인식할 때는 부모에게 받은 몸(*Mom*)을 가지고 있다는 사실만으로 이미 존엄한 개체로서 살아가게 된다. 그것은 서구인들이 자기 몸을 신의 은총으로서만 생각하던 중세기적 사유보다 훨씬 앞서서, 그리고 근세적 개인주의의 존엄성을 확보하기 훨씬 이전부터, "나"를 존엄한 신체발부로서 인식하고 당당하게 대장부(大丈夫: 맹자孟子의 용어)로서 살아갈 수 있도록 만든 것이다. 효는 나의 몸의 효인 동시에 천지자연의 몸의 효이다. 그러한 생명공동체의 효야말로 모든 신성(Divinity)의 궁극적 의미인 것이다.

"수지부모受之父母"가 인치본에는 "수우부모受于父母"로 되어있다.

天子章 第二

子曰: "愛親者, 弗敢惡於人; 敬親者, 弗敢慢於人。愛敬盡於事親, 然後德教加於百姓, 刑於四海。蓋天子之孝也。「呂刑」云: '一人有慶, 兆民賴之。'"

천자장 제이

공자께서 말씀하시었다: "자기의 부모를 사랑할 줄 아는 자들은 그 마음을 확대시켜 타인을 미워할 수 없으며, 자기의 부모를 공경할 줄 아는 자들은 그 마음을 확대시켜 타인을 깔보지 아니 한다. 천자가 자기의 부모를 섬기는 데 사랑의 마음과 공경의 마음을 극진하게 한다면 그 덕성의 교화가 온 누리 백성에게 미칠 것이요, 사해(四海) 천하에 그 모범이 드러나게 될 것이다. 이것이 곧 천자의 효이다. 『상서』의 「여형」편에 다음과 같은 말이 있다: '한 사람의 훌륭함이 있으면, 그 훌륭함에 만민(萬民)이 은덕을 입는도다.'"

沃案 전통적인 봉건체제의 상하질서를 전제로 하여 효를 소개하고 있기 때문에 오늘날의 상황에 그대로 들어맞지는 않는다. 그러나 여기 최고의 권력자인 천자에게 준엄한 도덕을 요구한 것은 오늘날과 같이 민주적 정치체제를 구상할 수 없는 당시로서는 필연적 요청이었다. 최고의 권력자가 도덕적이지 않으면 만사가 불안하게 돌아가는 것이다. 그러나 오늘날에도 이러한 정황은 크게 다르지 않다. 모든 조직의 장에게 우리는 효를 구현할 수 있고, 그 효를 보편적 가치로서 모든 인간에 적용할 수 있는 최소한의 덕성을 구비한 인품을 요청하지 않을 수 없다. 버락 오바마(Barack Obama, 1961~)가 카이로대학에서 행한 연설(2009. 6. 4.)은 지구상의 모든 종교가 극단이나 독단이나 편견에서 벗어나 인간의 본연의 삶의 증진을 위하여 공통된 비젼을 공유할 것을 호소하고 있다. 힘의 유지는 강압이 아닌 공감을 통하여, 관용과 절충에 의하여 이루어져야만 한다. 종교적 신앙은 타인의 신앙의 배타를 전제로 할 수 없으며, 종교의 자유야말로 인류가 지구상에서 공존할 수 있는 유일한 길임을 강조하고 있다. 『꾸란』과 『탈무드』, 그리고 『신약』이 모두 평화로운 신의 비젼 속에서 지구상의 사람들이 평화롭게 공존해 갈 것을 요청하고 있다는 것이다. 여기 「여형」편의 말과 같이, 한 사람의 생각의 훌륭함이 세계평화를 증진시키고 있는 한 좋은 예라고 할 것이다.

여기 "애愛"라는 동사는 우리말로 "아낀다," "애석해 한다"라는 뜻에 가까우며 서양언어 개념의 "to love"와는 출입이 있다. 그리고 "형어사해刑於四海"의 "형刑"은 "형型"(모범, 전범, 법法, 칙則의 뜻)과 "형形"(드러난다)의 두 가지 뜻이 있다. 양자를 절충하여 번역하였다.

『상서』「여형」의 인용도 단장취의이다. 단장취의일 경우 번역은 현재의 콘텍스트에서 할 수밖에 없다.

다음에 나오는 제후장과 경대부장에서는 직접적으로 효가 언급되지 않는다. 그들은 봉건질서 권력체제 속의 인간들이기 때문에 그들의 효는 그 체제를 유지하기 위한 덕성을 발현하는 것이기 때문이다. 그것은 효의 개념의 확충이지, 결코 효의 맥락을 무시한 것이 아니다.

諸侯章 第三

子曰: "居上不驕, 高而不危; 制節謹度, 滿而不溢。高而不危, 所以長守貴也。滿而不溢, 所以長守富也。富貴弗離其身, 然後能保其社稷, 而和其民人。蓋諸侯之孝也。『詩』云: '戰戰兢兢, 如臨深淵, 如履薄冰。'"

제후장 제삼

공자께서 말씀하시었다: "윗자리에 거(居)하면서도 교만하지 아니 하고, 높은 곳에 처하면서도 자신과 주변을 위태롭게 하지 아니 하고, 삶의 상황들을 제어할 줄 알고 매사의 도수를 지나치지 않게 절제하며, 재화가 가득차도 그것이 넘치도록 하지마라. 높은 곳에 처하면서도 위태롭게 하지 아니 하니, 그 높은 지위를 오래 지킬 수 있다. 가득차도 넘치도록 하지 아니 하니, 그 부(富)를 오래 지킬 수 있다. 풍요로운 재력과 권위로운 높은 지위가 그 몸을 떠나지 않은 연후에나 비로소 사직을 보전(保全)할 수 있는 것이요, 자기 영내의 인민들을 화목하게 만들 수 있는 것이다. 대저 이것이 제후의 효이다. 『시경』 소아(小雅) 「소민小旻」 노래에 다음과 같은 구절이 있다: '전전긍긍(戰戰兢兢)하여라. 깊은 못에 임하는 듯이, 살 얼음을 밟듯이 조심하며 살아가라.'"

沃案 제후의 효는 제후국의 질서를 지키고 그 영내의 인민의 삶의 질을 보장하는 것이다. 효의 개념이 "바른 통치"라는 의미로 확대되고 있다. 효의 맥락을 결코 무시한 장이 아니다. 청와대의 권좌에 있는 자의 효는 자기 부모를 잘 모시는 것이 아니라, 바르게 정치를 하는 것이 더 중요한 효행이라는 것이다.

이러한 제후의 효가 가능해지기 위해서는 제후 본인의 부(富: financial power)와 귀(貴: positional strength)가 우선 확보되어야 한다는 것이다. 그런데 제후 본인의 부귀가 확보되기 위해서는 사치하고 과시하는 것이 아니라, 절검하고 위태롭게 처신하지 않는 겸허함을 보여야 한다는 것이다. "만이불일滿而不溢"이라는 말은 재력에 있어서는 항상 "허虛"를 유지하는 슬기로움이 있어야 한다는 뜻으로, 노자(老子)적 사유의 깊은 영향이 엿보인다. 『노자』 제15장에 "이 도를 보존하는 자는 채우려하지 않는다. 保此道者不欲盈"이라는 말이 있는데 왕필(王弼)이 "차면 반드시 넘친다. 盈必溢也"라고 주석을 단 것과 상통하는 의미맥락이다. 『노자』 제9장에도 "금과 옥이 집을 가득 채우면 그를 지킬 길이 없다. 돈이 많다고, 지위가 높다고 교만하면 스스로 허물을 남길 뿐이다. 공이 이루어지면 몸은 물러나는 것이 하늘의 길이다. 金玉滿堂, 莫之能守; 富貴而驕, 自遺其咎。功遂身退, 天之道"라는 말이 있는데 『효경』의 본 장과 그 의미가 상통한다. 기실 유(儒)와 도(道)는 삶의 지혜에 있어서 근원적으로 차별이 없는 것이다. 『효경』 안에는 유(儒)·도(道)·법(法)·묵(墨) 등등이 다 통섭되어 있다. 『효경』을 유교의 경전으로만 간주하고 이러한 도가사상과의 관련성을 밝히는 주석을 다는 자가 별로 없는데 그것은 매우 편협한 자세이다. 높은 지위에 있을수록 로우 키(low-key)의 겸허한 인생태도를 지녀야 그 높은 지위를 유지할 수 있는 것이다. 그것이 바로 삶의 허(虛)다. 마지막의 『시경』「소민小旻」의 가사 인용도 단장취의라 할 수 있다. 그 맥락이 다르다. 「소민」의 맥락은 대운하를 강행하거나 도성을 신축하거나, 정치지도자가 그릇된 계획(가사 중에는 "모謀"라는 단어로 표현되고 있다)을 세워 국민을 위기에 빠뜨릴 때, 힘없는 인민들은 전전긍긍하면서 조심스럽게 살아갈 수밖에 없다는 것을 한탄한 노래이다. 본 장에서는 그러한 의미맥락을 제후가 조심하면서 겸손하게 살아가는 모습으로 전환시켰다. 노래가사란 본시 해석의 스펙트럼이 넓은 것이다.

증자의 삶의 최후 순간을 기록한 『논어』「태백」3의 기술과 내면적 연결이 있다.

卿大夫章 第四

子曰: "非先王之法服弗敢服, 非先王之法言弗敢道, 非先王之德行弗敢行。是故非法弗言, 非道弗行; 口無擇言, 身無擇行。言滿天下亡口過, 行滿天下亡怨惡。三者備矣, 然後能保其祿位, 而守其宗廟。蓋卿大夫之孝也。『詩』云: '夙夜匪懈, 以事一人。'"

경대부장 제사

공자께서 말씀하시었다: "선왕의 법복(法服: 고대문명의 틀을 짠 선왕들이 법도에 따라 정한 복식)이 아니면 감히 입지 아니 하고, 선왕의 법언(法言: 선왕들이 예법에 따라 정한 이상적 언어, 그 의미내용과 말씨. 고대제식에 수반되는 언어로서 격식화되어 있었다. 『시』에서는 "덕음德音." 『예』에서는 "합어合語." 고대문명에 질서를 부여한 고등한 언어, 교양)이 아니면 감히 말하지 아니 하고, 선왕의 덕행(德行: "법행法行"이라 말해도 될 것이다. 선왕들의 덕을 구현한 행동. 이상적 삶의 실천)이 아니면 감히 행하지 아니 한다. 그러므로 선왕의 법(法)이 아니면 말하지 아니 하고, 선왕의 도(道)가 아니면 행하지 아니 한다. 입에는 버리거나 택하거나 할 말이 없고, 몸에는 버리거나 택하거나 할 행동이 없다. 그러므로 그의 말이 천하에 퍼져도 입놀림의 과실이 없고, 그의 행동이 천하에 퍼져도 원망이나 증오가 없다. 법복(法服), 법언(法言), 덕행(德行), 이 삼자(三者)가 구비되고 나서야 비로소 그 녹위(祿位: 작록과 지위)를 보전할 수 있고 그 종묘를 지킬 수 있다. 이것을 소위 경대부의 효라고 하는 것이다. 『시경』 대아(大雅) 「증민烝民」 노래에 다음과 같은 구절이 있다: '이른 아침부터 깊은 밤에 이르기까지 한 사람을 충심으로 섬기도다.'"

沃案 『효경』에서 가장 주목해야 할 중요한 장 중의 하나이다. 총

론에서 밝힌 지덕(至德) · 요도(要道)가 이 「경대부」장에서 법복(法服) · 법언(法言) · 덕행(德行)이라는 세 개념으로 구체화되고 있기 때문이다.

"법복 · 법언"이라 하면 우리는 언뜻 불교의 용례를 생각하기 쉬우나, 불교의 한역과정에서 이 『효경』의 언어들이 격의(格義)의 틀로 작용했다는 사실을 기억해야 한다. 불교에서 법(法)은 "다르마 *dharma*"를 의미하지만, 다르마가 함의하는 모든 신성한 의미를 선진문명에서 이미 "법"이라는 개념이 담고 있었다. 그것은 불타의 교법(教法) · 규범(規範) · 법칙(法則)이 아닌 선왕의 교법이요, 규범이요, 법칙이었다. 일반독자들은 "선왕先王"이라는 단어에 대한 이해가 부족한데, 중국고전에서 "선왕"은 매우 특수한 의미를 지니는 개념이다. 중국문명, 아니 인간세의 법칙의 모든 기초를 놓은 문명창조자들(Culture-bringers, Culture-creators, Cultural Heroes, 이상은 희랍문명의 개념)이며 유대교에 비유하면 패트리아크스(Patriarchs)에 해당된다. 아브라함으로부터 요셉에 이르는 족장들이 중국민족들에게는 선왕(先王)이라는 이름으로 표현되고 있는 것이다. 유대인 족장들로부터 내려오는 율법전승을 집대성한 것이 모세율법 즉 토라(Torah)라는 것이다. "토라"도 "가르침" 즉 "교"(教, instruction, teaching)라는 뜻이다. 토라로부터 미쉬나(Mishnah)가 발전하고, 미쉬나로부터 탈무드(Talmud)가 발전하여 유대인의 삶을 세부적으로 규정하고 있듯이, 여기 "법복" "법언" "덕행"이라는 개념도 그와 비슷한 맥락에서 이해되어야 한다. 단지 신화적·종교적 희생이 중심이 되는 것이 아니라, 인문적·문화적 질서가 중심이 되고 있을 뿐이다.

『예기』의 「문왕세자文王世子」편의 문장을 한번 살펴보자!

春誦夏弦, 大師詔之瞽宗。秋學禮, 執禮者詔之。冬讀書, 典書者詔之。禮在瞽宗, 書在上庠。凡祭與養老乞言, 合語之禮, 皆小樂正詔之於東序。大樂正學舞干戚, 語說, 命乞言, 皆大樂正授數, 大司成論說在東序。

세자나 일반 선비를 가르치는 데는 반드시 때에 맞추어 커리큐럼을 짠다. 대학에 들어가지 않은 일반 선비의 경우, 봄에는 시(詩)를 음영한다. 그리고 여름에는 금슬로써 그 시를 연주한다. 이러한 음악교육은 고종(瞽宗: 장님들이 교수인 학교로서 고대 주요교육기관)에서 태사들이 가르친다. 가을에는 의례를 행하는 것을 배우는데, 실제로 집례하는 사람들이 가르친다. 겨울에는 삼대로부터 내려오는 관공문서들을 실제로 관공문서를 관리하는 사람들이 직접 가르친다. 그러니까 예(禮)는 고종(瞽宗)에서 배우고, 서(書)는 상상(上庠)에서 배운다(실제로 시·서·예·악의 커리큐럼이 사계절로 다 짜여져 있는 셈이다). 대저 제사를 지내는 것과 양로걸언(養老乞言: 노인의 현자를 모셔다가 지혜의 말씀을 청하는 것)과 합어(合語: 향사례鄕射禮·향음주례鄕飮酒禮·대사례大射禮·연사례燕射禮 등의 연회가 끝날 즈음 술을 주고 받으면서 선왕의 법에 관하여 그 의미를 상고하면서 진지하게 토론하는 예식)의 예(禮)는 모두 소악정(小樂正)이 동서(東序: 교육기관 이름)에서 가르친다. 대악정(大樂正)은 방패와 도끼로 추는 춤과 어설(語說: 각종 세미나에서 행하는 연설)과 명걸언(命乞言: 대체로 "양로걸언"과 비슷한 의미)을 가르친다. 이 삼자(간척 · 어설 · 걸언)는 모두 대악정이 책의 편수(篇數)를 지시하면, 그에 따라 대사성(大司成: 사씨師氏계열의 교육담당 관리)이 동서(東序)에서 논설(論說: 강의하고, 또 강의에 대하여 시험을 본다) 한다.

지금 여기에 나오는 "걸언乞言" "합어合語" "어설語說" "논설論說" 이라는 단어에 우리는 주목해야 한다. 이것이 바로 『효경』에서 말하는 "선왕의 법언法言"의 실례들인 것이다. 고대의 예식이 우리가 종묘에서 보듯이 격식화된 의례와 음악만 있는 것이 다가 아니었다. 살아있는 생활 속에서 이루어지는 사례(射禮: 활쏘는 예식), 향음주례(鄕飮酒禮: 술 마시는 예식) 등 일반 파티에서는 반드시 "언어의 제전" 즉 "세미나의 향연" 즉 심포지움(Symposium)이 동반되었던 것이다. 우리는 줄리어스 시저나 키케로(Marcus Tullius Cicero, BC 106~BC 43)와 같은 로마의 영웅들을 생각하면 반드시 멋드러진, 인간의 심금을 울리는 웅변을 연상하는데, 이러한 풍속은 동·서가 차이가 없었다. 우리가 너무 동방문화의 원류에 무지할 뿐이다. 언어를 통하여 인간을 교육시키는 것은, 비록 상류사회에 국한되었다 해도, 주나라 인문교육제도의 기본이었다. 입에서 버리거나 선택하거나, 지지고 볶거나 할 건덕지가 없는(口無擇言) 출중한 교양인을 만드는 교육이 철저하게 진행되었던 것이다. 요즈음 정치지도자들 사이에서 너무도 천박한 싸구려 말들이 입가(口)에 맴돌아 이토록 나라의 풍기를 문란하게 만든 사례를 뼈저리게 체험한 한국인들은, 여기 경대부장의 메시지를 절실하게 느낄 수 있을 것이다.

그런데 왜 경대부장에서 유독 이런 말을 하고 있는 것일까? 그것은 너무도 당연하다. "천자－제후－경대부－사－서인"의 하이어라키에서 경대부가 가장 막강한 실권자이며 실제로 인민의 삶에 가장 큰 영향을 주기 때문이다. 공자가 일생을 통해 추구했던 것도 경대부 자리였고 공자가 그토록 저주했던 계씨(季氏)도 경대부였다. 이들이야말로 법복·법언·덕행을 가장 정밀하게 실천해야 할 사람들인 것이다.

본시 경(卿)이란 대부(大夫)보다 높은 지위로서 군정(軍政)을 집장(執掌)하는 대신이었다. 그러니까 제후 밑의 행정수반이었다. 그리고 대부는 상대부(上大夫)·중대부(中大夫)·하대부(下大夫)의 구분이 있었다. 그러나 중요한 것은 경이나 대부나 모두 식읍이라는 봉토를 받는다는 것이다. 일정의 봉토를 자신의 통치지역으로서 소유한다는 것이다. 그러니까 그러한 봉토가 없이 샐러리에만 의존하는 사(士)와는 질적으로 다른 것이다. 사는 자유로운 유랑인이었고 경과 대부는 땅에 얽매인 사람들이었다. 그런데 실제로 여기 "경대부"라는 개념이 합칭되고 있는 것은 이미 공자의 시대에도 경과 대부의 뚜렷한 경계가 없었기 때문이었다. 대부도 참월을 하여 막강한 실권을 장악하면 군주의 권력을 능가했다. 옹렬한 주석가들이 경·대부를 나누어 주석해야 한다고 하나, 이 『효경』이 쓰여진 전국말에는 "경대부"는 하나의 통합된 개념이었다.

경대부의 행동이야말로 천하에 펼쳐져도 천하사람들에게 원망이나 증오가 없어야 하고, 오늘날의 정치·관료·법조인들의 언어가 천하에 펼쳐져도 "입의 범죄"(口過)가 없어야 하는 것이다. 그것이 바로 그들의 효라고 말하는 『효경』의 말씀이야말로 참으로 통렬한 법언(法言)이 아닐 수 없다. 어찌하여 이다지도 이 세상이 법언을 상실케 되었는가? 효가 곧바로 우리의 구업(口業)과 관련된다는 이 장의 메시지를 다시 한번 명심하기를 바란다.

마지막 『시』「증민」의 인용은 대체적으로 본장의 의미맥락과 잘 맞아떨어지므로 단장취의라 볼 수 없다. 중산보(仲山甫)가 주나라 선왕(宣王)의 경대부였는데 선왕을 보좌하여 중흥의 치세를 이룩한 공신이었다. 그의 일상적 덕성을 찬양하는 구절이다. 여기 "일인 一人"이란 천자를 의미한다. 경대부는 제후 밑에도 있고, 천자에 직속된 경대부도 있었다. 따라서 여기서는 맥락상 천자에 직속된 경대부를 일컫는 것이나, 의미론적으로는 어느 상황에도 다 들어맞을 수 있다.

이 나라의 대통령이나 국회의원이나 장관이나 행정관료들(특히 실제 사무를 장악하는 국장들), 그리고 검찰, 판사님들! 법언(法言)과 덕행(德行)을 꼭 기억하시오. 법언과 덕행의 실천이 바로 그대들의 효(孝)라오.

여기 『예기』의 "양로걸언養老乞言"과 관련하여 우리가 꼭 알아두어야 할 사실이 하나 있다. 파티장이나 사교모임, 어디를 가든지, 또 길거리에서 사람을 만나는 경우라 할지라도 "덕담 한마디 해주세요"라는 청탁을 꼭 받게 된다. 이것이 바로 "양로걸언"의 고례가 우리나라에 살아남은 실증이다. 옛 음주례에는 반드시 "양로걸언"이 있었던 것이다. 다시 말해서 "양로養老"의 효도라고 하는 것은 훌륭한 "걸언乞言"이 이루어지는 상황을 전제로 하고 있다는 것이다. 늙어가면서 젊은이들에게 법언(法言)이나 합어(合語)를 말할 수 있는 지혜로운 노인이라야 진정한 효(孝)의 대상이 되는 것이다. 우리는 나이를 먹을수록 존경받을 수 있는 사람이 되어야 한다는 것을 잊지 말자! 더럽게 늙고, 완고하게 고집만 피우고, 골은 텡텡 비어가면서 젊은이들의 효심만을 강요하는 보수쓰레기가 되지 말자!

士章 第五

子曰:"資於事父以事母, 其愛同; 資於事父以事君, 其敬同。故母取其愛, 而君取其敬, 兼之者父也。故以孝事君則忠, 以弟事長則順。忠順不失, 以事其上, 然後能保其爵祿, 而守其祭祀。蓋士之孝也。『詩』云:'夙興夜寐, 亡忝爾所生。'"

사장 제오

공자께서 말씀하시었다: "아버지를 섬기는 마음으로써 엄마를 섬길 때, 거기에 공통된 것은 애(愛: "사랑"이라고 번역하지만, 일차적 의미는 "아낀다"는 뜻이다. 어원상 "哀"와 동근同根의 글자이며 "애석愛惜히 여긴다"는 뜻이 있다. 『설문』에는 "혜惠"로 풀이되어 있고, "인仁" "친親" 등이 관련된다. 마음 심 자가 들어가 있는데 그 아래에 있는 형상과 함께 가슴이 메진다, 애달프다는 의미를 내포한다. 여기서는 감정적 거리가 없는 관계를 나타낸다)이다. 그리고 똑같이 아버지를 섬기는 마음으로써 임금을 섬길 때는, 거기에 공통된 것은 경(敬: 회의자會意字로서 사람이 사슴뿔을 만졌다가 놀라 물러서는 것을 나타내고 있는데 "놀람驚"이나 "긴장驚"의 뜻이 내포되어 있으며 "애"와는 대조적으로 일정한 심적 거리감이 있다)이다. 그러므로 엄마를 섬길 때는 아버지를 섬기는 마음 중에서 애(愛)의 마음을 취하고, 임금을 섬길 때는 아버지를 섬기는 마음 중에서 경(敬)의 마음을 취한다. 그러니까 애(愛)와 경(敬)을 겸비한 마음은 아버지를 섬기는 마음이다. 그러므로 애와 경을 겸비한 효(孝)의 마음으로써 임금을 섬기면 충(忠: 마음속中心에서 우러나오는 진실)할 수밖에 없고, 제(弟: 아랫사람의 공손함)로써 어른을 섬기면 순(順: 순종)할 수밖에 없다. 충순을 잃지 않고 윗사람을 섬기는 선비는 작록을 보전할 수 있고, 제사를 지킬 수 있다. 이것이 바로 사(士)의 효이다. 『시』의 소아(小雅) 「소완小宛」 노래에 다음과 같은 시구가 있다: '아침 일찍 일어나고 밤늦게 자며, 너를 낳아주신 부모를 욕되게 하지 마라.'"

沃案 「사장」 역시 매우 중요한 장인데 해석이 쉽지 않다. 많은 사람들이 그 의미를 깊게 생각하지 않고 쉽게 해석하고 마는 오류를 범한다. 이미 「천자장」에서 효를 "애친愛親"과 "경친敬親"으로 규정

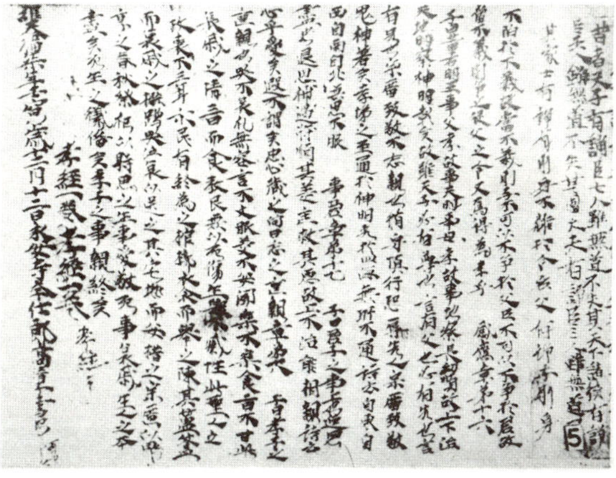

돈황유서敦煌遺書 천복天福 7년(942) 『금문효경』. 대영박물관 소장. 슈타인 수집 문서번호 1386.

했다. 그러므로 애(愛)와 경(敬)은 효의 두 측면으로서 천자로부터 사에 이르기까지, 그리고 서민에 이르기까지 전 인간을 관통하고 있는 보편적 덕목이다. 애와 경을 근간으로 깔고, 각 신분에 맞는 효의 요청을 하고 있는 것이 『효경』의 구조이다.

아버지父	
가정	사회
엄마母	임금君
애愛	경敬
효孝	

효에는 애와 경의 두 측면이 있다. 그런데 애는 여성적이고 경은 남성적이다. 애는 감정의 거리가 없고 경은 감정의 거리가 있어야 한다. 애는 가정 내의 허물없는 분위기에서 성립하는 것이요 경은 가정 밖의 사회적 분위기에서 성립하는 것이다. 애는 감정적이라면 경은 이성적인 측면이 강하다. 그런데 이 애와 경의 두 측면을 종합한 것이 아버지라는 권위체이다. 아버지의 권위는 이 두 측면을 포괄하는 것이다. 그러므로 인간은 아버지와의 관계설정을 온전히 할 때 비로소 온전한 인간이 되는 것이다. 프로이드, 라캉은 이러한 문제를 외디푸스 컴플렉스의 극복이라는 상징적 테제로서 설명했다.

이 「사장」에서 중요한 것은 사군(事君)이 본(本)이 아니고 사부(事父)가 본이라는 것이다. 사부의 마음으로 사군하는 것이지, 사군의 마음으로 사부하는 것이 아니다. 따라서 사군은 철저히 사부에 종속된다.

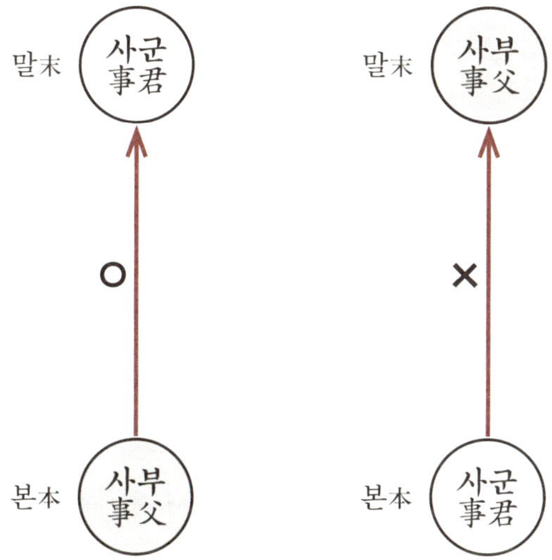

따라서 본장에서 말하는 "충忠"은 어디까지나 아버지를 섬기는 마음처럼 우러나오는 진심을 말하는 것이지, 그러한 감정의 배경이 없는 무조건적 복종을 말하고 있는 것은 아니다.

『시경』의 「소완」은 어려움이 많은 사회의 서글픈 현실에 직면한 작가가 일반서민들에게 인내하면서 부지런히 노력할 것을 권면하는 노래이다. "첨忝"은 "辱 욕보이다"로 해석된다.

孝

庶人章 第六

子曰:"因天之時, 就地之利, 謹身節用, 以養父母。此庶人之孝也。"

서인장 제육

공자께서 말씀하시었다: "하늘의 시(時: 시간의 변화)에 인순(因順)하고 땅의 리(利: 공간적 다양성의 이로움)를 활용하여 생업에 부지런히 종사하고, 근신(謹身)하며 재용(財用)을 절약(節約)한다. 그렇게 하여 정성껏 부모님을 봉양한다. 이것이 서인(庶)의 효이니라."

沃案 내가 『효경』 중에서 가장 아름답다고 생각되는 장이 바로 이 장이다. 푸른 초원에 초가삼간 하나 외로이 서있는 목가적인 정경이 삼삼히 떠오른다. 여기 서인(庶人)이란 사士 · 농農 · 공工 · 상商에서 사가 빠져 나갔으므로, 농 · 공 · 상인데 이 중에서도 "농農"을 중심으로 말하고 있는 것이 드러난다. 여불위도 자신이 호상이면서도 『여씨춘추』의 마지막을 농업사편(農業四篇)으로 마무리 졌다. 새로운 제국의 질서는 반드시 중농정책(重農政策)을 근간으로 해야 한다고

생각했다. 자기와 같은 상인들은 전국시대에는 적합해도 제국의 시대에는 통제하기 어려운 말썽꾸러기들이라고 생각했던 것이다(최근에 정명현, 김정기, 민철기, 정정기 등에 의하여 번역된 조선의 대유 풍석楓石 서유구徐有榘 1764~1845의 『임원경제지林園經濟志』「본리지本利志」를 참고할 것. 농업에 관하여 가장 완벽하게 정보가 수집된 백과사전이라 할 것이다. 서유구는 놀라웁게도 『여씨춘추』를 정독하였다. 번역도 치밀하다. 국학의 한 쾌거라 할 만하다).

서인이란 일체 권력으로부터 소외된 자경농이 그 모델이라고 할 때, 과연 그들이 천시(天時)에 인(因)하고 지리(地利)에 취(就)하여 근신하고 절용하면서 부모를 봉양하고 사는 것 외에 또 딴 무슨 방도가 있으랴! 그러나 우리가 알아야 할 것은 정치 즉 치국의 궁극적 목적이 바로 서인들이 근신절용하면서 초가삼간에서 부모 모시고 살 수 있도록 만들어주는 데 있다는 것이다. 인민대중들이 권력의 부당한 간섭이 없이 그렇게 살 수 있도록 만드는 데 있다는 것이다. 이러한 바닥의 현실, 즉 서인들이 부모를 봉양하면서 살 수 있도록 만드는 것, 다시 말해서 정치의 구극적 목적은 "서인의 효"를 확보하는 데 있다는 사실이다. 천자로부터 서인에 이르기까지 부모를 모시는 데 애경을 다해야 한다(愛敬盡於事親)는 주제는 여기 『효경』에 일관되게 흐르고 있다. 그리고 "서인"은 가장 낮고 가장 많은 인구를 차지하므로, 오히려 구구절절이 잔소리를 늘어놓아야 할 계몽의 대상으로 생각할 수도 있는데, 이토록 간결한 문장으로 처리했다는 데 『효경』 저자의 놀라운 감각이 있다. 그는 서인이야말로 바른 정치가 이루어지면 자연스럽게 효를 다할 사람들이라고 보았으며 결코 계몽의 대상으로 생각하지 않았다. 계몽의 대상은 항상 천자(天子)였다.

오늘날 농업인구의 감소로 인하여 농자대본(農者大本)을 말할 수는 없겠으나, 농업인구가 감소한다 해서 농업이 피폐할 필요는 없는 것이다. 농촌인구가 도시로 몰려들어 결국 생산적인 활동을 못하고 우왕좌왕하고 있는 현실도 바람직하지 못하다. 농업은 힘은 들지만 지혜를 생기게 하고 자연과 소통하는 삶의 건강성을 확보케 한다. 그러나 농이 줄었다 해서 도시의 상·공이 제대로 확대된 것도 아니다. 실제로 도시인구의 대부분이 대기업의 부속품이거나 국가조직의 샐러리맨들이며, 자영상인들이나 일반서민들은 모두 국가정책이나 대기업중심 시장경제에 예속된 노리개들이다. 독립된 서인의 삶의 기반이 사라졌다는 것을 의미한다. 한 국가가 농업이나 상·공업의 제조업 기반을 상실하면 장기적으로 볼 때 반드시 멸망을 자초한다. 따라서 도시문화를 생각해도 농촌기반을 무시해서는 아니 되며, 대기업을 육성해도 중소기업의 자족적인 제조업기반을 권장치 아니 하면 국가경제는 파탄에 이를 수밖에 없다. 이러한 제조업에 대한 근원적 대책이 없이 토건업 붐이나 일으킬 생각하고, 디자인산업이나 꿈꾸는 것은 모두가 허망한 짓이다. 현금 우리나라는 본(本)이 상실되고 말엽의 조작정치만 살아있다. 민주가 우리민족에게 선물한 최대의 파탄이라 할 것이다.

사(士)도 지식의 제조가 없는 사는 사가 아니다, 농(農)도 순수한 자연의 결실의 소출이 없는 농은 농이 아니다, 공(工)도 자족적 기술에 의한 제작이 없는 공은 공이 아니다. 상(商)도 제조업 기반이 없는 허황된 상은 상이 아니다.

마지막에 "절용節用"이라 한 말은 현대인들이 매우 가슴에 새겨야 할 말이다. 서인일수록 "절용" "절약" "절검"하는 삶을 살아야 하는데, 방만하게 생활하는 사람들이 너무 많은 것 같다. 카드빚이 쌓이고, 자식마다 핸드폰 다 들고 다니고, 끄떡하면 외식이고 외출이고 외유다! 『논어』「학이」편 첫머리에 "절용이애인節用而愛人, 사민이시使民以時"라는 공자님 말씀이 있다. "절용"의 사상은 묵자에 의하여 극단적으로 발전되었다.

금문에는 "因天之時, 就地之利"가 "用天之道, 分地之利"로 되어 있다.

孝平章 第七

子曰: "故自天子以下, 至于庶人, 孝亡終始而患不及者, 未之有也。"

孝

효평장 제칠

공자께서 이상의 여섯 장의 취지를 마무리하시며 말씀하시었다: "그러므로 천자로부터 서인에 이르기까지, 신체발부를 훼상치 아니 하는 것으로부터 시작하여 입신행도(立身行道)하여 후세에 양명(揚名)하고 부모님의 이름마저 빛냄으로써 완성되는 효를 실천하지 않고서는 그 화가 몸에 미치지 아니 하는 자, 천지개벽이래 지금까지 있어본 적이 없다."

沃案 "효평孝平"이란 "효에 있어서는 만인이 평등하다"는 의미이다. 주희는 여기까지(제7장)를 하나로 뭉뚱그려 『효경』의 경문(經文)으로 삼았다. 그리고 여기 이후는 지금까지의 경문에 대한 전문(傳文)이라는 것이다. 얼핏 그럴싸하게 들릴 수도 있지만 주희는 근원적으로 『효경』의 성격을 이해하지 못했으며 각 장의 독자적 특수성을 깨닫지 못했다. 서글픈 일이다.

금문에는 본 장이 독립되어 있질 않고 제6장인 「서인장」에 융합되어 있다. 따라서 앞에 "자왈子曰"도 없고, "자천자自天子" 밑에 "이하以下"도 없고, "지우서인至于庶人"의 "우于"가 "어於"로 되어 있다. 주희는 이러한 금문의 모습에서 힌트를 얻은 것이다. 금문효경의 정통성을 주장하는 자들은 "고故"로 시작하는 문장인데 그 앞에 "자왈子曰"이 있는 것은 이상하며, 그것은 원래 하나로 융합되어 있던 것을 독립시켜 「효평장」으로 만들면서 "자왈"을 삽입시켰다고 주장한다. 원래의 모습이 "그러므로故"로 연결되는 연속된 하나의 문장이라는 것이다. 그러나 금문효경이 고문효경의 원래의 모습을 축약시킨 것일 수밖에 없다고 오히려 나는 주장한다.

우선 우리가 알아야 할 중요한 사실은 선진문헌에서 "장章"이라는 이름이 편명 그 자체 속에 들어가 있는 것은 유례가 없다. 예를 들면 『논어』의 「학이」도 그냥 "학이"까지만 있는 것이지 그 다음에 "편" 이라는 글자가 같이 붙어있는 것은 아니다. "편"이라는 것은 모두 후대에 편의상 붙인 것이다. 그런데 『효경』만이 제목에 "경經"이라는 글자가 붙어있고 모든 분절에 딴 문헌으로 말하면 편에 해당되는 편명에 모조리 "장章"이라는 글자가 붙어있는 것이다. "개종명의장," "천자장," "제후장," … 이런 식으로! 이것은 참으로 유니크한 사례이다.

장(章)이란 무엇인가? 장이란 "경竟"이란 글자와 동계열의 회의자인데, 본시 악곡에 있어서 가사가 일단락지어지는 것을 말한다. 『설문』에도 "장章"은 "음音"의 부류에 소속되어 있으며 "章, 樂竟爲一章"(음악이 일단락지으면 일 장이 된다)라고 풀이되어 있고, "歌所止曰章"(가사가 그치는 곳이 장이다)라는 주석이 있다. 결국 『효경』의 저자는 매우 의도적으로 『효경』 전체를 하나의 음악으로 보았고, 그 음악이 22장의 악장으로 구성되어 있다고 생각한 것이다. 『효경』이 노래처럼 암송되면서 일반백성들의 가슴속에 신바람처럼 울려퍼지기를 바랬던 것이다.

따라서 「개종명의장」에 대하여 「효평장」이라는 일단락의 중간 마무리를 독립시킨 것은 너무도 정당성이 있다. 더구나 "효망종시孝亡終始"의 해석을 잘못 하는 경우가 허다한데, 여기서의 종(終)과 시(始)라는 것은 「개종명의장」에 있는 "身體髮膚, 受之父母, 不敢毁傷, 孝之始也。立身行道, 揚名於後世, 以顯父母, 孝之終也。夫孝, 始於事親, 中於事君, 終於立身。"이라는 말을 받고 있다는 사실을 명료하게 인식하여야 한다. 따라서 "개종명의"에 대하여 "효평"이라는 마무리는 너무도 정당한 것이다. 그러므로 "공자왈"이 "고故" 앞에 있는 것도 너무도 정당하다. 다시 말해서, 여기서의 "공자왈"은 "이상의 논리를 마무리하여 말씀하시었다"라는 뜻이며, 그 말씀의 내용이 "그러므로故"라는 것으로 시작하는 것은 상기의 논지를 이어 다시 말씀하셨다는 것을 나타낸다. 이러한 『효경』의 악장의 특수성을 이해못한 자들이 금문에서 압축시켰고, 주희는 그것을 더 과감하게 압축시키려 했던 것이다. 모두가 용렬한 발상이다. 그리고 "천자" 다음에 "이하以下"가 있는 것도 불필요한 것처럼 보이지만 요즈음 간백문헌의 느낌으로 보아 그러한 연접사들이 많이 나타나는 것이 오히려 고문용례인 것이다. 구어체에 보다 충실함을 반영한다. 이런 맥락에서 세밀하게 검토해본다면 고문효경의 진실성은 별로 의심할 여지가 없다.

經

三才章 第八

曾子曰:“甚哉, 孝之大也!”子曰:“夫孝, 天之經也, 地之誼也, 民之行也。天地之經, 而民是則之。則天之明, 因地之利, 以訓天下。是以其教弗肅而成, 其政不嚴而治。先王見教之可以化民也。是故先之以博愛, 而民莫遺其親; 陳之以德誼, 而民興行。先之以敬讓, 而民弗争; 導之以禮樂, 而民和睦; 示之以好惡, 而民知禁。『詩』云: ‘赫赫師尹, 民具爾瞻。’”

삼재장 제팔

증자가 이때까지 주욱 듣고 나서 감탄하여 외쳤다: “선생님, 참으로 대단합니다. 효의 위대함이란!” 이에 공자께서 계속하여 말씀하시었다: “대저 효란, 하늘의 벼리(經)요, 땅의 마땅함(誼)이며, 사람이 살면서 실천하지 않을 수 없는 당위적 행동(行)이다. 효란 대체 하늘과 땅의 벼리이요 우주의 질서이니 사람이 본받지 아니할 수 없는 것이다. 대저 성인께서 사람을 가르치신다고 하는 것은 하늘의 밝음(明: 명백하게 내재하여 있는 질서, 시간적 개념)을 본받고, 땅의 이로움(利: 만물이 땅에서 생성되는 다양한 이치의 이로움, 공간적 개념)을 활용하여, 천하백성을 가르치고 훈도하는 것이다. 그러므로 모든 위대한 인민의 지도자는 그 백성을 교화하는 방식이 엄숙하지 않아도 스스로 이루어지며, 그 다스리는 방식이 엄형을 내리지 않아도 스스로 질서있게 된다. 옛 선왕들께서는 천지의 벼리인 효도로써 인민을 가르치면 인민이 스스로 감화되어간다는 것을 잘 알고 계셨던 것이다. 그러하므로 인민의 지도자는 솔선수범하여 자신의 애친(愛親)하는 마음을 인민에게로 넓혀나가야 한다. 그리하면 백성들이 그 부모를 소홀히 하는 일이 없을 것이다. 인민의 지도자는 인민들에게 말을 할 때에도 반드시 덕성의 마땅함으로써 해야 한다. 그리하면 백성들이 자발적으로 도덕적 행동들을 흥기(興起)시키게 된다. 인민의 지도자가 공경하는 마음과 사양하는 마음으로 솔선수범하니 백성들이 다투지 아니 하고, 인민들을 예(禮)와 악(樂)으로써 그 문화를 선도하니 백성들이 화목하지 않을 수 없고, 인민들에게 올바른 호오(好惡)를 제시하니 백성들은 스스로 금(禁)해야 할 것을 자각한다. 『시경』 소아(小雅) 「절남산節南山」 노래에 다음과 같은 구절이 있다: '빛나고 또 빛나는 태사 윤씨여! 백성들이 모두 그대 한 사람을 바라보고 있도다!'"

沃案 "삼재장"은 매우 이론적인 내용을 담고 있고, 효를 우주론적 차원(cosmological dimension)으로 승화시켜 "인仁"과도 같은 인

간세의 최고덕목으로서 논구했다는 데 특별한 매력이 있다. 여기서는 우주적 질서(Cosmic Order)와 인간의 질서(Human Order)가 상응관계에 놓여 있다. 더구나 "효경孝經"이라는 책명이 본 장에서 유래되었다는 맥락에서도 본 장은 『효경』 속에서도 가장 많이 인용되는 장 중의 하나이다. "삼재三才"라는 말은 천(天)·지(地)·인(人)이라는 우주구성의 보편적 원리개념이며, 『주역』의 「설괘說卦」, 「계사繫辭」하에서 유래하였다. 그런데 주자는 『효경간오』에서 본 장을 해설하면서 정나라의 공자 태숙(太叔: 대숙大叔으로도 쓴다)이 조간자(趙簡子)에게 정자산(鄭子產)의 말로서 인용한 구절을 도용한 것이라 하여 매우 불쾌한 심정을 토로하고 있다: "단지 예자를 효자로써만 바꾼 것이고, 문세(文勢)가 오히려 『좌전』의 통관(通貫)됨만 같지 못하고, 조목 또한 오히려 『좌전』의 완비(完備)됨만 같지 못하다. 唯易禮字爲孝字, 而文勢反不若彼之通貫, 條目反不若彼之完備。"

그러나 『좌전』의 문장과 『효경』의 문장의 선후를 말하는 것은 매우 현명치 못하다. 막말로 『효경』을 『좌전』이 베꼈다고 해도 안될 일은 없다. 텍스트의 문제들은 함부로 단정할 수 없다. 그것은 제각기 다른 양식적 표현이며 그것이 설사 같은 의미맥락을 내포하고 있다 하더라도 일자에 준거하여 타자의 가치를 폄하할 수는 없다. 양자가 어떤 사유의 전승을 공유하고 있다고 보아야 한다. 문제가 되는 『좌전』의 문장은 나의 『논어한글역주』 제2권, 506~8에 상세히 해설되어 있다.

「삼재장」에서 내가 가장 감명을 받은 대목은 효를 통한 이상적 다스림의 결론은 "불숙이성弗肅而成" "불엄이치不嚴而治"라는 엄숙주의와 엄형주의 배제이다. 유교적 덕치(德治)를 이상으로 하면서 도가적 사유를 반영하고 있다. "저절로 이루어지고, 저절로 다스려지도록" 만드는 것이 도덕주의의 궁극적 이상인 것이다. "엄숙嚴肅"이라고 우리가 쓰는 말이 바로 이런 구절에서 유래된 것이다. 호문(互文)의 두 글자를 나누어 배속시킨 것이다. "숙肅"은 "엄숙"으로 "엄嚴"은 "엄형"으로 번역하였다. 가장 비근한 인간의 덕목으로서 자연스러운 질서를 사회에 안착시키는 것, 그렇게 함으로써 모든 것이 스스로 기능하게 만드는 것, 그것이 도덕의 이상이라고 한다면, 이러한 유가사상은 매우 세련된 것이며, 오늘날의 현대사회에도 물론 적용 가능하다.

「절남산節南山」이라는 노래는 주나라 삼공(三公) 중의 하나이며 당시 최고의 권력자였던 태사 윤씨(師尹)가 국정의 혼란에 대한 책임이 있다는 것을 질책하는 시이다. 국민 모두가 너 하나 쳐다보고 있는데 도대체 뭘 하고 있느냐는 원망과 더불어 그 높은 지위에 대한 찬사를 동시에 보내고 있다. 실로 정치적 지도자 한 사람의 "문화적 역량"이 우리가 살고 있는 사회질서에 너무도 막강한 영향력을 미친다는 생각은 예나 지금이나 차이가 있을 수 없다.

孝治章 第九

子曰:“昔者明王之以孝治天下也, 弗敢遺小國之臣, 而況於公丶侯丶伯丶子丶男乎? 故得萬國之歡心, 以事其先王。治國者, 弗敢侮於鰥寡, 而況於士民乎? 故得百姓之歡心, 以事其先君。治家者, 弗敢失於臣妾之心, 而況於妻子乎? 故得人之歡心, 以事其親。夫然, 故生則親安之, 祭則鬼享之, 是以天下和平, 災害不生, 禍亂不作。故明王之以孝治天下也如此。『詩』云:‘有覺德行, 四國順之。’”

효치장 제구

공자께서 말씀하시었다: “옛부터 명철한 왕(王: 옛 용법으로는 천자天子를 가리킴)은 효로써 천하를 다스림에 있어, 결코 작은 나라의 신하라도 홀대하는 법이 없었다. 하물며 공(公)·후(侯)·백(伯)·자(子)·남(男)과도 같은, 자기가 직접 관리하는 제후들을 홀대할 수 있으리오? 그러므로 만국(萬國)의 환심(歡心)을 얻어 선왕(先王)의 제사를 받드는 안정된 천자의 국체를 이룩할 수 있었다.

제후국을 다스리는 군주는 나라를 다스림에 있어, 외롭고 힘없는 노인이나 질병 기아에 허덕이는 소외받은 사람들이라도 업신여기는 법이 없었다. 그렇다면 하물며 사민(士民: 선비와 백성, 여기서는 하층대중을 총괄하는 개념)을 업신여길 수 있으리오? 그러므로 백성의 환심을 얻어 선군(先君: 제후의 선조들)의 제사를 잘 받들어 모실 수 있었다.

일가(一家)를 다스리는 경대부는 가신(家臣)이나 하녀(下女)들의 마음을 잃는 법이 없었다. 그렇다면 하물며 가까운 처자(妻子)의 마음을 잃어버릴 수 있으리오? 그러므로 뭇사람의 환심을 얻어 그 부모를 잘 봉양할 수 있었다.

이렇게 상하로 질서있는 세상이 잘 돌아가면, 누구든지 살아있는 동안에는 그 부모가 편안하게 봉양을 받을 수 있으며, 누구든지 세상을 뜨게 되면 제사를 통해 그 영혼이 같은 대접을 향유할 수 있게 된다. 그러하기 때문에 천하가 화평하게 되고, 재해(災害)가 발생하지 않으며, 화란(禍亂)이 일어나지 않는다. 그러므로 명철한 천자가 효로써 천하를 다스리는 방식이 이와 같았다. 『시경』 대아(大雅) 「억抑」 노래에 다음과 같은 구절이 있다: '천자에게 높고 큰 덕행이 있으면, 사방의 나라들이 그를 본받아 따른다.'"

沃案 "효치孝治"란 이 장을 통하여 한 단어로 개념화되었지만 "효로써 다스린다"는 말이다. 이 장의 "천자-제후-경대부"의 효치를

차례로 서술하고 있다. 사(士)와 서인(庶人)은 치(治)의 주체가 될 수 없기 때문에 논의에서 제외된 것이다. 「삼재장」의 "불엄이치不嚴而治"와 「천자장」의 "덕교가어백성德教加於百姓, 형어사해刑於四海"와 내재적 연관이 있다. 주석은 번역 속에 이미 반영되어 있다.

聖治章 第十

曾子曰: "敢問, 聖人之德, 亡以加於孝乎?" 子曰: "天地之性, 人爲貴。人之行, 莫大於孝。孝莫大於嚴父, 嚴父莫大於配天, 則周公其人也。昔者, 周公郊祀后稷以配天, 宗祀文王於明堂以配上帝。是以四海之內, 各以其職來祭。夫聖人之德, 又何以加於孝乎? 是故親生毓之, 以養父母曰嚴。聖人因嚴以教敬, 因親以教愛。聖人之教, 不肅而成, 其政不嚴而治。其所因者, 本也。"

성치장 제십

증자가 효치(孝治)의 위대함을 듣고 나서 여쭈어 말하였다: "감히 묻겠나이다. 성인의 덕성 중에서 효보다 더 위대한 것으로 첨가할 덕목이 없겠나이까?" 공자께서 이에 답하여 말씀하시었다: "천지의 본성을 구현한 만물 중에서 사람보다 더 귀한 존재는 없다. 그리고 그 사람의 행동 중에서 효보다 더 위대한 행동이란 있을 수 없다. 그리고 또 그 효행(孝行) 중에서도 아버지를 존엄하게 모시는 것보다 더 위대한 효행은 없다. 그리고 아버지를 존엄하게 모시는 방식 중에서, 그 아버지를 하늘과 동등한 존재로서 짝지어 제사지내는 것보다 더 존엄하게 아버지를 모시는 방식은 없다. 이 모든 위대함을 실천한 사람이 바로 주공(周公)이다. 옛날에 주공께서는 주나라의 시조(始祖)이며 땅(농경)의 신인 후직(后稷)을 남쪽 교외 원구(圓丘)에서 하늘과 동등한 존재로서 제사(郊祀: 교외에서 제사 지냄) 지내시었다. 그리고 또 당신의 아버지이며 주나라의 실제적 창업주이신 문왕(文王)을 하느님 상제(上帝)와 동등한 존재로서 명당(明堂: 흙을 높게 북돋아 놓은 그 위에 지은 고전高殿으로 오실五室이 있고 사방에 문이 있는 궁전)에서 종사(宗祀: 혈족血族의 본원을 제사 지냄; 앞의 교사郊祀와 대비된다) 지내시었다. 주공께서 이와 같이 조상과 아버지에 대하여 성심성의의 효행을 다하는 것을 보고, 사해(四海) 안의 모든 제후들이 각기 그들의 나라의 귀한 토산품 공물(貢物)을 바쳐 들고와서 제사를 도왔다. 얼마나 아름다운 광경이리오? 대저 성인의 덕이 이러한 효에 더 가(加)할 것이 있겠느뇨? 그러하므로 한 인간이 몸으로 친히 자식을 낳아 성심껏 그 자식을 기르고, 기름의 혜택을 받은 자식이 성장하여 다시 부모를 공양하는 것, 그것을 바로 부모를 존엄히 한다(엄嚴: 여기서는 동명사적 용법)라고 말한

것이다. 성인께서는 바로 이러한 존엄을 통하여 경(敬: Reverence)을 가르치고, 그 친함(親: 몸으로 서로 거리감 없이 느낌)을 통하여 애(愛: Love)를 가르친다. 앞에서도 계속 강조했지만 성인의 교화(敎化)는 엄숙하지 않아도 저절로 이루어지고, 그 정치(政治)는 엄형에 의존하지 않아도 스스로 다스려진다. 왜 그러한가? 바로 성인의 다스림이 의거한 바가 바로 인간의 본질이기 때문이다."

沃案 이 장 때문에 "효치孝治"라는 개념과 더불어 "성치聖治"라는 개념이 생겨났지만, "성치"는 단지 "성인지정聖人之政, 불엄이치不嚴而治"라는 구절에서 첫 글자와 마지막 글자를 딴 것이다. 성인의 치도(治道: 다스림의 길)는 궁극적으로 효도의 실현 이외의 것이 아니라는 것을 말하고 있다. 이 장에 주공(周公)이 등장하기 때문에 유교의 종파적 제식주의의 갖가지 맥락에서 복잡한 해석이 이루어져 오히려 이 장의 의미가 난삽하게 곡해되었으나 주공은 단지 하나의 캐릭터로서 등장한 것이지, 그를 통하여 유교적 종법주의나 정통론을 주장하려 한 것은 아니다. 역사적으로 훌륭한 정치를 행한 하나의 효(孝)의 패러곤(paragon)일 뿐이다.

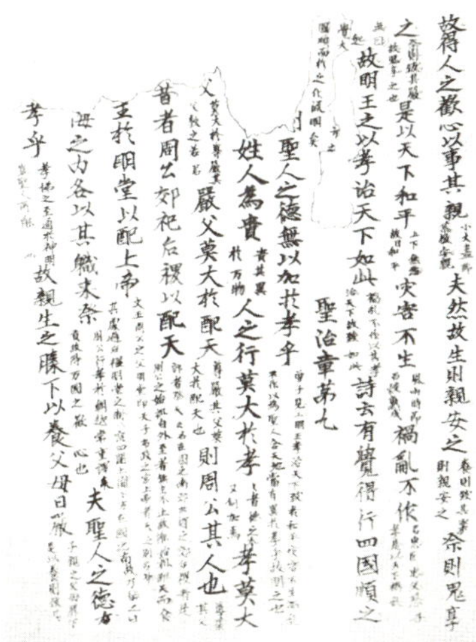
得人之歡心以事其親 夫然故生則親安之 祭則鬼享
之 是以天下和平 灾害不生 禍亂不作
故明王之以孝治天下如此 詩云有覺德行四國順之
聖治章第七
聖人之德無以加於孝乎
性人為貴 人之行莫大於孝 孝莫大
嚴父莫大於配天 則周公其人也
昔者周公郊祀后稷以配天
王於明堂以配上帝
海之內各以其職來祭 夫聖人之德
孝乎 故親生之膝下以養父母日嚴

돈황유서敦煌遺書 『효경정주孝經鄭注』. 파리국립도서관 소장. 펠리오 수집 문서번호 3428.

여기에 가장 중요한 것은 「사장」에서 말한 아버지의 중요성이다. 여기 "아버지"라는 것은 라캉의 말대로, 권위를 대변하는 하나의 이름(*nomina*)이며 상징체(symbol)이다. 그런데 여기서 중요한 것은 아버지를 존엄하게 한다는 것(엄부嚴父: "엄"이 타동사. "부"가 그 목적)이 곧 배천(配天: 하늘에 배향된다. 하늘과 동등한 존재로서 짝지어 모셔진다)이라는 사상이다. 여기서 우리는 다석(多夕)의 "효기독론 *Xiao* Christology"이 결코 그 자신의 기발한 상상력에 의한 것이라든가, 기묘한 언어사용에 의지한 것이 아니라 『효경』의 충실한 해석에 바탕하고 있다는 것을 알 수 있다. 여기서 중요한 것은 지고한 존재가 천자(天子)나 왕(王)이나 지상의 최고의 통치자가 아니라, 어디까지나 "아버지"라는 사실이다. 천자에게도 아버지가 있기 때문에 천자는 "천자天子"일 수 있는 것이다. 주공이 위대한 것은 바로 아버지와 사직의 신을 잘 제사 지냈기 때문이다. 아버지는 문왕(文王)이고 사직의 신은 시조신 후직(后稷)이다. 문왕은 정치적 창업자이며 구체적 인격체이다. 후직은 이미 추상화되어 있다. 그래서 후직을 배향할 때는 "배천配天"이라 했고 "교사郊祀"라고 했다. 문왕을 배향할 때는 "배상제配上帝"라 했고 "종사宗祀"라 했다. 우리가 "종묘·사직"이라 할 때 문왕은 종묘라는 상징체에 해당되고, 후직은 사직이라는 상징체에 해당된다. "배천"의 "천天"은 땅에 배(配)하는 존재로서 추상화되어 있고, "배상제"의 "상제上帝"는 모든 조상신을 총괄하는 지고의 존재로서 인격화되어 있다.

문화적 · 경제적	권력적 · 정치적
추상적 abstract	인격적 personified
배천配天	배상제配上帝
교사郊祀	종사宗祀
사직	종묘
후직后稷	문왕文王
주공周公의 제사, 효孝	

청가정본(淸家正本)에는 "각이기직래제各以其職來祭"에서 "래" 다음에 "조助"가 들어가 있는데, 나는 정본에 따라 "조제助祭"의 뜻으로 풀이하였다. "직職"은 "공물貢物"을 뜻한다.

여기 맥락을 잘 살펴보면 『효경』의 일관된 주제가 드러나 있다. 그것은 효의 두 측면, 애(愛)와 경(敬)의 재천명이다. 애는 친(親)과 관련되어 있고 경은 엄(嚴)과 관련되어 있다.

땅적 Earthly	하늘적 Heavenly
여성적 측면 femininity	남성적 측면 masculinity
친親	엄嚴
애愛	경敬
효孝	

그리고 감동적인 것은 엄부(嚴父)와 배천(配天)의 구체적 이미지와 궁극적 의미를 한 인간이 자식을 낳아 기르고 그 자신이 그 기름의 애경을 인식하여 다시 부모를 봉양하는 그 역사적 연속성(Historical Continuity)에 두고 있다는 것이다. 다시 말해서 우리가 "하느님(天) 아버지(父)"를 말하게 되는 것은 우리 유한한 생명은 유기체의 한계로 인하여 단절되지만, 그 단절의 연접성 · 연속성은 효(孝)로써 보장되기 때문이라는 것이다. 따라서 효의 궁극적 주체는 개개 인간의 문제가 아니라 모든 인간의 효를 통섭하는 주체로서의 "하느님 아버지"라는 것이다. 이것이 우리가 "배천配天," "배상제配上帝" 하게 되는 이유이다.

효孝	
배상제配上帝	인간을 초월하는 보편자를 하나의 인격체로서 존엄케 함
배천配天	하늘과 더불어 땅의 존재를 존엄케 함
생육生毓	인간세의 연속성(Historical Continuity) 확보
엄부嚴父	아버지를 존엄케 함

이런 의미에서 효는 철저히 인간의 덕성인 동시에 모든 종교성(religiosity)를 포괄하는 것이다. 모든 종교적 가능성이 이 효라

는 개념 속에 내포되어 있는 것이다. 그런데 이 효를 통한 성스러운 다스림(聖治)의 궁극적 소이연은 어디에 있는 것일까? 그것이 바로 『효경』을 관통하고 있는 "성인지교聖人之教, 불숙이성不肅而成" "성인지정聖人之政, 불엄이치不嚴而治"라는 말이다. 성치에는 교(教)와 정(政)의 두 측면이 있으며, 교는 "불숙이성"하고, 정은 "불엄이치" 한다는 것이다. 오늘날 정치를 한다고 하는 자들이 억지로 사회질서를 잡기 위하여, 검찰과 경찰을 동원하여 기껏해야 공안통치를 일삼는 사태를 목격할 때 우리는 이러한 『효경』의 언어가 오늘 여기에 절실한 이유를 감지한다.

무위지치無爲之治	
비엄숙주의 non-authoritarian	비엄형주의 non-legalistic
불숙이성不肅而成	불엄이치不嚴而治
교教: 교화. 문화적 통치	정政: 정령. 법제적 통치
성치聖治	

이것은 『효경』이 후기유가의 작품이며, 노장계열에서 제기한 강력한 유교의 도덕주의(moral rigorism)에 대한 비판을 극복하고서 "효"라는 개념을 확립했다는 것을 의미한다. 불숙이성, 불엄이치는

곧 도가의 자연주의를 충분히 반영한 것이다. 이렇게 볼 때 이 「성치장」 하나만 해도 제국의 통합을 앞둔 시점에서 유교적 사상가들의 생각을 총집결시킨 명문장이라고 해야 할 것이다. 더구나 마지막의 결어는 우리의 폐부를 찌른다.

其所因者, 本也。

성인의 다스림이 의거한 바는 바로 인간의 본질이다.

정치는 사회적 제도의 조작이나 엄형·엄벌에 의한 권위나 협박이 아니라 바로 인간의 본질로부터 자연스럽게 비조작적으로 형성되어 나가는 질서라는 것이다. 정치의 본질을 인간의 본질에 두었다는 의미에서 이 『효경』은 유교의 성경(바이블, Bible)일 수밖에 없다.

父母生績章 第十一

子曰: "父子之道, 天性也, 君臣之誼也。父母生之, 績莫大焉。君親臨之, 厚莫重焉。"

부모생적장 제십일

공자께서 말씀하시었다: "아버지와 아들의 도(道: 길)는 천성(天

性: 자연적으로 주어지는 것)**이다. 그것은 임금과 신하의 관계의 마땅함**(의誼: 사회적으로 부여된 당위적 가치)**마저도 구현하는 것이다. 부모께서 날 낳으신 그 공적은 막대**(莫大)**한 것이다. 그리고 부모께서는 군주의 엄격함**(君)**과 친부모의 사랑**(親), **그 양면으로써 날 길러주시니 그 두터운 은혜는 막중**(莫重)**한 것이다."**

沃案 「사장」에서 이미 "사부事父"의 덕성 속에는 "사모事母"의 애(愛)와 "사군事君"의 경(敬)의 두 측면이 포함되어 있다는 것을 말하였는데, 그러한 틀 속에서 이 장을 이해할 수밖에 없다. 「공전孔傳」이나 「어주御注」가 다 그런 틀 속에서 이 장을 해석하고 있다. "부모생지父母生之"와 "군친임지君親臨之"를 대구적으로 해석하여 후자를 임금(사회적 지도자)의 은혜로 해석하기 쉬우나, 본 장은 주체가 일관되게 부모일 뿐이다. "군君"은 부모의 한 측면의 상징적 덕성일 뿐이다. "부자지도父子之道"라는 "천성天性" 속에 "군신지의君臣之誼"가 내포된다고 보는 것은 자연적 가치(Sein) 속에 사회적 가치(Sollen)가 내포된다고 보는 입장인데, 이것은 이미 맹자(孟子)의 관점을 승계하고 있다.

"부모생적장"이라는 이름은 "부모께서 날 낳아주신 공적의 위대함"이라는 뜻으로 본문의 "부모생지父母生之, 적막대언績莫大焉"에서 따온 것이다. 그런데 금문에는 "적績"이 "속續"으로 되어 있다. "속막대언續莫大焉"이라 하면 "전체상속傳體相續," 즉 존재의 연속성이 있게 해주시는 은혜가 막대하다는 것인데, 아무래도 좀 어색하다. 고문의 "적"이 더 본래적 의미에 가깝다는 것은 독자의 상식이 말해줄 것이다.

孝優劣章 第十二

子曰:"不愛其親而愛他人者, 謂之悖德; 不敬其親而敬他人者, 謂之悖禮。以訓則昏, 民亡則焉。不宅於善, 而皆在於凶德。雖得志, 君子弗從也。君子則不然, 言思可道, 行思可樂。德誼可尊, 作事可法, 容止可觀, 進退可度, 以臨其民。是以其民畏而愛之, 則而象之。故能成其德教, 而行其政令。『詩』云:'淑人君子, 其儀不忒。'"

효우열장 제십이

공자께서 말씀하시었다: "자기의 친부모를 사랑하지 않으면서 타인의 부모를 사랑하는 것을 일컬어 패덕(悖德: 덕에 어긋남)이라고 한다. 자기의 친부모를 공경하지 않으면서 타인의 부모를 공경하는 것을 일컬어 패례(悖禮: 예에 어긋남)라고 한다. 이러한 어긋난 도리로써 백성들을 가르치면 그들은 어둡게 되고, 그들은 본받을 수 있는 준칙을 잃어버리게 된다. 이렇게 되면 백성들은 선(善)에 거할 바를 모르게 되며, 모두 흉덕(凶德)에 거하게 된다. 이러한 어긋난 도리로써 설사 출세의 길이 열린다 하더라도 군자라면 모름지기 그것에 따르지 아니 한다. 군자는 그렇게 도리에 어긋나는 짓을 하지 아니 하며, 말할 때는 오직 말할 만한 것만을 생각하고, 행동할 때는 오직 즐거움을 줄 수 있는 것만을 생각한다.

군자의 덕과 의로움은 백성들이 존경할 만하며, 그가 짓는 일들은 본받을 만하며, 그의 모습과 행동은 백성들이 우러러볼 만하며, 그의 삶의 진퇴(進退)는 백성들이 척도로 삼을 만하다. 이러한 삶의 자세로써 백성들을 대하니, 자연히 백성들은 그를 경외하며 사랑하고, 기준을 삼아 본뜬다. 그러므로 능히 그 덕교(德教: 문화적 교화)를 이룰 수 있고, 그 정령(政令: 정치와 법령)을 부드럽게 행할 수 있게 되는 것이다. 『시경』 조풍(曹風) 「시구鳲鳩」 노래에 다음과 같은 구절이 있다: '아 의젓한 군자여, 그 반듯한 위의(威儀)가 법도에 어긋남이 없도다.' "

沃案 "효우열"이란 효에도 우수한 효가 있는가 하면 열등한 효도 있다는 것을 말하는 것이다. 우수한 효라는 것은 반드시 가깝고 비근한 데서부터 시작하는 것을 말한다. 반드시 친(親)에서 소(疎)로 나아가야 되며, 근(近)에서 원(遠)으로 나아가야 한다. 세상에 출세

孝

를 잘 하는 사람 중에 친부모를 홀대하고 남의 부모에 알랑거려 출세가도를 여는 사람도 있고, 가정에서는 개판이면서 사회에서는 존경받는 사람도 있을 수 있다. 그런데 여기 본장의 논지는 보다 개념적인 논쟁에서 도출된 것이며, 묵가(墨家)의 겸애(兼愛)설을 집중공격하고 있는 것이다. 『효경』은 전국시대 제자백가의 유가비판을 의식적으로 극복하고 있는 것이다. 그러나 묵가의 겸애의 주장이 반드시 "나의 부모를 사랑하지 아니 하고 남의 부모를 사랑한다"는 것을 전제로 하는 것은 아니다. 의사가 병을 치료한다는 것은 병이 왜 일어났는지 그 근원을 알아야 한다(如醫之攻人之疾者然, 必知疾之所自起). 그 근원을 모르면 병을 공략할 길이 없다. 마찬가지로 성인이 천하를 다스리는 것도 천하의 어지러움이 왜 생겨났는지, 그 근원을 파악할 줄 알아야 한다는 것이다. 묵자의 진단의 핵심이 천하의 어지러움이 모두 "불상애不相愛," 즉 "서로를 동등하게 사랑하지 않는데서 유래되었다"는 것이다. 즉 모든 인간관계에서 자사(自私)의 이익만을 도모하여 편애하게 되면 그 관계가 원활해질 수 없다는 것이다. 그래서 내 부모를 사랑하는 것과 타부모를 사랑하는 데 있어서 차등의 원리를 적용하면 곤란하다는 것이다. 그렇게 되면 모든 관계가 편협한 가족주의에 빠지게 되고 보편적 가치를 상실하게 되며, 친근한 사람부터 봐주기(favoritism)에 빠지게 되며, 국가간의 군사적 사태에 있어서도 아주 편협한 정벌이론이 정당화된다는 것이다. 따라서 유가가 묵가를 비판하는 논조로, 묵가를 정당하게 비판할 수는 없다. 그러나 기독교의 아가페를 생각해도 하나님의 무차별적 보편애를 인간이 실천해야 된다는 것인데, 과연 그러한 무분별적 보편주의를 실현하는 기독교인이 몇 명이나 될까? 테레사 수녀도 수없는 회의 속에서 일생을 보냈다는데. 묵자의 겸애든지, 기독교의 아가페든지, 현실적 인간의 현실태로써 실현하기에는 너무 허점이 많다고 유가는 주장하는 것이다. 유가의 친애(親愛)는 단지 패밀리즘의 오류를 의미하는 것이 아니고, 최소한 가까운 가족으로부터 그 보편적 덕성을 실현하지 못한다면 어찌 타인(他人)을 진정으로 사랑할 수 있겠냐는 것이다. 가까운 데서부터 보편적 덕성을 실천하자! 이것이 유교의 테제라고 말할 수 있는 것이다. 교회를 나가는 사람들에게 가정내의 효윤리의 실천이 없이는 "하나님에 대한 믿음"은 아무런 의미가 없다는 것을 상기시키고 싶다.

이러한 문제와 더불어 본 장은 "군자君子"의 모범적 행동을 매우 강조하고 있다. 주희식으로 전(傳)을 말한다면, 사(士)에 대한 해석으로 간주할 수 있을 것이다(물론 주자는 나처럼 생각하지 않는다). 마지막의 『시경』도 최초로 국풍(國風)을 인용하고 있다.

『효경』의 주인공 증자曾子의 신위와 그 앞의 제단. 천자들이 와서 제사 지내는 곳으로 가장 정통적인 제기들이 진열되어 있다.
빼이징 국자감 대성전

紀孝行章 第十三

子曰: "孝子之事親也, 居則致其敬, 養則致其樂, 疾則致其憂, 喪則致其哀, 祭則致其嚴。五者備矣, 然後能事親。事親者, 居上不驕, 爲下而不亂, 在醜不爭。居上而驕則亡, 爲下而亂則刑, 在醜而爭則兵。此三者不除, 雖日用三牲之養, 猶爲弗孝也。

기효행장 제십삼

공자께서 말씀하시었다: "효자가 부모를 섬긴다고 하는 것은 다음의 다섯 가지 상황이 있다. 평소 집에 거(居)하고 계실 때에는 자식으로서 그 공경함을 다하고, 부모님을 봉양할 때에는 자식으로서 즐겁게 해드릴 수 있는 것을 다하고, 부모님께서 편찮으실 때에는 자식으로서 그 근심을 다하고, 돌아가셨을 때에는 자식으로서 그 슬픔을 다하고, 영혼을 제사지낼 때에는 자식으로서 그 근엄함을 다한다. 이 다섯 가지를 온전하게 다 해야만 비로소 그 부모를 잘 모셨다고 말할 수 있는 것이다. 그리고 또 부모님을 모시는 자는, 높은 자리에 있을 때는 교만하지 말아야 하며, 아랫자리에 있을 때는 함부로 난동을 부리면 아니 되며, 군중 속에 있을 때는 다투지 말아야 한다. 윗자리에 있으면서 교만하면 결국 그 지위를 잃게 되고, 아랫자리에 있으면서 난동을 부리면 형벌을 받게 되며, 군중 속에 있으면서 함부로 다투면 칼에 찔리고 마는 것이다. 이 세 가지 위험을 삶에서 제거하지 않으면 매일 소·양·돼지를 희생으로 삼아 맛있게 봉양해 드려도, 여전히 불효함을 벗어나지 못한다."

沃案 "기효행紀孝行"이란 "효행을 기록함"이란 뜻이며, 따라서 본 장은 효자의 자격을 그 구체적인 행동으로써 논하고 있다. 과연 효도를 한다는 것이 무엇인가? 과연 효자가 된다는 것이 무엇인가? 어떠한 조건을 구비해야 하는가? 이 효자의 자격요건으로서의 효행을 다섯 가지로 논하고 있다. 보통 "오효五孝"라고 하면, 천자, 제후, 경대부, 사, 서인의 오등효(五等孝)를 가리키지만, 때로는 여기 5자를 가리키기도 한다. 오효가 구비되어야만 비로소 효자가 되는 것이다. 그런데 오효는 삶의 단계(3효)와 죽음의 단계(2효)로 나뉘어져 있는 것이 그 특징이다. 이것은 인간존재의 파악 자체가 삶과 죽음의 단계를 포섭하고 있다는 것을 의미한다. 유기체의 죽음으로써 그 존재가 종료되는 것이 아니라, 죽음 이후에도 가정의 일원으로서 계속 살아간다고 하는 것이 고대중국의 인간관의 특징이

다. 그래야만 존재와 존재의 연결고리가 확보되고 역사(History)라고 하는 연속성이 가능해지는 것이다. 서양의 경우는 천당이나 사후세계가 있거나 또 하나님이라는 존재가 있어 그러한 신화적 경계(mythic realm)를 통해 존재의 단절을 극복한다. 그러나 중원문명을 중심으로 하는 한자문화권의 인문세계에서는 그러한 신화적 경계(境界)에 더 이상 의존하지 않기 때문에 인문세계의 연속성을 가정의 연대감으로 확보하려고 한다. 그것이 바로 "제사"라는 것이다. 제사는 가정이라는 장(場)의 성화(聖化, sacralization)이며 존재의 단절의 연접(continuation)이다. 따라서 효는 삶의 제식일 뿐 아니라 죽음의 제식이다. 죽음의 제식을 온전하게 거행해야만 비로소 효는 완성되는 것이다.

삶의 단계 Life	거居: 일상적 거함	경敬: 공경	존재와 역사의 연속성 Continuity
	양養: 일상적 봉양	락樂: 즐거움	
	질疾: 질병	우憂: 근심	
죽음의 단계 Death	상喪: 돌아가심	애哀: 슬픔	
	제祭: 제사 지냄	엄嚴: 근엄	

그러나 더 중요한 사실은 물리적으로 부모님을 어떻게 잘 해드리냐, 그 대상화된 봉양에 효의 궁극적 본질이 있는 것이 아니라, 나라

는 존재의 유지방식, 즉 부모님과의 관계에서 나를 인식하는 나 자신의 내면화된 가치관이 더 본질적이라고 하는 사실이다. 부모님을 아무리 잘 해드리려고 해도 나 자신의 존재의 관리가 개판이면 그것은 불효일 뿐이다. 부모님을 잘 해드리는 것보다, 높은 자리에 있을 때는 함부로 나대지 않으며 대중들과 섞여 살 때는 다투지 아니 하는 내면적 삶의 가치가 더 중요하다는 것이다. 삶의 허(虛)를 유지하면서 나의 존재의 온전함, 신체발부의 건강함을 유지하는 것이 더 본질적인 효의 실천이라는 것이다.

사친事親의 본질本質	거상居上 In a high position	불교不驕 Not self-conceited
	위하爲下 In a low position	불란不亂 Not riotous
	재추在醜 In the midst of mass	부쟁不爭 Not contentious

자유(子游)가 공자에게 효를 묻자 공자가 대답한 말을 한번 상기해보는 것도 『효경』의 맥락을 파악하는 데 유익할 것이다: "요즈음 효라는 것은 물질적으로 잘 봉양하는 것만을 일컫는 것 같다. 허나 개나 말을 가지고 이야기해도 또한 봉양해주기는 마찬가지인데, 공경함이 없다면 무엇으로 구별할 수 있겠느냐? 今之孝者, 是謂能養。至於犬馬, 皆能有養; 不敬, 何以別乎?"(『논어』2-7)

"재추부쟁在醜不爭"의 "추醜"는 "중衆"(무리)의 뜻이다. 『시경』

『맹자』 등에 용례가 있다. "병兵"은 병기에 찔려 죽는다는 동사이다. 우리말에 "칼침맞는다" "칼부림당한다"가 이 맥락에 꼭 해당된다.

五刑章 第十四

子曰: "五刑之屬三千, 而辠莫大於不孝。要君者亡上, 非聖人者亡法, 非孝者亡親。此大亂之道也。"

오형장 제십사

공자께서 말씀하시었다: "옛부터 형벌에는 크게 다섯 가지 종류(1. 묵墨: 이마에 먹으로 문신하여 죄명을 써넣는다. 2. 의劓: 코를 벤다. 3. 비剕: 다리 뒷꿈치를 베어버린다. 4. 궁宮: 남자는 불알 바르고 여자는 궁에 유폐시킴. 5. 대벽大辟: 사형)가 있었는데 세분하면 3천이나 된다(묵벽墨辟의 속屬이 1천, 의벽劓辟의 속이 1천, 비벽剕辟의 속이 5백, 궁벽宮辟의 속이 3백, 대벽大辟의 속이 2백, 도합 3천). 그러나 이 많은 죄 중에서도 불효(不孝)처럼 큰 죄는 없다. 임금에게 강요하여 자기 의지를 관철시키는 자는 윗사람을 윗사람으로 생각치 아니 하는 것이다. 성인을 비방하는 자는

성인의 법을 법으로 생각치 아니 하는 것이다. 효도를 비방하는 자는 부모를 부모로서 생각치 아니 하는 것이다. 이것은 대란(大亂)의 도(道)이다."

沃案 이 한 장은 『효경』에 없었더라면 좋았을 것이다. 이 장의 삽입은 당대 법가의 영향이 얼마나 막강했는가를 보여준다. 이미 상앙(商鞅: ?~BC 338)의 변법(變法)이 단행된 후였으며 진(秦)나라는 대제국의 성립을 앞두고 법가사상에 의하여 모든 국가체제를 정비해 가고 있었다.

1975년에 호북성 운몽(雲夢) 수호지(睡虎地) 11호 진묘(秦墓)에서 1,155매나 되는 대량의 죽간(竹簡)이 발견되었다. 죽간이 분묘주인의 관(棺) 속에 들어가 있었기 때문에 비교적 보존상태가 양호했다. 진나라의 예서로 쓰여졌으며 대강 진시황 30년(BC 217) 전후로 매장된 것으로 보인다. 묘주(墓主)의 이름이 희(喜)였다. 그런데 중요한 것은 이 죽간의 내용이 진나라의 법률에 관한 것이 많다는 것이다. 출토된 율문(律文)이 진율의 전부는 아니지만, 진율의 실제적 정황을 우리에게 구체적으로 알려준다. 그 중 진율에 관한, 요즈음으로 말하자면 법률상식, 법률문답에 관한 책 같은 것이 『법률답문法律答問』이라는 제목으로 분류된 210매가 있는데 그 중에 "불효"에 관한 명확한 규정이 있다.

免老告人以爲不孝, 謁殺。當三環之不? 不當環, 亟執勿失。

국가의 복역의무가 면제된 나이의 노인(免老)이 관부(官府) 재판관에게 와서 자식이 불효하다고 고발하면서 사형을 요구했다고 하자! 보통 사형건에 관해서는 세 번 신중한 심핵(審核) 과정을 거쳐야 한다. 삼차 검증을 거쳐야 하는가? 그럴 필요 없다. 즉시 즉결로 사형에 처하라! 이런 안건은 유실되지 않도록 하라!

참으로 끔찍한 법률이다! 그런데 이러한 진률(秦律)의 전통은 중국역사 2천 2백 년을 지배했다. 아비가 자식을 직접 상살(傷殺)해도, 그러한 케이스는 관부가 죄를 묻지 않았다. 이렇게 되면 아버지는 권위와 존경의 대상이 아니라 횡포와 공포의 대상이다. 실제로 동방역사에서 가부장의 특권은 이러한 법률의 지원에 의하여 강화되어온 것이다. 그리고 이러한 강화가 『효경』의 바로 이 장을 핑계삼아 이루어졌다고 할 때, 유가의 덕치(德治)나 효치(孝治)는 위선이 되어버리고 만다. 많은 주석가들이 이러한 문제를 적당히 얼버무리고 마는데 철저한 반성이 요구되는 대목이다. 부권의 강화와 국가권력의 강화는 상보적으로 이루어졌던 것이다.

효자에 대해서는 관작(官爵)이 주어지고, 정표(旌表)가 세워지고,

부조(賦租)가 면제되고, 병역이 면제되고, 비가 세워지고, 사액이 이루어지는 등 백방으로 장려되었지만, 불효로 낙인 찍힌 사안에 대해서는 엄벌·극형이 서슴지 않고 자행되었다. 존속(尊屬)인 부모가 비속(卑屬)인 자녀에 대하여 저지르는 범죄는 아주 경량인데 반하여, 비속인 자녀가 존속인 부모에게 저지르는 범죄는 형량이 막중하였다.

효를 법제와 관련시키는 것은 오늘날에도 바람직하지 않다. 단지 작량감경(酌量減輕)을 위한 정상(情狀)으로서 효와 관련된 많은 사안들이 긍정적으로 고려될 필요는 있다고 본다.

그러나 『효경』의 저자의 진실한 의도를 디펜드 한다면 그가 이 37자의 짤막한 글 속에서 의도한 메시지는, 불효를 형벌로서 다루라는 것을 말한 것은 아닐 수도 있다. 3천 개의 형벌이 있다 해도 "불효"처럼 막중한 죄는 없다고 한 것이, "불효"를 무거운 형벌로써 다루라는 말은 아닐 것이다. 그만큼 불효가 도덕적으로 나쁜 것이라는 것을 강조한 표현일 수도 있다. 불효에 대해서는 "형刑"을 쓰지 않고 "고辜"(허물)라는 표현을 썼다. 그러나 어찌되었든 이 장은 단장취의 되어 중국의 형법에 엄청난 영향을 끼쳤다. 『효경』을 역대 제왕들이 사랑하고 주해했기 때문이다.

廣要道章 第十五

子曰: "教民親愛, 莫善于孝。教民禮順, 莫善于弟。移風易俗, 莫善於樂。安上治民, 莫善於禮。禮者, 敬而已矣。故敬其父, 則子悅; 敬其兄, 則弟悅; 敬其君, 則臣悅; 敬一人, 而千萬人悅。所敬者寡, 而悅者衆, 此之謂要道也。"

광요도장 제십오

공자께서 말씀하시었다: "인민들이 서로 친(親)하고 서로 사랑(愛)하도록 가르치는 데 있어서는 위에 있는 사람이 인민들에게 직접 효도(孝道)를 실천해 보이는 것처럼 좋은 방법은 없다. 인민들이 서로 예의를 지키고 질서에 순종하도록 가르치는 데 있어서는 위에 있는 사람이 인민들에게 직접 제도(弟道)를 실천해 보이는 것처럼 좋은 방법은 없다. 인민들의 신바람을 움직여서 그 풍속을 개변시키는 데 있어서는 음악(樂)처럼 좋은 것이 없다. 위에 있는 사람(상上: 지배자, 군주)을 안정시키고 인민들을 질서있게 다스리는 데는 예(禮)처럼 좋은 것이 없다. 예(禮)는 한마디로 경(敬)일 뿐이다.

그러므로 위에 있는 자가 그 아비를 공경해주면 아들들이 기뻐 따르고, 그 형을 공경해 주면 동생들이 기뻐 따르고, 그 군주를 공경해주면 신하들이 기뻐 따른다. 그러니까 아비·형·군주 한 사람을 공경해주면, 그 밑에 있는 아들들·동생들·신하들 천 명·만 명이 기뻐 따르게 되는 것이다. 공경해 주어야 할 대상은 적은데, 파급되어 기뻐 따르는 자는 많다. 그러므로 이러한 것을 일컬어 천하를 다스리는 요령의 길(요도要道: 가장 효과적인 길道)이라고 하는 것이다."

沃案 "광요도廣要道"란 "요도를 넓힌다"는 뜻인데, "요도"는 이미 수장(首章)인 「개종명의장」에서 "지덕요도至德要道"라는 개념으로 언급되었다. 주희는 본 장을 수장의 "지덕" 다음의 "요도"의 해설로 보아 "전지이장傳之二章"으로 만들었다. 여기 해설에 따르면 "요도"란 결국 "천하를 다스리는 요령, 비결"인 셈이다. "요도"의 의미를 넓힌다는 것은 효도로써 천하를 다스릴 때, 얼마나 다스림의 효과가 좋은지를 상론하고 있는 것이다.

여기 "경기부敬其父, 즉자열則子悅"할 때 "경敬"의 주어가 누구이냐는 것이 확실하게 파악되어야만 문의가 명료해지는데, 수장에서 이미 "지덕요도"의 주체는 "선왕先王"으로 명시되었기 때문에 역시 "천자天子" 즉 지상의 최고의 통치자 중심으로 말하고 있는 것이 확실하다. "경기부敬其父" "경기형敬其兄" "경기군敬其君"의 주어가 다

천자일 수밖에 없다. "군君"은 제후이므로, 제후보다 더 높은 존재는 천자밖에는 없다. 천자가 세상을 통치할 때, 제후 한 명을 존경해주면, 제후 밑에 있는 모든 사람, 천 명·만 명이 다 따르게 된다는 뜻이다. 「공전孔傳」부터 「형병소邢昺疏」까지 모두 그렇게 해설되어 있다.

그런데 이 장에서 가장 많이 인용되는 핵심사상은 다음의 한마디이다.

> 禮者, 敬而已矣。
> 예(禮)라는 것은 경(敬)일 뿐이다.

예(禮)라는 것은 형식적 규범이 아니라, 마음속에서 우러나오는 공경일 뿐이라는 이 한마디는 근세철학에 이르기까지 엄청난 영향을 미쳤다. 정주학(程朱學)에서는 경(敬)은 "주일무적主一無適"(정신이 하나의 대상에 집중하여 흐트러짐이 없음)으로 해석되었다. 이 경(敬)을 실천하여야 할 주체는 다름아닌 최고의 통치자 본인이다. 공경하는 마음에서 아랫사람을 예로 대할 때 그것이 곧 천하를 다스리는 요도(要道)가 된다는 것이다.

우리가 보통 인사하는 것을 "경넷!"이라고 말하는데 실상 그것은 본 장에서 유래된 "경례敬禮"를 일컫는 것이다. 그런데 경례는 아랫사람이 윗사람에게 하는 것이 아니라, 윗사람이 아랫사람에게 해야 참다운 요도(要道)로서의 경례인 것이다. 윗사람이 공경하는 마음으로 아랫사람을 예로써 대하면 천하의 질서는 놀랍게 잘 다스려진다는 것이다. 동방인들이 말하는 윤리(morality)는 하나님의 명령에 의한 윤리(sacred command)가 아니라, 모든 인간세의 조직의 장(長)의 솔선수범에 의한 경례(敬禮)의 윤리이다. 몸소 먼저 경례를 실천함으로써 교화를 넓혀가는 것이다. 솔선수범(Teaching by Example)이란 인간의 종적 관계를 횡적인 연대감으로 확대시키는 것을 말한다.

그리고 예와 더불어 악을 같이 말했는데 전체적인 흐름으로 보면 다음과 같은 의미맥락이 숨어있는 것도 간과할 수 없다.

경敬	애愛
예禮	악樂
효孝	

孝

廣至德章 第十六

子曰:"君子之敎以孝也, 非家至而日見之。敎以孝, 所以敬天下之爲人父者也。敎以弟, 所以敬天下之爲人兄者也。敎以臣, 所以敬天下之爲人君者也。『詩』云:'愷悌君子, 民之父母。'非至德, 其孰能訓民, 如此其大者乎!"

광지덕장 제십육

공자께서 말씀하시었다: "군자(君子: 여기서는 "선왕先王")께서 효로써 세상을 교화하신다고 하는 것은 집집마다 다니면서 매일매일 백성들을 만나서 교화하시는 것은 아니다. 당신 자신이 스스로 자식 된 도리를 행함으로써 사람들에게 모범을 보이게 되면, 그것은 천하의 모든 아버지 된 사람들을 경복시키게 되는 것이다. 당신 자신이 스스로 동생 된 도리를 행함으로써 사람들에게 모범을 보이게 되면, 그것은 천하의 모든 형 된 사람들을 경복시키게 되는 것이다. 당신 자신이 스스로 신하 된 도리를 행함으로써 사람들에게 모범을 보이게 되면, 그것은 천하의 모든 군주 된 사람들을 경

복시키게 되는 것이다. 『시경』 대아(大雅) 「형작泂酌」 노래에 다음과 같은 구절이 있다: '마음이 편안하고 즐길 줄 아는 군자이시여! 당신이야말로 백성의 부모이시구려.' 그 지극한 덕의 소유자가 아니라면 과연 누가 천하 만민을 이토록 큰 덕으로써 가르칠 수 있으리오!"

沃案 주희는 본 장을 "전지수장傳之首章"이라 하였다. 여기 "광지덕廣至德"도 「개종명의장」의 "지덕요도"의 "지덕"을 부연한 것이다. 따라서 "지덕"의 주체는 물론 "선왕先王"일 수밖에 없다. 첫머리의 "군자君子"는 "선왕"을 가리킨 것이라고 「공전」에 명기되어 있다(君子亦謂先王也). 마지막의 "훈민訓民"도 「개종명의장」의 "이훈천하以訓天下"를 받고 있다. (금문에는 "훈민訓民"이 "순민順民"으로 되어 있는데 "백성을 순종케 한다"는 뜻이며 후대의 정치화된 내음새가 더 물씬 풍긴다. 그래서 제왕들이 금문을 더 좋아했을 것이다.)

천자가 주어가 될 때, 천자가 아들의 모범을 보이고, 동생의 모범을 보이고, 신하의 모범을 보인다는 말이 이상하게 여겨질 수도 있으나, 과거 선왕의 예(禮)에는 다 그러한 법도가 규정되어 있었다. 삼로(三老: 아버지처럼 받듬), 오경(五更: 형처럼 받듬), 황시(皇尸: 시동을 당신의 군주처럼 받듬)라는 제도가 있었다. 그러나 이러한 예법을 떠나서도 천자가 자신을 신하처럼 생각한다는 것은 모든 제후의 마음을 얻는 첩경이다. 내가 미국 하바드대학에서 공부하고 있을 때 나의 노은사 선생님이신 오노자와 세이이찌(小野澤精一: 『한비자』의 대가. 1919년 생으로 내가 동경대학을 떠난 후 몇년 안 있다 작고하심)로부터 옥함을 받았는데 당신을 "제弟"라고 겸칭하신 글이었다. 송구스러워서 어쩔 줄을 몰랐지만, 내 평생 가슴에 기억에 남는다. 강의를 하실 때도 그 평온하고 인자하신 모습이 너무도 돋보였다. 그런 분들의 훈도가 있었기에 내가 오늘까지 격랑의 세월을 견디었을 것이다.

그리고 앞에 "교화敎化"의 의미에 관하여 매우 적절한 표현이 있다. 교화란 무형의 교육이며 집단의 자발적 의지의 집합이다. 따라서 한 사람 · 한 사람 · 집집마다 방문하여 교화하는 것이 아니다. 기독교의 일대일 전도주의는 매우 저열한 방법이다. 그렇게 민폐 끼치는 일들을 하지 말아야 한다. 21세기와 같은 대명천지에 있어서는 모든 종교전도주의는 악이다. 오직 본(파라데이그마, *παράδειγμα*)을 보임으로써 무형으로 전파되는 것이 도덕이요, 교화라는 것이다.

전체적으로 볼 때, 『효경』은 결코 일반대중의 효순(孝順)을 위하여 쓰여진 글이 아니라는 것을 알 수가 있다. 물론 일반대중이 『효경』을 읽을 리도 없다. 일차적으로 이것은 최고의 통치자를 겨냥하여 쓴 글이라는 것을 알 수 있다. 제국의 이념으로서 제국의 최고의 통치자가 효(孝)의 이상을 구현할 때 제국이 안정된 문화적 · 무형적 · 도덕적 기반을 획득할 수 있다고 하는 생각이 『효경』의 저자에게 철두철미 깔려있다. 오늘날에도 효는 아랫사람을 위한 개념이 아니라 윗사람을 위한 개념이라는 것을 깊게 통찰할 필요가 있다.

청가정본에는 "일견지日見之" 다음에 "야也"가 있다.

應感章 第十七

子曰: "昔者明王事父孝, 故事天明; 事母孝, 故事地察; 長幼順, 故上下治。天地明察, 鬼神章矣。故雖天子, 必有尊也; 言有父也, 必有先也; 言有兄也, 必有長也。宗廟致敬, 不忘親也。修身愼行, 恐辱先也。 宗廟致敬, 鬼神著矣。孝弟之至, 通於神明, 光於四海, 亡所不曁。『詩』云: '自東自西, 自南自北, 亡思不服。'"

응감장 제십칠

공자께서 말씀하시었다: "옛부터 명철한 천자는 당신의 아버지를 섬기시는 것이 지극히 효성스러웠다. 그러기 때문에 하느님 아버지(天神)를 섬기는 것도 어두운 곳이 없이 순결했다. 당신의 어머니를 섬기시는 것이 지극히 효성스러웠다. 그러기 때문에 대지의 어머니(地神)를 섬기는 것도 어두운 곳이 없이 세밀했다. 그리고 나이 많은 사람들과 어린 사람들을 서로 순화롭게 만들었기 때문에 천하의 위·아래가 모두 질서있게 하나로 융합되어 태평을 이루었다. 하느님 아버지신(神)과 대지(땅)의 어머님신(神)이 밝게 살피시게 되니, 신령한 조상의 귀신들이 나타나 재앙을 없애주고 축복을 내려주었다. 그러므로 지고의 천자(天子)라 할지라도, 반드시 그보다 더 높은 존재가 있는 것이다. 아버님이 계시다고 말하는 것은 반드시 선대(先代)가 존재한다는 것을 의미하는 것이다. 형님이 계시다고 말하는 것은 반드시 장배(長輩)가 존재한다는 것을 의미하는 것이다. 천자가 종묘에서 공경을 다하여 제사를 지내는 것은 부모와 선조를 잊지 않기 때문이다. 천자일지라도 몸을 닦고(修身) 행동을 신중하게 하는 것은 부모와 선조를 욕되게 할까봐 걱정하기 때문이다. 종묘에서 공경을 다하여 제사를 지내니 조상의 귀신들이 춤을 추며 재앙을 막아주고 축복을 내리는 구나. 아~ 천자의 효제(孝弟: 아들 되고 동생 됨)가 지극하니 신들의 신비로운 기운(神明)과 통하고 그 빛이 사해(四海: 이방의 먼 지역. Gentiles)로 뻗쳐 미치지 아니 하는 곳이 없도다. 『시경』 대아(大雅) 「문왕유성文王有聲」 노래에 이런 구절이 있다: '동으로부터 서로부터, 남으로부터 북으로부터 유덕한 천자를 사모하여 심복하지 아니 하는 제후가 없도다.'"

沃案 또다시 천자가 주어가 되어 논리가 전개되고 있다는 사실을

상기해주었으면 한다. 이것을 일반 선비나 서인들의 제사로 생각하여 효행의 신비적 감응으로 해석한 것은 참으로 용렬한 짓이다. 더구나 『삼강행실도』에 나오는 감응의 사례들이 모두 본 장의 맥락을 그릇되게 인용하고 있는 것은 매우 유감이다. 『효경』을 신비화시키는 데 본 장이 오용되어 왔다.

이 장은 다석의 "효기독론"의 원형이다. 즉 천자의 아버지와 어머니가 곧 천신(天神: 하느님) 지신(地神: 따님)이므로 『역易』의 「설괘說卦」에 "건은 하늘이니 아비라 칭하고, 곤은 땅이니 어미라 칭한다. 乾, 天也, 故稱乎父; 坤, 地也, 故稱乎母"라 한 것이나 장횡거(張橫渠)의 「서명西銘」에 "건칭부乾稱父, 곤칭모坤稱母"라 한 것과 일맥상통하는 말들이다. 천인상응(天人相應)의 이치를 말한 것이다. 인간은 신적인 존재이며, 우주의 모든 가능성을 구유한 존재이기 때문에 지성을 다하면 반드시 천지신명의 감응이 있다는 것을 말한 것이다. 원불교(圓佛敎, *Won*-Buddhism: 1916년 박중빈朴重彬, 1891~1943, 개창)에서 말하는 천지은(天地恩)과 부모은(父母恩)도 두 개의 실체화된 은혜가 아니라 하나로 귀결되는 은혜이다. 천지은은 우주론적 차원에서 말한 것이고, 부모은은 개인의 정감적 차원에서 말한 것이나 양자는 상통하는 것이다. 원불교 사은(四恩)교리는 『효경』의 사상을 투철하게 반영하고 있는 한국인의 토착적 사유이다.

"응감장應感章"은 금문에서는 "감응장感應章"으로 되어있다. 본

텍스트의 "言有兄也, 必有長也"는 인치본에는 "必有長也"가 없다. 그리고 국립중앙도서관 『고문효경』(古古1-29-72)에는 "言有兄, 必有長也"로 되어있다. 그리고 청가정본에는 "故雖天子, 必有尊也。言有父也, 必有長也, 言有兄也"로 되어있다. 어주효경본, 십삼경주소본에는 "故雖天子, 必有尊也, 言有父也; 必有先也, 言有兄也"로 되어있다. 나는 이 모든 것을 참고하여 텍스트를 확정하였다.

廣揚名章 第十八

子曰: "君子事親孝, 故忠可移於君。事兄弟, 故順可移於長。居家理, 故治可移於官。是以行成於內, 而名立於後世矣。"

광양명장 제십팔

공자께서 말씀하시었다: "유덕한 군자(君子: 여기서는 천자나 제후를 지시하는 것이 아니라, 사·경대부를 지시한다는 것을 명심할 것)는 부모를 섬기는 데 효도(孝道)를 다한다. 그런데 그 효도의 충성스러운 측면(忠)은 그대로 임금을 섬기는 데로 옮기어질 수가 있는 것이다. 유덕한 군자는 형님을 섬기는 데 제도(弟道)를 다한다. 그런데 그 제도

의 순종하는 측면(順)은 그대로 윗사람들을 섬기는 데로 옮기어질 수가 있는 것이다. 유덕한 군자는 집에서 생활할 때에 질서있게 집안을 관리한다. 그런데 그 관리의 질서있는 측면(治)은 그대로 관직에 복무하는 데로 옮기어질 수가 있는 것이다. 그러므로 효(孝)·제(弟)·리(理)의 덕행이 일차적으로 집안 내에서 잘 이루어지게 되면 그 이름이 결국 언젠가 바깥세상에서 바르게 서게 되는 것이다."

沃案 여기의 군자는 천자·제후를 지칭한 것이 아니라, 경대부와 사를 지칭하고 있다는 것이 본 장의 특징이다. 가정의 덕성과 사회의 덕성의 상통성·연대감을 말하고 있다는 의미에서 역시 유가적이다.

가정 Family	사회 Society
효 孝(親)	충 忠(君)
제 弟(兄)	순 順(長)
리 理(家)	치 治(官)

「개종명의장」의 "立身行道, 揚名於後世, 以顯父母, 孝之終也"를 보다 치밀하게 설명한 것이다.

여기서 주목할 것은 결코 "충忠"이라는 개념이 군(君)에 대한 무조건적 충성을 말하는 것이 아니라 효(孝)의 어떤 충성스러운 측면을 지칭하고 있다는 것이다. 다시 말해서 "사친事親"의 한 측면으로서 "사군事君"을 말하고 있을 뿐이라는 것이다. 사(士)의 독자적인 뚜렷한 위치를 확보하려는 노력이 엿보이고 있음을 간과할 수 없다. 『효경』의 전체적 맥락을 효의 충화(忠化)라는 측면에서 규정하는 것은 그릇된 관점이다. "양명揚名"을 너무 사회적·정치적으로(socio-political fame) 생각하는 우리나라의 세태와는 달리(국회의원이나 대통령이 되면 "양명"이라고 생각하는 등), 보다 가정적이고 내면적인 덕성을 강조하고 있다는 것도 주목해야 할 부분이다.

閨門章 第十九

子曰："閨門之內，具禮矣乎！嚴親嚴兄。妻子臣妾，繇百姓徒役也。"

규문장 제십구

공자께서 말씀하시었다: "한 가정 내에 이미 한 국가를 다스리는 예법이 구비되어 있도다! 부모를 존엄하게 하는 자세로 임금을 존엄하게 하며, 형님을 존엄하게 하는 자세로 사회적 어른들을 존엄하게 하며, 처자에게 임하는 자세로 인민에게 임하며, 집안의 하남·하녀를 자비롭게 다루는 자세로 국가 노역의 인부들을 다루어야 하느니라."

沃案 "규문閨門"이란 원래 부인들이 사는 곳으로 들어가는 문을 의미했는데, 여기서는 일반명사로 한 가정을 의미한다.「규문장」은 금문에 없으며, 고문에만 있는 장으로 유명하다. 국가통치의 근본이 일가통치의 근본과 같다고 보는 면에서 매우 유가적이다. 이 장은 앞 장의 "거가리居家理, 고치가이어관故治可移於官"이라는 명제를 승계하여 발전시킨 것으로 앞뒤의 명확한 맥락이 있다.

諫爭章 第二十

曾子曰:"若夫慈愛、龔敬、安親、揚名, 參聞命矣。敢問子從父之命, 可謂孝乎?" 子曰:"參, 是何言與, 是何言與! 言之不通耶! 昔者, 天子有爭臣七人, 雖無道, 弗失天下; 諸侯有爭臣五人, 雖無道, 弗失其國; 大夫有爭臣三人, 雖無道, 弗失其家; 士有爭友, 則身弗離於令名; 父有爭子，則身弗陷於不義。故當不誼，則子不可以不爭于父；臣不可以不爭於君。故當不誼，則爭之。從父之命，又安得爲孝乎！”

간쟁장 제이십

증자가 여쭈어 말하였다: “자애(慈愛)와 공경(恭敬)과 안친(安親: 부모를 편안하게 해드림)과 양명(揚名) 등등에 관해서는 삼(參), 제가 선생님의 가르침을 잘 알아들었습니다. 그러나 감히 떨리는 마음으로 묻고 싶습니다. 자식이 아버지의 명령을 좇기만 하면 효라고 말할 수 있겠습니까?”

공자께서 의외라는 듯이 말씀하시었다: “아가! 너 뭔 말을 하고 있는 게냐, 뭔 말을 하고 있는 게냐! 너 자신이 뭔 말을 하고 있는지도 잘 모르는 것 같구나! 예로부터 천자(天子)에게 천자의 잘못을 간쟁해주는 신하가 일곱만 있어도, 비록 천자가 무도한 사람일지언정 천하를 잃는 법은 없었다. 제후에게 제후의 잘못을 간쟁해주는 신하가 다섯만 있어도, 비록 제후가 무도한 사람일지언정 나라를 잃는 법은 없었다. 대부에게 대부의 잘못을 간쟁해주는 신하가 셋만 있어도, 비록 대부가 무도한 사람일지언정 가(家)를 잃는 법은 없었다. 사(士)에게 그의 잘못을 간쟁해주는 벗이 한 사람만 있어도 그 몸이 명예로운 이름을 잃는 법은 없었다. 아버지에게 그의 잘못을 간쟁해주는 아들 한 사람만 있어도 그 몸이 불의

(不義)에 빠지는 일은 없었다. 그러므로 불의를 당하면 자식은 아비에게 간쟁하지 않을 수 없는 것이며, 신하는 임금에게 간쟁하지 않을 수 없는 것이다. 그러므로 모든 인간은 불의한 상황에 당면하면 투쟁하지 않을 수 없는 것이다. 아버지의 명령을 따르기만 한다 해서 어찌 효라 일컬을 수 있겠느뇨?"

沃案 이것은 순자의 합리주의 정신이 반영된 『효경』의 위대한 사상이다. 소효(小孝)와 대효(大孝)의 문제는 이미 설진(說盡)하였다. 본 장의 언어는 매우 명료하다. 독자들은 이 한마디만 기억해주면 좋겠다: "당불의當不義, 즉쟁지則爭之! 불의를 당하면 투쟁하라!"

여기 재미있는 것은 증자라는 캐릭터의 등장이다. 『효경』은 「개종명의장」으로부터 증자가 공자를 시좌(侍坐)하고 있다가 공자의 가르침을 청하여 듣는 방식으로 시작하였다. "게 앉거라! 내가 너에게 가르침을 주겠노라!" 하면서 시작하였던 것이다. 그러니까 마지막에 치달으면서 증자가 다시 등장한 것은 전체적으로 그러한 드라마적 구성을 잃지 않고 있다는 것이다. 그리고 마지막까지 증자는 "꾸지람"을 들으면서 소기의 역할을 다하고 있다. "시하언여是何言與"를 두 번 반복한 것은 공자의 말습관을 나타낸다. 『논어』의 5-4, 6-23, 6-26, 9-12, 11-8 등의 용례를 보라.

내가 여기 "아가"라고 번역한 것은 실제로 공자의 나이 73세 때에 증자의 나이 27세였다. 가장 어린 제자그룹에 속하였던 것이다. 증자는 자신의 "불민不敏"을 처음부터 말하였고, 여기서도 좀 아둔한 모습으로 그려짐으로써 공자의 위대한 말씀이 우리에게 전하여지게 되는 촉매역할을 하고 있다. 하루종일 공자의 말씀을 듣고 또 듣고 졸리는 눈을 부벼가며 아둔한 듯 질문을 던지는 증자의 모습이 귀여운 데가 있다. 증자는 「선진」의 사과십철(四科十哲)에도 끼지 못했고, 「선진」 17에 "좀 아둔한 사람 參也, 魯"이라고 가볍게 평가되어 있을 뿐이다. 그러나 증자는 겸손했고 꾸준히 공자의 가르침의 적통을 이어 가장 중요한 공자의 학단을 형성했던 것이다. 이 20장의 대화가 끝나고 21장에서 연애시가 인용되며 아랫사람(신하)의 도리가 설파된 후, 최후 22장에서 누구나 실존적으로 체험할 수밖에 없는 "상친喪親"의 슬픔을 말하면서 효라는 주제를 감정적으로 부각시키는 『효경』의 저자는 전체적으로 놀라운 구성력을 과시하고 있다. 마지막 22장에 이르게 되면 우리는 마치 장중한 모차르트의 레퀴엠(Requiem)을 듣는 듯하다. 그러면서 부모님의 운구행렬이 지나가는 그런 감동을 받는다. 그리고 "효자지사종의孝子之事終矣"라는 말로 대단원의 막이 내려진다.

事君章 第二十一

子曰: "君子之事上也, 進思盡忠, 退思補過。將順其美, 匡救其惡, 故上下能相親也。『詩』云: '心乎愛矣, 遐不謂矣, 忠心臧之, 何日忘之?'"

사군장 제이십일

공자께서 말씀하시었다: "유덕한 군자(君子: 여기 군자는 문맥상 윗사람을 모실 수 있는 사람으로 제후·경대부·사가 모두 해당된다)가 윗사람(임금, 천자)을 모실 때에는 나아가서는 내면의 충정을 다할 것을 생각하고, 물러나서는 군주의 잘못 혹은 자신의 잘못을 어떻게 고쳐 보완할 것인가를 생각한다. 윗사람의 아름다운 면은 따라 잘 살려내고, 아름답지 못한 면은 광정하여 구해내려고 노력한다. 그렇게 함으로써 임금과 신하, 위·아래가 모두 화합하여 가깝게 느끼도록 만든다. 『시경』 소아(小雅) 「습상隰桑」 노래에 다음과 같은 구절이 있다: '애절한 사랑이 가슴에 넘치네, 어찌 이 가슴 전하지 않을 수 있으랴마는. 가슴속 깊이 깊이 묻어두니, 언제까지나 언제까지나 잊을 수 있으리오?'"

沃案 이 장의 내용은 「개종명의장」에 있는 "중어사군中於事君"의 의미를 상술(詳述)한 것이다. 제목은 "사군장"이지만 실내용인즉 "신하의 참된 도리"를 말하고 있다. 그런데 그것이 후대에 왜곡되듯이 "충성"이라는 시각에서 그려지고 있는 것이 아니라 "충정"이라고 하는 진심을 말하고 있고, 마지막에도 순수한 연애시를 인용함으로써, 임금을 생각하는 마음을 연애와도 같은 감성적 차원으로 순화시키고 있다. 매우 정감이 짙으면서 합리적인 내용을 담고 있는 좋은 장이다. 전통적 「습상」시의 해석은 매우 경직되어 있다. 나는 그러한 해석을 따르지 않는다.

그리고 나는 송강(松江) 정철(鄭澈, 1536~1593)의 「사미인곡思美人曲」을 아름다운 가사문학이라고 생각하지 않는다. "충忠"에 대한 그릇된 해석과 지나치게 체제아부적인 비열한 인간의 모습이 반영되어 있다. 그가 정적(政敵)을 다룬 잔인성은 만인에게 반성의 소재가 될 뿐이다.

우리나라 청사에 길이 빛날 북간도 청산리 대첩지. 조선사람들이 아직도 평화롭게 농사를 짓고 있다.

喪親章 第二十二

子曰:“孝子之喪親也, 哭弗依, 禮亡容, 言弗文, 服美弗安, 聞樂弗樂, 食旨弗甘, 此哀慼之情也。三日而食, 教民亡以死傷生也。毁不滅性, 此聖人之正也。喪不過三年, 示民有終也。爲之棺椁衣衾以舉之, 陳其簠簋而哀慼之; 哭泣擗踴, 哀以送之; 卜其宅兆, 而安措之; 爲之宗廟, 以鬼享之; 春秋祭祀, 以時思之。生事愛敬, 死事哀慼, 生民之本盡矣, 死生之誼備矣, 孝子之事終矣。”

상친장 제이십이

공자께서 말씀하시었다: “효성이 지극한 아들이 부모의 상을 당하면, 구슬피 대성으로 곡하며, 세성(細聲)으로 꼬리를 흘리는 그런 곡을 하지 않으며, 조문객에 대해 예를 차릴 때에도 용모에 신경을 쓰지 않으며, 말을 할 때에도 멋있게 꾸미지 않으며, 아름다운 옷을 입어도 마음이 불안하며, 즐거운 음악을 들어도 기쁘지 아니 하며, 맛있는 음식을 먹어도 맛을 느끼지 못한다. 이 여섯 가지 정황은 효자로서 돌아가신 부모를 생각하는 애척(哀慼)의 정이다. 삼 일이 지나서 비로소 미음을 들기 시작하는 것은 사람으로 하여금 부모의 죽음으로 인하여 그 삶을 상하게 하지 않게 하려 함이라. 어버이를 잃은 슬픔으로 인하며 몸을 훼상하여 끝내 생명을 잃고 마는 일이 없도록 만든 것이 지나간 성인들의 바른 제도이다. 복상 기간도 3년을 넘지 않도록 한 것은(정현鄭玄의 설은 27개월, 왕숙王肅의 설은 25개월. 재미있게도 「공전」은 왕숙의 설을 취함) 백성들에게 사물의 이치가 반드시 끝이 있다는 것을 보여주기 위함이다. 먼저 내관과 외곽을 마련하고 염의(斂衣)와 금피(衾被: 시신을 염한 후에 다시 싸는 요와 이불)로 시신을 잘 싸서 관에 집어넣고, 영전(靈前)에 보궤(簠簋: 제기들)를 진열하고 이별의 정을 달래며 애척한 마음을 금치 못한다. 큰소리로 곡하고, 눈물을 흘리며 애통하는 손으로 가슴을 치고 발을 동동 구르며 구슬피 장지를 향해 운구한다. 양지 바르고 뽀송뽀송한 묘혈과 묘지를 점치어 고르고 관을 안치한다. 3년 복상 후에는 신주를 종묘에 모시고 귀신의 예로써 제향(祭享)한다. 봄·여름·가을·겨울로 제사 지내며, 계절에 맞는 공물(供物)을 올리며 부모의 따사로운 은혜를 계속 떠올린다. 이와 같이 부모님께서 살아계실 때는 애경(愛敬)으로 섬기고, 돌아가셨을 때에는 애척(哀慼)으로 섬기니, 이것이 인간이 태어나서 할 수 있는 근본을 다하는 것이 아니고 무엇이리오? 삶과 죽음의 마땅함이 이에 다 구비되니, 효자의 사업은 비로소 끝나는 것이요, 완성되는 것이다."

沃案 더 이상 나 도올이 무엇을 말할 수 있으리오? 번역하는 나의 붓 끝을 따라가는 나의 눈길에 부모님을 사모하는 간절한 정이 사무쳐 원고지가 적셔지고 만다. 부모님은 누구에게나 계시는데, 과연 내가 부모를 사모하는 정을 과연 나의 자손들이 느낄손가? 내가 불효한 자식인데, 또 내 자식에게 무엇을 바라리오? 21세기가 아무리 새로운 정보의 시대요, 민주의 시대라 하지마는, 효의 본뜻은 살려야 마땅하다. 이 장을 읽으면서 놀랍게 느끼는 것은 전국말의 상례 습관이나 이천이백 년을 격한 오늘 우리의 풍속도가 거의 차별이 없다는 것이다. 이러한 역사적 연속성은 참으로 소중한 것이다. 서양인들이 이해할 수 없는 동아시아 인민들의 감정구조를 이제 다시 한번 리클레임 할 때가 왔다. 전통적으로 효의 가치관에도 많은 문제점이 있었으나 이제 민주의 시대가 왔다. 인권이 강화되고, 어린이와 여자의 권익이 보호되고, 서민의 최저생계가 보장되어가는 이런 시대일수록 보다 정당한 효의 가치관이 자리잡을 수 있는 터전이 마련되어가고 있다.

그리고 이 『효경』의 주석을 총체적으로 마무리하면서 드는 생각은 『효경』이 결코 지배자에 대한 서민들의 충(忠)을 강조하고 있는 서물이 아니라는 것이다. 서민들은 그들이 의존하고 있는 사회질서의 안녕이 보장된다면 자연적으로 자애와 효성의 호상적 덕목을 발현하게 되어 있다. 『효경』의 근원적 문제의식은 서민들의 효가 아니라 서민들이 효의 자연스러운 덕성을 발현하고 살 수 있는 사회를 어떻게 건설하냐에 집중되어 있다. 그 가장 강력한 정언명령이 바로 그 사회를 지배하는 권력의 담지자들이 효의 가치관을 실현하는 삶을 살아야 한다는 것이다. 치자(治者)들에 대한 법제적 강제가 불가능한 상태에서, 백화노방의 아름다운 시절을 보낸 전국시대 사상가들의 마지막 염원은, 어떻게 천자(天子)로 상징화되는 국가권력을 통제할 수 있는가 하는 것이었다. 천자권력의 도덕적 통제의 테제로 내걸은 것이 바로 효(孝)라는 것이다. 천자가 솔선수범해서 효를 실천해야만 만인이 은덕을 입게 된다. 이러한 효치(孝治)의 테제는 경대부까지밖에 내려오지 않는다. 권력이 집중된 사람들일수록 효(孝)를 더 철저히 실천해야 한다는 것이 『효경』의 궁극적 테제이다. 그리고 효는 단지 생리적 관계의 두 개체를 잘 모신다는 협애한 의미를 떠나 치자들의 올바른 사회정의관(the vision of social justice), 그리고 올바른 종교관(모든 종교는 궁극적으로 효의 종교이다. 이것은 현대신학의 공통된 견해이다), 올바른 삶의 태도(법복法服, 법언法言, 덕행德行)를 포괄하고 있다.

이러한 『효경』의 발상은 21세기 오늘날에도 너무도 정교하게 들어맞는다. 그리고 『효경』은 치자에게 일방적으로 유리한 사상이 아니라, 치자와 피치자가 공동으로 실현해야 할 객관적이고도 정감적이며, 합리적이면서도 비근한, 보편주의적 패러다임(a universalistic paradigm)을 제시하고 있는 것이다. 그것은 분명 제국의 꿈이었다. 그 제국의 꿈을 진시황제로부터 건륭황제에 이르는 기나긴 중국역사가 결코 실현했다고 보기는 힘들다. 그러나 그 실현을 향한 임피터스(impetus)로서 『효경』은 항상 동아시아 역사 저변을 흐르고 있었다. 이제 효의 마음의 제국을 다시 한 번 일으켜보고자 하는 뜻있는 사람들에게 나 도올의 번역이 하나의 새로운 전기를 마련했다면 학인으로서 더 큰 기쁨은 없을 것이다.

2009년 6월 4일

밤 11시 43분

부모님을 생각하며

금문효경 今文孝經(십삼경주소 완원본阮元本 기준)

孝經序

唐玄宗 李隆基

朕聞上古, 其風朴略, 雖因心之孝已萌, 而資敬之禮猶簡。及乎仁義既有, 親譽益著, 聖人知孝之可以教人也, 故因嚴以教敬, 因親以教愛。於是以順移忠之道昭矣, 立身揚名之義彰矣。子曰: “吾志在春秋, 行在孝經。” 是知孝者, 德之本歟! 『經』曰: “昔者明王之以孝理天下也, 不敢遺小國之臣, 而況於公、侯、伯、子、男乎!” 朕嘗三復斯言, 景行先哲。雖無德教加於百姓, 庶幾廣愛形于四海。嗟乎! 夫子沒而微言絶, 異端起而大義乖。況泯絶於秦, 得之者皆煨燼之末; 濫觴於漢, 傳之者皆糟粕之餘。故魯史春秋, 學開五傳。國風、雅、頌, 分爲四詩。去聖逾遠, 源流益別。近觀孝經舊注, 踳駮尤甚。至於跡相祖述, 殆且百家; 業擅專門, 猶將十室。希升堂者, 必自開戶牖; 攀逸駕者, 必騁殊軌轍。是以道隱小成, 言隱浮僞。且傳以通經爲義, 義以必當爲主。至當歸一, 精義無二。安得不翦其繁蕪, 而撮其樞要也。韋昭、王肅, 先儒之領袖; 虞翻、劉邵, 抑又次焉。劉炫明安國之本, 陸澄譏康成之注。在理或當, 何必求人? 今故特擧六家之異同, 會五經之旨趣。約文敷暢, 義則昭然; 分注錯經, 理亦條貫。寫之琬琰, 庶有補於將來。且夫子談經, 志取垂訓。雖五孝之用則別, 而百行之源不殊。是以一章之中, 凡有數句; 一句之內, 意有兼明。具載則文繁, 略之又義闕。今在於疏, 用廣發揮。

開宗明義章 第一

仲尼居，曾子侍。子曰：“先王有至德要道，以順天下，民用和睦，上下無怨。汝知之乎？” 曾子避席曰：“參不敏，何足以知之？”子曰：“夫孝，德之本也。敎之所由生也。復坐，吾語汝。身體髮膚，受之父母，不敢毀傷，孝之始也。立身行道，揚名於後世，以顯父母，孝之終也。夫孝，始於事親，中於事君，終於立身。「大雅」云：‘無念爾祖，聿脩厥德。’”

天子章 第二

子曰：“愛親者，不敢惡於人；敬親者，不敢慢於人。愛敬盡於事親，而德敎加於百姓，刑于四海。蓋天子之孝也。「甫刑」云：‘一人有慶，兆民賴之。’”

諸侯章 第三

在上不驕，高而不危；制節謹度，滿而不溢。高而不危，所以長守貴也。滿而不溢，所以長守富也。富貴不離其身，然後能保其社稷，而和其民人。蓋諸侯之孝也。『詩』云：“戰戰兢兢，如臨深淵，如履薄冰。”

卿大夫章 第四

非先王之法服不敢服, 非先王之法言不敢道, 非先王之德行不敢行。是故非法不言, 非道不行;口無擇言, 身無擇行。言滿天下無口過, 行滿天下無怨惡。三者備矣, 然後能守其宗廟。蓋卿大夫之孝也。『詩』云: “夙夜匪懈, 以事一人。”

士章 第五

資於事父以事母, 而愛同; 資於事父以事君, 而敬同。故母取其愛, 而君取其敬, 兼之者父也。故以孝事君則忠, 以敬事長則順。忠順不失, 以事其上, 然後能保其祿位, 而守其祭祀。蓋士之孝也。『詩』云: “夙興夜寐, 無忝爾所生。”

庶人章 第六

用天之道, 分地之利, 謹身節用, 以養父母。此庶人之孝也。故自天子至於庶人, 孝無終始, 而患不及者, 未之有也。

三才章 第七

曾子曰:“甚哉! 孝之大也。”子曰:“夫孝, 天之經也, 地之義也, 民之行也。天地之經, 而民是則之。則天之明, 因地之利, 以順天下。是以其教不肅而成, 其政不嚴而治。先王見教之可以化民也, 是故先之以博愛, 而民莫遺其親; 陳之以德義, 而民興行。先之以敬讓, 而民不爭; 導之以禮樂, 而民和睦; 示之以好惡, 而民知禁。『詩』云: ‘赫赫師尹, 民具爾瞻。’”

孝治章 第八

子曰:“昔者明王之以孝治天下也, 不敢遺小國之臣, 而況於公、侯、伯、子、男乎? 故得萬國之懽心, 以事其先王。治國者, 不敢侮於鰥寡, 而況於士民乎? 故得百姓之懽心, 以事其先君。治家者, 不敢失於臣妾, 而況於妻子乎? 故得人之懽心, 以事其親。夫然, 故生則親安之, 祭則鬼享之。是以天下和平, 災害不生, 禍亂不作。故明王之以孝治天下也如此。『詩』云: ‘有覺德行, 四國順之。’”

聖治章 第九

曾子曰:“敢問聖人之德, 無以加於孝乎?”子曰:“天地之性, 人爲貴。人之行, 莫大於孝。孝莫大於嚴父, 嚴父莫大於配天, 則周公其人也。昔者周公郊祀后稷以配天, 宗祀文王於明堂以配上帝。是以四海之內, 各以其職來祭。夫聖人之德, 又何以加於孝乎? 故親生之膝下, 以養父母日嚴。聖人因嚴以敎敬, 因親以敎愛。聖人之敎不肅而成, 其政不嚴而治, 其所因者本也。父子之道, 天性也, 君臣之義也。父母生之, 續莫大焉。君親臨之, 厚莫重焉。故不愛其親而愛他人者, 謂之悖德; 不敬其親而敬他人者, 謂之悖禮。以順則逆, 民無則焉。不在於善, 而皆在於凶德。雖得之, 君子不貴也。君子則不然, 言思可道, 行思可樂, 德義可尊, 作事可法, 容止可觀, 進退可度, 以臨其民。是以其民畏而愛之, 則而象之。故能成其德敎, 而行其政令。『詩』云: ‘淑人君子, 其儀不忒。’”

紀孝行章 第十

子曰:“孝子之事親也, 居則致其敬, 養則致其樂, 病則致其憂, 喪則致其哀, 祭則致其嚴。五者備矣, 然後能事親。事親者, 居上不驕, 爲下不亂, 在醜不爭。居上而驕則亡, 爲下而亂則刑, 在醜而爭則兵。三者不除, 雖日用三牲之養, 猶爲不孝也。”

五刑章 第十一

子曰:“五刑之屬三千, 而罪莫大於不孝。要君者無上, 非聖人者無法, 非孝者無親。此大亂之道也。”

廣要道章 第十二

子曰:“教民親愛, 莫善於孝。教民禮順, 莫善於悌。移風易俗, 莫善於樂。安上治民, 莫善於禮。禮者, 敬而已矣。故敬其父, 則子悅; 敬其兄, 則弟悅; 敬其君, 則臣悅。敬一人, 而千萬人悅。所敬者寡, 而悅者衆。此之謂要道也。”

廣至德章 第十三

子曰:“君子之教以孝也, 非家至而日見之也。教以孝, 所以敬天下之爲人父者也。教以悌, 所以敬天下之爲人兄者也。教以臣, 所以敬天下之爲人君者也。『詩』云: ‘愷悌君子, 民之父母。’ 非至德, 其孰能順民, 如此其大者乎!”

廣揚名章 第十四

子曰:“君子之事親孝, 故忠可移於君; 事兄悌,故順可移於長; 居家理, 故治可移於官。是以行成於內, 而名立於後世矣。”

諫諍章 第十五

曾子曰:“若夫慈愛、恭敬、安親、揚名, 則聞命矣。敢問子從父之令, 可謂孝乎?”子曰:“是何言與, 是何言與! 昔者天子有爭臣七人, 雖無道, 不失其天下; 諸侯有爭臣五人, 雖無道, 不失其國; 大夫有爭臣三人, 雖無道, 不失其家; 士有爭友, 則身不離於令名; 父有爭子, 則身不陷於不義。故當不義, 則子不可以不爭於父, 臣不可以不爭於君。故當不義則爭之, 從父之令, 又焉得爲孝乎!”

感應章 第十六

子曰:“昔者, 明王事父孝, 故事天明; 事母孝,故事地察; 長幼順, 故上下治。天地明察, 神明彰矣。故雖天子, 必有尊也, 言有父也; 必有先也, 言有兄也。宗廟致敬, 不忘親也。脩身愼行, 恐辱先也。宗廟致敬, 鬼神著矣。孝悌之至, 通於神明, 光于四海, 無所不通。『詩』云: '自西自東, 自南自北, 無思不服。'"

事君章 第十七

子曰: "君子之事上也, 進思盡忠, 退思補過, 將順其美, 匡救其惡, 故上下能相親也。『詩』云: '心乎愛矣, 遐不謂矣。中心藏之, 何日忘之?'"

喪親章 第十八

子曰: "孝子之喪親也, 哭不偯, 禮無容, 言不文, 服美不安, 聞樂不樂, 食旨不甘, 此哀戚之情也。三日而食, 教民無以死傷生。毁不滅性, 此聖人之政也。喪不過三年, 示民有終也。爲之棺、椁、衣、衾而舉之, 陳其簠簋而哀戚之。擗踊哭泣, 哀以送之。卜其宅兆, 而安措之。爲之宗廟, 以鬼享之。春秋祭祀, 以時思之。生事愛敬, 死事哀戚, 生民之本盡矣。死生之義備矣, 孝子之事親終矣。"

독자들의 연구를 위하여 두 자료를 부록으로 첨부한다.
하나는 우리나라 『효경언해』 중에서 가장 연대가 빠른 판본이다. 1589년에 쓴 류성룡의 발문이 실려 있다. 『조선학보』 제27집에 실린 영인본이다.
그리고 또 하나는 용주사 판본 『불설대보부모은중경』이다. 인쇄상태가 썩 좋지는 않지만 현재 용주사에 보관되어 있는 목판에서 직접 탁본한 것이다.

부록

효경언해·부모은중경

孝효經경諺언解ᄒᆡ

影印孝経諺解

原書　縱三五・四糎　横二四・五糎
每半葉匡郭　縱二五・五糎　横一八・一糎

内賜記

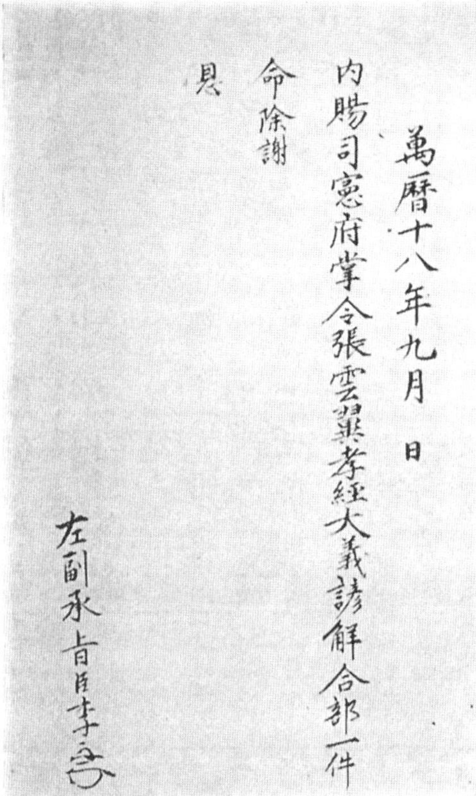
萬曆十八年九月　日
内賜司憲府掌令張雲翼孝經大義諺解合部一件
命除謝
恩
左副承旨臣李(押)

〔内賜記〕
孝経大義序
徐貫識語
孝経諺解
孝経大義跋

-1-

[illegible]曾氏得其宗曾氏之書有二曰大學
[illegible]章句頗亦相似學以大學爲本行以
[illegible]子至庶人一也堯典一篇大學孝
[illegible]明峻德以至親睦九族極而百姓
之昭明萬邦之於變大學之序也孝之爲道蓋已
具於親睦九族之中矣何也一本故也自是舜以
克孝而徽五典禹以致孝而叙彝倫伊尹述成湯
之德一則曰立愛惟親二則曰奉先思孝人紀之
修孰大乎是文武周公帥是而行備見於記禮所

孝經大義序 一

載上而宗廟之享下而子孫之保其爲孝蔑有加
焉功化之盛至使四海之內人人親其親長其長
一鱗毛一芽甲之微無不得所嗚呼二帝三王之
教可謂大矣孝經一書即其遺法也世入春秋皇
綱紐解孔子傷之三復昔者明王孝治之言思之
深望之切矣誠使天子公卿躬行其上凡禮樂刑
政之具壹是以孝爲本則斯道也固天性之自然
人心之固有一轉移間王道顧不易易乎惜也徒
託之空言而僅見於門人記錄之書也書存而道
可擧雖不能行之一時猶可詔之來世今此經之

-2-

可考者不過漢藝文志而已而其篇次則顔注古
文二十二章孔壁所藏本也今文一十八章河間
王所得顔芝本而劉向之所參校者也要之出於
諸儒傅會皆非曾氏門人所記舊文矣唐玄宗開
元敕議意非不美而司馬貞淺學陋識并以閨門
一章去之卒啓玄宗無禮無度之禍而其所製序
文至以禮爲外飾之所資仁義爲後來之漸有不
知所謂因心之孝者果何所因而又何自而萌乎
學之不講德之不脩一至於此桓桓文公特起南
夏平生精力用工易四書爲多至此書則僅成刊

孝經大義序 二

誤一編註釋大義猶有所未及噫人子不可斯須
忘孝則此經爲天子至庶人一日不可無之書章
句已明而文義猶闕顧非一大欠事乎蓋嘗有志
纂集諸家傳註以明一經而未果一日余友胡庭
芳挈其高弟董眞卿訪余雲谷山中手携孝經大
義一書取而閱之則其家君深山先生董君季亨
之所輯也其書爲初學設故其詞皆明白而切實
熟玩之則義趣精深又有非淺見謏聞所能窺者
族凡明仲敬爲刋之書塾以廣其傳此豈惟學者
修身齊家之要而有國有天下者亦豈能外是而

他有化民成俗之道哉噫滕五十里國耳其君一用之至於四方草偃風動一時行事猶班班有三代之風學問之功用固如此晉武魏文亦天資之美者惜諸臣無識不能有以啓導而充大之悠悠盖壞此經之廢盖千五百餘年人心秉彝極天罔墜豈無有能講而行之者誠有以二帝三王之心爲心則必以二帝三王之教爲教矣仁人心也學所以求仁而孝則行仁之本也語曰如有王者必世而後仁愚何幸身親見之歲在乙巳陽復之月

前進士武夷熊禾序旹大德之九年也

孝經大義序　三

右孝經一書迺孔子曾子授受之要旨也經秦火後頗多錯簡至宋大儒朱文公先生始取古文爲之考訂刋其繆誤次其簡編而後經傳各有統紀董季亨氏又從而註釋之而其旨益明讀者誠能因其言而求諸心因心之同然而推之家國天下則天下之道盡在是矣惜乎是書板行者少而窮鄉下邑之士不得盡覩也予近按泉偶於進士蔡介甫家得是書舊本遂命工鋟梓以傳將使四方得以家傳人誦各興其親愛之心而篤夫仁孝

孝經大義　一

之道庶或少補於風教之萬一云爾

成化二十二年歲次丙午秋九月甲子

賜進士通奉大夫福建等處承宣布政使司右

布政使淳安徐貫謹識

-1-

孝효經경諺언解해

어버이잘셤김을孝효ㅣ라ᄒᆞ고셩인이ᄆᆡᆼᄀ
ᄅᆞ신글월을經경이라ᄒᆞᄂᆞ니라

仲듕尼니ㅣ閒한居거ᄒᆞ거시ᄂᆞᆯ曾증子ᄌᆞㅣ侍시坐
좌ᄒᆞ얏더시니子ᄌᆞㅣ曰왈參숨아先션王왕이有유至
지德덕要요道도ᄒᆞ샤以이順슌天텬下하ᄒᆞ시니民
민用용和화睦목ᄒᆞ야上샹下하ㅣ無무怨원ᄒᆞ니더
汝ㅣ知디之지乎호아

仲듕尼니(孔공子ᄌᆞㅅ字ㅣ시니라)ㅣ한가히겨시거늘
曾증子ᄌᆞ(孔공子ᄌᆞㅅ弟뎨子ᄌᆞㅣ라)ㅣ뫼ᄋᆞ와안자ᄢᅧ시

孝經諺解 一

니子ᄌᆞㅣ(子ᄌᆞᄂᆞᆫ스승을존칭ᄒᆞᄂᆞᆫ말이라 孔공子ᄌᆞ를닐ᄋᆞ시니라)ᄀᆞᆯᄋᆞ샤
ᄃᆡ參숨(曾증子ᄌᆞ일홈이라)아先션王왕(녜님금이시니라)이
지극ᄒᆞᆫ德덕과요졀ᄒᆞᆫ道도를두샤ᄡᅥ天텬下
하를順슌ᄒᆞ시니(順슌은조차ᄒᆞ여ᄉᆞ랑ᄒᆞ시ᄂᆞᆫ거ᄉᆞᆯ닐오미라)ᄇᆡᆨ
셩이ᄡᅥ화동ᄒᆞ며친ᄒᆞ야우히며아래怨원ᄒᆞ
리업더니네아ᄂᆞᆫ다

曾증子ᄌᆞㅣ辟피席셕曰왈參숨이不블敏민ᄒᆞ니
何하足죡以이知디之지리잇고

曾증子ᄌᆞㅣ돗글피ᄒᆞ야ᄀᆞᆯᄋᆞ샤ᄃᆡ參숨이민
달티몯ᄒᆞ니엇디足죡히ᄡᅥ알리잇고

-2-

子ᄌᆞㅣ曰왈夫부孝효ᄂᆞᆫ德덕之지本본也야ㅣ니
敎교之지所소由유生ᄉᆡᆼ이라

子ᄌᆞㅣᄀᆞᆯᄋᆞ샤ᄃᆡ孝효ᄂᆞᆫ德덕의근본이니ᄀ
ᄅᆞ침의말미암아나ᄂᆞᆫ배라

復복坐좌ᄒᆞ라吾오ㅣ語어汝셔호리라身신體톄髮
발膚부ᄂᆞᆫ受슈之지父부母모ㅣ니不블敢감毁훼
傷샹이孝효之지始시也야ㅣ오立립身신行ᄒᆡᆼ道
도ᄒᆞ야揚양名명於어後후世세ᄒᆞ야以이顯현父부
母모ㅣ孝효之지終죵也야ㅣ라夫부孝효ᄂᆞᆫ始시
於어事ᄉᆞ親친이오中듕於어事ᄉᆞ君군이오終죵於

孝經諺解 二

어立립身신이니라

復복ᄒᆞ야안ᄌᆞ라내너ᄃᆞ려닐오리라몸과體
톄(四ᄉᆞ體톄ᄂᆞᆫ손발을닐옴이라)와머리터럭과ᄉᆞᆯᄒᆞᆫ父부母
모ᄭᅴ받ᄌᆞ온거시니敢감히헐우며히여ᄇᆞ리디아
님이孝효의처엄이오몸을셰워道도를行ᄒᆡᆼ
ᄒᆞ야일홈을後후世세예베퍼ᄡᅥ父부母모를
나타나게홈이孝효의ᄆᆞᄎᆞᆷ이라孝효ᄂᆞᆫ어버
이셤김애비릇고님금셤김애가온대오몸셰
옴애몯ᄂᆞ니라

愛ᄋᆡ親친者쟈ᄂᆞᆫ不블敢감惡오於어人신ᄒᆞ고敬

- 3 -

경親친者쟈ᄂᆞᆫ不블敢감慢만於어人인ᄒᆞᄂᆞ니愛
ᄋᆡ敬경을盡진於어事ᄉᆞ親친ᄒᆞ면而ᅀᅵ德덕敎교
ㅣ加가於어百ᄇᆡᆨ姓셩ᄒᆞ야刑형于우四ᄉᆞ海ᄒᆡᄒᆞᄂᆞ
니蓋개天텬子ᄌᆞ之지孝효ㅣ라
어버이ᄅᆞᆯᄉᆞ랑ᄒᆞᄂᆞᆫ이ᄂᆞᆫ敢감히사ᄅᆞᄆᆡ게아
쳐ᄒᆞ기ᄅᆞᆯ아니ᄒᆞ고어버이ᄅᆞᆯ공경ᄒᆞᄂᆞᆫ이ᄂᆞᆫ
敢감히사ᄅᆞᄆᆡ게업슈어ᄒᆞ기ᄅᆞᆯ아니ᄒᆞᄂᆞ니
ᄉᆞ랑ᄒᆞ며공경ᄒᆞ기ᄅᆞᆯ어버이셤김애다ᄒᆞ면
어딘ᄀᆞᄅᆞ침이百ᄇᆡᆨ姓셩의게더어四ᄉᆞ海ᄒᆡ
네녁바다안히니 하ᄅᆞᆯ다닐옴이라 텬 예법이되ᄂᆞ니天텬子ᄌᆞ

孝經諺解 三

의孝효ㅣ라
在ᄌᆡ上샹不블驕교ᄒᆞ면高고而ᅀᅵ不블危위ᄒᆞ고制
졔節졀謹근度도ᄒᆞ면滿만而ᅀᅵ不블溢일ᄒᆞᄂᆞ니高
고而ᅀᅵ不블危위ᄂᆞᆫ所소以이長댱守슈貴귀오
滿만而ᅀᅵ不블溢일은所소以이長댱守슈富부
ㅣ니富부貴귀ᄅᆞᆯ不블離리其기身신然연後후에사
能ᄂᆞᆼ保보其기社샤稷직ᄒᆞ야而ᅀᅵ和화其기民민
人인ᄒᆞᄂᆞ니蓋개諸져侯후之지孝효ㅣ라
우희이셔교만티아니ᄒᆞ면노파도위틔티아
니ᄒᆞ고ᄆᆞᄃᆡ 모ᄃᆡ ᄃᆡ믈 각바 ᄅᆞᆯ지졔ᄒᆞ며법도ᄅᆞᆯ삼

- 4 -

가면ᄀᆞ득ᄒᆞ여도넘ᄡᅧ디아니ᄒᆞᄂᆞ니노파도
위틔티아니홈은ᄡᅥ기리貴귀ᄅᆞᆯ딕희ᄂᆞᆫ배오
ᄀᆞ득ᄒᆞ여도넘ᄡᅵ디아니홈은ᄡᅥ기리가ᄋᆞ며
롬을딕희ᄂᆞᆫ배니가ᄋᆞ며롬과貴귀홈을그몸
애ᄠᅥ내디아니ᄒᆞᆫ然연後후에사能ᄂᆞᆼ히그社
ᄉᆞ稷직 社ᄉᆞᄂᆞᆫᄯᅡ신이오稷직은곡셕 신이나라히의탁ᄒᆞᆫ디라 을안보
ᄒᆞ야그ᄇᆡᆨ셩올和화케ᄒᆞᄂᆞ니諸져侯후의孝
효ㅣ라
非비先션王왕之지法법服복이어든不블敢감服
복ᄒᆞ며非비先션王왕之지法법言언이어든不블敢

孝經諺解 四

감道도ᄒᆞ며非비先션王왕之지德덕行ᄒᆡᆼ이어든不
블敢감行ᄒᆡᆼᄒᆞᄂᆞ니是시故고로非비法법不블言
언ᄒᆞ며非비道도不블行ᄒᆡᆼᄒᆞ야口구無무擇ᄐᆡᆨ言언
ᄒᆞ며身신無무擇ᄐᆡᆨ行ᄒᆡᆼ이라言언滿만天텬下하ㅣ라
도無무口구過과ᄒᆞ며行ᄒᆡᆼ滿만天텬下하ㅣ라도無
무怨원惡오ㅣ니三삼者쟈ㅣ備비矣의然연後후
에사能ᄂᆞᆼ守슈其기宗종廟묘ᄒᆞᄂᆞ니蓋개卿경大대
夫부之지孝효也야ㅣ라
先션王왕의법다온오시아니어든敢감히닙
디몯ᄒᆞ며先션王왕의법다온말ᄉᆞᆷ이아니어

-5-

든敢감히니르디몯ᄒᆞ며先션王왕의어딘힝
실이아니어든敢감히行힝티몯ᄒᆞᄂᆞ니이런
故고로법이아니어든니르디아니ᄒᆞ며道도
ㅣ아니어든行힝티아니ᄒᆞ야입에골ᄒᆡᆯ말ᄉᆞᆷ
이업ᄉᆞ며몸애골ᄒᆡᆯ힝실이업슨디라말이天
텬下하에ᄀᆞ독ᄒᆞ야도입허믈이업스며힝실
이天텬下하에ᄀᆞ독ᄒᆞ야도원망ᄒᆞ며아쳐ᄒᆞ
리업ᄂᆞ니세가지ᄀᆞᄌᆞᆫ然연後후에사能능히
그宗종廟묘(이젯祠ᄉᆞ堂당이라)를딕희ᄂᆞ니卿경태우
의孝효ㅣ라

孝經諺解 五

資ᄌᆞ於어事ᄉᆞ父부ᄒᆞ야以이事ᄉᆞ母모ᄒᆞ되而ᅀᅵ愛
ᄋᆡ同동ᄒᆞ며資ᄌᆞ於어事ᄉᆞ父부ᄒᆞ야以이事ᄉᆞ君군
ᄒᆞ되而ᅀᅵ敬경同동ᄒᆞ니故고로母모取츄其기愛ᄋᆡ
而ᅀᅵ君군取츄其기敬경이니兼겸之지者쟈ᄂᆞᆫ父
부ㅣ也야ㅣ라故고로以이孝효事ᄉᆞ君군則즉忠튱
이오以이敬경事ᄉᆞ長댱則즉順슌이니忠튱順슌을
不블失실ᄒᆞ야以이事ᄉᆞ其기上샹然연後후에사能
히保보其기爵쟉祿록ᄒᆞ야而ᅀᅵ守슈其기祭졔祀
ᄉᆞᄒᆞᄂᆞ니蓋개士ᄉᆞ之지孝효也야ㅣ라
아비셤기기예ᄌᆞ뢰ᄒᆞ야ᄡᅥ어미를셤교ᄃᆡᄉᆞ

-6-

랑홈이ᄒᆞᆫ가지며아비셤기기예ᄌᆞ뢰ᄒᆞ야ᄡᅥ
님금을셤교ᄃᆡ공경홈이ᄒᆞᆫ가지니故고로어
미게ᄂᆞᆫ그ᄉᆞ랑홈을취ᄒᆞ고님금ᄭᅴᄂᆞᆫ그공경
홈을취ᄒᆞᄂᆞ니兼겸ᄒᆞᆫ이ᄂᆞᆫ아비라故고로孝
효로ᄡᅥ님금을셤기면튱셩이오공경으로ᄡᅥ
얼운을셤기면공슌홈이니튱셩과공슌을일
티아니ᄒᆞ야ᄡᅥ그우ᄒᆞᆯ셤긴然연後후에사能
능히그벼슬과록을안보ᄒᆞ야그祭졔祀ᄉᆞ를
딕희ᄂᆞ니士ᄉᆞ의孝효ㅣ라
用용天텬之지道도ᄒᆞ며因인地디之지利리ᄒᆞ야謹

孝經諺解 六

근身신節졀用용ᄒᆞ야以이養양父부母모ᄒᆞᄂᆞ니此
ᄎᆞㅣ庶셔人신之지孝효也야ㅣ라
하ᄂᆞᆳ道도(봄에내고녀름에길우고ᄀᆞ올ᄒᆡ염글오고겨울에간ᄉᆞᄒᆞᄂᆞᆫ道도ㅣ라)
ᄅᆞᆯᄡᅳ며ᄯᅡ힛利리(ᄆᆞ른ᄃᆡ즌ᄃᆡ각각맛당ᄒᆞᆫ곡셕을시므ᄂᆞᆫ利리라)ᄅᆞᆯ
因인ᄒᆞ야몸올삼가며ᄡᅳ기ᄅᆞᆯ존졀ᄒᆞ야ᄡᅥ父
부母모ᄅᆞᆯ치ᄂᆞ니이庶셔人신의孝효ㅣ라
故고로自ᄌᆞ天텬子ᄌᆞ已이下하至지于우庶셔
人신히孝효無무終종始시오而ᅀᅵ患환不블及
급者쟈ㅣ未미之지有유也야ㅣ니라
故고로天텬子ᄌᆞ로브터아래로庶셔人신에

니ᄅᆞ히孝효ㅣᄆᆞᄎᆞᆷ이며처엄이업고환란이
밋디아닐이잇디아니ᄒᆞ니라
右우ᄂᆞᆫ經경一일章쟝이라
右우(올ᄒᆞᆫ겨티니웃그ᄅᆞᆯ닐온마리라)ᄂᆞᆫ經경ᄒᆞᆫ章쟝이
라
子ᄌᆞㅣ曰왈君군子ᄌᆞ之지教교以이孝효也야
ㅣ非비家가至지而싀日일見견之지也야라ㅣ教
교以이孝효ᄂᆞᆫ所소以이敬경天텬下하之지爲
위人신父부者쟈오ㅣ教교以이悌뎨ᄂᆞᆫ所소以이
敬경天텬下하之지爲위人신兄형者쟈오ㅣ教교

孝經諺解

以이臣신은所소以이敬경天텬下하之지爲위
人신君군者쟈라ㅣ니詩시云운愷개悌뎨君군子
ᄌᆞ여ㅣ民민之지父부母모ㅣ라ᄒᆞ니非비至지德덕이면
其기孰슉能능順슌民민이如여此ᄎᆞ其기大대
者쟈乎호오ㅣ리
子ᄌᆞㅣᄀᆞᆯᄋᆞ샤ᄃᆡ君군子ᄌᆞ의孝효로ᄡᅥᄀᆞᄅᆞ
침이집마다니르러날마다보ᄂᆞᆫ거시아니라
孝효로ᄡᅥᄀᆞᄅᆞ침ᄋᆞᆫᄡᅥ天텬下하애사ᄅᆞᆷ의아
비되엿ᄂᆞᆫ이를공경ᄒᆞᄂᆞᆫ배오悌뎨(형과얼운을잘셤김이라)
로ᄡᅥᄀᆞᄅᆞ침ᄋᆞᆫᄡᅥ天텬下하에사ᄅᆞᆷ의兄형

되엿ᄂᆞᆫ이를공경ᄒᆞᄂᆞᆫ배오臣신(신하의도리라)으로
ᄡᅥᄀᆞᄅᆞ침ᄋᆞᆫᄡᅥ天텬下하에사ᄅᆞᆷ의님금되엿
ᄂᆞᆫ이를공경ᄒᆞᄂᆞᆫ배니라詩시(모시ᄎᆡᆨ이라)예닐오
ᄃᆡ라온君군子ᄌᆞㅣ여ᄇᆡᆨ셩의父부母모ㅣ라
ᄒᆞ니지극ᄒᆞᆫ德덕이아니면그뉘能능히ᄇᆡᆨ셩
을順슌홈이이러ᄐᆞ시그크리오
右우ᄂᆞᆫ傳뎐之지首슈章쟝이니釋셕至지德
덕以이順슌天텬下하ᄒᆞ니라
右우ᄂᆞᆫ傳뎐(현인의지으신글월이라)의첫章쟝이니
지극ᄒᆞᆫ德덕으로ᄡᅥ天텬下하를順슌홈

孝經諺解 八

을사기니라
子ᄌᆞㅣ曰왈教교民민親친愛ᄋᆡᄂᆞᆫ莫막善션於
어孝효오ㅣ教교民민禮례順슌은莫막善션於어
悌뎨오移이風풍易역俗쇽은莫막善션於어樂
악이오安안上샹治티民민은莫막善션於어禮례
니라
子ᄌᆞㅣᄀᆞᆯᄋᆞ샤ᄃᆡᄇᆡᆨ셩을親친ᄒᆞ며ᄉᆞ랑홈을
ᄀᆞᄅᆞ침은孝효에셔됴ᄒᆞ니업고ᄇᆡᆨ셩을례졀
과공슌홈을ᄀᆞᄅᆞ침은悌뎨에셔됴ᄒᆞ니업고
風풍을옴기며俗쇽을밧고기ᄂᆞᆫ(우희셔ᄀᆞᄅᆞ쳐도완거시)

風풍이오아래서비화버릇도왼거시俗속이각음악에서됴흔이업
고우홈편안케ᄒᆞ며빅셩을다ᄉᆞ림은례도에
셔됴흔이업ᄉᆞ니라
禮례者쟈ᄂᆞᆫ敬경而시已이矣의니故고로敬경
其기父부則즉子ᄌᆞㅣ悅열ᄒᆞ고敬경其기兄형則즉
弟뎨悅열ᄒᆞ고敬경其기君군則즉臣신悅열ᄒᆞᄂᆞ니
敬경一일人인而시千쳔萬만人인이悅열이라所
소敬경者쟈ㅣ寡과ᄒᆞ되而시悅열者쟈ㅣ衆즁ᄒᆞ니
此ᄎᆞ之지謂위要요道도ㅣ니라
禮례란거ᄉᆞᆫ공경ᄒᆞᆯᄯᆞᄅᆞ미니故고로그아비

孝經諺解 九

ᄅᆞᆯ공경ᄒᆞ면ᄌᆞ식이깃거ᄒᆞ고그兄형을공경
ᄒᆞ면아이깃거ᄒᆞ고그님금을공경ᄒᆞ면신해
깃거ᄒᆞᄂᆞ니ᄒᆞᆫ사ᄅᆞᆷ을공경홈애千쳔萬만사
ᄅᆞᆷ이깃거ᄒᆞᄂᆞᆫ디라공경ᄒᆞᄂᆞᆫ배적오ᄃᆡ깃거
ᄒᆞᆯ이만ᄒᆞ니이ᄅᆞᆯ닐온요졀ᄒᆞᆫ道도ㅣ니라
右우ᄂᆞᆫ傳뎐之지二이章쟝이니釋셕要요道
도ᄒᆞ니라
右우ᄂᆞᆫ傳뎐의둘잿章쟝이니요졀ᄒᆞᆫ道
도ᄅᆞᆯ사기니라
曾증子ᄌᆞㅣ曰왈甚심哉지라孝효之지大대也

야ㅣ어子ᄌᆞㅣ曰왈夫부孝효ᄂᆞᆫ天텬之지經경이며
地디之지義의ㅣ며民민之지行ᄒᆡᆼ이니天텬地디之
지經경을而시民민이是시則측之지ᄒᆞᄂᆞ니則측
天텬之지明명ᄒᆞ며因인地디之지義의ᄒᆞ야以이順
슌天텬下하ㅣ라是시以이로其기教교ㅣ不블肅
슉而시成셩ᄒᆞ며其기政졍이不블嚴엄而시治티
ᄒᆞᄂᆞ니라
曾증子ᄌᆞㅣ골ᄋᆞ샤ᄃᆡ甚심ᄒᆞ다孝효의큼이
여子ᄌᆞㅣ골ᄋᆞ샤ᄃᆡ孝효ᄂᆞᆫ하ᄂᆞᆳ희經경이며
ᄯᅡ희義의오덛덛ᄒᆞᆫ거시經경이오올ᄒᆞᆫ거시義의라며빅셩의힝실

孝經諺解 十

이니하ᄂᆞᆳ과ᄯᅡ희經경을빅셩이이예법받ᄂᆞ
니하ᄂᆞᆳ희ᄇᆞᆯ곰을법바ᄃᆞ며ᄯᅡ희義의ᄅᆞᆯ인ᄒᆞ
야뻐天텬下하ᄅᆞᆯ順슌ᄒᆞᄂᆞᆫ디라이러모로그
ᄀᆞᄅᆞ침이싁싁이아니ᄒᆞ야도일며그정ᄉᆡ嚴
엄티아니ᄒᆞ야도다ᄉᆞᄂᆞ니라
右우ᄂᆞᆫ傳뎐之지三삼章쟝이니盖개釋셕以
이順슌天텬下하ᄒᆞ니라
右우ᄂᆞᆫ傳뎐의셋잿章쟝이니뻐天텬下
하ᄅᆞᆯ順슌홈을사기니라
子ᄌᆞㅣ曰왈昔셕者쟈애明명王왕之지以이孝

-11-

효治티天텬下하也야애不블敢감遺유小쇼國
국之지臣신ᄒᆞ시니而ᅀᅵ況황於어公공侯후伯ᄇᆡᆨ
子ᄌᆞ男남乎호여故고로得득萬만國국之지懽
환心심ᄒᆞ야以이事ᄉᆞ其기先션王왕ᄒᆞ시며
子ᄌᆞㅣᄀᆞᆯᄋᆞ샤ᄃᆡ녜ᄇᆞᆯᄀᆞᆫ신님금이孝효로ᄡᅥ
天텬下하ᄅᆞᆯ다ᄉᆞ리심애敢감히져근나랏신
하도기티디아니ᄒᆞ시니ᄒᆞᄆᆞᆯ며公공과侯후
과伯ᄇᆡᆨ과子ᄌᆞ과男남(다ᄉᆞᆺ가지제후의벼슬이라)에ᄯᅳ녀
故고로일만나라희깃거ᄒᆞᄂᆞᆫᄆᆞᄋᆞᆷ을어더ᄡᅥ
그先션王왕을셤기시며

孝經諺解 十一

治티國국者쟈ㅣ不블敢감侮모於어鰥환寡과
ᄒᆞ시니而ᅀᅵ況황於어士ᄉᆞ民민乎호여故고로得
득百ᄇᆡᆨ姓셩之지懽환心심ᄒᆞ야以이事ᄉᆞ其기先
션君군ᄒᆞ시며
나라ᄒᆞᆯ다ᄉᆞ리ᄂᆞᆫ이敢감히홀아비며홀어미
예도업슈이너기디아니ᄒᆞ시니ᄒᆞᄆᆞᆯ며士ᄉᆞ
와ᄇᆡᆨ셩에ᄯᅳ녀故고로百ᄇᆡᆨ姓셩의깃거ᄒᆞᄂᆞᆫ
ᄆᆞᄋᆞᆷ을어더ᄡᅥ그몬져님금을셤기시며
治티家가者쟈ㅣ不블敢감失실於어臣신妾쳡
ᄒᆞ니而ᅀᅵ況황於어妻쳐子ᄌᆞ乎호여故고로得득

-12-

人신之지懽환心심ᄒᆞ야以이事ᄉᆞ其기親친ᄒᆞ니라
집을다ᄉᆞ리ᄂᆞᆫ이敢감히가신과쳡의게도그
르아니ᄒᆞ니ᄒᆞᄆᆞᆯ며안해과ᄌᆞ식에ᄯᅳ녀故고
로사ᄅᆞᆷ의깃거ᄒᆞᄂᆞᆫᄆᆞᄋᆞᆷ을어더ᄡᅥ그어버이
ᄅᆞᆯ셤기니라
夫부然연故고로生ᄉᆡᆼ則즉親친이安안之지ᄒᆞ고
祭제則즉鬼귀ㅣ享향之지라是시以이로天텬
下하ㅣ和화平평ᄒᆞ야災ᄌᆡ害해ㅣ不블生ᄉᆡᆼᄒᆞ며禍
화亂란이不블作작ᄒᆞᄂᆞ니故고로明명王왕之지
以이孝효治티天텬下하ㅣ如셔此ᄎᆞᄒᆞ니詩시云
운有유覺각德덕行ᄒᆡᆼ을四ᄉᆞ國국順슌之지ᄒᆞ라니라

孝經諺解 十二

그런故고로사라시면어버이편안히너기시
고祭제ᄒᆞ면귀신이흠향ᄒᆞ시ᄂᆞᆫ디라이러모
로天텬下하ㅣ和화平평ᄒᆞ야지변이며해로
온이리나디아니ᄒᆞ며화환이며어즈러운이
리니러나디아니ᄒᆞᄂᆞ니故고로明명王왕의
孝효로ᄡᅥ天텬下하다ᄉᆞ리심이이러ᄐᆞᆺᄒᆞ니
詩시예닐오ᄃᆡ큰德덕行ᄒᆡᆼ을네녁나라히順
슌ᄒᆞ다ᄒᆞ니라

右우ᄂᆞᆫ傳뎐之지四ᄉᆞ章쟝이니釋셕民민用
용和화睦목上샹下하無무怨원ᄒᆞ니라
右우ᄂᆞᆫ傳뎐의네잿章쟝이니ᄇᆡᆨ셩이ᄡᅥ
和화睦목ᄒᆞ야우히며아래怨원이업슴
을사기니라
曾증子ᄌᆞㅣ曰왈敢감問문聖셩人신之지德덕
이其기無무以이加가於어孝효乎호ㅣ잇가
曾증子ᄌᆞㅣ골ᄋᆞ샤ᄃᆡ敢감히묻ᄌᆞ노이다聖
셩人신의德덕이그ᄡᅥ孝효애셔더으니업ᄉᆞ
니잇가

孝經諺解 十三

子ᄌᆞㅣ曰왈天텬地디之지性셩에人신이爲위
貴귀ᄒᆞ니人신之지行ᄒᆡᆼ은莫막大대於어孝효ᄒᆞ고
子ᄌᆞㅣ골ᄋᆞ샤ᄃᆡ天텬地디의性셩이萬만物믈이天텬地
디셰ᄃᆞᆫ거시性셩이라에사ᄅᆞᆷ이貴귀ᄒᆞ니사ᄅᆞᆷ의ᄒᆡᆼ실
은孝효에셔큰이업고
孝효ᄂᆞᆫ莫막大대於어嚴엄父부ᄒᆞ고嚴엄父부ᄂᆞᆫ
莫막大대於어配ᄇᆡ天텬ᄒᆞ니則즉周쥬公공이其
기人신也야ㅣ시니라
孝효ᄂᆞᆫ아비ᄅᆞᆯ존엄홈에셔큰이업고아비ᄅᆞᆯ
존엄홈은하ᄂᆞᆯ쯰ᄧᅡᆨ홈에셔큰이업ᄉᆞ니곧周

宗祀之 宗從註 蹤釋

쥬公공은ᄌᆞ냇셩인나라이이그사ᄅᆞᆷ이시니라
昔셕者쟈애周쥬公공이郊교祀ᄉᆞ后후稷직ᄒᆞ샤
以이配ᄇᆡ天텬ᄒᆞ고宗종祀ᄉᆞ文문王왕於어明
명堂당ᄒᆞ샤以이配ᄇᆡ上샹帝뎨ᄒᆞ시니是시以이로
四ᄉᆞ海ᄒᆡ之지內ᄂᆡㅣ各각以이其기職직으로來
릐助조祭졔ᄒᆞ니夫부聖셩人신之지德덕이又우
何하以이加가於어孝효乎호ㅣ리오
녜周쥬公공이郊교하ᄂᆞᆯ씌졔ᄒᆞᄂᆞᆫ일홈이라홀제后후稷
직周쥬ㅅ나라첫조샹이라을제ᄒᆞ샤ᄡᅥ하ᄂᆞᆯ쯰ᄧᅡᆨᄒᆞ시고
文문王왕武무王왕아바님이라을明명堂당諸져侯후됴회받ᄂᆞᆫ

孝經諺解 十四

집이라에존ᄒᆞ야제ᄒᆞ샤ᄡᅥ上샹帝뎨하ᄂᆞᆯ히라쯰ᄧᅡᆨ
ᄒᆞ시니이러모로四ᄉᆞ海ᄒᆡㅅ사ᄅᆞᆷ이각각그벼
ᄉᆞᆯ로ᄡᅥ와제ᄅᆞᆯ도ᄋᆞ니聖셩人신의德덕이ᄯᅩ
엇디ᄡᅥ孝효애셔더으리오
故고로親친生ᄉᆡᆼ之지膝슬下하ᄒᆞ야以이養양父
부母모ᄒᆞ되日실嚴엄ᄒᆞ니ᄂᆞ聖셩人신이因인嚴엄
以이教교敬경ᄒᆞ며因인親친以이教교愛ᄋᆡᄒᆞ시
니聖셩人신之지教교ㅣ不블肅슉而ᅀᅵ成셩ᄒᆞ며
其기政졍이不블嚴엄而ᅀᅵ治티ᄂᆞᆫ其기所소因
인者쟈ㅣ本본也야ㅣ라

說親說
釋從生
註之

故고로親친ᄒᆞ요미무룹아래셔나셔뻐父부
母모ᄅᆞᆯ치되날로嚴엄ᄒᆞᄂᆞ니聖셩人신아嚴
엄홈을인ᄒᆞ야뻐공경홈을ᄀᆞᄅᆞ치시며親친
홈을인ᄒᆞ야뻐ᄉᆞ랑홈을ᄀᆞᄅᆞ치시니聖셩人
신의ᄀᆞᄅᆞ치시미식식이아니ᄒᆞ야도일며그
졍ᄉᆞ嚴엄티아니ᄒᆞ야도다ᄉᆞ로ᄆᆞᆫ그인ᄒᆞᆫ배
本본옴이라孝효ᄅᆞᆯ닐일ᄉᆞ라
右우ᄂᆞᆫ傳뎐之지五오章쟝이니釋셕孝효ᄂᆞᆫ
德덕之지本본ᄒᆞ니라
右우ᄂᆞᆫ傳뎐에다ᄉᆞᆺ잿章쟝이니孝효ᄂᆞᆫ
德덕의本본이라홈을사기니라

孝經諺解 十五

子ᄌᆞㅣ曰왈父부子ᄌᆞ之지道도ᄂᆞᆫ天텬性셩이며
君군臣신之지義의라ㅣ父부母모ㅣ生ᄉᆡᆼ之지ᄒᆞ시니
續쇽莫막大대焉언이오니君군親친臨림之지ᄒᆞ시니
厚우莫막重듕焉언이니로다不블愛이其기親친
而시愛의他타人신者쟈ᄅᆞᆯ謂위之지悖패德덕이오
不블敬경其기親친이오而시敬경他타人신
者쟈ᄅᆞᆯ謂위之지悖패禮례니라
子ᄌᆞㅣᄀᆞᄅᆞ샤ᄃᆡ父부子ᄌᆞ의道도ᄂᆞᆫ하ᄂᆞᆳ性
셩이며님금과신하의義의라父부母모ㅣ나

ᄒᆞ시니니옴이이만큰이업고님금이며어버
이로디ᄂᆞᄅᆞ시니厚후홈이이만重듕ᄒᆞ니업
도다그어버이ᄅᆞᆯᄉᆞ랑티아니ᄒᆞ고다ᄅᆞᆫ사ᄅᆞᆷ
ᄉᆞ랑ᄒᆞᄂᆞᆫ이ᄅᆞᆯ닐오ᄃᆡ거슬ᄧᆞᆫ德덕이라ᄒᆞ고
그어버이ᄅᆞᆯ공경아니ᄒᆞ고다ᄅᆞᆫ사ᄅᆞᆷ공경ᄒᆞ
ᄂᆞᆫ이ᄅᆞᆯ닐오ᄃᆡ거슬ᄧᆞᆫ禮례라ᄒᆞᄂᆞ니라
右우ᄂᆞᆫ傳뎐之지六륙章쟝이니釋셕敎교之
지所소由유生ᄉᆡᆼᄒᆞ니라
右우ᄂᆞᆫ傳뎐에여ᄉᆞᆺ잿章쟝이니ᄀᆞᄅᆞ침
의말미암아나ᄂᆞᆫ바ᄅᆞᆯ사기니라

孝經諺解 十六

子ᄌᆞㅣ曰왈孝효子ᄌᆞ之지事ᄉᆞ親친애居거則
즉致티其기敬경ᄒᆞ고養양則즉致티其기樂락ᄒᆞ고
病병則즉致티其기憂우ᄒᆞ고喪상則즉致티其기
哀의ᄒᆞ고祭제則즉致티其기嚴엄이니五오者쟈ㅣ
備비矣의然연後후에아能능事ᄉᆞ親친이라니
子ᄌᆞㅣᄀᆞᄅᆞ샤ᄃᆡ孝효子ᄌᆞ의어버이셤김애
겨실제ᄂᆞᆫ그공경을닐위고봉양홈애ᄂᆞᆫ그즐
김을닐위고병에ᄂᆞᆫ그근심을닐위고상ᄉᆞ애
ᄂᆞᆫ그슬허홈을닐위고祭졔예ᄂᆞᆫ그엄숙홈을
닐월디니다ᄉᆞᆺ거시ᄀᆞ존후에아能능히어버

이ᄅᆞᆯ셤김이니라
事ᄉᆞ親친者쟈ᄂᆞᆫ居거上샹不블驕교ᄒᆞ며爲위下
ᄒᆞ야不블亂란ᄒᆞ며在ᄌᆡ醜츄不블爭징ᄒᆞᄂᆞ니居거上
샹而ᅀᅵ驕교則즉亡망ᄒᆞ고爲위下하而ᅀᅵ亂란則
즉刑형ᄒᆞ고在ᄌᆡ醜츄而ᅀᅵ爭징則즉兵병이니三삼
者쟈ᄅᆞᆯ不블除뎨ᄒᆞ면雖슈日일用용三삼牲ᄉᆡᆼ之
지養양ᄒᆞ야두猶유爲위不블孝효也야ㅣ니라
어버이셤기ᄂᆞᆫ이ᄂᆞᆫ우희이셔교만티아니ᄒᆞ
며아래되야어즈러이아니ᄒᆞ며동뉴에이셔
ᄃᆞ토디아니ᄒᆞᄂᆞ니우희이셔교만ᄒᆞ면패망

孝經諺解 十七

ᄒᆞ고아래되야셔어즈러이ᄒᆞ면죄닙고동뉴
에이셔ᄃᆞ토면병잠개예해ᄒᆞ이ᄂᆞ니세가지
ᄅᆞᆯ더디아니ᄒᆞ면비록날마다세가짓牲ᄉᆡᆼ쇼와
양과돋으로공양ᄒᆞ옴을ᄲᅳᆯ디라도오히려不블
孝효ㅣ되ᄂᆞ니라
右우ᄂᆞᆫ傳뎐之지七칠章쟝이니釋셕始시於
어事ᄉᆞ親친及급不블敢감毁훼傷샹ᄒᆞ니라
右우ᄂᆞᆫ傳뎐에닐곱잿章쟝이니어버이
셤김애비르솜과밋감히헐우며히여ᄇᆞ
리디아님을사기니라

子ᄌᆞㅣ曰왈五오刑형之지屬쇽이三삼千쳔이
로ᄃᆡ而ᅀᅵ罪죄ㅣ莫막大대於어不블孝효ㅣ니
子ᄌᆞㅣ골ᄋᆞ샤ᄃᆡ다ᄉᆞᆺ가지형벌의류ㅣ三삼千
쳔이로ᄃᆡ罪죄ㅣ不블孝효에셔큰이업ᄉᆞ니
라
要요君군者쟈ᄂᆞᆫ無무上샹ᄋᆞ이오非비聖셩人신者
쟈ᄂᆞᆫ無무法법ᄋᆞ이오非비孝효者쟈ᄂᆞᆫ無무親친ᄋᆞ니
此ᄎᆞㅣ大대亂란之지道도也야ㅣ니라
님금을요구ᄒᆞᄂᆞᆫ이ᄂᆞᆫ우흘업시너김이오聖
셩人신을외다ᄒᆞᄂᆞᆫ이ᄂᆞᆫ法법을업시너김이

孝經諺解 十八

오孝효를외다ᄒᆞᄂᆞᆫ이ᄂᆞᆫ어버이를업시너김
이니이ㅣ어즈러옴道도ㅣ니라
右우ᄂᆞᆫ傳뎐之지八팔章쟝이라
右우ᄂᆞᆫ傳뎐에여ᄃᆞᆲ잿章쟝이라
子ᄌᆞㅣ曰왈君군子ᄌᆞㅣ事ᄉᆞ上샹ᄒᆞᄃᆡ進진思ᄉᆞ
盡진忠튱ᄒᆞ며退퇴思ᄉᆞ補보過과ᄒᆞ야將쟝順슌其
기美미ᄒᆞ고匡광救구其기惡악ᄒᆞ이라故고로上샹下
하ㅣ能능相샹親친ᄒᆞᄂᆞ니詩시曰왈心심乎호愛
ᄋᆡ矣의니어遐하不블謂위矣의리마ᄂᆞᆫ오中듕心심藏
장之지ᄒᆞ니어何하日일忘망之지리오ᄒᆞ니라

避不謂 失從詩 傳釋

子ᄌᆞㅣ ᄀᆞᆯᄋᆞ샤ᄃᆡ 君군子ᄌᆞㅣ 님금을 셤교ᄃᆡ
나아가ᄂᆞᆫ 튱셩다ᄒᆞ믈 ᄉᆡᇰ각ᄒᆞ며 믈러와ᄂᆞᆫ 허
믈 깁ᄉᆞ오믈 ᄉᆡᇰ각ᄒᆞ야 그 아ᄅᆞᆷ다온 일란 받ᄌᆞ
와 슌죵ᄒᆞ고 그 사오나온 일란 졍ᄒᆞ야 救구ᄒᆞ
ᄂᆞᆫ디라 故고로 우ᄒᆞ과 아래 能ᄂᆞᆼ히 서르 親친ᄒᆞ
ᄂᆞ니 詩시예 닐오ᄃᆡ ᄆᆞᄋᆞᆷ애 ᄉᆞ랑ᄒᆞ거니 엇디
니ᄅᆞ디 아니리오 마ᄂᆞᆫ 中듕心심애 간ᄉᆞᄒᆞ야
새 니어ᄂᆡ 날 니ᄌᆞ리오 ᄒᆞ니라
右우ᄂᆞᆫ 傳뎐之지 九구章쟝이니 釋셕中듕於
어 事ᄉᆞ君군ᄒᆞ니라

孝經諺解 十七

右우ᄂᆞᆫ 傳뎐에 아홉잿 章쟝이니 님금 셤
김애 가온댄 줄을 사기니라
子ᄌᆞㅣ 曰왈 昔셕者쟈애 明명王왕이 事ᄉᆞ父부
ㅣ 孝효故고로 事ᄉᆞ天텬이 明명ᄒᆞ며 事ᄉᆞ母모
ㅣ 孝효故고로 事ᄉᆞ地디ㅣ 察찰ᄒᆞ며 長댱幼유
ㅣ 順슌故고로 上샹下하ㅣ 治티ᄒᆞ니 天텬地디明
명察찰ᄒᆞ면 神신明명이 彰쟝矣의니라 故고로 雖슈
天텬子ᄌᆞ두ㅣ라 必필有유尊존也야ㅣ니 言언有유
父부也야ㅣ며 必필有유先션也야ㅣ니 言언有유兄
형也야ㅣ라 宗종廟묘致티敬경은 不블忘망親친

也야ㅣ오 修슈身신愼신行ᄒᆡᇰ은 恐공辱욕先션也
야ㅣ니 宗종廟묘致티敬경이면 鬼귀神신이 著뎌矣
의니 孝효悌뎨之지至지ㅣ 通통於어神신明명
ᄒᆞ며 光광于우四ᄉᆞ海ᄒᆡᄒᆞ야 無무所소不블通통ᄒᆞ
ᄂᆞ니 詩시云운 自ᄌᆞ西셔自ᄌᆞ東동ᄒᆞ며 自ᄌᆞ南남自
ᄌᆞ北븍ᄒᆞ야 無무思ᄉᆞ不블服복이라 ᄒᆞ니라
子ᄌᆞㅣ ᄀᆞᆯᄋᆞ샤ᄃᆡ 녜 ᄇᆞᆯ근 님금이 아비 셤김
이 孝효ᄒᆞᆫ 故고로 하ᄂᆞᆯ 셤김이 ᄇᆞᆯᄀᆞ시며 어미
셤김이 孝효ᄒᆞᆫ 故고로 ᄯᅡ 셤김이 ᄌᆞ셔ᄒᆞ시며
얼운이며 졈은이 順슌ᄒᆞᆫ 故고로 우히며 아래

孝經諺解 十八

다ᄉᆞ리니 하ᄂᆞᆯ과 ᄯᅡ해 ᄇᆞᆯ가며 ᄉᆞᆯ펴ᄒᆞ면 神신明
명(귀신의 ᄇᆞᆯ곰올 닐온 말이라)이 나타나ᄂᆞ니라 故고로 비
록 天텬子ᄌᆞㅣ라두 반ᄃᆞ시 尊존ᄒᆞ리 이시니
아비 겨샴을 니ᄅᆞ며 반ᄃᆞ시 몬져ᄒᆞ리 이시니
兄형이 이심을 니ᄅᆞ니라 宗종廟묘애 공경을
닐위욤은 어버이를 닛디 아니홈이오 몸을 닷
ᄀᆞ며 ᄒᆡᇰ실을 삼가믄 조샹을 욕홀까 저헤니 宗
종廟묘애 공경을 닐위면 鬼귀神신이 나타나
ᄂᆞ니라 孝효ㅣ며 悌뎨의 지극홈이 神신明명
애 ᄉᆞᄆᆞ차며 四ᄉᆞ海ᄒᆡ예 빗나 ᄉᆞᄆᆞᆺ디 아닐 배

업ᄂᆞ니詩시예닐오ᄃᆡ西셔로브테며東동으
로브테며南남으로브테며北북으로브터ᄉᆡᇰ
각ᄒᆞ야좃디아닐이업다ᄒᆞ니라
右우ᄂᆞᆫ傳뎐之지十십章쟝이니釋셕天텬子ᄌᆞ
之지孝효ᄒᆞ니라
右우ᄂᆞᆫ傳뎐에열잿章쟝이니天텬子ᄌᆞ
의孝효를사기니라
子ᄌᆞㅣ曰왈君군子ᄌᆞ之지事ᄉᆞ親친이孝효故
고로忠튱可가移이於어君군이오事ᄉᆞ兄형이悌
뎨故고로順슌可가移이於어長댱이오居거家가
孝經諺解
ㅣ理리故고로治티可가移이於어官관이니是시
以이로行ᄒᆡᇰ成셩於어內ᄂᆡ而ᅀᅵ名명立립於어
後후世세矣의니라
子ᄌᆞㅣᄀᆞᆯᄋᆞ샤ᄃᆡ君군子ᄌᆞ의어버이셤김이
孝효ᄒᆞᆫ故고로튱셩을可가히님금ᄭᅴ옴기고
兄형셤김이悌뎨ᄒᆞᆫ故고로공슌홈을可가히
얼운의게옴기고집의셔사로미다ᄉᆞᆫ故고로
다ᄉᆞ림을可가히구위예옴기ᄂᆞ니이러모로
ᄒᆡᇰ실이안해이러일홈이後후世세예셔ᄂᆞ니
라

右우ᄂᆞᆫ傳뎐之지十십一일章쟝이니釋셕立
립身신揚양名명及급士ᄉᆞ之지孝효ᄒᆞ니라
右우ᄂᆞᆫ傳뎐에열ᄒᆞ나잿章쟝이니몸을
세며일홈을베픔과밋士ᄉᆞ의孝효를사
기니라
子ᄌᆞㅣ曰왈閨규門문之지內ᄂᆡ예具구禮례矣
의乎호ᄂᆞᆫ뎌嚴엄父부嚴엄兄형이오妻쳐子ᄌᆞ臣신
妾쳡은猶유百ᄇᆡᆨ姓셩徒도役역也야ㅣ니라
子ᄌᆞㅣᄀᆞᆯᄋᆞ샤ᄃᆡ閨규門문도장문이니집안ᄒᆞᆯ니ᄅᆞ니라안
해례되ᄀᆞ잔ᄂᆞᆫ더엄ᄒᆞᆫ아비와엄ᄒᆞᆫ兄형이오
孝經諺解
안해와ᄌᆞ식과가신과쳡은百ᄇᆡᆨ姓셩과徒도
役역구실셔ᄂᆞᆫ사ᄅᆞᆷ돌히라ᄀᆞᄐᆞ니라
右우ᄂᆞᆫ傳뎐之지十십二이章쟝이라
右우ᄂᆞᆫ傳뎐에열둘잿章쟝이라
曾증子ᄌᆞㅣ曰왈若약夫부慈ᄌᆞ愛ᄋᆡ恭공敬경
과安안親친揚양名명은參삼이聞문命명矣의
어니와敢감問문從종父부之지令령이可가謂위
孝효乎호ㅣ잇가
曾증子ᄌᆞㅣᄀᆞᆯᄋᆞ샤ᄃᆡ만일ᄌᆞ랑ᄒᆞ기와공경
ᄒᆞ기와어버이를편안ᄒᆞ시게홈과일홈을베

ᄠᅳ기ᄂᆞᆫ參ᄉᆞᆷ이니ᄅᆞ심올듣ᄌᆞ왓ᄉᆞᆸ거니와敢
감히묻ᄌᆞᆸ노이다아비ᄭᅴ걸마다조촘이可가
히孝효ㅣ라니ᄅᆞ리잇가
子ᄌᆞㅣ曰왈是시何하言언與여오是시何하言
언與여오昔석者쟈에天텬子ᄌᆞㅣ有유爭징臣
신七칠人신이면ᄒᆞ雖슈無무道도ㅣ라不블失실其
기天텬下하ᄒᆞ고諸져侯후ㅣ시有유爭징臣신五
오人신이면ᄒᆞ雖슈無무道도ㅣ라不블失실其기國
국ᄒᆞ고大대夫부ㅣ시有유爭징臣신三삼人신이면ᄒᆞ
雖슈無무道도ㅣ라不블失실其기家가ᄒᆞ고士ᄉᆞ

孝經諺解 二十三

ㅣ有유爭징友우則즉身신不블離리於어令령
名명ᄒᆞ고父부ㅣ有유爭징子ᄌᆞ則즉身신不블陷
함於어不블義의니ᄒᆞᄂᆞ故고로當당不블義의則
즉子ᄌᆞ不블可가以이不블爭징於어父부며臣
신不블可가以이不블爭징於어君군이라故고로
當당不블義의則즉爭징之지니從종父부之지
令령이又우焉언得득爲위孝효乎호오리
子ᄌᆞㅣ골ᄋᆞ샤ᄃᆡ이엇딘말오이엇딘말오녜
天텬子ᄌᆞㅣ간ᄒᆞᄂᆞᆫ신하닐굽사ᄅᆞᆷ을두면비
록道도ㅣ업슬디라도그天텬下하ᄅᆞᆯ일티아

니ᄒᆞ시고諸져侯후ㅣ간ᄒᆞᄂᆞᆫ신하다ᄉᆞᆺ사ᄅᆞᆷ
을두면비록道도ㅣ업슬디라도그나라ᄒᆞᆯ일
티아니ᄒᆞ시고태위간ᄒᆞᄂᆞᆫ신하세사ᄅᆞᆷ을두
면비록道도ㅣ업슬디라도그집을일티아니
ᄒᆞ고士ᄉᆞㅣ간ᄒᆞᄂᆞᆫ벋을두면몸이어딘일홈
에ᄢᅥ나디아니ᄒᆞ고아비간ᄒᆞᄂᆞᆫ아ᄃᆞᆯ을두면
몸이올티아니ᄒᆞᆫ듸ᄲᅡ디디아니ᄒᆞᄂᆞ니故고
로올티아니ᄒᆞᆫ듸다ᄃᆞᄅᆞ면아ᄃᆞᆯ이可가히ᄡᅥ
아비게간티아니티몯ᄒᆞᆯ거시며신해可가히
ᄡᅥ님금ᄭᅴ간티아니티몯ᄒᆞᆯ거시라故고로올

孝經諺解 二十四

티아니ᄒᆞᆫ듸다ᄃᆞᄅᆞ면간ᄒᆞᄂᆞ니아비ᄭᅴ걸마
다조촘이ᄯᅩ엇디시러곰孝효ㅣ되리오
右우ᄂᆞᆫ傳뎐之지十십三삼章장이라
右우ᄂᆞᆫ傳뎐에열셋재章장이라
子ᄌᆞㅣ曰왈孝효子ᄌᆞ之지喪상親친애哭곡不
블偯의ᄒᆞ며禮례無무容용ᄒᆞ며言언不블文문ᄒᆞ며服
복美미不블安안ᄒᆞ며聞문樂악不블樂락ᄒᆞ며食식
旨지不블甘감ᄒᆞᄂᆞ니此ᄎᆞㅣ哀의戚쳑之지情졍
이라
子ᄌᆞㅣ골ᄋᆞ샤ᄃᆡ孝효子ᄌᆞ의어버이ᄅᆞᆯ거상

홈애우롬을기리혀디아니며례도를지에ᄒᆞ
디아니며말ᄉᆞᆷ을빗내아니며됴ᄒᆞᆫ것닙옴애
편안이아니너기며음악을드롬애즐기디아
니며맛난거ᄉᆞᆯ먹음애돌게너기디아니ᄒᆞᄂᆞ
니이슬프고셜워ᄒᆞᄂᆞᆫ뜯이라
三삼日실而ᅀᅵ食식ᄋᆞᆫ教교民민無무以이死ᄉᆞ
傷샹生ᄉᆡᇰᄒᆞ며毁훼不블滅멸性셩이니此ᄎᆞㅣ聖셩
人신之지政졍이라
사ᄅᆞᆷ만의먹음은ᄇᆡᆨ셩을ᄀᆞᄅᆞ치되주근이로
ᄡᅥ산이롤샹케아니ᄒᆞ며毁훼ᄂᆞᆫ여위여ᄀᆞ리고터되
孝經諺解 二十五
ᄒᆞ야도목숨을업게아니홈이니이聖셩人
신의정ᄉᆞㅣ라
喪상不블過과三삼年년ᄋᆞᆫ示시民민有유終종
爲위之지棺관槨곽衣의衾금而ᅀᅵ擧거之지ᄒᆞ니
陳딘其기簠보簋궤而ᅀᅵ哀의慼쳑之지ᄒᆞ며擗
踊용哭곡泣읍ᄒᆞ야哀의而ᅀᅵ送송之지ᄒᆞ며卜복
其기宅ᄐᆡᆨ兆됴而ᅀᅵ安안厝조之지ᄒᆞ며爲위之지
宗종廟묘ᄒᆞ야以이鬼귀享향之지ᄒᆞ며春츈秋츄祭
祀ᄉᆞᄒᆞ야以이時시思ᄉᆞ之지ᄒᆞ니라
거상을三삼年년의넘구디아니홈은ᄇᆡᆨ셩의

게ᄆᆞᄎᆞᆷ이이ᄋᆞᆷ을뵘이니棺관과槨곽과옷과
니블을ᄒᆞ야들며그簠보과簋궤ᄂᆞᆫ다졔긔일홈이라를
버리고슬허셜워ᄒᆞ며가슴두드리며발구르
며우러슬허보내ᄋᆞ오며그분묘터롤졈복ᄒᆞ
야감소오며宗종廟묘를ᄒᆞ야귀신으로ᄡᅥ이
받ᄌᆞ오며봄과ᄀᆞ올히祭제祀ᄉᆞᄒᆞ야시절로
ᄡᅥᄉᆡᇰ각게ᄒᆞ니라
生ᄉᆡᇰ事ᄉᆞ愛의敬경ᄒᆞ고死ᄉᆞ事ᄉᆞ哀의慼쳑애生
ᄉᆡᇰ民민之지本본이盡진矣의며死ᄉᆞ生ᄉᆡᇰ之지
義의ㅣ備비矣의니孝효子ᄌᆞ之지事ᄉᆞ親친이
孝經諺解 二十六
終종矣의니라
사라겨신제셤교ᄃᆡᄉᆞ랑ᄒᆞ며공경홈으로ᄒᆞ
고죽으시거든셤교ᄃᆡ슬허ᄒᆞ며셜워홈으로
홈애ᄇᆡᆨ셩의本본이극진ᄒᆞ며죽으며사라실
젯도리ᄀᆞᄌᆞ니孝효子ᄌᆞ의어버이셤김이몯
ᄂᆞ니라
右우ᄂᆞᆫ傳뎐之지十십四ᄉᆞ章쟝이라
右우ᄂᆞᆫ傳뎐에열넷잿章쟝이라
孝효經경諺언解ᄒᆡ 終종

-1-

孝經大義跋

聖人作六經以詔天下後世其於道德性命之說備矣然而於孝特加詳焉至別爲一經者何耶蓋百行非孝不立萬善非孝不行所謂天之經也地之義也民之彝也自天子以至庶人誠不可一日而不講也隋志曰孔子旣叙六經題目不同指意差別恐斯道離散故作孝經以總會之明其枝流雖分本萌於孝其說是已於此盡心焉則六經之道擧在是矣秦火旣熄遺經間出壁書與今文雜行

雖經群儒辨論補綴而輒復湮廢至宋朱子始爲刊誤又次其經傳以復孔氏之舊以鄱陽董氏爲之註釋極其歸趣然後一經之條貫煥然其有功於聖門甚大而經之顯晦實有非偶然者矣惟我

主上殿下以聰明睿智之聖握君師之丕責化民成俗未嘗不以彝倫爲急一日

御經筵與儒臣論治道因歎孝經之敎久廢於世又問其註疏之有無左右以是編聞卽蒙

宣索覽之嘉賞將鋟梓以廣其傳猶

-2-

慮窮閻愚下之民未喻其義也下弘文館悉解以諺語使人易曉且

命臣略叙其後臣竊惟堯舜之道孝悌而已其親九族平百姓協萬邦以至鳥獸魚鱉咸若皆孝之推也三代聖王率由斯道治化之隆後世莫及及其衰也孔子只以空言與弟子相授受卽其經中所載言及古昔必稱先王蓋其傷之也深矣自是厥後微言絶大道壞人心貿貿已千有五百餘年矣歷代以來雖不無英君誼辟其所以把持世道主張化權者

不過曰功利而已術數而已孰肯以是爲念哉則善治之不復而禍亂之相尋也無怪今

聖上獨穆然深思推究化源乃於聖人之經尊信表章旣以是躬行建極於上又以是導迪牖民於下其於復堯舜三代之治也何有抑臣又有感焉聖遠言湮經殘敎弛古道之行雖不可一日而冀然降衷秉彝之天亘萬古而猶在聖經所書卽人心所具之理反而求之寧有不得者哉嗚呼誰無父母誰非人子孰倡而不和孰感而不應故曰上有好者下必

有甚焉者 臣 知是書之行也必有油然而起
躍然而趨沛然而不可禦比屋可封之美端
可馴致矣其謂之至德要道者非耶宜
殿下之惓惓於是也萬曆十七年六月下澣資憲
大夫知中樞府事兼弘文館大提學藝文館
大提學知成均館事同知 經筵春秋館事
臣 柳成龍奉
敎謹跋

孝經大義跋

孝효經경諺언解히 終죵

불설대보부모은중경

佛說大報父母恩重經

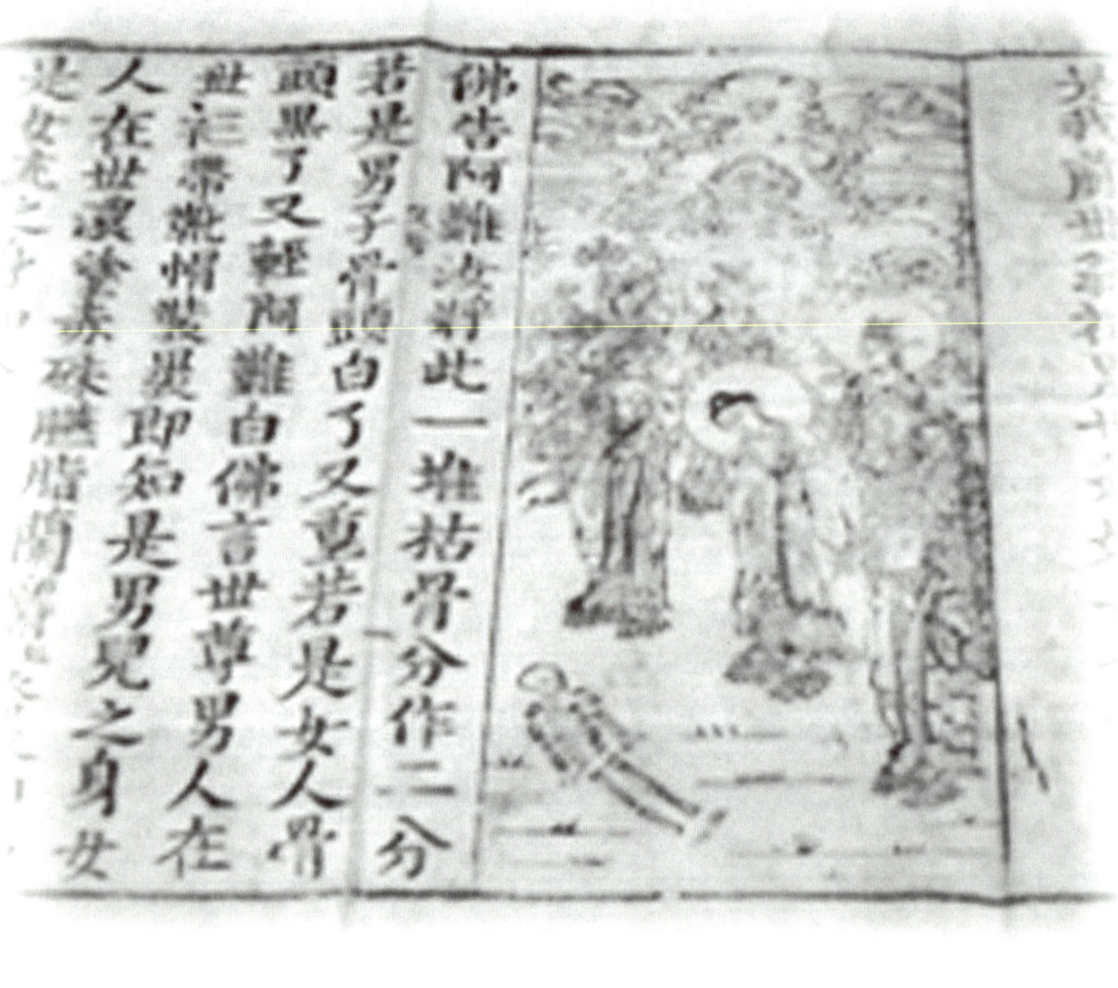

佛告阿難汝將此一堆枯骨分作二分
若是男子骨頭白了又重若是女人骨
頭黑了又輕阿難白佛言世尊男人在
世衣帶靴帽裝裹即知是男兒之身女
人在世濃塗[illegible]

-1-

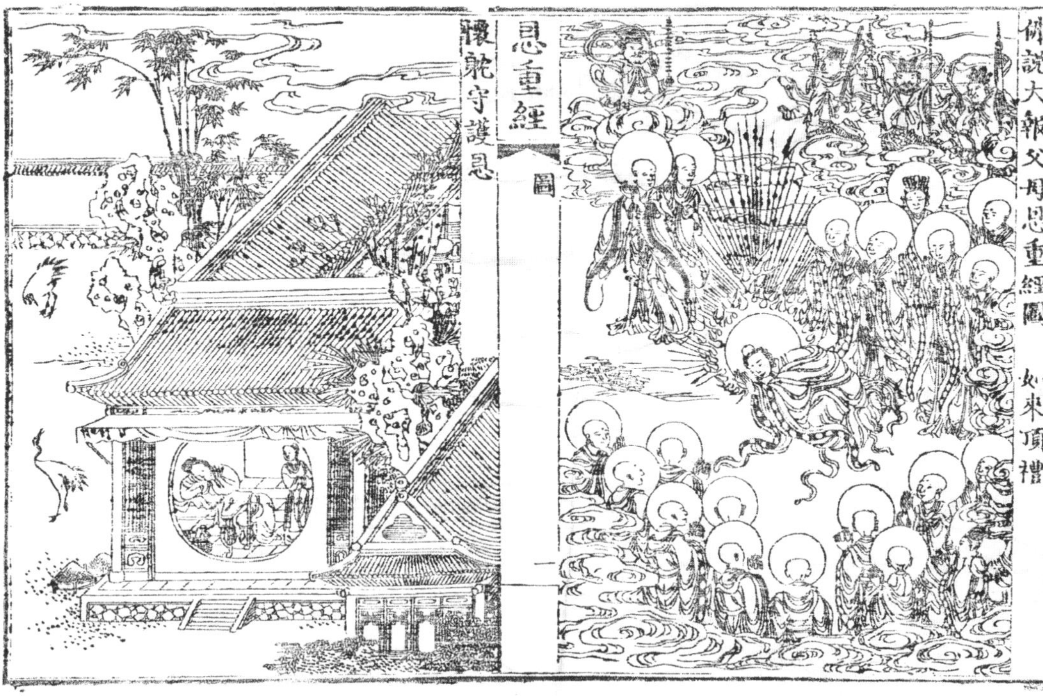

-2-

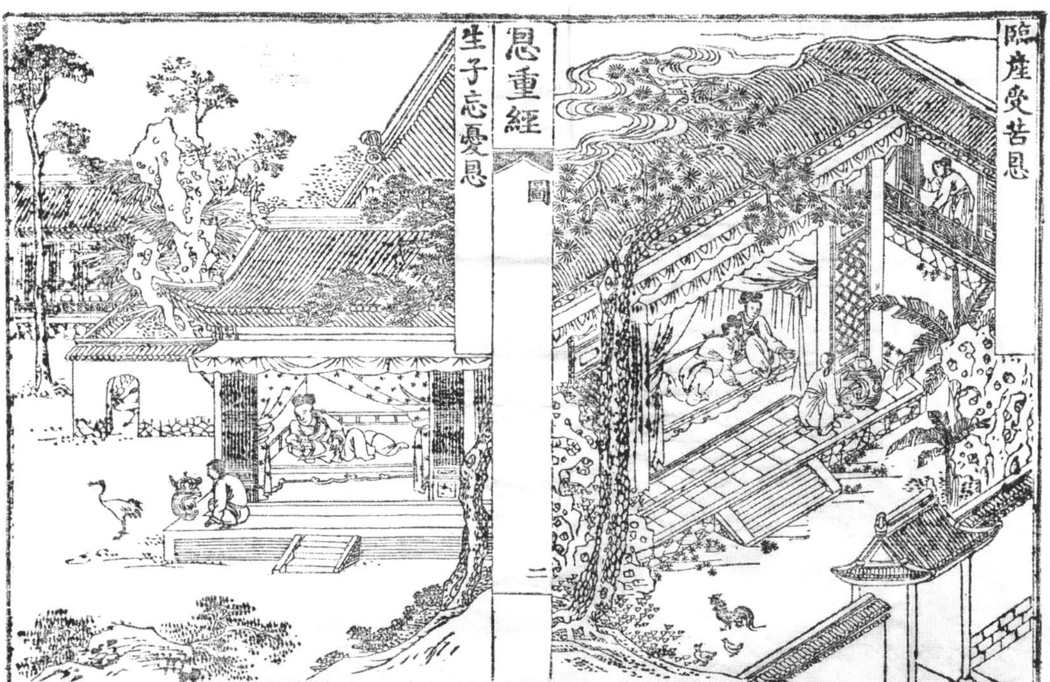

-3-

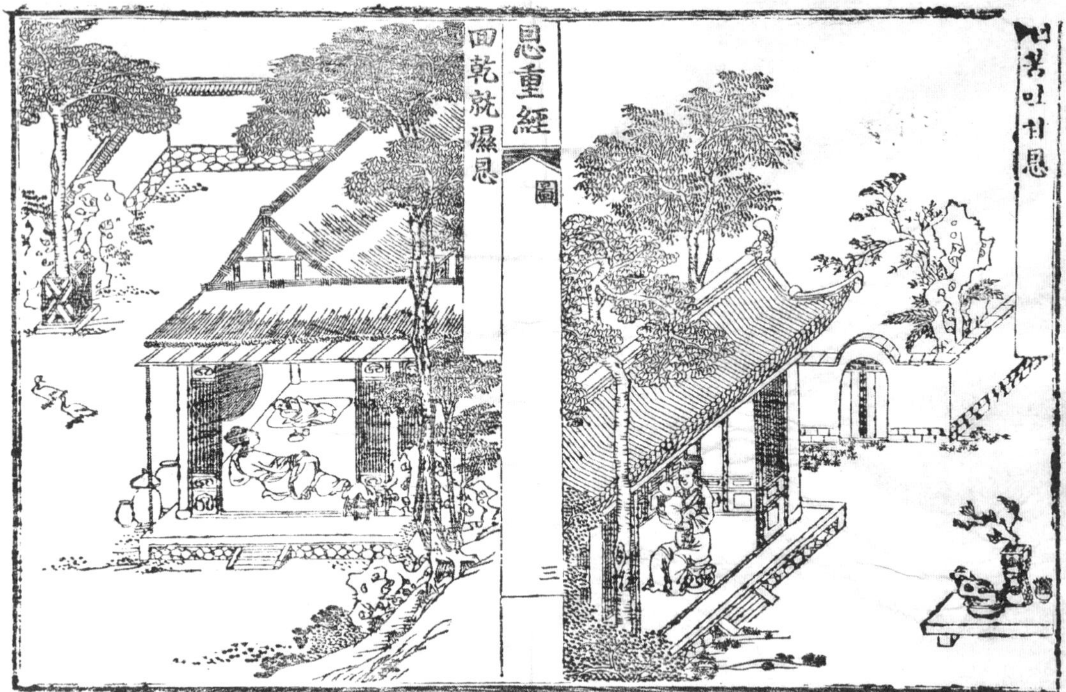

-4-

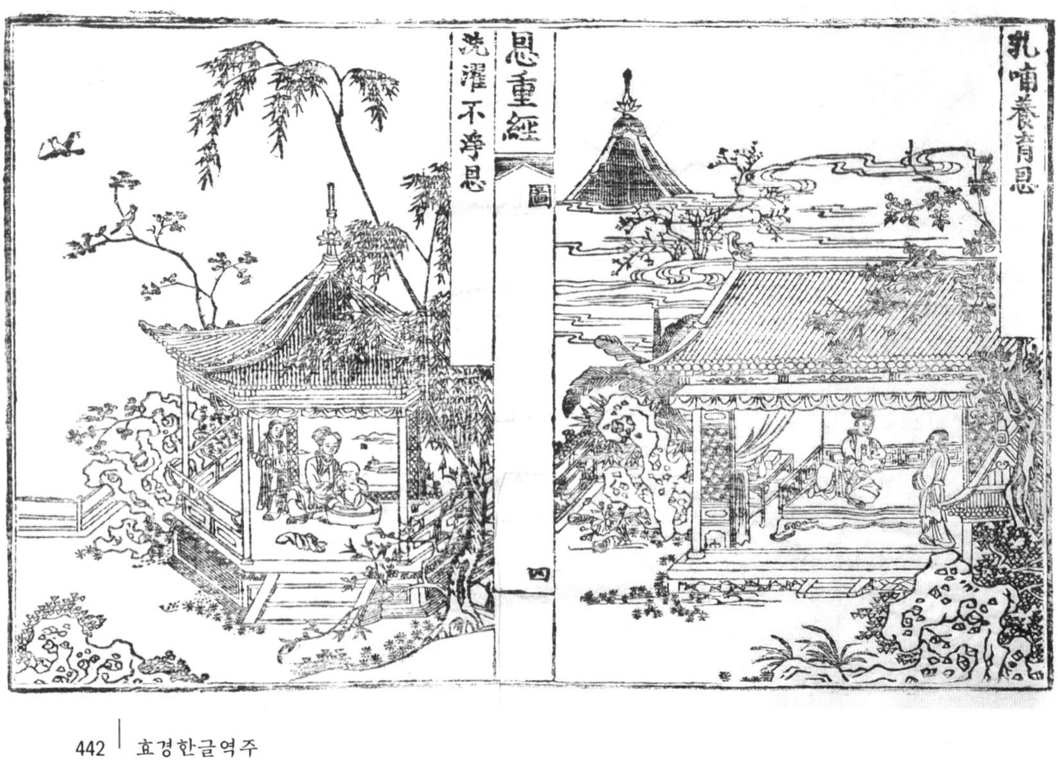

-5-

-6-

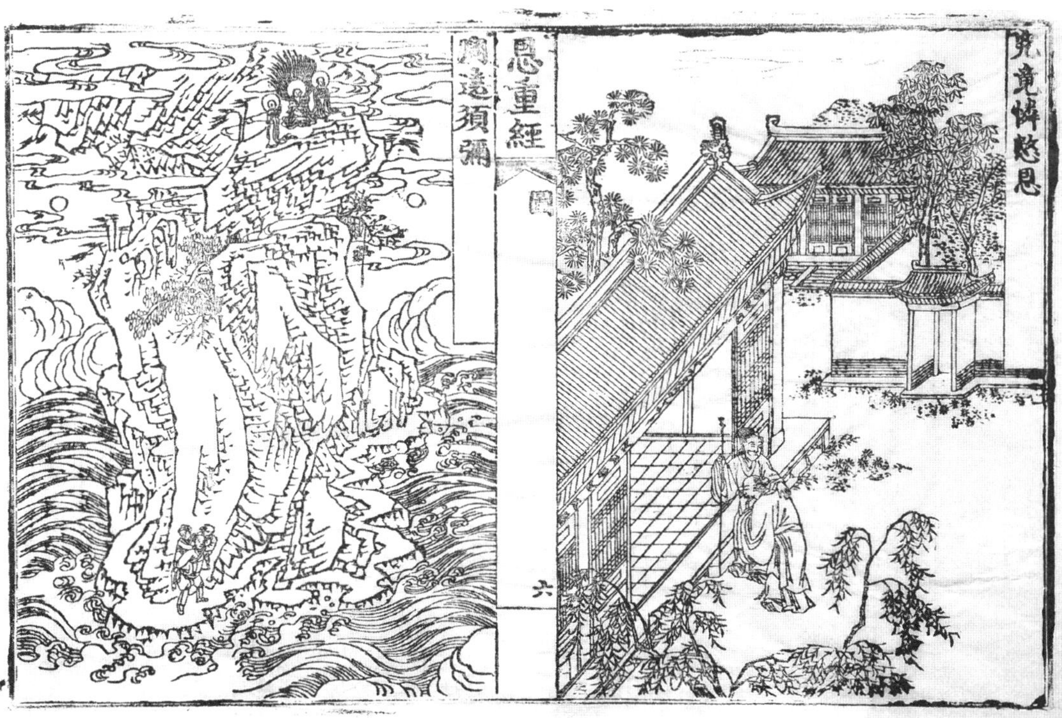

불설대보부모은중경 변상도

-7-

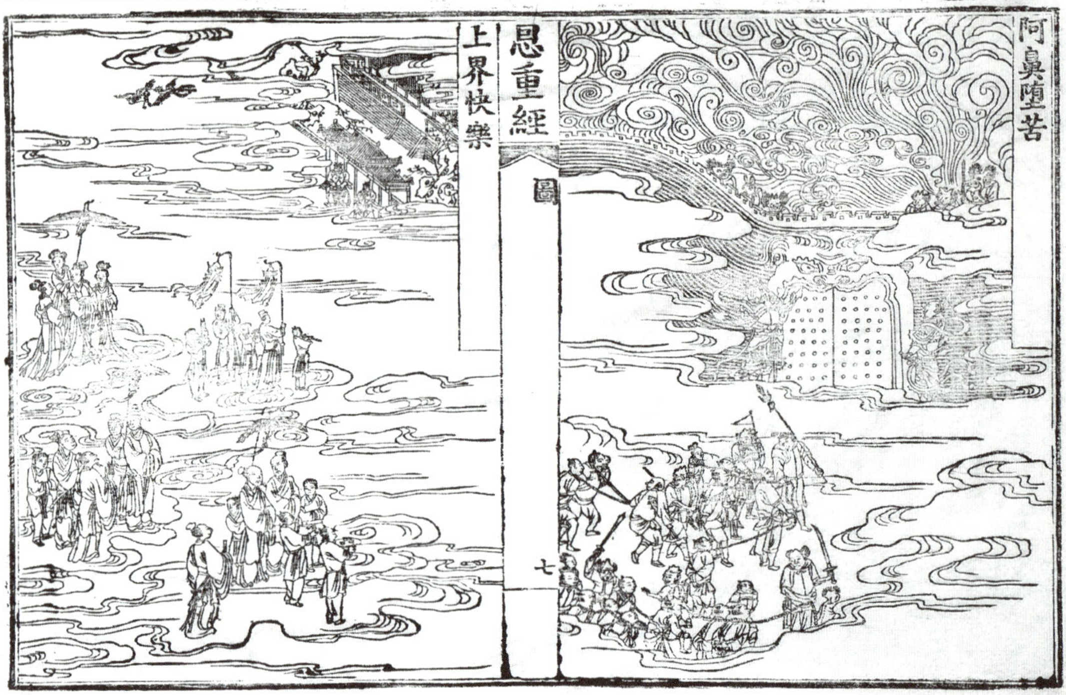

불설대보부모은중경 목차

-1-

佛說大報父母恩重經科判

初序分

二正宗分四

一報恩因緣三

一如来頂禮

二佛認宿世

三二分問答

二歷陳恩愛二

恩重經 一

一彌月劬勞

二十偈讚頌

三廣說業難二

一指數諸愆

二援喩八種

四果報顯應三

一啓發懺修

二阿鼻墮苦

三上界快樂

三流通分三

一八部誓願

二佛示經名

三人天奉持

佛說大報父母恩重經

初序分

如是我聞一時佛在舍衛國王舍城祇樹給孤獨園與大比丘三萬八千人菩薩摩訶薩衆俱

如是我聞如是之法我從佛聞也我阿難也佛涅槃後一切經阿難結撰故佛此云覺也舍衛中天竺國名也王舍城

國都也祇樹祇陀太子所施之樹也給孤獨園給孤長者所買之園也比丘含三義謂乞士破惡怖魔也菩薩摩訶薩此云覺有情也大比丘常隨衆也菩薩摩訶薩来集衆也

二正宗分四

一報恩因緣三、一如来頂禮

爾時世尊将領大衆往詣南行見一堆枯

骨爾時如来五體投地禮拜枯骨阿難大
衆白佛言世尊如来是三界大師四生慈
父衆人歸敬云何禮拜枯骨
世尊佛第十號如来佛第一號天上人
間共所尊故曰世尊從真如中来故曰
如来也三界慾界色界無色界也四生
胎生卵生濕生化生也
二佛認宿世

佛告阿難汝雖是吾上足弟子出家深遠
知事未廣此一堆枯骨或是我前世翁祖
累世爺孃吾今拜禮
阿難即十大弟子多聞第一入大權菩
薩之位故曰上足也
三二分問答
佛告阿難汝將此一堆枯骨分作二分若
是男子骨頭白了又重若是女人骨頭黑

了又輕阿難白佛言世尊男人在世衫帶
靴帽裝裹即知是男兒之身女人在世濃
塗赤硃臙脂蘭麝裝裹即知是女流之身
如今死後白骨一般教弟子如何認得
佛告阿難若是男人在世之時入於伽藍
聽講誦經禮拜三寶念佛名字所以骨頭
白了又重女人在世恣情婬欲生男養女
一迴生箇孩兒流出三㪷三勝凝血飲孃

八斛四㪷白乳所以骨頭黑了又輕阿難
聞語痛割於心垂淚悲泣白佛言世尊母
恩德者云何報答
伽藍有二義一神名也一寺也此従寺
義三寶佛法僧也三勝之勝與升通
二歷陳恩愛二　一彌月劬勞
佛告阿難汝今諦聽諦聽吾今為汝分別
解説阿孃懷子十月之中極是辛苦

阿孃一箇月懷胎恰如草頭上珠保朝不
保暮早晨聚將来午時消散去
阿孃兩箇月懷胎恰如撲落凝蘇
凝蘇凝酥也林滋小雪賦曰凝蘇點點
阿孃三箇月懷胎恰如凝血
阿孃四箇月懷胎稍作人形
阿孃五箇月懷胎在孃腹中生五胞何者
名為五胞頭為一胞兩肘為三胞兩膝為

五胞
阿孃六箇月懷胎孩兒在孃腹中六精開
何者名為六精眼為一精耳為二精鼻為
三精口是四精舌是五精意為六精
六精即六根而六根有身無口六精有
口無身者胞中無觸故不言身覺味有
舌故不言口
阿孃七箇月懷胎孩兒在孃腹中生三百

六十骨節八萬四千毛孔
阿孃八箇月懷胎生其意智長其九竅
阿孃九箇月懷胎孩兒在孃腹中喫食不
飡桃梨蒜菓五穀飲味阿孃生藏向下熟
藏向上有一座山此山有三般名字一號
須彌山二號業山三號血山此山一度崩
来化為一條凝血流入孩兒口中
言兒將滿月可以喫食而不飡菓穀惟
飲母血也生藏心肝脾肺等也熟藏膓

胃膀胱也須彌言其象也業言其因也
血言其體也須彌詳見下文
阿孃十箇月懷胎方乃降生若是孝順之
男擎拳合掌而生不損阿孃若是五逆之
子擘破阿孃胞胎手攀阿孃心肝脚踏阿
孃胯骨教孃如千刀攪腹恰似萬刀攢心
如斯痛苦生得此身猶有十恩

俱含經云胎中凡有五位一七名羯羅
藍此云凝滑二七名遏蒲曇此云皰狀
如瘡皰三七名閉尸此云軟肉四七名
健南此云堅肉五七名鉢羅奢佉此云
形位與此不同者彼以七日為界此以
十朔論胎也孿拳合掌不損阿孃如生
民之不坼不副先生如達也髈骨髀上
骨也

恩重經　六

二十偈讚頌

第一懷躭守護恩頌曰
累劫因緣重今來託母胎月逾生五臟七
七六精開體重如山岳動止劫風災羅衣
都不掛裝鏡惹塵埃
楞嚴經云流愛為種納想為胎父母已
三業相纏故遂入胎中成五陰身也

第二臨產受苦恩頌曰

懷經十箇月產難欲將臨朝朝如重病日
日似惛沉惶怖難成記愁淚滿胷襟含悲
告親族惟懼死來侵

第三生子忘憂恩頌曰
慈母生君日五臟總開張身心俱悶絕流
血似屠羊生已聞兒健歡喜倍加常喜定
悲還至痛苦徹心腸

第四咽苦吐甘恩頌曰

恩重經　七

父母恩深重恩憐無失時吐甘無所食咽
苦不嚬眉愛重情難忍恩深復倍悲但令
孩子飽慈母不辭飢

第五回乾就濕恩頌曰
母自身俱濕將兒以就乾兩乳充飢渴羅
袖掩風寒恩憐恒廢寢寵弄盡能歡但令
孩子穩慈母不求安

第六乳哺養育恩頌曰

慈母象於地嚴父配於天覆載恩將等父
孃意亦然不憎無眼目不嫌手足攣誕腹
親生子終日惜無憐
第七洗濯不淨恩頌曰
憶昔美容質姿媚甚豐濃眉分翠柳色兩
臉奪蓮紅恩深摧玉貌洗濯損盤龍只爲
憐男女慈母改顏容
此因洗淨兒容而遂及母容之爲兒而

改也盤龍鏡也
第八遠行憶念恩頌曰
死別誠難忘生離實亦傷子出關山外母
意在他鄉日夜心相逐流淚數千行如猿
泣愛子憶念斷肝腸
第九爲造惡業恩頌曰
父母江山重恩深報實難子苦願代受兒
勞母不安聞道遠行去行遊夜臥寒男女

暫辛苦長使母心酸
第十究竟憐愍恩頌曰
父母恩深重恩憐無歇時起坐心相逐遠
近意相隨母年一百歲常憂八十兒欲知
恩愛斷命盡始分離
三廣說業難二 一指數諸愆
佛告阿難我觀衆生雖紹人品心行愚蒙
不思爺娘有大恩德不生恭敬棄恩背恩

無有仁慈不孝不義阿娘懷子十月之中
起坐不安如擎重擔飮食不下如長病人
月滿生時受諸苦痛須臾好惡恐爲無常
如殺猪羊血流遍地受如是苦生得此身
咽苦吐甘抱持養育洗濯不淨不憚劬勞
忍熱忍寒不辭辛苦乾處兒臥濕處母眠
三年之中飮母白血嬰孩童子乃至盛年
奬教禮義婚嫁官學備求資業携荷艱辛

-10-

勤苦之終不言恩絕男女有病父母病生
子若病愈慈母方差如斯養育願早成人
及其長成反為不孝尊親共語應對慚悻
拗眼戾睛欺淩伯叔打罵兄弟毀辱親情
無有禮義不遵師範父母教令元不依從
兄弟共言故相拗戾出入往來不啓尊人
言行高踈擅意為事父母訓罰伯叔語非
童幼憐愍尊人遮護漸漸長成狠戾不調

恩重經 十

不伏虧違反生嗔恨棄諸親友朋附惡人
習已性成遂為狂計被人誘引逃竄他鄉
違背爺孃離家别貫或因經紀或為征行
荏苒因循便為婚娶由斯留礙久不還家
或在他鄉不能謹慎被人謀點橫事鉤牽
枉被刑責牢獄枷鎖或遭病患厄難縈纏
困苦飢羸無人看侍被他嫌賤委棄街衢
因此命終無人救療膨脹爛壞日曝風吹

-11-

白骨飄零寄他鄉土便與親族歡會長乖
父母心隨永懷憂念或因啼血眼闇目盲
或為悲哀氣咽成病或緣憶子衰變死亡
作鬼抱魂不曾割捨或復聞子不崇孝義
朋逐異端無賴麤頑好習無益鬬打竊盜
觸犯鄉閭飲酒樗蒱姧非過失帶累兄弟
惱亂爺孃晨去暮還尊親憂念不知父母
動止寒温晦朔朝晡永乖扶侍父母年邁

恩重經 十二

形貌衰羸羞恥見人嗔呵欺抑或復父孤
母寡獨守空堂猶若客人寄住他舍床席
塵土拂拭無時參問起居從斯斷絕寒温
飢渴曽不聞知晝夜恒常自嗟自歎應賞
饌物供養尊親每詐羞慚畏人怪笑或持
時食供給妻兒醜拙疲勞無避羞恥妻妾
約束每事依從尊者嗔喝全無畏懼或復
是女通配他人未嫁之時咸皆孝順婚嫁

已訖不孝遂增父母微嗔即生怨恨夫壻
打罵忍受甘心異姓他宗情深眷重自家
骨肉却已為踈或随夫壻外郡他鄉離別
爺孃無心戀慕斷絶消息音信不通令使
爺孃懸腸掛肚常已倒懸每思見面如渴
思漿無有休息父母恩德無量無邊不孝
之愆卒陳難報

無常生死也懶怿狠戾也經紀行商也

爾時大衆聞佛所說父母恩德擧身投地
渾推自撲身毛孔中悉皆流血悶絶躃地
良久乃蘇高聲唱言苦哉苦哉痛哉痛哉
我等今者深是罪人從来未覺冥若夜遊
今悟知非心膽俱碎惟願世尊哀愍救拔
云何報得父母深恩

二援喻八種

爾時如来即以八種深重梵音告諸大衆

汝等當知吾今為汝分別解說

梵音佛音也印度有伽陵鳥其聲和雅
佛音如之八種即下文解說

假使有人左肩擔父右肩擔母研皮至骨
骨穿至髓遶須彌山經百千匝猶不能報
父母深恩

須彌山刋定記云一云蘓迷亦云須彌
盧此云妙高山四寶所成高八萬由旬

俱舍經云大地金輪上有九大山妙高
處中餘八周匝海水盈滿於外海中大
洲有四各對妙高南贍部洲東勝身洲
西牛貨洲北倶盧洲即一須彌一日月
所統世界也繞山必稱須彌言其遠也

假使有人飢遭饉刧為於爺孃盡其已身
臠割碎壞猶如微塵經百千刧猶不能報
父母深恩

假使有人手執利刀爲於爺孃剜其眼睛
獻於如來經百千劫猶不能報父母深恩
假使有人爲於爺孃亦以利刀割其心肝
血流遍地不辭痛苦經百千劫猶不能報
父母深恩
假使有人爲於爺孃百千刀輪於自身中
左右出入經百千劫猶不能報父母深恩
假使有人爲於爺孃體掛身燈供養如來

經百千劫猶不能報父母深恩
體掛身燈燃指燒頂之類西土供佛之
俗
假使有人爲於爺孃打骨出髓百千鋒戟
一時刺身經百千劫猶不能報父母深恩
假使有人爲於爺孃呑熱鐵丸經百千劫
遍身燋爛猶不能報父母深恩

四果報顯應三　一啓發懺悔

爾時大衆聞佛所說父母恩德垂淚悲泣
白佛言世尊我等今者深是罪人云何報
得父母深恩佛告弟子欲得報恩爲於父
母書寫此經爲於父母讀誦此經爲於父
母懺悔罪愆爲於父母供養三寶爲於父
母受持齋戒爲於父母布施修福若能如
是則名爲孝順之子不作此行是地獄人
俱舍經云大地底下有金水風三輪八

寒八熱地獄在三輪之上泥犁經云大
獄有八寒獄有十楞嚴經云衆生作業
從其十因六果有八無間獄十八地獄
三十六地獄一百八地獄之分諸般受
苦詳下

二阿鼻隨苦

佛告阿難不孝之人身壞命終墮阿鼻無
間地獄此大地獄縱廣八萬由旬四面鐵

城周廻羅網其地赤鐵盛火洞然猛烈炎爐雷奔電爍洋銅鐵汁流灌罪人鐵蛇銅狗恒吐烟炎燠燒煮炙脂膏燋燃苦痛哀哉難堪難忍鐵鏘鐵串鐵鎚鐵戟劒刃刀輪如雨如雲空中而下或斬或刺苦罰罪人歷劫受殃無時間歇又令更入地獄中頭戴火盆鐵車分裂腸肚骨肉燋爛縱橫一日之中千生萬死受如是苦皆因前身

五逆不孝故獲斯罪

阿鼻此云無間楞嚴註八情三想生有間獄九情一想生無間獄則地獄之最重者曰阿鼻也阿鼻無間之獄者弁擧梵語及譯文也由旬此云四十里地獄多種而此獨稱火者百八獄之中火獄爲重故也

三上界快樂

爾時大衆聞佛所說父母恩德垂淚悲泣告於如來我等今者云何報得父母深恩佛告弟子欲得報恩爲於父母重興經典是眞報得父母恩也能造一卷得見一佛能造十卷得見十佛能造百卷得見百佛能造千卷得見千佛能造萬卷得見萬佛緣此等人造經力故是諸佛等常來擁護令使其人父母得生天上受諸快樂永離

地獄苦

天人仙修羅鬼畜生爲六趣情想均等生於人間情少想多爲仙爲修羅情多想少墮鬼情想俱空墮畜生純想生天天者欲界六天曰四天王天曰忉利天曰須焰摩天曰兜率陁天曰樂變化天曰他化自在天色界十八天曰梵衆天曰梵輔天曰大梵天曰少光天曰無量

光天曰光音天曰少淨天曰無量淨天
曰徧淨天曰福生天曰福愛天曰廣果
天曰無想天曰無煩天曰無熱天曰善
見天曰善現天曰色究竟天無色界四
天曰空處曰識處曰無所有處曰非想
非非想處凡二十八天四天王天下有
日月星宿天常憍天持鬘天堅首天並
帝釋天宮爲三十三天也諸天皆有天

子天人隨其福德往生有高下顯識經
云衆生捨壽福業資者得天妙視見天
宮殿時天父天母同至一坐天母手中
自然華出天母見花願謂天父慶子之
歡時將不久識資善業速托華內甘露
欲風吹華七日寶瑠嚴身光耀炫煥天
童朗潔現天母手生天之後欲界天壽
至一萬六千歲以人間一千六百歲爲

一日色界天壽至五十劫無色界天壽
至八萬四千劫劫有大小大劫天之一
終始也小劫一大劫分二十四增劫減
劫也凡此天人衣服飮食宮室聲樂無
事營爲隨念而至極其壽命無量快樂

三流通分三

一八部誓願

爾時大衆阿修羅迦樓羅緊那羅摩睺羅

伽人非人等天龍夜叉乾闥婆及諸小王
轉輪聖王是諸大衆聞佛所說各發願言
我等盡未來際寧碎此身猶如微塵經百
千劫誓不違於如來聖敎寧以百千劫拔
出其舌長百由旬鐵犂耕之血流成河誓
不違於如來聖敎寧以百千刀輪於自身
中左右出入誓不違於如來聖敎寧以鐵
網周匝纏身經百千劫誓不違於如來聖

教寧以剉碓斬碎其身百千萬斷皮肉觔骨悉皆零落經百千劫終不違於如來聖教

阿修羅此云非天謂其多瞋有天福而無天行非人非鬼神通無畏常與梵王及帝釋爭權迦樓羅此云金翅鳥即大鵬力能以翅鼓海拾噉龍子緊那羅此云疑神謂頂有一角形似人面見者疑

爲是人非人摩睺羅迦此云大腹行即蟒之類龍即西方天王夜叉即北方天王乾闥婆此云尋香謂樂兒不事生業但尋諸家飮食香氣即往設樂求食自

阿修羅至乾闥婆共稱扈法八部

二佛示經名

爾時阿難白佛言世尊此經當何名之云何奉持

佛告阿難此經名爲大報父母恩經已是名字汝當奉持

三人天奉持

爾時大衆天人阿修羅等聞佛所說皆大歡喜信受奉行作禮而退

報父母恩真言

曩謨三滿多沒馱喃唵誐誐曩娑嚩訶

往生真言

曩謨三滿多沒馱喃唵秫帝律尼娑嚩訶

真言秘咒也正脉云秘咒非但只是梵語乃是一切聖賢秘密之語蓋梵語此方不曉而天竺所共解者也至於秘咒非但天竺常人不知即下位聖賢亦不達上位之咒故諸經神咒例皆不翻智者大師云有四意一云鬼神王名二云如軍中密號三云密默遮惡餘無識者

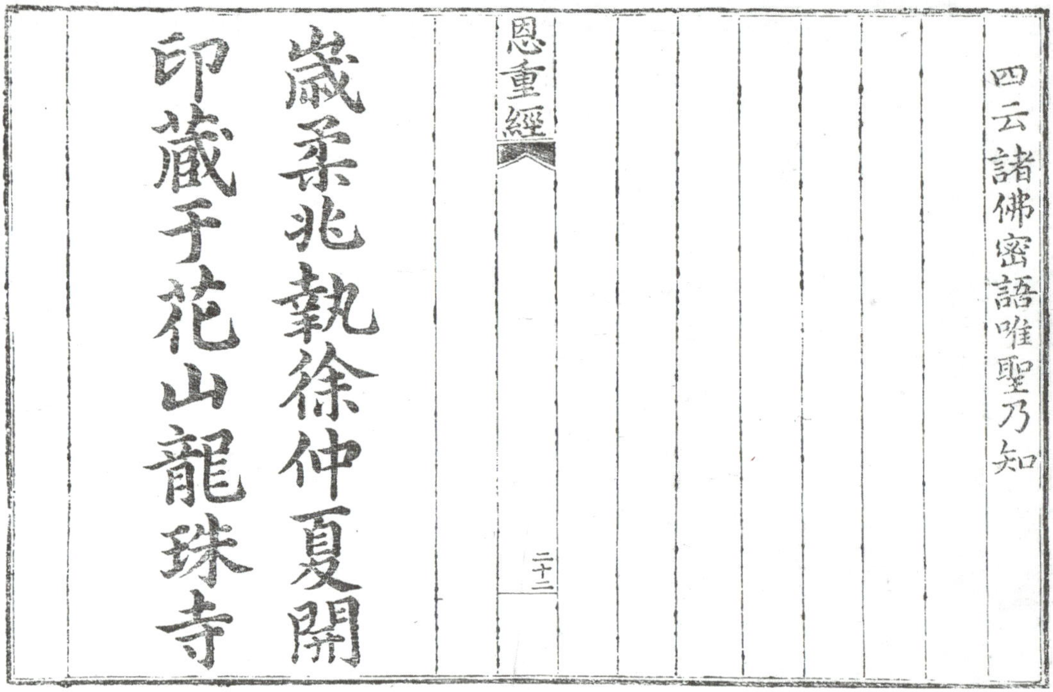
四云諸佛密語唯聖乃知

恩重經 二十二

歲柔兆執徐仲夏開
印藏于花山龍珠寺

歲, 柔兆(丙)執徐(辰)仲夏(1796년 한 여름)開印. 藏于花山龍珠寺.

참고도서목록參考圖書目錄

본 도서목록은 이미 출간된 나의 저서, 『논어한글역주』 3권 후미에 실린 "참고도서목록"과 더불어 참고해야 할 것이다. 이미 그곳에 실린 책들은 제외시키고 여기 『효경』 관계 서적들만 나열한다. 『효경』 관계 서적들만 해도 무척 많겠지만 내가 본 서를 쓰는 데 실제로 사용한 책들만에 한정하여, 그리고 나의 서재에 소장된 책들에 국한하여, 목록을 작성하였다.

【효경원전류】

1. 阮元 校.『重栞宋本十三經注疏附校勘記』. 精裝全八册. 嘉慶二十年(1815)江西南昌府學開雕. 台北: 藝文印書館印行, 五版. 1973.
2. 李學勤 主編. 唐 李隆基 注. 宋 邢昺 疏.『孝經注疏』. 十三經注疏整理本. 臺北: 臺灣古籍出版有限公司, 2001.
3. 漢 鄭氏注. 魏 何晏集解.『孝經·論語集解』. 國學基本叢書. 台北: 新興書局, 1972.
4. 孔安國 傳.『古文孝經』. 日本鉛活字本. 刊寫年未詳. 朝鮮總督府古書 청구기호 古古1-29-72. 국립중앙도서관.
5. 淸原宣條 校. 孔安國 傳.『古文孝經』. 淸家正本. 日本木版本. 天明一年(1781)刊. 朝鮮總督府古書 청구기호 古古1-29-81. 국립중앙도서관.
6. 劉炫 直解. 孔安國 傳.『古文孝經』. 日本木版本. 文化十一年(1814)刊. 朝鮮總督府古書 청구기호 古古1-29-63. 국립중앙도서관.
7. 太宰純 定本. 小林文由 錄.『古文孝經講釋』. 全部二册. 東都書肆. 嵩山房梓. 文化十二年(1815)刊. 朝鮮總督府古書 청구기호 古古1-29-87. 국립중앙도서관.
8. 朱熹 刊誤.『孝經刊誤』. 日本木版本. 明曆二年(1656) 仲呂吉辰書肆 武村市兵衛刊行. 朝鮮總督府古書 청구기호 古古1-29-74. 국립중앙도서관.
9. 宋 司馬光 指解. 唐 玄宗皇帝 注. 范祖禹 說.『古文孝經指解』. 欽定四庫全書 經部六 孝經類. 文淵閣四庫全書電子版.
10. 唐玄宗 註. 阿波後學 藤原憲 校.『御註孝經』. 日本木版本. 寬正十二年刊. 北宋明道本天寶重注. 朝鮮總督府古書 청구기호 古古1-29-70. 국립중앙도서관.

11. 董鼎 註. 朱熹 刊誤. 『孝經大義』. 崇禎四年(仁祖九年, 1631)十月日 內賜孝經大義一件 江華上. 조선목판본. 서울대학교 규장각 청구기호 古1328-3.
12. 董鼎 註. 朱熹 刊誤. 『孝經大義』. 日本木版本. 正保四年(1647)仲秋刊. 朝鮮總督府古書 청구기호 古古1-29-17. 국립중앙도서관.
13. 田川孝三. "庚辰字本孝經諺解と小學諺解." 朝鮮學會編. 『朝鮮學報』. 第二十七輯. 奈良縣 天理市:天理大學出版部, 1963. 4.
14. 『孝經諺解』. 서지정보 미상. 哲宗十四年(1874)의 重刊本으로 추정됨.
15. 楊家駱 主編. 『孝經孟子注疏及補正』. 十三經注疏補正第十五册. 臺北: 世界書局, 1963.
16. 明 江元祚 訂. 『孝經大全』. 孔子文化大全版. 孔子文化大全編輯部 編輯. 濟南市: 山東友誼出版社, 1990.
17. 王雲五 主編. 『孝經本義 · 孝經翼 · 孝經宗旨 · 中文孝經 · 孝經外傳 · 孝經鄭注』. 長沙: 商務印書館, 1939.

이 중에서 고문효경 최고본의 모습을 간직하고 있는 것은 제4번이다. 제6 · 7번은 「공서孔序」에 대한 주석이 붙어있다. 『효경간오』에 관해 알고 싶으면 반드시 제8번을 봐야 한다. 금문효경에 관해 가장 참고하기 쉬운 책은 제2번이다. 이학근(리 쉬에친, Li Xue-qin) 선생이 상세히 표점을 찍어 놓았다.

【 효경 이외의 고전관련서 】

1. 金谷治 · 佐川修 譯. 『荀子』上 · 下. 全釋漢文大系7 · 8. 東京: 集英社, 1983.
2. 王忠林 編譯. 『新譯荀子讀本』. 台北: 三民書局, 1972.
3. 宋貞姬 譯. 『荀子』上 · 中 · 下. 서울: 明知大學校出版部, 1994.
4. 陳奇猷 校注. 『韓非子集釋』上 · 下. 香港: 中華書局香港分局, 1974.
5. 小野澤精一 譯. 『韓非子』上 · 下. 全釋漢文大系20 · 21. 東京: 集英社, 1982.
6. 武內義雄 譯註. 『學記 · 大學』. 岩波文庫3014. 東京: 岩波書店, 1943.
7. 池田末利 譯. 『尙書』. 全釋漢文大系11. 東京: 集英社, 1982.
8. 成百曉 譯註. 『書經集傳』上 · 下. 서울: 傳統文化硏究會. 1998.
9. 竹內照夫 譯. 『春秋左氏傳』上 · 中 · 下. 全釋漢文大系4 · 5 · 6. 東京: 集英社, 1983.
10. 文璇奎 譯著. 『新完譯 春秋左氏傳』上 · 中 · 下. 서울: 明文堂, 1991.
11. 좌구명 지음. 신동준 옮김. 『춘추좌전』1 · 2 · 3. 한길그레이트북스74 · 75 · 76. 서울: 한길사, 2006.
12. 三國吳 韋昭 撰. 札記 淸 黃丕烈 撰. 『國語韋氏解』. 臺北: 世界書局, 1968.

13. 上海師範大學古籍整理研究所 校點.『國語』. 上海: 上海古籍出版社, 2007.
14. 좌구명 지음. 신동준 역주.『국어』. 서울: 인간사랑, 2005.
15. 渡邊卓 譯.『墨子』上·下. 全釋漢文大系18. 東京: 集英社, 1983.
16. 市原亨吉·今井清·玲木隆一 譯.『禮記』上·中·下. 全釋漢文大系12·13·14. 東京: 集英社, 1982.
17. 李民樹 譯.『禮記』. 서울: 惠園출판사, 1997.
18. 王鍔 著.『禮記成書考』. 北京: 中華書局, 2007.
19. 黃懷信 主撰.『大戴禮記彙校集注』上·下. 西安市: 三秦出版社, 2004.
20. 高明 註譯.『大戴禮記今註今譯』. 修訂本. 台北: 臺灣商務印書館發行, 2007.
21. 栗原圭介 譯.『大戴禮記』. 新釋漢文大系113. 東京: 明治書院, 2004.
22. 呂不韋 編著. 陳奇猷 校釋.『呂氏春秋新校釋』. 全二册. 上海: 上海古籍出版社, 2002.
23. 呂不韋 著. 楠山春樹 譯.『呂氏春秋』上·中·下. 東京: 明治書院, 1996~1998.
24. 內野熊一郎·中村璋八 譯.『呂氏春秋』. 中國古典新書. 東京: 明德出版社, 1980.
25. 町田三郎 譯.『呂氏春秋』. 講談社學術文庫. 東京: 講談社, 2005.
26. 沼尻正隆 著.『呂氏春秋の思想的研究』. 東京: 汲古書院, 1997.
27. 崔寔 著. 渡部武 譯注.『四民月令 ― 漢代の歲時と農事』. ワイド版東洋文庫467. 東京: 平凡社, 2007.
28. 加納喜光 譯.『詩經』. 全二册. 東京: 學習研究社, 1983.
29. 成百曉 譯註.『懸吐完譯 詩經集解』上·下. 서울: 傳統文化研究會, 1993
30. 漢 司馬遷 撰. 會合三家注.『新校史記三家注』. 全五册. 台北: 世界書局影印, 1972.
31. 二十五史刊行委員會.『二十五史』. 全九册附人名索引一册. 開明書店鑄版(1934). 台北: 臺灣開明書店, 1969 台三版.
32. 正史全文標校讀本.『二十四史』. 全二十四册. 台北: 鼎文書局影印, 1982. 대륙표점본을 영인한 것.
33. 丁範鎭 외 옮김.『史記』. 전7册. 서울: 도서출판 까치, 1997.
34. 吉田賢抗 著.『史記, 本紀』. 全二册. 新釋漢文大系38·39. 東京: 明治書院, 1981.
35. 吉田賢抗 著.『史記, 世家』. 全三册. 新釋漢文大系85·86·87. 東京: 明治書院, 1982.
36. 金宗瑞·鄭麟趾 等 奉敎修. 韓國學文獻研究所 編.『高麗史』. 全3册. 서울: 亞細亞文化社, 1990
37. 東亞大學校古典研究室 編.『譯註 高麗史』. 전11책. 서울: 도서출판 太學社, 1982.

『순자』에 관한 번역서로서 송정희 교수의 제3번은 단연 돋보이는 훌륭한 역서이다. 송 교수의 역서는 한글번역의 한 좋은 전범이다.『여씨춘추』에 관하여 가장 돋보이는 번역서는 쿠스야마 하루키(楠山春樹)의 제23번이다. 쿠스야마의 해설에 많은 도움을 입었다. 그리고 마찌다 사부로오(町田三郎)의 제25번, 누마지리 마사타카(沼尻正隆)의 제26번에도 유용한 정보가 많았다. 『시경』 해설에 관해서는 나의 친구 카노오 요시미쯔(加納喜光)의 제28번이 가장 정밀하고 신선하다. 카노오의 설을 많이 참고하였다.

【효경번역류】

1. 林秀一 譯.『孝經』. 中國古典新書. 東京: 明德出版社, 1981.
2. 栗原圭介 著.『孝經』. 新釋漢文大系35. 東京: 明治書院, 2004.
3. 武內義雄 · 坂本良太郞.『孝經 · 曾子』. 岩波文庫リクエスト復刊. 東京: 岩波書店, 2008.
4. 加地伸行 全譯注.『孝經』. 講談社學術文庫. 東京: 講談社, 2007.
5. 竹內弘行 譯.『孝經』. 東京: たちばな出版, 2007.
6. 胡平生 譯注.『孝經譯注』. 北京: 中華書局, 2007重印.
7. 汪受寬 譯注.『孝經』. 上海: 上海古籍出版社, 2007.
8. 宮曉衛 著.『孝經—人倫的至理』. 上海: 上海古籍出版社, 2008.
9. 胡平生 · 陳美蘭 譯注.『禮記 · 孝經』. 中華經典藏書. 北京: 中華書局, 2007.
10. 黃得時 註譯.『孝經今註今譯』. 臺北: 臺灣商務印書館, 1972.
11. 賴炎元 · 黃俊郎 注譯.『新譯孝經讀本』. 臺北: 三民書局, 2008.
12. 김덕균 역주.『譯註 古文孝經』. 서울: 도서출판 문사철, 2008.
13. 朱文公 刊誤. 陽 董鼎 註. 鄭太鉉 譯註.『懸吐完譯 孝經大義』. 서울: 傳統文化硏究會, 2001.

20세기에 "효경학孝經學"이라는 개념을 세울 정도로 오로지 『효경』에만 천착하여 평생을 연구한 학자가 하야시 히데이찌(林秀一) 교수이다. 나의 동경대학 중국철학과 대선배 되시는 분(1928년 졸업)인데 진실로 그 학문의 실증성과 엄밀성은 오늘날까지도 조금도 퇴색하지 않는다. 중화서국에서 『효경역주』를 낸 후 핑성(胡平生, Hu Ping-sheng)도 근대 『효경』연구에 공이 가장 큰 사람은 하야시 히데이찌(林秀一)라고 그 업적을 정확히 평가했다. 중국학자와 일본학자간에 이런 교류가 있는 것은 최근현상인데, 오직 이러한 교류에 한국학계가 누락되어 있는 것만이 안타까울 뿐이다. 그만큼 정밀한 업적을 인정받을 만한 학자의 수가 우리에게 부족하다는 현실을 정직하게 인지해야 할 것이다. 나는 『효경』을 연구하는 데 있어서 하야시 선생의 제1을 가장 많이 참고하였다. 얇은 분량의 책이지만 압도적으로 유용한 정보가 치밀하게 쌓여있다. 그리고 제2의 쿠리하라 케이스케(栗原圭介)의 작품은 하야시의 학통을 이어 그 성과를 방대한 고전의 출전의 바탕 위에서 발휘한 역작인데, 참으로 그 스케일의 광대함에 놀라움을 감출 수 없다. 쿠리하라에게 계발 받은 것도 적지 않다. 제3은 『대대례기』의 증자10편을 이해하는 데는 빼놓을 수 없는 파이오니어적 작품이다. 중국에서 나온 책으로는 제6의 후 핑성의 역주가 금문이지만 가장 유용하다.

【 주희 관계 서적 】

1. 清 王懋竑 撰.『朱子年譜 · 考異 · 朱子論學切要語』. 臺北: 世界書局, 1973.
2. 束景南 著.『朱熹年譜長編』上 · 下. 上海: 華東師範大學出版社, 2001.
3. 朱傑人 · 嚴佐之 · 劉永翔 主編. 朱熹撰.『朱子全書』. 全套共二十七冊. 上海: 上海古籍出版社, 合肥: 安徽教育出版社, 2002. 12.
4. 宋 黎靖德 編. 王星賢 點校.『朱子語類』. 全八冊. 北京: 中華書局, 1986.
5. 黃榦 著. 佐藤仁 譯.『朱子行狀』. 中國古典新書. 東京: 明德出版社, 1969.
6. 黃榦 著. 姜浩錫 譯.『朱子行狀』. 乙酉文庫189. 서울: 乙酉文化社, 1975.
7. 陳榮捷 著.『朱子新探索』. 上海: 華東師範大學出版社, 2007.
8. 市川安司 著.『朱子哲學論考』. 東京: 汲古書院, 1985.
9. 大濱晧 著.『朱子の哲學』. 東京: 東京大學出版會, 1983.
10. 島田虔次 著.『朱子學と陽明學』. 岩波新書637. 東京: 岩波書店, 1975.
11. 劉述先 著.『朱子哲學思想的發展與完成』. 臺北: 學生書局, 1984.
12. 唐 韓愈 著. 閻琦 校注.『韓昌黎文集注釋』上 · 下. 西安市: 三秦出版社, 2004.
13. 周啓成 · 周維德 注譯. 陳滿銘 · 黃俊郎 校閱.『新譯 昌黎先生文集』上 · 下. 臺北: 三民書局, 1999.
14. 宋 張載 著. 章錫琛 點校.『張載集』. 理學叢書. 北京: 中華書局, 2008.
15. 宋 程顥 · 程頤 著. 王孝魚 點校.『二程集』. 北京: 中華書局, 2008.
16. 倉石武四郎 譯『論語』· 湯淺幸孫 譯『孟子』· 金谷治 譯『大學 · 中庸』合本.『論語 孟子 大學 · 中庸』. 世界文學大系69. 東京: 筑摩書房, 1968.
17. 안은수 지음.『程頤 — 중국 송대의 신유학자』. 서울: 성균관대학교 출판부, 2002.
18. 정호훈. "朱子『孝經刊誤』와 그 성격."『東方學志』. Vol. 116. 서울: 연세대학교 국학연구원, 2002.
19. 朱熹.『四書或問』. 서울: 保景文化社, 1989 영인.
20. 朱熹 撰.『朱子家禮』. 己卯(1519)四月日 芸閣校印. 서울: 民族文化文庫, 1998.
21. 주희 지음. 임민혁 옮김.『주자가례 — 유교 공동체를 향한 주희의 설계』. 서울: 예문서원, 1999.
22. 陶庵 李縡 撰. 曾孫 李光正 刊. 崇禎四甲辰上之十年(1844)孟冬 後學 豐壤 趙寅永 跋.『四禮便覽』. 규장각도서. 景文社 영인본.
23. 也足堂 魚叔權 撰.『攷事撮要』. 宣祖十八年(1585) 木版本. 영조6~11년 사이의 복각본으로 보여짐. 國立中央圖書館藏. 韓國圖書館學研究會 影印. 서울: 南文閣, 1974.

24. 宋 張載 撰. 明 王夫之 注.『張子正蒙注』. 臺北: 世界書局, 1967.
25. 宋 張載 撰. 明 王夫之 注.『張子正蒙注』. 北京: 中華書局, 1975.
26. 宋 張載 撰. 山根三芳 譯.『正蒙』. 中國古典新書. 東京: 明德出版社, 1970.
27. 宋 朱熹 撰. 遠藤哲夫 譯.『小學』. 中國古典新書. 東京: 明德出版社, 1969.
28. 宋 朱熹 撰. 宇野精一 譯.『小學』. 新釋漢文大系3. 東京: 明治書院, 1965.
29. 湖南省濂溪學研究會 學術部 據北京圖書館藏宋刻本 整理.『元公朱先生濂溪集』. 長沙: 岳麓書社, 2006.
30. 明 王守仁 著. 明 施邦曜 輯評. 王曉昕 · 趙平略 點校.『陽明先生集要』上 · 下. 北京: 中華書局, 2008.
31. 吳文治 編.『韓愈資料彙編』. 全四册. 古典文學研究資料彙編. 北京: 中華書局, 2006.

주자의 『사자서』나 사서(四書)의 편성의미 · 독서순서에 관하여 가장 많은 계발을 주는 책은 이찌카와 야스지(市川安司) 교수의 제8번이다. 이찌카와 야스지 교수는 내가 다닌 동경대학 중국철학과의 교수님이셨는데 정주학(程朱學) 방면에 심오한 경지를 개척하신 분이다. 송학의 기본개념들을 일반인들이 납득하기 쉬운 언어로 환원 · 정리하였다. 제18번 정호훈의 논문은 명확한 문제의식을 가지고 쓴 글이다. 주희의 저서를 총망라한 제3번의 전서(全書)는 매우 편리하다. 제16번의 사서해설은 간략하지만 수준이 높은 정보를 제공한다. 21번은 『주자가례』의 양호한 번역이다.

【논저류】

1. 林秀一 著.『孝經學論集』. 東京: 明治書院, 1976.
2. 臧知非 著.『人倫本原 — 孝經與中國文化』. 元典文化叢書. 開封市: 河南大學出版社, 2005.
3. 陳一風 著.『孝經注疏硏究』. 成都: 四川大學出版社, 2007.
4. 許道勳 · 徐洪興 著.『中國經學史』. 上海: 上海人民出版社, 2006.
5. 淸 皮錫瑞 著. 周予同 注釋.『經學歷史』. 北京: 中華書局, 2008.
6. 淸 皮錫瑞 著. 盛冬鈴 · 陳抗 點校.『今文尙書考證』. 十三經淸人注疏. 北京: 中華書局, 2009.
7. 정약용 지음. 이지형 역주.『역주 梅氏書評』. 서울: 문학과 지성사, 2002.
8. 蔣伯潛 著.『十三經槪論』. 上海: 上海古籍出版社, 1983.
9. 錢穆.『先秦諸子繫年考辨』. 民國叢書選印. 上海: 上海書店影印, 1992.
10. 梁漱溟.『中國文化要義』. 台北: 正中書局, 1972.

11. 諸橋轍次 著.『經學研究序說』. 鎌田正 · 米山寅太郎 編集.『諸橋轍次著作集』. 第二卷. 東京: 大修館書店, 1976.
12. 諸橋轍次 著.『儒學の目的と宋儒慶曆至慶元百六十年間の活動』. 鎌田正 · 米山寅太郎 編集.『諸橋轍次著作集』. 第一卷. 東京: 大修館書店, 1975.
13. 仁井田陞 著.『中國法制史』. 岩波全書165. 東京: 岩波書店, 1975.
14. 仁井田陞 著.『補訂中國法制史研究—法と慣習 · 法と道德』. 東京: 東京大學出版會, 1980.
15. 仁井田陞 著.『中國社會の法と倫理—中國法の原理』. 東京: 淸水弘文堂書房, 1967.
16. 鎌田重雄.『秦漢政治制度の研究』. 東京: 日本學術振興會, 1962.
17. 唐代史研究會 編.『律令制—中國朝鮮の法と國家』. 東京: 汲古書院, 1986.
18. 宮崎市定 著.『九品官人法の研究—科學前史』. 東洋史研究叢刊之一. 京都: 同朋舍出版. 1985.
19. 西嶋定生 著.『中國古代帝國の形成と構造—二十等爵制の研究』. 東京: 東京大學出版會, 1983.
20. 伊藤道治 著.『中國古代國家の支配構造—西周封建制度と金文』. 東京: 中央公論社, 1987.
21. 日原利國 著.『漢代思想の研究』. 東京: 研文出版, 1986.
22. 町田三郎 著.『秦漢思想史の研究』. 東京: 創文社, 1985.
23. 宋代史研究會研究報告 第二集.『宋代の社會と宗教』. 東京: 汲古書院, 1985.
24. 양승무 · 홍원식 외.『宋代心性論』. 서울: 도서출판 아르케, 1999.
25. 津田左右吉 著. "禮記及び大戴禮記の編纂時代について."『津田左右吉全集』. 第十六卷. 東京: 岩波書店, 1987.
26. 栗原圭介博士頌壽記念事業會 編.『栗原圭介博士頌壽記念 東洋學論集』. 東京: 汲古書院, 1995.
27. 金富軾 撰. 李丙燾 譯註.『三國史記』上 · 下. 서울: 乙酉文化社, 1983.
28. 成殷九 譯註.『日本書記』. 서울: 정음사, 1988.
29. 김현구 · 박현숙 · 우재병 · 이재석 공저.『일본서기 한국관계기사 연구』. 전3권. 서울: 일지사, 2008.
30. 李丙燾 著.『韓國儒學史』. 서울: 亞細亞文化社, 1989.
31. 宮崎市定 著.『中國史』上 · 下. 東京: 岩波全書, 1983.
32. 宮崎市定 著. 曺秉漢 編譯.『中國史』. 서울: 역민사, 1986.
33. 陳于若 撰.『孝經語法研究』. 國立臺灣大學中文系 碩士論文, 1973.
34. 李宰榮 著.『朝鮮時代 효사상의 전개와 孝經의 간행』. 慶北大學校大學院 文獻情報學碩士學位論文. 2007. 6.
35. 이재영. "朝鮮時代『孝經』의 刊行과 그 刊本."『書誌學研究』第38輯. 2007. 12.

36. 全準雨. "高麗의 官學과 孝經." 『한국도서관정보학회지』. Vol.3, 1976.
37. Mark Edward Lewis. *The Early Chinese Empires—Qin and Han*. Cambridge, Mass.: The Belknap Press of Harvard University Press, 2007.
38. Michael Loewe. *Faith, Myth and Reason in Han China*. Indianapolis: Hackett Publishing Company, Inc., 2005.
39. Mark Csikszentmihalyi ed. and tr. *Readings in Han Chinese Thought*. Indianapolis: Hackett Publishing Company, Inc., 2006.
40. Michael Loewe. *The Government of the Qin and Han Empires 221 BCE-200 CE*. Indianapolis: Hackett Publishing Company, Inc., 2006.
41. Michael Loewe. *Everyday Life in Early Imperial China: During the Han Period 202 BC-AD 220*. Indianapolis: Hackett Publishing Company, Inc., 2005.
42. 溝口雄三 著. 『中國の公と私』. 東京: 研文出版, 1995.

하야시 히데이찌(林秀一)의 제1번은 『효경』의 역사적 판본들에 관하여 매우 정밀한 정보를 압축하고 있는 책이며 20세기 "효경학"의 원점이라고 말할 수 있는 희대의 명저이다. 『효경』을 공부하고자 하는 사람은 누구든지 이 책을 보지 않으면 안된다. 본 서의 판본에 관한 많은 정보가 이 책에 의존하였다. 그리고 최근 중국 젊은 학자의 성과물이지만 짱 즈훼이(臧知非, Zang Zhi-fei, 1958~ 현재 蘇州大學 歷史系教授)의 제2번은 『효경』의 의미를 중국역사 속에서 통시적으로 논한 작품인데 방대한 정보를 압축하고 있으며 기술방식도 명료하여 계발성이 상당히 높다. 전공자들은 한번 읽어볼 만한 책이라고 생각한다. 문화대혁명 이후에 새로 성장한 중국학자들의 정예로운 모습을 느끼게 하는 수작이다. 나는 궁금한 점을 인터넷을 통하여 그에게 문의하기도 하였는데 친절하게 응답해주었다. 이제는 세계의 학자들이 하나로 통하는 연대감의 장 속에서 자유롭게 교류할 수 있는 지적 분위기가 형성되어가고 있다. 이럴 때일수록 우리는 정밀하게 학문하는 습관을 길러야 한다.

【 행실도 관련 서적 】

1. 權溥·權準 共編. 李齊賢 贊幷序. 權近 註. 『孝行錄』. 昭和四年(1929). 權泰夾·權五喆 發行. 조선총독부고서 청구기호 한古朝57-가407. 국립중앙도서관.
2. 偰循等 編. 『三綱行實圖』. 高麗大本·想白文庫本. 서울: 弘文閣, 1990.
3. 偰循等 編. 『三綱行實圖』. 成均館大本·奎章閣本. 서울: 弘文閣, 1990.
4. 申用漑等 編. 『續三綱行實圖』. 原刊本·重刊本. 서울: 弘文閣, 1988.

5. 金安國 · 曺伸 撰集. 『二倫行實圖』. 규장각 도서번호 2074, 규장각 도서번호 137, 서울대 가람문고 도서번호 가람古170.951-G413i 3종異本. 서울: 弘文閣, 1990.
6. 李惺等 編纂. 『東國新續三綱行實圖』. 전9책. 서울대 규장각 소장본. 서울: 弘文閣, 1992.
7. 李晩秀 · 沈象奎 · 金近淳 · 申絢等 編纂. 『五倫行實圖』. 서울대 규장각도서 규5817. 서울: 弘文閣, 1990.
8. 李洙京 著. 『朝鮮時代孝子圖研究』. 서울大學校大學院 考古美術史學科 美術史專攻 碩士學位論文, 2001. 6.
9. 주영하 · 옥영정 · 전경목 · 윤진영 · 이정원 지음. 『조선시대 책의 문화사 — 삼강행실도를 통한 지식의 전파와 관습의 형성』. 서울: 휴머니스트 출판그룹, 2008.
10. 이재정 지음. 『조선출판주식회사』. 서울: 안티쿠스, 2008.
11. 黒田彰 著. 『孝子傳圖の硏究』. 東京: 汲古書院, 2007.
12. Cary Y. Liu · Michael Nylan · Anthony Barbieri-Low. *Recarving China's Past: Art, Archaeology and Architecture of the "Wu Family Shrines."* The Exhibition organized by the Princeton University Art Museum, March 5~June 26, 2005. New Haven: Yale University Press, 2005.
13. Michael Nylan. *The Five "Confucian" Classics,* New Haven: Yale University Press, 2001.
14. 李建業 · 董金艶 主編. 『董永與孝文化』. 濟南: 齊魯書社, 2003.
15. 李民樹 譯. 『五倫行實圖』. 乙酉文庫211. 서울: 乙酉文化社, 1976.

제1은 비록 일제시대에 간행된 책이지만 조선초기의 『효행록』의 모습을 충실하게 전하는 좋은 판본이다. 제8의 이수경(李洙京)의 논문은 충실하게 관련 문헌을 종합하여 비교적 치밀하게 연구하였다. 고고미술사학과에서 석사논문으로서 그러한 성과물이 나왔다는 것은 참으로 격려되어야 할 사건이다. 앞으로도 많은 연구업적을 성취하기를 갈망한다. 제9번은 매우 참신하고 다양한 시각의 우리나라 젊은 학인들의 성과물이다. 조선왕조의 행실도 문화를 개관하는 데는 매우 적합한 서물이다. 이재정의 제10도 참신한 시각을 담고 있다. 제11의 쿠로다 아키라(黒田彰) 교수의 연구는 효자도(孝子圖) 연구에 있어서는 사계의 가장 탁월한 연구성과라 해야 할 것이다. 효자도의 역사를 알고 싶은 사람은 반드시 읽어야 할 책이다. 제12는 무씨사당(武氏祠堂)에 관한 매우 심도있는 연구이며 617페이지에 달하는 장대한 도록논문집이다. 서양인들의 높은 동방학 수준을 과시하고 있다. 12 속에 있는 닐란 여사(Michael Nylan)의 논문, 「"Addicted to Antuquity"(*nigu*): A Brief History of the Wu Family Shrines, 150~1961 CE」은 무씨화상석에 관한 중요한 논문이다. 五經概論이라 할 수 있는 13을 보면 여사의 학문적 깊이를 알 수 있다.

【 은중경 관련 서적 】

1. 『佛說大報父母恩重經』. 寶物 第705號. 1981. 3. 18. 指定. 趙明基 博士 소장. 현재 리움에 소장.
2. 『佛說大報父母恩重經』. 純祖六年木版本(1806). 刊記: 嘉慶十一年丙寅流月日高山安心寺開板. 언해와 투박한 그림이 있다. 청구기호 위창古1748-2. 국립중앙도서관.
3. 『佛說大報父母恩重經』. 刊記: 上之二十年嘉慶丙辰(1796)季冬開刊 楊州天寶山佛巖寺. 『佛說長壽滅罪護諸童子陀羅尼經』·『佛說壽生經抄』가 合刊되어 있다. 언해·그림 없음.청구기호 위창古1748-3. 국립중앙도서관.
4. 『佛說大報父母恩重經]』. 花山 龍珠寺 正祖20(1796) 丙辰開印. 祝庸齋白樂濬博士六一延 宋申用謹呈. 연세대학도 중앙도서관 5층 국학자료실. 청구기호 고서(용재)294.3823.
5. 『大方便佛報恩經』七卷. 失譯. 大正新修大藏經 第三册. 本緣部上. No.156.
6. 『佛說父母恩重經』一卷. 大正新修大藏經 第八十五册. 古逸部全·疑似部全. No.2887.
7. 李能和 著. 『朝鮮佛教通史』上·中·下 2册. 1918년 新文館 初刊本영인. 서울: 경희출판사, 1968.
8. 李一影 編譯. 『佛說大報父母恩重經』. 서울: 宣文出版社, 1998.
9. 權五奭 譯解. 『新譯 父母恩重經』. 서울: 홍신문화사, 1994.
10. 우학스님 監修. 『父母恩重經—우리말 목련경, 우란분경』. 서울: 도서출판 좋은인연, 1999.
11. 一指 譯. 『부모은중경·관음경·목련경·우란분경』. 서울: 민족사, 2001.
12. 한길로外 編譯. 『佛說大報父母恩重經·관음모다라니경·목련경·불설우란분경·설화 보덕각시』. 서울: 寶蓮閣, 佛紀2539(1995).
13. 최은영 옮김. 『佛說父母恩重經·佛說大報父母恩重經·大方便佛報恩經』. 서울: 홍익출판사, 2008.
14. 용주사 홈페이지에 들어가면 중앙승가대학교 교수 김상영이 쓴 『용주사의 뿌리를 찾아서』라는 글이 7회에 걸쳐 소개되어 있는데 매우 긴요한 정보가 잘 수록되어 있다. 사찰들의 역사를 밝히고 있는 김상영 교수의 노력에 박수를 보낸다.
15. 金相永·安尙賓·韓相吉 執筆. 『孝心의 本刹 龍珠寺』. 서울: 寺刹文化研究院 出版部, 1993.

제1번은 하루 빨리 영인되어 많은 사람들이 볼 수 있도록 공개되었으면 좋겠다. 2·3은 용주사 판본과 다른 계통의 판본들이라서 적어놓았다. 11의 역자 일지(一指) 스님은 내가 사랑하던 제자였는데 어느날 홀연히 入寂하여 버렸다. 그를 생각하면 항상 그 인품이 그립다. 제8번은 필요한 자료를 잘 모아놓았다. 13은 최근의 연구이다. 최은영은 앞으로 『은중경』 방면으로 더 많은 연구를 해주었으면 좋겠다.

【 기독교사상 관련 서적 】

1. 이정배 지음. 『없이 계신 하느님, 덜 없는 인간—多夕신학의 얼과 틀 그리고 쓰임』. 서울: 도서출판 모시는사람들, 2009.
2. 鉉齋 金興浩 풀이. 『多夕日誌 공부』전7권. 김흥호전집. 서울: 솔출판사, 2001.
3. 박영호. 『다석 류영모의 기독교사상』. 서울: 현대문화신문, 1995.
4. 박영호. 『씨알—다석 유영모의 생애와 사상』. 서울: 홍익재, 1985.
5. 박영호. 『다석 류영모의 생각과 믿음』. 서울: 현대문화신문, 1996.
6. 김명수 지음. 『큐복음서의 민중신학』. 서울: 통나무, 2009.
7. 心園安炳茂선생기념사업회 편. 『안병무 신학사상의 맥1』. 서울: 한국신학연구소, 2003.
8. 松本史郎 著. 『緣起と空—如來藏思想批判』. 東京: 大藏出版, 1998.
9. 松本史郎 著. 혜원 역. 『연기와 공—여래장사상은 불교가 아니다』. 서울: 도서출판 운주사, 1994.
10. 梶山雄一 著. 『空の思想—佛教における言葉と沈默』. 京都: 人文書院, 1983.
11. Alain Badiou. Ray Brassier tr. *Saint Paul—The Foundation of Universalism*. Stanford: Stanford University Press, 2003.
12. 알랭 바디우 지음. 현성환 옮김. 『사도 바울』. 서울: 새물결, 2008.
13. Par Stanislas Breton. *Saint Paul*. Paris: Presses Universitaires de France, 1988.
14. Günther Bornkamm. D.M.G. Stalker tr. *Paul*. Minneapolis: Fortress Press, 1995.
15. Johannes Munck. *Paul and the Salvation of Mankind*. Richmond, Virginia: John Knox Press, 1959.
16. Seyoon Kim. *The Origin of Paul's Gospel*. Eugene, Oregon: Wipf & Stock, 2007.
17. David Wenham. *Paul—Follower of Jesus or Founder of Christianity?*. Grand Rapids, Michigan: William B. Eerdmans Publishing Co., 1995.
18. Frank Thielman. *Paul & The Law—A Contextual Approach*. Downers Grove, Illinois: IVP Academic, 1994.
19. A. N. Wilson. *Paul: The Mind of the Apostle*. New York: W. W. Norton & Company, 1998.
20. Herman Ridderbos. John Richard De Witt tr. *Paul: An Outline of His Theology*. Grand Rapids, Michigan: William B. Eerdmans Publishing Co., 1997.
21. James D. G. Dunn. *The Theology of Paul the Apostle*. Grand Rapids, Michigan: William B. Eerdmans Publishing Co., 2006.
22. N. T. Wright. *What Saint Paul Really Said—Was Paul of Tarsus the Real Founder of Christianity?*. Grand Rapids, Michigan: William B. Eerdmans Publishing Co., 1997.

23. N. T. Wright. *Paul in Fresh Perspective*. Minneapolis: Fortress Press, 2009.
24. E. P. Sanders. *Paul and Palestinian Judaism—A Comparison of Patterns of Religion*. Minneapolis: Fortress Press, 1997.
25. F. F. Bruce. *Paul: Apostle of the Free Spirit*. Milton Keynes: Paternoster, 1980.
26. 도올 김용옥 편·역주. 『큐복음서—신약성서 속의 예수의 참 모습, 참 말씀』. 서울: 통나무, 2008.
27. Albert Schweitzer. *The Philosophy of Civilization: Part I, the Decay and the Restoration of Civilization: Part II, Civilization and Ethics*. Amherst, New York: Prometheus Books, 1987.
28. Marvin Meyer and Kurt Bergel ed. *Reverence for Life: The Ethics of Albert Schweitzer for the Twenty-First Century*. Syracuse: Syracuse University Press, 2002.
29. Albert Schweitzer. Charles R. Joy ed. *Albert Schweitzer: An Anthology*. Whitefish, MT: Kessinger Publishing, 2006.
30. Henry Clark. *The Ethical Mysticism of Albert Schweitzer: A Study of the Sources and Significance of Schweitzer's Philosophy of Civilization*. Boston: Beacon Press, 1962.

이정배 교수의 제1번은 최근의 신학계 연구성과. 11~23번은 나의 서재에 소장된 바울신학관계 서적들. 27~30번은 슈바이쳐의 생명외경사상에 관련된 책들.

【 영역 관계 】

1. James Legge. *The Chinese Classics with a Translation, Critical and Exegetical Notes, Prolegomena, and Copious Indexes*. Vol. I containing *Confucian Analects*, *The Great Learning*, and *The Doctrine of the Mean*. Vol. II containing *The Works of Mencius*. 合本. 台北: 文史哲出版社, 1971. 序文 1892.
2. Arthur Waley. *The Analects of Confucius*. New York: Vintage Books, 1989.
3. D. C. Lau. *Confucius: The Analects*. revised edition. Hong Kong: Chinese University of Hong Kong Press, 1992.
4. Roger T. Ames and Henry Rosemont, Jr. tr. with an introduction. *The Analects of Confucius: A Philosophical Translation*. New York: Ballantine Books, 1998.
5. Simon Leys tr. *The Analects of Confucius*. New York and London: W.W.Norton & Company, 1997.
6. Chichung Huang. *The Analects of Confucius: A Literal Translation with an Introduction*

and Notes. New York: Oxford University Press, 1997.
7. John Knoblock. *Xunzi: A Translation and Study of the Complete Works*. 3 Vols. Stanford: Stanford University Press, 1988.

【 전시도록 】

1. 연세대학교 중앙도서관. 『민영규선생기증 귀중도서 특별전. 2007. 05. 11~2007. 05. 26』. 서울: 연세대학교 중앙도서관, 2007.
2. 서울역사박물관 · 서안비림박물관. 『중국서안비림名碑』. 서울: 서울역사박물관, 중국서안비림명비전(2008. 7. 29~8. 31) 전시도록.

【 서양사상 관계 서적 】

1. Alfred North Whitehead. *The Aims of Education and Other Essays*. New York: The Free Press, 1967.
2. A. N. 화이트헤드. 柳炯鎭 譯. 『教育의 目的』. 서울: 乙酉文化社, 1960.
3. F. Ivan Nye, Felix M. Berardo. *The Family—Its Structure and Interaction*. New York: Macmillan Co., 1973.
4. Douglas Browning and William T. Meyers ed. *Philosophers of Process*. New York: Fordham University Press, 1998.
5. Ferdinand de Saussure. Wade Baskin tr. *Course in General Linguistics*. New York: McGraw-Hill Book Company, 1966.
6. R. H. Robins. *A Short History of Linguistics*. London: Longman, 1982.
7. Roman Jakobson, Morris Halle. *Fundamentals of Language*. Berlin: Mouton de Gruyter, 2002.
8. Claude Lévi-Strauss. James Harle Bell, John Richard von Sturmer tr. *The Elementary Structures of Kinship*. Boston: Beacon Press, 1969.
9. Sigmund Freud. *The Sexual Enlightenment of Children*. With an Introduction by Philip Rieff. New York: Collier Books, 1978.
10. Sigmund Freud. *Dora: An Analysis of a Case of Hysteria*. With an Introduction by Philip Rieff. New York: Collier Books, 1979.
11. Sigmund Freud. Joan Riviere tr., James Strachey ed. *The Ego and the Id*. New York: The Norton Library, 1962.

12. Josh Cohen. *How to Read Freud*. New York: W.W.Norton & Company, 2005.
13. George Steiner. *Martin Heidegger*. New York: Penguin Books, 1980.
14. 지그문트 프로이트 지음. 임홍빈 · 홍혜경 옮김. 『정신분석강의』. 파주시: 주식회사 열린책들, 2009.
15. 지그문트 프로이트 지음. 임인주 옮김. 『농담과 무의식의 관계』. 파주시: 주식회사 열린책들, 2008.
16. 지그문트 프로이트 지음. 이한우 옮김. 『일상생활의 정신병리학』. 파주시: 주식회사 열린책들, 2009.
17. 지그문트 프로이트 지음. 김인순 옮김. 『꿈의 해석』. 파주시: 주식회사 열린책들, 2008.
18. 장 라플랑슈 · 장 베르트랑 퐁탈리스 공저. 임진수 옮김. 『정신분석사전』. 파주시: 주식회사 열린책들, 2009.
19. 헤겔 저. 임석진 역. 『정신현상학』 I · II. 서울: 지식산업사, 1988.
20. Howard Caygill. *A Kant Dictionary*. Malden, MA: Blackwell Publishing, 1995.
21. John Cottingham. *A Descartes Dictionary*. Cambridge, MA: Blackwell Publishing, 1993.
22. Alexander Kojève. James H. Nichols, Jr. tr. *Introduction to the Reading of Hegel: Lectures on the Phenomenology of Spirit*. Ithaca: Cornell University Press, 1980.
23. Patrick Waldberg. *Surrealism*. New York: Thames and Hudson world of art, 1997.
24. Jacques Lacan. Bruce Fink tr. *Écrits*. The First Complete Edition in English. New York: W.W. Norton & Company, 2006.
25. 자크 라캉 지음. 김석 옮김. 『에크리—라캉으로 이끄는 마법의 문자들』. 파주시: 살림출판사, 2007.
26. Jacques-Alain Miller ed., John Forrester tr. *The Seminar of Jacques Lacan Book I : Freud's Papers on Technique, 1953~1954*. New York: W.W. Norton & Company, 1991.
27. Jacques-Alain Miller ed., Russell Grigg tr. *The Seminar of Jacques Lacan Book Ⅲ: The Psychoses 1955~1956*. New York: W.W. Norton & Company, 1997.
28. Jacques-Alain Miller ed., Dennis Porter tr. *The Seminar of Jacques Lacan Book Ⅶ: Psychoanalysis 1959~1960*. New York: W.W. Norton & Company, 1997.
29. Jacques-Alain Miller ed., Alan Sheridan tr. *The Seminar of Jacques Lacan Book XI: The Four Fundamental Concepts of Psychoanalysis*. New York: W.W. Norton & Company, 1998.
30. Jacques-Alain Miller ed., Russell Grigg tr. *The Seminar of Jacques Lacan Book XVII: The Other Side of Psychoanalysis*. New York: W.W. Norton & Company, 2007.
31. Jacques-Alain Miller ed., Bruce Fink tr. *The Seminar of Jacques Lacan Book XX: On Feminine Sexuality, The Limits of Love and Knowledge, Encore 1972~1973*. New York: W.W. Norton & Company, 1999.
32. Madan Sarup. *Jacques Lacan*. Toronto: University of Toronto Press, 1992.

33. 마단 사럽 지음. 김해수 옮김. 『알기 쉬운 자끄 라깡』. 서울: 도서출판 백의, 2007.
34. Sean Homer. *Jacques Lacan*. London: Routledge, 2008.
35. 나지오 지음. 임진수 옮김. 『자크 라캉의 이론에 대한 다섯 편의 강의』. 서울: 교문사, 2000.
36. Dylan Evans. *An Introductory Dictionary of Lacanian Psychoanalysis*. London: Routledge, 2007.
37. 딜런 에반스 지음. 김종주 외 옮김. 『라깡 정신분석 사전』. 고양시: 도서출판 인간사랑, 2004.

이상은 내가 『효경』에 관하여 여러가지 발상을 얻기 위해 뒤적거렸던 책들이다. 나에게 가장 깊은 감명을 주었던 책은 제1번의 화이트헤드 저서이다. 라캉에 관해서도 흥미있는 독서를 하였다. 나의 문의에 응해준 임진수 교수와 김석 박사에게 감사한다. 김석의 제25번은 라캉사상의 입문서로서 가장 적절한 책이다. 그리고 37번의 사전도 항상 같이 참고하면서 보는 것이 좋다. 나는 2009년 6월 20일, 동국대학교 서울캠퍼스 문화관 2층, 제3세미나실에서 한국라깡과 현대정신분석학회 주최의 정기학술대회에서 "효와 라캉 *Xiao* and Lacan"이라는 제목으로 주제발표를 하였다. 우리나라 학인들의 진지한 관심에 깊은 감명을 받았다. 그날 세미나실을 가득 메웠던 제현들에게 뜨거운 감사를 보낸다. 현재 우리나라의 "Lacan"의 표기가 통일되어 있지 않다. 나는 "라깡"보다 "라캉"을 선호한다.

【 사전류 】

1. 藤堂明保 著. 『漢字語源辭典』. 東京: 學燈社, 1984.
2. 水上静夫 著. 『漢字語源事典』. 東京: 雄山閣出版, 1982.
3. 藤堂明保 · 加納喜光 編. 『學研 新漢和大字典』. 東京: 學習研究社, 2005.
4. 近藤春雄 著. 『中國學藝大辭典』. 東京: 大修館書店, 1980.
5. 張撝之 · 沈起煒 · 劉德重 主編. 『中國歷代人名大辭典』. 全二冊. 上海: 上海古籍出版社, 1999.
6. 張政烺 主編. 『中國古代職官大辭典』. 新鄕市: 河南人民出版社, 1990.
7. Bruce M. Metzger, Michael D. Coogan, ed. *The Oxford Companion to the Bible*. Oxford: Oxford University Press, 1993.
8. Simon Hornblower and Antony Spawforth, ed. *The Oxford Classical Dictionary: The Ultimate Reference Work on the Classical World*. Third Edition Revised. Oxford: Oxford University Press, 2003.
9. 檀國大學校附設 東洋學硏究所 編纂. 『韓國漢字語辭典』. 全4卷. 서울: 단국대학교 출판부, 2002년 개정초판.

10. 檀國大學校附設 東洋學硏究所 編纂.『漢韓大辭典』. 全16卷. 서울: 단국대학교 출판부, 2008년 완간.
11. 安井稔 編.『新言語學辭典』. 改訂增補版. 東京: 硏究社, 1982.
12. J. デュボワ他 著. 伊藤晃 · 木下光一 · 福井芳男 · 丸山圭三郎 編譯.『ラル ス言語學用語辭典』. 東京: 大修館書店, 1980.
13. William Bright Edition in Chief. *International Encyclopedia of Linguistics*. 4 Vols. Oxford: Oxford University Press, 1992.
14. David M. Walker. *The Oxford Companion to Law*. Oxford: Oxford University Press, 1980.
15. 金曾漢 責任編輯委員.『法律學辭典』. 第三補訂版. 서울: 法文社, 1985.
16. 智冠 編著.『伽山佛敎大辭林』. 서울: 가산불교문화연구원, 2008(제10권).

【 기타 】

1. 徐有榘 지음. 정명현 · 김정기 · 민철기 · 정정기 외 역주.『林園經濟志 本利志』. 全三冊. 서울: 笑臥堂, 2008.

21세기 "풍석 서유구학"의 출발점이라고 할 만한 치열한 번역이다. 역자들은 자발적인 의지에 의하여 이 사업에 전념하고 있다.『임원경제지』는 16志, 113卷, 54冊에 달하는 방대한 분량이다.「본리지」는 단지 그 1志일 뿐이다. 앞으로도 완간되기까지 많은 난관이 있을 것이다. 그 난관을 헤치고 완역을 고하는 날 우리나라 국학의 자생적인 신기원이 마련될 것이라고 확신한다.

≪ 감사의 말씀 ≫

빼이징 칭후아대학淸華大學에서 학위공부를 하고 있으면서 나에게 신속히 중국자료를 보내준 최필수崔弼洙군과 국내 도서관자료들을 찾아다준 민철기閔喆基군에게 감사한다. 연세대학교 중앙도서관 국학자료실의 귀한 자료들을 열람하고 복사할 수 있도록 도움을 주신 김영원金永元 실장님과 용주사자료에 협조해주신 정호正乎 주지스님께, 그리고 가산불교문화연구원 지관智冠 큰스님께 감사를 드린다. 인문人文의 대의大義를 위하여 협조를 아끼지 않는 제현諸賢께 감사한다.

찾아보기

【 가 】

【 나 】

【 다 】

【 라 】

【 마 】

【 바 】

【사】

【 아 】

【 자 】

동방고전한글역주대전의 두번째 성과물인 본 서는 한국의 대표적인 석학들의 뛰어난 문화콘텐츠와 가치를 미래세대와 소통하기 위한 유한킴벌리의 사회공헌 연구사업으로 기획·출판되었습니다.

본 서는 2010 문화체육관광부 우수 학술도서에 선정되었습니다.

효경한글역주

2009년 6월 30일 초판발행
2014년 1월 21일 1판 3쇄

기획인 최규복
지은이 도올 김용옥
펴낸이 남호섭
펴낸곳 통나무

서울특별시 종로구 동숭동 199-27
전화: 02) 744-7992
출판등록 1989. 11. 3. 제1-970호

값 26,000원

ISBN 978-89-8264-404-7 (93140)